# Ostsee & Nordsee

## Die schönsten Ferienorte

Weltbild

# Ostsee & Nordsee

## Die schönsten Ferienorte

Weltbild

# INHALT Die nordfriesische Nordseeküste

# INHALT Die schleswig-holsteinische Ostseeküste



**GEWUSST WO**

# INHALT Die mecklenburg-vorpommersche Ostseeküste



**GEWUSST WO**

**Rotweißes Wahrzeichen inmitten einer blaugrünen Welt: Der Leuchtturm Westerheversand ★**

**Augenweide: Krokusblüte im Husumer Schloßpark ★★**

**Kreatives Hobby: Strandburg auf Amrum ★★**

**Pfahlbauten: St. Peter-Ording ★★**

## DIE TOP TEN DER REGION:

**Friedrichstadt**
Das Holländerstädtchen beeindruckt durch seine Architektur.

**Nolde-Museum Seebüll**
Dem Künstler war es eine Fluchtburg, heute zieht sein ehemaliges Wohnhaus Besucherscharen an.

**Föhr**
Auf der »grünen« Insel spürt man die friesischen Wurzeln.

**Amrum**
Neben Wanderungen am Kniepsand fasziniert den Urlauber die Dünen- und Heidelandschaft.

**St. Peter-Ording**
Das bekannte Nordseeheilbad besitzt vier Ortsteile mit ganz unterschiedlichem Charakter.

**Keitum**
Alte Reetdächer, grüne Alleen und gemütliche Gäßchen prägen das Friesendorf.

**Rotes Kliff bei Kampen**
An der Sylter Steilküste nagt stetig die Meeresbrandung.

**Hallig Hooge**
Die schmucke Hallig mit ihrem Königspesel eröffnet interessante Einblicke in das Leben der Warftenbewohner.

**Roter Haubarg**
Für Urlauber ein wunderschöner Ausflug ist der Besuch des sehenswerten Gutshauses.

**Husum**
Einst bedeutende Handels-, heute gemütliche Kleinstadt mit Hafen, Schloß und natürlich »Storm«.

★★★ **einzigartig**
★★ **außergewöhnlich**
★ **sehenswert**

# Moin, moin!

Diese Begrüßung hat schon manchen Feriengast die Stirn runzeln lassen, wenn sie so gar nicht zur Tageszeit passen wollte. Was für den Neuankömmling wie »Guten Morgen« klingt, beinhaltet indes weit mehr. Es ist der nordfriesische Universalgruß, der soviel meint wie: »Hallo, wie geht's? Ich wünsche einen guten Weg.« Und das kann man ja zu jeder Tages- und Nachtzeit tun. So wird jene herzliche Atmosphäre geschaffen, die man im Urlaub so zu schätzen weiß.

In kaum einer anderen deutschen Ferienregion wird derart zwanglos miteinander umgegangen, und nach wenigen Tagen geht den Urlaubern das »Moin, moin« schon ganz leicht von der Zunge. »Hier fühle ich mich wohl«, soll das signalisieren. Und Gründe zum Wohlfühlen gibt es wie den sprichwörtlichen Sand am Meer.

Nordfrieslands Attraktionen könnten nicht abwechslungsreicher sein: Ob auf Amrums Kniepsand, in der Weite der Eiderstedter Marsch oder in der Einsamkeit einer herbstlichen Hallig – intensive Naturerlebnisse sind garantiert. Doch auch wer das Nachtleben sucht, wird fündig werden, in den Sylter Kneipen von Westerland und Kampen zum Beispiel. Und Familien mit Kindern erleben mit Sandburgen und Wattwanderungen eine streßfreie Zeit.

Nordfriesland – eine Ferienregion der Extraklasse, die bescheiden geblieben ist. Hinter ihrer leicht spröden Fassade sind die Menschen dort herzlich und strahlen jene Wärme aus, die so viele Gäste immer wieder zurückkehren läßt. Und die fühlen sich dann schon fast wie Einheimische; ihr »Moin, moin« klingt altvertraut.

# INHALT

*»Dünenschutz ist Küstenschutz«: Immer wieder werden die Urlauber in den Naturschutzgebieten Nordfrieslands darauf hingewiesen, daß die Dünen einen natürlichen Wall gegen die Angriffe der Flut bilden. Neben deren Bewahrung sind aktive Formen des Küstenschutzes immer wichtiger*

*geworden, allen voran der Deichbau. Die Sandstrände allerdings werden durch zentnerschwere Tetrapoden und künstliche Sandvorspülungen gesichert.*

*» Diese Marschen, flaches Weideland,*
*unendlich scheinend wie das Meer*
*und mit seinem verstreuten Vieh von tiefem Reiz,*
*scheinen meine besondere Liebe*
*werden zu sollen. «*

**Christian Morgenstern**

## 4 Die Halligen, Pellworm und Nordstrand

Das Leben im Übergangsbereich zwischen Meer, Watt und Marsch war und ist immer nur im Einvernehmen mit der Nordsee möglich. Am eindrucksvollsten läßt sich dieser Leitsatz auf den winzigen Inseln im Wattenmeer erleben. Auf den Halligen haben die Menschen ihre Häuser auf künstlich aufgeschütteten Erdhaufen – den sogenannten Warften – errichtet, um sie vor dem regelmäßigen Anrollen der Nordsee zu schützen. Die Fahrt mit einer Lore über den Damm zu den Halligen ist ebenso einmalig wie die Inseln selbst. **Seite 64**

**SPECIAL**

**»Land unter«**
Die Bewohner der Halligen werden immer wieder von Sturmfluten bedrängt. Doch sie haben gelernt, ihr Leben im Einklang mit den elementaren Kräften der See zu meistern. **Seite 74**

## 5 Eiderstedt: Haubarge und Backsteinkirchen

Es läßt sich leicht nachvollziehen, daß die markante Halbinsel Eiderstedt einmal aus mehreren kleinen Inseln bestand. Immer wieder sind hier Dämme und Deiche gebaut worden, um das fruchtbare Land zu schützen. Vom Reichtum dieser Landschaft zeugen die Haubarge – riesige Bauernhöfe, die Wohnung, Scheune, Stall und Dreschboden unter einem Dach beherbergen – und die zahlreichen Backsteinkirchen, von denen jede für sich einen Besuch lohnt. **Seite 76**

**SPECIAL**

**Friesische Seefahrer**
Die Friesen, ein Seefahrervolk: Ob Heringsfischerei, Walfang, Handelsschiffahrt, oder Krabbenfang – die Seefahrt prägte seit je in besonderem Maße die Menschen der Küste. **Seite 86**

## SUPER-SPECIAL

Fast das gesamte schleswig-holsteinische Wattenmeer (mit Ausnahme der Halligen und der Inseln) genießt seit 1985 den Schutzstatus eines Nationalparks. Natürlich entwickeln sich in so einem Lebensraum eine ganz spezielle Flora (wie Salzwiesen oder salzwasserspeichernde Pflanzen) und Fauna (wie Sandpierwürmer oder Schlickkrebse). Auf einer Wattwanderung kann man die Naturlandschaft Wattenmeer, vor allem die Bewohner dieses einzigartigen Lebensraumes, auf eindrucksvolle Weise kennenlernen.
**Seite 58**

*Bei Gefahr richtet die Strandkrabbe sich auf und klappert mit ihren Scheren. Den Seepokken, die sich auf ihrem Rücken festsetzen, kann sie damit allerdings nicht imponieren.*

## SERVICE

**Hier schlägt die Zeit noch einen gemächlicheren Takt: Auf der Insel Föhr, fernab des Ferientrubels, lebt noch so mancher friesische Bauer unbeeindruckt vom Kommen und Gehen der Jahreszeiten.**

Am äußersten Rand der Halbinsel Eiderstedt steht der Leuchtturm von Westerhever. Das einsame Leben an der Schwelle zum Meer hat allerdings ein Ende, seit das Signalfeuer automatisch betrieben wird.

Liebevoll gepflegte Blumengärten, stolze Giebel und alte Reetdächer sind ein gutes Stück friesischer Behaglichkeit. Doch was das Auge erfreut, hält zugleich neugierige Blicke aus der guten Stube fern.

Auf hoher See schmeckt man die Nordsee pur: An Bord der Krabbenkutter wandert der Fang aus den Netzen frisch ins kochende Wasser. Jetzt heißt es flink gepult.

867
867

Freundschaft mit den Möwen schließen, im Strandkorb seine Zeit verdösen, mit bunten Brettern Spaß erleben oder im Pfahlhaus überm Sand dinieren – ein Tag am Strand bedeutet ungetrübte Urlaubsfreude.

Tollkühne Jungs auf ihren fliegenden Brettern: In der Brandung vor Westerland veranstalten die Surfer nicht nur während des Worldcups Luftsprünge.

**Reisende im Wind:**
**Ein Schwarm Seeschwalben vollführt seine imposanten Wendemanöver im Schutz der großen Tetrapoden vor Sylt.**

**Sand soweit das Auge reicht: Der gut zehn Kilometer lange Kniepsand ist eigentlich eine der Insel Amrum vorgelagerte Sandbank.**

# Sylt, Amrum und Föhr

An Deutschlands bekanntestem Stehimbiß herrscht reges Treiben: Bei Gosch – so heißt die Westerländer Institution – gibt es statt Currywurst und Pommes erlesene Köstlichkeiten aus dem Meer, und das zu erschwinglichen Preisen. Kein Urlaub auf Sylt, ohne nicht wenigstens einmal in die leckeren Fischbrötchen gebissen zu haben.

»In Deutschland ganz oben«, behaupten die Sylter selbstbewußt von sich und ihrer Insel, und dies ist nicht nur geographisch gemeint. Denn Sylt besitzt trotz Bettenburgen und Verkehrskollaps noch immer Ruhe und Abgeschiedenheit – Qualitäten, die man eher den benachbarten Ferieninseln Amrum und Föhr zugesteht.

»Die ungleichen Schwestern«, so werden die Inseln häufig genannt. Eins ist sicher: Bildhübsch, unverwechselbar und charakterstark ist jede einzelne von ihnen.

*Vor lauter Sand und Meer sollte auch der Blick fürs Detail nicht zu kurz kommen: Die vielen alten Friesenhäuser auf den*

*Inseln und Halligen, aber auch auf dem Festland laden dazu ein, die Eingangstüren einmal genauer in Augenschein oder auch vor das Objektiv zu nehmen. So entdeckt man manch schöne Verzierung, interessante Fensterform oder auch Bilder über den Türen.*

**Im Grünen: Alt-Westerland hat sich den friesischen Charakter bewahrt**

**Bei jedem Wetter: Der Sylter Strand kann sich sehen lassen**

**EXTRA-TIP**

*Die Verwaltung von Westerland hat einen Stadtplan für Behinderte herausgegeben. Behindertengerechte Toiletten, Telefonzellen und Aufgänge sind eingezeichnet. Zusätzlich sind die Ampeln mit akustischem Signal und Steigungen im Stadtgebiet erkennbar. Die Karte wie auch ein Faltblatt über behindertengerechte Unterkünfte kann man anfordern bei der Bädergemeinschaft Sylt e.V., Postfach 11 50, 25961 Westerland, Tel. 0 46 51/8 20 20, Fax 82 02 22.*

**Hier geht's um Geld: Markt vor dem Spielcasino**

**Zieht Surfer an: Die Brandung vor Westerland**

Als Westerland 1855 zum Seebad erklärt wurde, stiegen die Zeitgenossen noch hochgeschlossen ins kühle Naß. Die Sylter Wellen schlugen gegen das solide Badekostüm und konnten so ihre durchblutungsfördernde Funktion nur sehr leidlich erfüllen. So mancher wird sich hier wohl einen Schnupfen zugezogen haben, wenn der durchnäßte Schwimmanzug den erwärmten Körper wieder abkühlte.

## Leben auf Sylt

Heute hat man sich lästiger Konventionen entledigt. Zwölf markierte FKK-Bereiche sind entlang dem 40 km langen Sandstrand ausgewiesen und erfreuen sich großer Beliebtheit. Die Übergänge zwischen Sonnenanbetern mit oder ohne Textilie sind fließend und zerfließen immer mehr. Im Grunde stehen die hiesigen Vorstellungen zur Kleiderordnung – und nicht nur für den Strand – stellvertretend für die tolerante Geisteshaltung der Sylter. »Rüm hart – klaar kiming« (Weites Herz – klarer Horizont), lautet der Wahlspruch der Inselfriesen. In ihm spiegelt sich die Weltläufigkeit der Seefahrer wider, die während zurückliegender Jahrhunderte zu Reichtum und Ehren gelangten. Wer einmal durch das Kapitänsdorf Keitum geschlendert ist, weiß, in welcher Behaglichkeit die erfolgreichen Seeleute zu Hause lebten. Die Vorfahren der heutigen Sylter haben die Weltmeere besegelt, doch sind sie in ihrem Herzen immer ihrer Heimat treu geblieben. Aus der Ferne brachten sie nicht

**Nicht nur für Hungrige: Man trifft sich bei Gosch in der Friedrichstraße**

**Windgeschützt: Schläfchen am Strand**

nur viel Geld mit, sondern auch die Geisteshaltung, die man nur als tolerant bezeichnen kann. »Weites Herz – klarer Horizont« eben.

Vielleicht gibt es beim Umgang mit den Einheimischen nur einen Punkt, bei dem Respekt vor einer anderen Meinung nicht erwartet werden kann: die Kurtaxe. Diese oft als überflüssig empfundene zusätzliche Abgabe, die ein jeder Urlauber entrichten muß, ist lebensnotwendiger Bestandteil des Inseletats. Mit ihr werden die Kureinrichtungen bezahlt, die der Gast im Grunde erwartet.

Und nicht nur für diese wird eine Menge Geld benötigt. Soll Sylt nicht in absehbarer Zeit im Meer verschwinden, müssen jährlich zweistellige Millionenbeträge – allerdings zumeist aus Landesgeldern – für den Küstenschutz ausgegeben werden. Durch riesige Sandvorspülungen wird versucht, das Schlimmste zu verhindern. Und dennoch nagt die Nordsee weiter an der Insel. Bis zu eineinhalb Meter jährlich wird Sylt schmaler.

Auf heute noch knapp 100 km² Fläche verteilen sich zwölf Ortschaften, von denen jede durch ihre eigenen Reize besticht. Die weithin bekannte Inselmetropole Westerland ist eine pulsierende Kleinstadt, in der immer etwas los ist. Manch einer beginnt seinen Tag erst in der Abenddämmerung, wenn andere sich nach Stunden frischer Luft müde aufs Lager legen. Die Einkaufsstraße Friedrichstraße ist das Herz der Ferieninsel, hier schlägt ihr Takt. Besonders an trüben Sommertagen, wenn die Strandkörbe leer bleiben, schiebt sich eine schier unüberschaubare Menschenmenge über die beliebte Flaniermeile.

Doch die 9000-Einwohner-Stadt hat auch ihre ländlichen Reize. Der alte Ortskern befindet sich

**EXTRA-TIP**

*Nahezu alle Gasthöfe in Nordfriesland veranstalten im September ein »Aalesatt-Essen« – ein lohnenswerter*

*Termin, an dem für einen angemessenen Beitrag ausgiebig geschlemmt werden darf. Gereicht werden Aale gebraten und geräuchert sowie in Aspik eingelegt.*

**EXTRA-TIP**

*Die romanische Kirche St. Severin in Keitum ist ein Kleinod in wunderschöner Landschaft. Den etwas außerhalb gelegenen Sakralbau aus dem Jahr 1190 kann man schon von weitem sehen. Zu besichtigen ist er täglich von 10-16 Uhr. Führungen finden von April bis Oktober jeweils montags und donnerstags um 17.15 Uhr statt. Besonders empfehlenswert sind die abendlichen Orgelkonzerte, die im Sommer an jedem Mittwoch um 20.15 Uhr stattfinden. Tel. 0 46 51/ 3 17 13*

**Friesische Idylle: Keitumer Haus**

**Naturschutzgebiet: Dünen bei Rantum**

östlich des Bahnhofs, die Dorfkirche St. Niels aus dem Jahr 1637 bildet den Mittelpunkt des reizvollen Ensembles.

## Keitum, das grüne Herz der Insel

Im Osten von Sylt, wo fruchtbarer Marschboden die sandige Geestlandschaft ablöst, geht es gediegener zu als in den betriebsamen Seebädern entlang der Westseite. Unter riesigen Baumkronen versteckt, schmiegen sich in Keitum Hunderte von Reetdachhäusern in die Landschaft.
Das Vorzeigedorf hat seine ganz eigene Atmosphäre und hebt sich wohltuend vom restlichen Inselgeschehen ab. Hier sind zahlreiche alte Friesenhäuser erhalten geblieben, und ebenso viele neue wurden dem traditionellen Stil nachempfunden. Keitum war einst der Hauptort Sylts, und folgerichtig sind hier zwei wichtige Museen situiert: das Altfriesische Haus von 1739 und nur wenige Schritte weiter das Heimatmuseum.

**Meerumspült: Hörum-Odde, der südlichste Zipfel Sylts, ändert**

**Beleuchtet: Ruhiger Abend am Hörnumer Hafen**

## Entspannen in Rantum

Einst konnte man mit der Inselbahn, einem urigen Triebwagen, auf Schienen durch wilde Dünenlandschaften und entlang dem Wattenmeer sowohl in den Sylter Norden als auch in den Süden gelangen. Diese Zeiten aber sind längst vorbei. Wo früher die Trasse verlief, wurde inzwischen ein herrlich gelegener Fahrradweg eingerichtet.
Richtung Süden gelangt man auf ihm nach Rantum, der kleinsten Gemeinde der Insel. Hier kommen vor allem Familien mit Kindern auf ihre Kosten. Das angrenzende Naturschutzgebiet Rantumer Becken gilt mit 60 nachgewiesenen Brutvogelarten

**seine Gestalt nach den Launen der Nordsee**

**Romantischer Anblick: von Sturm und See gebeutelte Rote Kliff bei Kampen**

**Familienkutsche: Porschefahrer in Kampen**

als das artenreichste Schutzgebiet der Insel. Während der Sommermonate werden täglich außer Montag naturkundliche Führungen unternommen. Überhaupt ist der ganze südliche Teil von Sylt – an einigen Stellen ist die Landzunge nur 500 m breit – ein Eldorado für Naturliebhaber.

## Eine Insel in Gefahr

In den Ausstellungsräumen der Schutzstation Wattenmeer in Hörnum wird man in den Bann dieser einzigartigen Naturlandschaft gezogen. Die Schutzstation Wattenmeer ist mit 15 Standorten entlang der gesamten schleswig-holsteinischen Nordseeküste vertreten und betreut im Auftrag der Landesregierung die Urlauber im Nationalpark Wattenmeer. Die Außenstelle in Hörnum führt ein breites Spektrum von Veranstaltungen durch, u.a. auch Exkursionen zum Naturschutzgebiet Hörnum-Odde, der vom Meer bedrohten Südspitze Sylts. Doch nicht nur dort nagt das Meer, auch ein anderes Wahrzeichen, das Rote Kliff zwischen Wenningstedt und Kampen, hat schwer zu kämpfen. Jahr für Jahr werden Millionen Tonnen Sand aufgespült, um den stetigen Landverlust einzudämmen. Das Überleben dieser beiden Badeorte mit den wohlklingenden Namen wird letztlich vom Erfolg solcher Operationen abhängen.

Freilich ist die Kampener Whiskymeile, um nur ein Beispiel zu nennen, mehr als nur ein Treff der gezwungen-ungezwungenen Gesellschaft. Kneipen wie das »Gogärtchen« oder das »Pony« sind Sylter Institutionen, und auch wenn nicht jeder Feriengast hier einen abendlichen Aperitif zu sich nimmt, so kann man sich doch in unmittelbarer Nachbarschaft der großen Welt wähnen.

## Föhr – die grüne Schönheit

Ganz anders als Sylt ist Föhr, die gemächliche Insel im Wattenmeer. Sie ist nicht wirklich Sand, nicht wirklich Marsch, sie ist eine Mischung aus beidem. Mit einem alten Geestrücken sind saftige Marschenwiesen verbunden, zusammen ergibt dies ein Feriendomizil mit ganz eigenem Charisma, 82 km² groß und nahezu rund.

Wyk, der Hauptort, liegt am südöstlichen Rand von Föhr. Schon 1819 konnte sich das Städtchen See-

**EXTRA-TIP**

*Er ist nur klein, aber doch etwas Besonderes, der Friedhof für Hei-*

*matlose in der Käpt'n-Christiansen-Straße in Westerland. Einfache Seeleute, die zwischen den Jahren 1854 und 1905 infolge zahlreicher Schiffskatastrophen an die Sylter Strände gespült wurden, fanden hier ihre letzte Ruhe.*

Strand von Wyk: Hier badete schon der Dänenkönig gern

Bootsanleger in Wyk: Der Blick aufs Meer ist Balsam für die Seele

**EXTRA-TIP**

*Schon seit über tausend Jahren wird Reet als Baumaterial eingesetzt,*

*bereits die Wikinger kannten es. In den einst sumpfigen Marschen wuchs das Gras in großen Mengen. Das Reetdach erlebt gegenwärtig eine Renaissance. Reetdachdecker sind wieder gefragte Handwerker. Kunstvoll werden die Grasbündel auf das Dach genäht. Dabei haben sich die Techniken während der letzten tausend Jahre nur wenig geändert.*

Bummeln gehen: Beschauliche Wyker Gäßchen

Frühnebel: Mühle bei Borgsum am Morgen

bad nennen, und als in den vierziger Jahren der dänische König und in seinem Gefolge auch der Märchendichter Hans Christian Andersen kamen, etablierte sich Föhr als Sommerfrische lange vor Sylt und Amrum.

## Stolze Vergangenheit

Freilich wollte Christian VIII. auch ein politisches Zeichen setzen, denn Wyk lag damals im Einflußbereich des Hauses Holstein, also im deutschen und nicht im dänischen Teil von Föhr. Kurioserweise war die Insel bis 1864 zweigeteilt. Doch weder deutsche noch dänische Herrscher fanden rechte Freude an den eigensinnigen Friesen. Verstockt und dickköpfig waren sie, und ihre Sprache konnte man auch nicht verstehen. Der Leitspruch »Lever düüd as slaav«, lieber tot als versklavt, hebt denn auch die Freiheitsliebe der Friesen hervor. Doch war mit ihr kein Unabhängigkeitsstreben verbunden, vielmehr wollten die Menschen ihre Ruhe haben und verstanden Freiheit vorwiegend im Sinne von Befreitsein von Steuerzahlungen.

Wer heute durch Wyk und die Nachbardörfer Nieblum, Boldixum und Oevenum schlendert, findet nicht nur Zeugen der jüngeren Vergangenheit, es sind gerade die Spuren des 17. und des 18. Jahrhunderts, die entdeckt werden wollen. Denn Relikte aus Föhrs Blütezeit, als nahezu die gesamte männliche Bevölkerung zur See fuhr und am Walfang vor Grönland teilnahm, sind überall aufzuspüren. Da ducken sich 250 Jahre alte Ferienhäuser unter ihren schweren Reetdächern, reich geschmückt mit Delfter Kacheln, und die vielbesuchten Grabsteine auf dem Nieblumer und dem Süderender Friedhof erzählen vom abenteuerreichen Seefahrerleben, über das man im Dr.-Carl-Haeberlin-Friesen-Museum in Wyk noch weitaus mehr erfahren kann.

## Der Umwelt zuliebe

Nach so viel Vergangenheit klingt der »Föhrer Dosenschwur« nach einer weiteren Episode aus der

Seefahrerschicksale: Grabsteine auf dem Süderender Friedhof

Blumenschmuck: Typisches Friesenhaus in Oldsum

Naturkunde live: Wattführungen offenbaren Erstaunliches

Geschichte, doch weit gefehlt. Föhr rühmt sich, eine besonders umweltfreundliche Ferieninsel zu sein, und so wurde schließlich sogar freiwillig auf die Verwendung von Getränkedosen verzichtet. Bei Veranstaltungen gibt es kein Einweggeschirr mehr, und ein Fahrradbus sammelt die erschöpften Radler wieder ein, denen im weiten Rund der Föhrer Marsch die Puste ausgegangen ist. Überhaupt ist der Fahrradtransport im öffentlichen Nahverkehr eine gute Idee, denn wie oft kommt an der Küste der Wind aus der falschen Richtung! Ein Informationszentrum des Nationalparks Wattenmeer in Wyk und ein Info-Wagen der Schutzstation Wattenmeer runden das »grüne« Angebot ab.
Natürlich ist Föhr auch ein Badeparadies, vor allem eins für die Kinder. Denn hier auf der Rückseite von Sylt und Amrum ist die Nordsee gezähmt, sie plätschert nur noch als seichtes Gewässer an den 15 km langen Sandstrand. Und da kann man natürlich schaufeln, Burgen bauen und Gräben ziehen. Das Meer schaut friedlich zu.

## Amrum – Insel aus Strand und Dünen

Strandpiraterie war bis in die Anfänge des vergangenen Jahrhunderts entlang der Küste gang und gäbe. Zu karg war der Lebensunterhalt, als daß man sich von Mitgefühl oder Gesetzesgehorsam hätte aufhalten lassen. Spuckte die Nordsee ein Wrack aus, wurden die Toten verscharrt, und die wenigen Überlebenden konnten meist auch nicht mit Gnade rechnen. Alles Brauchbare verschwand innerhalb kürzester Zeit in den Häusern der Inselbewohner. Nicht selten wurde dem Schicksal gar nachgeholfen und ein Feuer am Strand entzündet, um vorbeifahrende Schiffe in die Irre zu leiten.
Auf Amrum nun, das damals noch seinen friesischen Namen Oom Ram trug, strandete angeblich ein Schiff, dessen Ladung aus Hunderten Flaschen Rum bestand – ein Segen für den männlichen Teil der Bevölkerung. Doch die Durstigen trieben es zu stark, denn nicht wenige soffen sich »am Rum« zu Tode. Und so erhielt Amrum seinen Namen.
Diese Geschichte ist wohl eher dem Reich der Le-

**EXTRA-TIP**

*Jede Wattwanderung ist ein zutiefst beeindruckendes Erlebnis, doch die Tour von Amrum nach Föhr – oder umgekehrt – sucht ihresgleichen. Der Marsch dauert etwa drei Stunden und sollte unter sachkundiger Führung unternommen werden. Schutzstation Wattenmeer, Tel. 0 46 82/27 18; Heimatverein Öömrang Ferian, Tel. 0 46 82/16 35; Auskünfte erteilen auch die Kurverwaltungen in Wyk und Wittdün.*

**Farbenfroh und hart am Wind: Wassersport auf Amrum**

**Trampelpfad: Befestigte Wege schützen die Amrumer Dünen**

**Öffentlicher Nahverkehr: Bollerwagen am Strand**

**Seefahrerkirche: St. Clemens in Nebel**

**EXTRA-TIP**

*Die nach holländischem Vorbild angelegten Vogelkojen dienten ursprünglich dem Entenfang. 1935*

*wurde diese brutale Methode des Fangens mit Reusen jedoch verboten. Heute kann man viele Vögel der Region in Freigehegen und Volieren herrlich beobachten.*
*Die Amrumer Vogelkoje zwischen Norddorf und Nebel ist ganztägig zu besichtigen.*

genden zuzuordnen. Aber gerade deshalb erzählt sie sich leichtzüngiger als die eher akademische Erklärung, daß Oom Ram für »sandige Höhe« steht, wodurch Amrums Geestkern und seine Dünen angemessen beschrieben sind.
Sicher allerdings ist, daß Amrum in alten Zeiten noch nicht seinen gewaltigen Strand, den Kniepsand, besaß. Die heute 11 km² große Sandbank legte im Lauf der Jahrhunderte einen beträchtlichen Weg zurück – bildete sie doch im 16. Jahrhundert einen rechten Winkel mit der Insel, der sich mehr und mehr verringerte, bis der Landstreifen schließlich seine gegenwärtige Lage parallel zur Amrumer Westseite erreichte. In ihm hat die Insel im übrigen einen hervorragenden natürlichen Schutzwall gegen Sturmfluten. Heute erfreut der weite Kniepsand die Urlaubsgäste, besonders die kleinen, die hier nach Herzenslust buddeln und bauen dürfen – was auf Sylt gar nicht gerne gesehen wird.

## Amrum ist Natur pur

Hinter dieser phantastischen Urlaubslandschaft liegen ausgedehnte Dünenfelder, die dem Naturliebhaber das Herz höher schlagen lassen. Der tägliche Spaziergang über die Bretterwege durch die Sandhügel gehört zu den nachdrücklichsten Erlebnissen. Dünenlandschaft ist Traumlandschaft!

Und Amrum ist Naturlandschaft. Von Norddorf aus lassen sich naturkundliche Führungen in das Vogelschutzgebiet Amrum-Odde unternehmen. Oder man umwandert einfach die Odde immer am Wasserrand entlang. Auch hier – ähnlich wie an der Hörnum-Odde auf Sylt – nagt das Wasser.

## Und immer wieder Seefahrergeschichten

Fünf kleine Dörfer, die in drei Gemeinden zusammengefaßt sind, liegen verteilt auf nur 20 km². Amrum ist klein, überschaubar und beschaulich. Der inoffizielle Wettkampf, welche der nordfriesischen Inseln das schönste Feriendorf besitzt, wird unentschieden ausgehen. Denn wie Keitum auf Sylt und Nieblum auf Föhr, so hat auch Nebel auf Amrum seine ganz eigenen Reize und Liebhaber. Unbestreitbar sehenswert ist auch Nebels Friedhof, in dessen Mitte die wuchtige St.-Clemens-Kirche steht. Wie überall auf den Inseln sind es Seefahrergeschichten, die auf den Grabsteinen erzählt werden. Von den Fahrten aufs Meer hinaus berichtet auch die Ausstellung im jüngst restaurierten Öömrang Hüs in Nebels Dorfmitte, das Heimatmuseum hingegen ist in einer alten, heute noch funktionstüchtigen Mühle am Ortsrand untergebracht.
300 Stufen sind zu erklimmen, um die grandiose Aussicht von Wittdüns höchstem Gebäude zu genießen: Auf dem 60 m hohen Leuchtturm liegt einem die nordfriesische Inselwelt zu Füßen. Der Blick geht über das geschwungene Sylt hinüber nach Föhr, das satt und zufrieden im Wattenmeer ruht, und weiter gen Süden, wo die Halligen als grüne Tupfer im grauen Wattenmeer grüßen.

**Scheinbar endloses Strandvergnügen: Der zehn Kilometer lange Kniepsand**

DÄNEMARK
SYLT
FÖHR
Amrum
Nationalpark
Schleswig-
Holsteinisches
Lister Tief
Salzsand
Ellenbogen
Königshafen
Ellenbogenspitze
List-Land
NSG
List
Mövenberg
Sandberg
Norder-
Strandtal
Süder
Westerheide
Süderheidetal
Mellhörn
Lister Ley
Havneby
Klappholttal
Neuland
Kampen (Sylt)
Rotes Kliff
Wenningstedt (Sylt)
Wst.-Braderup
Pandertief
S.-O.-Munkermarsch
WESTERLAND
Nordsee-Aquarium
S.-O.-Keitum
Altfriesisches Haus
Westerley
Hestendragt
Süderende
S.-O.-Tinnum
Kaamp
Sylt-Ost
Mittelsand
Morsum-Kliff
Hindenburgdamm
Autotransport Westerland - Niebüll
Dikjen-Deel
Baaktal
Rantum-Becken
Firstklent
S.-O.-Archsum
Mittelmarsch
Schellinghörn
Morsum
Nösse
Wall
Osterende
Kleinmorsum
Seeheim
Rantum (Sylt)
Burgtal
Kl. Fli
Gr. Fli
Osterley
Rantumer Dünen
Puan Klent
Eidumtief
Hörnumtief
Hörnum (Sylt)
Hörnum Odde
Föhrer Schulter
Lünssand
Dunsum
Oldsum
Klein-Dunsum
Groß-Dunsum
O.-Klintum
O.-Toftum
Süderende
Ackerum
Osterland
Westerland
Midlum
Oevenum
Utersum
Nordsee-Heilstätte
U.-Hedehusum
Borgsum
Alkersum
Wrixum
W.-Boldixum
St. Joh.-K.
Witsum
N.-Goting
Nieblum
Kleinnieblum
Friesen-Mus.
Bretland
Greveling
WYK a.Föhr
Amrum Odde
Vogelschutzgebiet
Wattenweg
Hospiz
Norddorf
Amrumtief
Nordmannsgrund
Vortrapptief
Jungnamensand
Kniepsand
Nebel
Mittellochsknob
Windmühlen-museum
Ne.-Süddorf
Ne.-Steenodde
Norderaue
Großdüne
Wriakhörn
Wittdün
Marschnack
Schweinsrücken
Helgoland
Nordmarsch-Langeneß
Hunnenswarft
Kirchwarft
Norderhörn
Ketelswarft
Langeneß
Tadenswarft
Tamenswarft
Neuwarft
Bandixwarft
Mayenswarft
Neu-peterswarft
Treuburg
Rixwarft
Hilligenley
Gröde-Appelland
Gröde
Koudtswarft
Schulwarft
Oland
Dagebüll Hafen
Dyenswarft
Dagebüll
Juliane-Marienkoog
Osewoldter-koog
Galmsbüller Koog
G.-Marienkoog
Dagebülldamm
Neugalmsbüll
Galmsbüll
Heinrichshof
Hemmerswarft
Wilhelminenhof
Osterdeich
Marienhof
Karolinen-hof
Norderhof
Neumarienhof
Alter-Christian-Albrechts-Koog
Gotteskoogsdeich
Emmelsbüll-Horsbüll
Hunwert-husum
Neuhörn
Rotzbüll
Wrewelsbüll
Friedr.-Wilh.-Lübke-Koog
Wester-klanxbüll
Groß-Bombüll
Wange
Olfhusum
Ostertoft-ende
Hodde
Wiedingharde
Süderhesbüll
Klanxbüll
Norderhesbüll
Westerdeich
Dreieckskoog
Ophusum
Nordhörn
Bevertoft
Dammbüll
Rodenäs
Oldorf
Markhäuser
Rosenkranz
Kixbüllhof
Neukirchen
Segelsbüll
Fegetasch
Hornburg
Christinenfeld
Grüne Küstenstraße

UNTERWEGS

## SEHENSWERTES

Bei dieser Radwanderung in den Sylter Norden lernt man Deutschlands beliebteste Ferieninsel von vielen Seiten kennen: Auf den quirligen Hauptort Westerland folgt das beschaulichere Familienbad Wenningstedt. Das schicke Kampen liegt ebenso auf dem Weg wie das gemütliche Bilderbuchdorf Keitum. Die Tour umfaßt etwa 32 km. Am besten nimmt man sich für sie einen ganzen Tag Zeit, damit man die einzelnen Stationen genauer erkunden kann.

### WESTERLAND ★★

**1** Nördlich des neuen Hallenbades »Sylter Welle« beginnt diese Radtour. Ein vielbenutzter Weg führt an den Randdünen entlang zur Nordseeklinik und weiter nach Wenningstedt.

### WENNINGSTEDT ★★

**2** Den Straßen Seeblick, Seedüne, Hochkamp, Dünenstraße, Dünengrund, Dünental, Lerchenweg, Am Dorfteich und Fennenweg folgend, kommt man nach Wenningstedt. Der Badeort liegt ein wenig im übermächtigen Schatten des benachbarten Westerland. Sehenswert ist vor allem das Ganggrab Denghoog. Auch wenn nach einer so kurzen Etappe noch kein rechter Hunger aufgekommen ist, lohnt sich ein Blick in das Restaurant »Kliffkieker« mit seiner schönen Terrasse dramatisch nahe am Abgrund. Sein Vorgänger – etwas weiter westlich gelegen – wurde bereits Opfer der Brandung *(0 46 51/4 28 31, geöffnet tgl. ab 11 Uhr)*. Am Ortsende auf der Trasse der ehemaligen Inselbahn, einem heute herrlichen Radweg, weiter nach Norden fahren.

### LIST ★★

**3** In List ist man in Sylts nördlichstem Ort angelangt. Sehenswert ist hier der Hafen, in dem die zahlreichen Fischbuden zu einer längeren Rast einladen. Gut gestärkt kann man sich nun auf den Rückweg machen.

### VOGELKOJE ★

**4** Auf dem Weg von List nach Kampen liegt diese alte Anlage zum Entenfang. Heute dient das Gelände als Rast- und Brutplatz für die Tiere. Eine Ausstellung informiert über die Sylter Flora und Fauna.
*Tel. 0 46 51/3 28 05, geöffnet Ostern–Pfingsten tgl. 13–16 Uhr, Pfingsten–31. Okt. tgl. 10–16 Uhr*

### KAMPEN ★★★

**5** Das »St. Tropez des Nordens« liegt inmitten schönster Heidelandschaft. Für eine kleine Pause mit Bummel durch den hübschen Ort sollte unbedingt Zeit sein. Neben dem exklusiven Publikum sollte man in Kampen vor allem dem Roten Kliff mit seiner dramatischen Abbruchkante Aufmerksamkeit schenken.

### KEITUM ★★★

**6** An der Wattseite kann man nun auf einem ausgeschilderten Radweg über Braderup und Munkmarsch zum grünen Teil der Insel radeln. Keitum, das schöne Fischerdorf, lädt zum Verweilen ein. Nach dem Besuch der St.-Severin-Kirche *(geöffnet tgl. 10–16 Uhr, Führungen Mo und Do 17–15 Uhr)* am Ortseingang gibt es im Ort zahlreiche Möglichkeiten einzukehren. Sehenswert sind das Sylter Heimatmuseum *(geöffnet tgl. 10–17 Uhr, im Winter Do–Sa 13–16 Uhr)* und das Altfriesische Haus *(geöffnet tgl. 10–17 Uhr, im Winter Do–Sa 13–16 Uhr)*.

**Wanderdüne im Listland**

Die Rückkehr nach Westerland erfolgt über die ausgeschilderten Radwege.

## ESSEN & TRINKEN

### LIST

**3** Auch wenn es nicht immer so aussieht: An den Fischbuden am Hafen kann man ganz vorzüglich essen. Hier werden schon einmal Austern und Champagner gereicht. So auch im legendären »Gosch«.
*Hafenstr. 16, Tel. 0 48 52/ 87 74 78, während der Saison geöffnet tgl. 8–23 Uhr*
Feiner und auch teurer geht es zu im »Alten Gasthof«, dessen Spezialität frischer Hummer nach Helgoländer Art ist.
*Alte Dorfstraße 5, Tel. 0 46 51/7 72 44, geöffnet Mi–So ab 12 Uhr, Di erst ab 18 Uhr, obere Preisklasse*

### KAMPEN

**5** Im Café-Restaurant »Kupferkanne« lohnt es sich immer, eine Pause einzulegen. Hier gibt es Kuchen, Kuchen und noch mal Kuchen. Dazu werden lekkere Tee- und Kaffeesorten gereicht. Die wunderbare Aussicht übers Watt ist gratis.
*Stapelhooger Wai, Tel. 0 46 51/4 10 10, geöffnet tgl. 10–18 Uhr, mittlere Preisklasse.*

### KEITUM

**6** Eine Institution in Sachen Fisch ist »Fisch-Fiete«. Das weit über die Grenzen Sylts hinaus bekannte Lokal steht für die vollendete Kunst, Fisch zuzubereiten.
*Weidemannweg 2, Tel. 0 46 51/3 21 50, geöffnet tgl. 12–14 Uhr und ab 18 Uhr, obere Preisklasse*

## WANDERN UND RADWANDERN

**A** Die Kurverwaltung **Föhr** hat eine kleine Karte mit fünf eingezeichneten Radtouren herausgegeben. Die hellblau markierte »Geestrunde« kann auch herrlich erwandert werden. Sie führt von der Wyker Kurverwaltung am Strand entlang bis nach Nieblum. Im Ort gibt es zahlreiche Einkehrmöglichkeiten. Natürlich darf ein Besuch der Kirche St. Johannis nicht fehlen. Das größte Gotteshaus der Insel – sein Inneres bietet immerhin 1000 Gläubigen Platz – wird von den Föhrern stolz Friesendom genannt. Weiter den hellblauen Markierungen folgend, gelangt man über Seitenstraßen nach Alkersum und Midlum. Hier wie auch im nächsten Dorf Oevenum wird gut fürs leibliche Wohl gesorgt. Nach einer wohlverdienten Stärkung geht es über Boldixum zurück nach Wyk. Gesamtstrecke: 13 km.

**B** **Amrum** ist schon allein wegen seiner überschaubaren Größe ein ideales Wandergebiet. Die Tagestour beginnt am Fähranleger von Wittdün und folgt zunächst der Promenade, später geht man den Strand entlang. Ist die Südspitze der Insel auf diese Weise umrundet, sollte man auf jeden Fall dem Dünensee Wriakhörn, einem Vogelparadies, einen Besuch abstatten. Dann kann der Weg je nach Lust und Laune am Dünenrand oder unten am Wasser fortgesetzt werden.
Hinter der Satteldüne bei der Kinderheilstätte den Strand verlassen und in das Dorf Nebel laufen. Hier gibt es zahlreiche Gastwirtschaften, in denen der Spaziergänger den aufkommenden Hunger nach dem Laufen im Sand stillen kann. Doch auch die Clemenskirche mit ihrem wunderschönen Friedhof und die Museumsmühle mit der heimatkundlichen Ausstellung verdienen Beachtung. Im Anschluß an die Besichtigung geht es an der Wattenmeerseite von Amrum nach Steenode und dann zurück nach Wittdün. Gesamtstrecke: 15 km.

**C** Von **Hörnum** aus bietet sich eine schöne Küstenwanderung an: Über die Weiße Düne und Hörnum-Odde geht es einmal um die Südspitze Sylts.

*Während des traditionellen Helgoländer Inselfestes am 12. Juli steht der rote Felsen Kopf. Das Programm umfaßt musikalische Darbietungen Helgoländer Vereine und Tanz in allen Straßen. Höhepunkt ist das Feuerwerk um Mitternacht, das entzündet wird, sobald die letzten*

*Tagesausflügler wieder an Bord ihrer Ausflugsdampfer sind. Kurverwaltung Nordseeheilbad Helgoland, Postfach 7 20, 27498 Helgoland, Tel. 0 47 25/81 43-0, Fax 81 43-25*

SPECIAL

# Bunte Schätze am Strand – ein kleines Muschellexikon

**Zum Urlaub an der Nordsee gehören ausgedehnte Strandspaziergänge, von denen man selten zurückkehrt, ohne nicht ein paar der schönsten Muschelschalen aufgelesen zu haben. Die zahlreichen Muschelarten unterscheiden sich jedoch nicht nur in Form und Größe, sondern haben sich auch sonst ihrem Lebensraum auf unterschiedliche Weise angepaßt.**

**1** Die Schwertmuschel gelangte vor ungefähr 15 Jahren von der Ostküste Amerikas ins Wattenmeer und vermehrte sich dort stark. Sie lebt in der ständig vom Wasser bedeckten Zone.

**2** Die Kammuschel, Pecten opercularis, ist wegen ihrer hübschen Form und Färbung ein beliebtes Sammlerstück.

**3** Der Rüssel, mit dem die im Schlick lebende Pfeffermuschel die Bodenoberfläche nach Nahrung abtastet, kann bis zu 25 cm messen. Er ist allerdings auch für Freßfeinde deutlich sichtbar.

**4** Diese Bohrmuschelart kam wahrscheinlich schon zu Beginn des Jahrhunderts in den Ballastwassertanks der Handelsschiffe aus den Küstengewässern der Vereinigten Staaten in die Nordsee.

**5** Die Klaffmuschel lebt im Wattenmeer, wo sie sich tief in den Sand gräbt.

**6** Wellhornschnecken zählen eigentlich nicht zur Gattung der Muscheln. Sie ernähren sich, indem sie mit dem Rüssel Muscheln anbohren und aussaugen.

**7** Die Islandmuschel ist bevorzugt im Sandwatt anzutreffen.

**8** Miesmuscheln heften sich mit ihren Eiweißfäden an einen festen Untergrund, um der Gezeitenströmung zu trotzen.
Sie filtern ihre Nahrung mit den Kiemenblättern aus dem Wasser. Dabei reichert sich das Fleisch des Tieres leider auch mit Giftstoffen an.

**9** Die Plattmuschel oder auch Platte Tellmuschel ist häufig am Spülsaum des Meeres zu finden.

**10** Die Große Bohrmuschel hält sich bevorzugt in Treibholzansammlungen auf. Bei drohender Gefahr stößt das Tierchen einen leuchtenden Schleim aus.

**11** Unter der Schlickoberfläche lebt die Herzmuschel. Nachdem sie das Meerwasser zur Nahrungsaufnahme gefiltert hat, stößt sie die Flüssigkeit durch ihren Sipho energisch an die Oberfläche zurück: Bis zu 10 cm hoch sind die Fontänen, die dabei entstehen.

**12** Austern leben bis zu 9 m unter der Wasseroberfläche und können bis zu 15 Jahre alt werden. Kalte Winter und wiederkehrende Sturmfluten lassen an der Nordsee die Zucht dieser beliebten Speisemuscheln nicht zu.

1

5

9

2
3
4
6
7
8
10
11
12

Gelassen schaut man dem Abend entgegen im Hafen von Schlüttsiel.

## Land der Köge und Deiche

# Südtondern

Der Himmel ist weit, der Horizont scheint unendlich fern. Von der Nordsee ziehen dicke Kumuluswolken herüber, und irgendwo ruft ein Lamm nach seiner Mutter. Hier sind die Äcker tatsächlich golden vor reifer Frucht, und die Sonne versinkt als feuerroter Ball im blauen Wasser der Nordsee. Genauso nämlich verspricht es die Friesenhymne »Gölj, rüddj, ween«. Der alte Landkreis Südtondern, in der nordwestlichsten Ecke Deutschlands gelegen, ist das Land Emil Noldes. Der bekannte expressionistische Maler verewigte die flache Marschenlandschaft in einer wahren Farbenglut.

Das Land hinter hohen Deichen lädt zum Verweilen ein. Hier geht alles noch ein wenig langsamer zu als im übrigen Nordfriesland. Und wer einmal in der weichen Luft eines Sommerabends vom Deich aufs Meer geschaut hat, verspürt das behagliche Gefühl, einen Ort der Besinnung gefunden zu haben.

*Jede Flut bringt eine große Menge mikroskopisch kleiner Schwebstoffe mit, die sich in ruhigen Bereichen ablagern und auf*

*diese Weise den Schlick aufbauen. Um diesen Effekt zu nutzen, setzen die Einheimischen lange Doppelpfahlreihen ins Watt, die mit Reisig ausgefüllt werden. Lahnungen nennt man diesen wichtigen Bestandteil des Küstenschutzes.*

Altbewährt: Reusenfischer im Watt nutzen die Gezeiten

**EXTRA-TIP**

*Neben einem Café ist der Nolde-Stiftung auch ein Gästehaus angeschlossen. Hier kann man in renovierten Friesenhäusern einen Urlaub in land-*

*schaftlich wunderschöner Umgebung verbringen. Das Gästehaus verfügt über 20 Betten und kann telefonisch unter 0 46 64/2 64 erreicht werden.*

Gemütliches Tønder: Fassaden in der Altstadt

»Wenn der Vater mit dem Sohne«: Bummeln in Tønder

Hier anzukommen wird einem aber auch leichtgemacht. In den scheinbar endlosen Kögen steht das reife Korn, gastfreundliche Menschen bewohnen kleine friesische Klinkersteindörfer, und das Meer, im beständigen Rhythmus von Ebbe und Flut, strahlt eine unbeschreibbare Ruhe aus. Alle zwölf Stunden legt das ablaufende Wasser seinen Grund frei, und das Geheimnis dieser Landschaft – das Watt – offenbart sich.

## Traditioneller Fischfang

Das Fischen mit Reusen und Sinknetzen ist eine bewährte Methode, doch kommen diese nur noch vereinzelt vor. Reusen sind trichterförmige Netze, die zumeist entlang den Lahnungen in den Schlick gesteckt werden. Bei auflaufendem Wasser schwimmen Scholle, Seezunge und Aal unweigerlich in die weit geöffneten Fallen und geraten mit der Strömung in die letzte Kammer, aus der es bei ablaufendem Wasser kein Entfliehen mehr gibt. Sinknetze funktionieren nach demselben Prinzip, doch ist ihr Einsatz ein hartes Stück Arbeit. Liegt das Watt trocken, werden die dreieckigen Netze, die an einem Stiel zusammenlaufen, geschultert, und der Marsch hinaus ins Watt zum nächsten Priel kann beginnen. Hier angekommen, warten die Fischer auf das Einsetzen der Flut.

Langsam füllt sich der Priel. Dies ist die Stunde des erfolgreichen »Sinkens«. Mit dem Wasser kommen die Fische zurück. Das Sinknetz wird fest gegen die Strömungsrichtung auf den Grund gehalten, die Schollen schwimmen dagegen und werden mittels eines geschickten Handgriffs für immer ihrer natürlichen Umgebung entrissen.

## Land der Windkraftwerke

Ein eigenartiges Phänomen ist seit einigen Jahren entlang den Deichen zu beobachten. Von »Verspargelung« ist die Rede, der freie Blick sei verstellt, so klagen Kritiker. Sogenannte Growiane oder, wie

Blumenmeer: Garten des Nolde-Museums

»Riesenspargel«: Windkraftwerke am Horizont hinter den Kögen

sie eigentlich heißen, Große Windkraftanlagen, schießen dort wie Pilze aus dem Boden.
Sie produzieren umweltfreundlich Energie, und hier an der Küste, wo immer eine Brise weht, ist der ideale Standort für die surrenden Stromerzeuger. Derzeit erzeugen die in Nordfriesland erbauten Windkraftwerke eine Leistung von mehr als 322 Megawatt. In ganz Schleswig-Holstein werden mittlerweile fast 1500 Megawatt an Windstrom erzeugt, so daß das Ziel, 20 % des Energiebedarfs damit zu decken, bereits erreicht ist. Informationszentren, in denen die privaten Betreiber für Verständnis werben, sind unter anderem im Friedrich-Wilhelm-Lübke-Koog und im Sönke-Nissen-Koog eingerichtet worden. Umfragen haben ergeben, daß Urlauber der Windenergie meist positiv gegenüberstehen; sie finden, daß »die Dinger die frische Luft erhalten« und daß »man sieht, wie die Naturkraft genutzt wird«.

## Noldes Rückzugsort

Einige Kilometer landeinwärts, doch immer noch nah am Wasser und umgeben von den zur Nolde-Stiftung gehörenden Bauernhöfen Seebüll-Hof und Seehof, liegt das Nolde-Museum, Wallfahrtsort für kunstbegeisterte Verehrer des 1956 verstorbenen Expressionisten. Das zwischen 1927 und 1937 erbaute Wohnhaus und Atelier ist nach Plänen des Malers errichtet worden. Noch heute hat man beim Betreten des Bildersaals, in dem der Künstler einst arbeitete, das Gefühl, er habe nur mal eben kurz den Raum verlassen.
Als Emil Nolde im August 1867 nahe der heute dänischen Stadt Tønder geboren wurde, gehörte die als Nordschleswig bezeichnete Region zu Preußen. Nach dem deutsch-dänischen Krieg von 1864 hatte Dänemark diesen Landesteil abgeben müssen. Der Landkreis Tondern mit der gleichnamigen Kreisstadt wurde eingerichtet. Als die Nordschleswiger sich 1920 in einem Referendum für die Rückkehr nach Dänemark entschieden, wurde der heute noch gültige Grenzverlauf festgelegt.

## Im Grenzland

Auf diese Weise entstand der Landkreis Südtondern mit der Kreisstadt Niebüll. Die Bezeichnungen für die alten Bezirke der friesischen Selbstverwaltung, die Harden, blieben erhalten. Auch heute, nach Auflösung des Kreises 1970, existieren die Harden weiter: die Wiedingharde im äußersten Nordwesten, die Bökingharde mit dem Ort Risum-Lindholm als Zentrum und die Karrharde, die Leck und die umliegenden Dörfer mit einschließt.
Bemerkenswert ist die Vielsprachigkeit der Einheimischen. Neben dem Hochdeutschen beherrschen etliche Menschen auch Plattdeutsch und Friesisch und manche sogar Plattdänisch und Reichsdänisch. In den letzten Jahren erlebte das Friesische, das zudem noch in mehreren Dialekten gesprochen wird,

**EXTRA-TIP**

*Speisen wie ein König kann man im dänischen Tønder im Restaurant »Christies«, denn Chefkoch Jens Peter Kolbeck stand einst in Diensten der dänischen Königsfamilie. Die Gaststätte wurde zur zweitbesten des ganzen Landes gekürt.*
*Ribe Landevej 37, DK-6270 Tønder, Tel. 00 45/74/ 72 08 90, geöffnet tgl. 12–14 und 18–21.30 Uhr, täglich wechselnde Karte und 5-gängiges Menü, obere Preisklasse*

Beschaulicher Winkel: Torhaus der Niebüller Kirche

Der See abgerungen: Grasende Kühe im Hauke-Haien-Koog

**EXTRA-TIP**

*Im Juni 1993 wurde das Andersen-Haus als friesische Begegnungsstätte eröffnet. In kürzester Zeit entwickelte sich die Einrichtung zu einem vielbesuchten Kulturtreffpunkt der Friesen. Hinweise über Veranstaltungen sind der Tagespresse zu entnehmen. Frasche Feriin for e Åastermaare, Andersen Hüs, Klookris, 25920 Risum-Lindholm, Tel. 0 46 61/22 91*

Handwerkstradition: Reetdachdecker in Rutenbüll

eine Wiederbelebung, ja man kann fast von einer Wiederentdeckung sprechen. Inzwischen wird es wieder vereinzelt an den Schulen unterrichtet. Und selbst in Kindergärten gibt es Projekte, um die Kleinen möglichst früh an die beinahe in Vergessenheit geratene Sprache heranzuführen. Denn die wenigsten lernen das Friesische noch in ihrem Elternhaus.

Es wird geschätzt, daß heute nur noch etwa 10 000 Menschen – von denen die Hälfte in Übersee lebt – der Sprache kundig sind. Doch der Niedergang scheint gestoppt zu sein. Friesisch und auch Plattdeutsch sind hochmodern und finden immer mehr Anhänger in Theaterguppen, Liederkreisen oder Geschichtswerkstätten.

Auf dänischer Seite sprechen viele ein vorzügliches Deutsch, und selbst im Landesinneren trifft man häufig auf Menschen, die es beherrschen. Doch gebietet es die Höflichkeit, daß der Besucher aus dem Nachbarland zunächst fragt, ob er verstanden wird. Aus verständlichen Gründen reagieren viele Dänen äußerst empfindlich, wenn ihre Gäste schlicht davon ausgehen, daß Deutsch als Umgangssprache akzeptiert wird.

## Niebüll und Dagebüll

Die Kleinstadt Niebüll, die auf eine mehr als 550jährige Geschichte zurückblicken kann, hat 8000 Einwohner und ist Verwaltungs- und Geschäftszentrum der Region. Ein Einkaufsbummel in der verkehrsberuhigten Innenstadt mit dem neu- errichteten Rathaus und einer englischen Telefonzelle ist mehr als nur eine Alternative an Regentagen. Das rote Telefonhäuschen ist ein Geschenk der Partnerstadt Malmesbury in England. Gleich am Rathausplatz befindet sich auch das Richard-Haizmann-Museum.

In Niebüll werden die PKWs für den Transport über den 1927 gebauten Hindenburgdamm nach Sylt huckepack genommen. Im stündlichen Rhythmus, in Stoßzeiten auch öfter, verkehren die Autozüge nach Westerland. Ebenfalls in Niebüll werden (im Sommer) Kurswagen der Intercitys von Berlin, Nürnberg oder Dortmund an die Kleinbahn nach Dagebüll angekoppelt. An der Endstation Dage-

**Friesisch-freundlich: Familie in Ostermooriger Tracht**

**Reif für die Inseln: Auto-Verladung in Dagebüll**

büll wird es wieder betriebsam. Der Zug fährt durch die Stöpe gleich auf die Mole, den Anleger der Linienschiffe nach Föhr und Amrum.
In Dagebüll gleiten die Fähren mit extrem geringem Tiefgang, die unter Einheimischen auch als »Schlickrutscher« bezeichnet werden, in den Hafen. Im Hintergrund glitzert die Ferieninsel Föhr im Sonnenlicht. Unterhalb des mächtigen »Strandhotels« reihen sich die Badebuden wie bunte Perlen auf einer Schnur. Der Dagebüller »Strand« erfreut sich regen Zuspruchs. Hier kann man, je nachdem, ob Ebbe oder Flut herrscht, ausgiebig im Schlick waten oder im Meer schwimmen.

## Ein Denkmal für den Schimmelreiter

Südlich von Dagebüll wurde Theodor Storms bekanntester Figur 70 Jahre nach Erscheinen der Novelle ein Denkmal gesetzt. Als 1959 der Hauke-Haien-Koog eingedeicht wurde, glaubte wohl kaum noch jemand an den gespenstischen Reiter auf seinem weißen Pferd, der mit seinem wilden Ritt die nahende Sturmflut ankündigt.
Erstmals diente hier ein Koog nicht nur der Landgewinnung. Das riesige Speicherbecken, das heute als Vogelschutzgebiet ausgewiesen ist, stellt die Entwässerung des dahinterliegenden Landes sicher. Die Erfahrung hatte gezeigt, daß bei hohen Pegelständen der Nordsee die Flüssigkeit nicht von den Wiesen und Feldern ablaufen konnte. Deshalb wurde ein Auffangbecken geschaffen, das Wasser aus der Lecker Au und dem Bongsieler Kanal aufnehmen kann.
An dem kleinen Anleger Schlüttsiel herrscht im Sommer Hochbetrieb. Das Linienschiff versorgt die Halligen und läuft regelmäßig auch die Ferieninsel Amrum an. Zahlreiche Ausflugsdampfer verkehren zudem in Richtung Hooge. In den kleinen Fischerbooten werden frisch gefangene und gleich an Bord gekochte Garnelen angeboten. Die im Volksmund als Krabben und auf Plattdeutsch als Porren oder auch Granat bezeichneten Tierchen sind eine Delikatesse der Küste. Doch es ist gar nicht einfach, an das begehrte rosa Fleisch heranzukommen, das sich hinter einer äußerst hartnäckigen Schale verbirgt. Krabben pulen will geübt sein, und bei den ersten Versuchen wird die Ausbeute naturgemäß gering sein.

**EXTRA-TIP**

*In Fahretoft gibt es einen landschaftsgeschichtlichen Fahrrad- bzw. Fußwanderweg. Er führt zum Bottschlotter See, erklärt anhand des Staubeckens im Hauke-Haien-Koog die Entwässerung der flachen Marschen und gewährt auch einen Blick in den Fahretofter Schulwald. Fremdenverkehrszentrale Dagebüll/*

*Bökingharde, Am Badedeich 1, 25899 Dagebüll, Tel. 0 46 67/ 9 50 00*

TØNDER
8
Rørkær
Jejsing
12
Højer
Rudbøl
Aventoft
Ubjerg
Sæd
Lydereholm
Ellhöft
Hindenburg-damm
Autotransport Westerland-Niebüll
5
Rodenäs
6
7
Neukirchen
Süderlügum
NSG
Schwansmoor
Westre
Friedr.-Wilh.-Lübke-Koog
4
3
Horsbüll
Emmelsbüll-
Wiedingharde
Bundesgaarder See
Grüne Küstenstraße
Humptrup
Uphusum
Braderup
Ladelund
Karlum
Lexgaard
Tinningstedt
Achtrup
2
Osterdeich
Föhrer Schulter
NIEBÜLL
1
A
Klixbüll
Klockries
Leck
B
Galmsbüll
Bökingharde
Deezbüll
Maasbüll
Lindholm
Schnatebüll
Dagebüll
Risum-
Stedesand
Sande
26
Karrharde
Enge-
Bargum
FÖHR
WYK a.Föhr
Oland
Langenhorn
Nordergosharde
Bredstedt
Bordelum
Reußen-koog
Breklum
Struckum
Almdorf
Bohmstedt
Nordmarsch-Langeneß
Gröde-Appelland
Gröde
Habel
Hamburger Hallig
Halligen
Die
Hooge
Pellworm
NSG
Nordstrandischmoor
Nordstrand
Hattstedt
19
Fortuna
Grüne Küstenstraße
Beltringharder Koog
Rantzauhöhe

## SEHENSWERTES

Die Autotour führt durch die weiten Marschen Südtonderns, über Köge und Seebüll in das benachbarte Dänemark (Personalausweis nicht vergessen!).

### NIEBÜLL ★

**1** Der Luftkurort Niebüll ist der letzte größere Ort vor der dänischen Grenze. Ein Besuch des Richard-Haizmann-Museums (moderne Kunst) am Rathausplatz bietet sich an.

### SÜDWESTHÖRN ★

**2** Hier kann man am grünen »Strand« ein Sonnenbad nehmen und bei Ebbe ein wenig im Watt laufen.

### HORSBÜLL ★★

**3** Der alte Dorfkern von Horsbüll hat noch ein wenig den Charakter einer Halligsiedlung bewahrt. Der Legende zufolge hat hier immer ein Pferd geweidet, das letztlich die Menschen darauf aufmerksam machte, wie fruchtbar der Boden ist. Sehenswert ist die alte Marienkirche direkt am ehemaligen Seedeich.

### FRIEDRICH-WILHELM-LÜBKE-KOOG ★★

**4** Der Koog wurde 1954 eingedeicht. Hier befindet sich einer der größten Windparks Europas. Wie an einer Perlenschnur aufgezogen, stehen die Kraftanlagen an der Außendeichseite und mittlerweile auch entlang der zweiten Deichlinie. Eine kleine Ausstellung im Wellum Weg (Tel. 0 46 68/6 18 oder 6 50) informiert über die Windenergienutzung.

**Hier bleibt die Kirche im Dorf: Aventoft**

### RICKELSBÜLLER KOOG ★★

**5** Dieses Naturschutzgebiet liegt wortwörtlich in der letzten Ecke Deutschlands. In der Mitte der Straße verläuft die deutsch-dänische Grenze. Zahlreiche Wat- und Küstenvögel lassen sich von der Straße aus beobachten.

### SEEBÜLL ★★★

**6** Der Besuch des Emil-Nolde-Museums in Seebüll, das im ehemaligen Wohnhaus des weltbekannten Künstlers untergebracht und von einem wunderschönen Garten umgeben ist, ist ein absolutes Muß. Eine Vielzahl seiner expressionistischen Werke wird in jährlich wechselnden Ausstellungen gezeigt.
*Seebüll, 25927 Neukirchen, Tel. 0 46 64/2 64, geöffnet März–Nov. tgl. 10–18 Uhr, Nov. 10–17 Uhr*

**Ausweis nicht vergessen!**

### TØNDER ★★★

**8** Auf dem Weg nach Tønder liegt der kleine und schöne Ort Møgeltønder. Schnuckelige, reetgedeckte Häuser, blühende Rosenstöcke an den Fassaden, Straßencafés und gute Restaurants machen das Dorf zu einem beliebten Ausflugsort.
Tønder hingegen ist größer und hatte schon immer eine gewisse Bedeutung als Handelsstadt. Das ist bis heute so geblieben. Ein Bummel durch die charaktervolle Einkaufsstraße gehört sicherlich zu den schönsten Urlaubserlebnissen.
Die Dänen sind bekannt für ihre Liebe zum Detail. Und so gilt es, auf Entdeckungsreise zu gehen durch die Vielzahl von Geschäften mit Geschenkartikeln und Kunsthandwerk.
Im Tønder-Museum sind Trachten- und Tischsilber, Klöppelarbeiten und eine stadtgeschichtliche Ausstellung zu sehen.
Das Sønderjyllands-Kunstmuseum zeigt eine große Ausstellung von Werken dänischer surrealistischer Maler. Beide Museen, so unterschiedlich sie sind, befinden sich unter einem Dach.
*Kongevej 55, DK-6270 Tønder, Tel. 00 45/74/ 72 26 57, geöffnet Mai–Okt. Di–So 10–17 Uhr, Nov.–April Di–So 13–17 Uhr*

## ESSEN & TRINKEN

### SEEBÜLL

**6** Dem Nolde-Museum angeschlossen ist das stilvoll eingerichtete »Museumscafé«.
*Seebüll, 25927 Neukirchen, Tel. 0 46 64/2 64, geöffnet tgl. 9–19 Uhr, Okt.–Nov. 9–18 Uhr, Dez.–Feb. geschl., mittlere Preisklasse*

### AVENTOFT

**7** Um gut und preisgünstig essen zu gehen, bietet sich die Einkehr im »Alten Deutschen Grenzkrug«, an. Die Putenkeule hier sollte man unbedingt probieren.
*Rosenkranzer Straße 44, 25927 Aventoft, Tel. 0 46 64/3 86, geöffnet tgl. außer Di 10–22 Uhr, untere Preisklasse*

*In zahlreichen Cafés und Restaurants in Møgeltønder läßt sich dänische Gemütlichkeit erleben. Man merkt es sofort: Hier schlägt der Takt der Zeit etwas ruhiger. Empfehlenswert ist die Schloßgaststätte »Slotskro«, die täglich außer Montag ab 12 Uhr geöffnet ist. Tel. 00 45/74/ 73 83 83*

## WANDERN UND RADWANDERN

**A** Diese **Fahrradtour** von Niebüll zur Nolde-Stiftung führt durch ein altes Bauernland in die Weiten der Marsch. Eine ausführliche Radwanderkarte für die Niebüller Gegend hält der Fremdenverkehrsverein bereit.
Ausgangspunkt ist das Fremdenverkehrsbüro am Rathausplatz. Von der Friedrich-Paulsen-Straße geht es rechts in die Hans-Mommsen-Straße/Tondernstraße, dann links in den Hungerfennenweg und wieder rechts in die Hoyerstraße/Jahnstraße. Hinter dem Niebüller Stadion links auf die Gotteskoogstraße und dann immer geradeaus. Der grün gekennzeichnete Weg führt bis zum Stellwerk Lehnshallig (6 km).
Nun rechts abbiegen und die Bahngleise überqueren. Dann links auf den orange gekennzeichneten Fahrradweg der Klanxbüller Straße einbiegen und bis zur Kreuzung nach Neukirchen radeln. Von hier aus ist der Weg bis zum Nolde-Museum ausgeschildert.
Anschließend geht es zurück zur Hauptstraße (Revtoftweg), links abbiegen und etwa 2 km radeln bis zur Kreuzung mit der Aventofter Straße. Hier rechts abbiegen und zurück in Richtung Niebüll. Nach etwa 6 km links abbiegen auf den Gotteskoogweg in Richtung Boshüll (wieder grün ausgeschildert). Kurz vor der Bahnlinie Niebüll–Dänemark noch einmal rechts abbiegen und dann immer geradeaus nach Niebüll hinein. Gesamtlänge: ca. 29 km.

**B** Da der Waldanteil in Nordfriesland nur drei Prozent beträgt, ist ein ausgiebiger **Waldspaziergang** wie durch den Langenberger Forst eine Rarität. Hier lassen sich viele verschiedene Baumarten unterscheiden. Ausgangspunkt: der Parkplatz rechterhand an der B 199 zwischen Leck und Flensburg gleich hinter dem Ortsausgang Leck.
Zunächst leitet die mit einem Eichhörnchen markierte Tour den Wanderer über den Ochsenweg hinauf zur Rantzau-Höhe, mit 45 m ü.d.M. eine der höchsten Erhebungen Nordfrieslands. An der nächsten Weggabelung nicht mehr dem Eichhörnchen, sondern der Ente nach rechts folgen. Um die Teiche herum folgt man dann einem Waldlehrpfad. Auf den Spuren der Ente, die später wieder vom Eichhörnchen begleitet wird, gelangt man zurück zum Parkplatz. Gesamtlänge: ca. 6 km.

SPECIAL

# Leuchttürme – Wächter der Küste

**Hoch und weithin sichtbar ragen sie in den Himmel. Ob rot-weiß oder schwarz-weiß gestreift, sie sind typisch für diese Landschaft. Landmarke und festes Seezeichen – Leuchttürme sind beides. Tag und Nacht sind sie den Menschen auf See, aber auch an Land eine sichere Orientierungshilfe.**
**Im oberen Teil des Turms befindet sich ein Leuchtfeuer, dessen Licht stark gebündelt wird. Dadurch ergibt sich eine große Reichweite – im allgemeinen gut zwanzig Seemeilen. Die Türme unterscheiden sich nicht nur in der Anordnung und Breite der Streifen, sondern vor allem in der Kennung, das heißt der Abfolge ihrer Lichtsignale. Hatten sie früher eigene Wärter, die an Ort und Stelle wohnten, so werden die Leuchttürme heute größtenteils fernüberwacht.**

1

4

**1** Der höchste Leuchtturm an der deutschen Nordseeküste wurde im Jahr 1875 auf einer 27 Meter hohen Düne auf Amrum errichtet und hat eine Reichweite von 23 Seemeilen. Das 63 Meter hohe Bauwerk ist für Besucher zugänglich und kann über knapp 300 Stufen erklommen werden. Zur Belohnung eröffnet sich vom Rundbalkon ein weiter Blick über das ganze nördliche Wattenmeer.

**2** Noch in den dreißiger Jahren drückten hier die Kinder des Ortes die Schulbank. Der Hörnumer Leuchtturm wurde 1907 auf einer 17 Meter hohen Düne erbaut und verfügt über das stärkste Hauptfeuer an der deutschen Nordseeküste. Seine Feuerhöhe beträgt 48 Meter, die Reichweite 20 Seemeilen.

**3** Mit seinen 13 Metern Höhe überragt der Leuchtturm in List-Ost sein Pendant im Lister Westen um drei Meter. Die Reichweite beider Lichtsignale ist jedoch gleich: 14 Seemeilen.

**4** Mit 37 Metern überragt er sogar die Turmruine der Alten Kirche auf der Insel Pellworm. Das 1907 errichtete Seezeichen wurde 1977 automatisiert und wird seitdem von der Tönninger Zentralstelle aus überwacht.

**5** Der nur zehn Meter hohe weiße Turm von List-West mit seiner roten Kappe wurde ebenso wie der Leuchtturm im Lister Osten 1857 errichtet.

**6** Dies ist das höchste und älteste der Sylter Leuchtfeuer. Der 1855 errichtete Leuchtturm am Roten Kliff hat eine Feuerhöhe von 62 Metern und eine Reichweite von 20 Seemeilen. Seit 1978 wird er vom Wasser- und Schifffahrtsamt in Tönning automatisch gesteuert.

2

3

5

6

Ein Fest für Möwen:
Wenn die Krabbenkutter auf Fangfahrt gehen, fällt für die flinken Verfolger immer wieder etwas ab.

Wo Storms Wiege stand

# Husum und das Umland

Trotz Wind und Wetters und gutgemeinter Warnungen seiner Gastgeber bricht der Wanderer kurz vor Tagesende auf. Der Sturm heult, Regen peitscht ihm ins Gesicht, und sein Weg nach der Stadt führt über einsame Deiche, wo das Wasser brüllt und die Möwen im Wind kreischen. Plötzlich rast ein Reiter vorbei, doch kein Keuchen des Schimmels, kein Hufschlag ist zu hören. Dem Heimkehrer blitzen »zwei brennende Augen aus einem bleichen Antlitz« entgegen. Theodor Storm machte die Legende vom Deichgrafen Hauke Haien, dessen ruheloser Geist noch immer umgehen soll, berühmt. Wie kein zweiter konnte der Schriftsteller die Faszination der weiten Marschenlandschaft in Worte fassen. Es lohnt sich, seine – gar nicht so graue – Heimatstadt Husum und das Land der Köge zu entdecken – wer dran glaubt, kann hier den Schimmelreiter immer noch treffen.

*Zur Erinnerung an den berühmten Dichter trägt das Café neben Theodor Storms Ge-*

*burtshaus seinen Namen. Wer einen Fensterplatz im Storm-Café ergattert, hat einen schönen Blick auf die Marienkirche und über das bunte Treiben, das auf dem Marktplatz rund um den Tine-*

*Brunnen herrscht. »Storm-Café«, Markt 11, Tel. 0 48 41/56 30, geöffnet bis 18 Uhr, mittlere Preisklasse*

Husumer Frühling: Krokusse blühen im Schloßpark

Lichtermeer vorm Nordseehimmel: Die Cafés und Restaurants am

**EXTRA-TIP**

*Eine besondere Attraktion ist die Krokusblüte im Garten des Husumer Schlosses. Im März verwandelt sich der Rasen in ein lilafarbenes Meer. Um den Ursprung der Zucht spinnt sich eine Reihe von Legenden. Sicher ist jedoch, daß die Blumen einst gepflanzt wurden, um Safran zu gewinnen – nur taugte diese Sorte gar nicht für den Zweck.*
*Geöffnet März–Okt. Di–So 11-17 Uhr*

Handelsstadt: Flanieren in der Krämerstraße

Dichterstube: Theodor Storms Schreibtisch

Wohl keine deutsche Stadt ist so eng mit ihrem berühmtesten Sohn verbunden wie die kleine Kreisstadt Husum mit Theodor Storm. Etliche Gebäude erinnern an den bedeutenden Autor, angefangen bei dem Geburtshaus am Markt 9 über verschiedene Wohnhäuser bis hin zu dem Althusumer Bürgerhaus in der Wasserreihe 31, in dem er von 1866 bis 1880 lebte und in dem heute die Theodor-Storm-Gesellschaft untergebracht ist. Nahezu das gesamte Haus in der Wasserreihe ist der Öffentlichkeit zugänglich; hier ist eine Vielzahl seiner Erzählungen entstanden. In dem »Hademarschen-Zimmer« ist u.a. der Schreibtisch ausgestellt, an dem er den »Schimmelreiter« verfaßte.
Theodor Storm, der von 1817 bis 1888 lebte, war seiner Heimatstadt zutiefst verbunden. Der junge Jurist förderte den Aufstand gegen die dänische Herrschaft, verlor deshalb sein Amt und mußte nach Preußen ins Exil gehen. Erst 1864 konnte er nach Husum zurückkehren.

Storm hat nahezu sechzig Novellen geschrieben, von denen die Mehrzahl nach seiner Rückkehr aus dem Exil entstand. Durch sein Werk zieht sich etwas Schwermütiges, so auch durch das bekannte Gedicht »Die Stadt«, das er seiner Heimatstadt widmete:

Am grauen Strand, am grauen Meer
Und seitab liegt die Stadt;
Der Nebel drückt die Dächer schwer,
Und durch die Stille braust das Meer
Eintönig um die Stadt.

Es rauscht kein Wald, es schlägt im Mai
Kein Vogel ohn Unterlaß;
Die Wandergans mit hartem Schrei
Nur fliegt in Herbstesnacht vorbei,
Am Strande weht das Gras.

Doch hängt mein ganzes Herz an dir,
Du graue Stadt am Meer;
Der Jugend Zauber für und für
Ruht lächelnd doch auf dir, auf dir,
Du graue Stadt am Meer.

**Hafen füllen sich am Abend mit Leben**

**Wacht am Park: Torhaus des Husumer Schlosses**

**Denkmal: Die Storm-Büste im Schloßpark**

## Husums später Aufstieg

Überregionale Bedeutung als Hafen und Handelsplatz hatte Husum lange bevor ihm die Stadtrechte verliehen wurden. Und hätte der Ort nicht an einer Erhebung gegen den dänischen König Christian I. teilgenommen, hätte er als für damalige Verhältnisse bedeutender Umschlagplatz wohl schon sehr viel früher als Stadt erhebliche Markt- und Gerichtsbarkeitsvorteile für sich verbuchen können. So aber mußte man bis 1603 warten und erhielt das begehrte Siegel gar 13 Jahre später als der ungeliebte Konkurrent Tönning.
Nach der verheerenden Sturmflut von 1362 rückte die Küste nahe an Husum heran. Das sagenumwobene Rungholt war untergegangen, und das Flüßchen Heverstrom war zu einer Fahrrinne ausgewühlt – noch heute ist es ein tiefer Priel, der sich zwischen der Halbinsel Eiderstedt und der Insel Nordstrand bis in das Husumer Hafengebiet zieht. Nun begann der Ort, aus der neuen, strategisch vorteilhaften Lage Kapital zu schlagen.
Wäre da nicht dieser Aufstand von 1472 gegen die Dänen gewesen, wodurch einige Häuser noch bis ins 19. Jahrhundert hinein mit einer »Rebellensteuer« belastet waren – die Husumer hätten reiche Kaufleute werden können, da ihr Hafen einer der wenigen schiffbaren entlang der Nordseeküste war. Immerhin bekam der Ort 1577 ein Schloß und erfuhr dadurch eine Aufwertung, auch wenn der unter Herzog Adolf von Schleswig-Holstein-Gottorf begonnene Bau etwas außerhalb lag. Das im Stil der niederländischen Renaissance 1582 fertiggestellte Gebäude diente vorwiegend als Witwensitz, und man sagt vor allen der Herzogin Maria Elisabeth nach, gegen Ende des 17. Jahrhunderts ein reges Hofleben gefördert zu haben. So wurde Husum zu einem kulturellen Zentrum des Herzogtums Schleswig. Heute steht das »Schloß vor Husum« zur Besichtigung offen. Neben wechselnden Ausstellungen im »Künstlerraum« sind die »Bilder aus der Neuen und der Alten Welt« aus der Kunstsammlung Ludwig Nissens zu sehen sowie beeindruckende Sandstein- und Alabasterkamine.

## Deutsch-dänischer Machtkampf

Mit der erneuten Einbindung der Herzogtümer in das dänische Königreich 1721 war die Herrlichkeit allerdings schon wieder vorbei, denn durch die Randlage geriet Husum ein wenig in Vergessenheit; das Zentrum hieß nun Kopenhagen. So blieb es bis fast zur Mitte des 19. Jahrhunderts.
Die schleswig-holsteinische Erhebung von 1848

**EXTRA-TIP**

*Handpuppen, Marionetten, Masken und Stabpuppen erfreuen eine große Schar Theaterbegeisterter während*

*der Pole-Poppenspäler-Tage. Jeweils in der zweiten Septemberhälfte findet ein großes Festival mit internationaler Beteiligung statt. Förderkreis Pole Poppenspäler e.V. (mit kleinem Puppenmuseum), Stadtpassage, 25813 Husum, Tel. 0 48 41/6 32 42, geöffnet Mo, Di, Do 14–17 Uhr*

**Schutzpatronin: Unter den Augen der »Tine« findet der Wochenmarkt statt**

**Freilichtmuseum: Ostenfelder Bauernhaus**

**Bunter Rummel: Kinderfest in Bredstedt**

**EXTRA-TIP**

*Einen guten Einblick in das bäuerliche Leben vor der industriellen Revolution erhält man im Ostenfelder Bauernhaus. Das Haus wurde bereits vor 1600 in Ostenfeld erbaut, 1899 dann vor dem Abriß gerettet und als erstes Freilichtmuseum des deutschsprachigen Raums im nahe gelegenen Husum wiedererrichtet. Besonders sehenswert ist der Rotter Abendmahlsschrank von 1642.*
*Nordhusumer Str. 13, 25813 Husum, Tel. 0 48 41/ 89 73-1 01, geöffnet April–Okt. Di–So 10–12 und 14–17 Uhr*

bis 1850, in deren Verlauf auch Storm fliehen mußte, brachte eine unruhige Zeit für den Landesteil Schleswig. Als Folge des Deutsch-dänischen Krieges von 1864 mußte Dänemark die Herzogtümer Schleswig an Preußen und Holstein an Österreich abtreten. Durch den Deutsch-Österreichischen Krieg gelangte drei Jahre später auch Holstein unter preußischen Einfluß. 1920 wurde durch Beschluß einer Volksabstimmung der nördliche Teil des Landes Schleswig wieder zurück an Dänemark gegeben. Dabei ist es bis heute geblieben.

## Husums Innenstadt

Glücklicherweise hat Husum während des Zweiten Weltkriegs nur wenig Schaden genommen, und so bietet sich dem Besucher ein noch nahezu geschlossenes Stadtbild. Ein Spaziergang durch die Gassen und Sträßchen mit den sich aneinanderschmiegenden Stadthäusern ist ein lohnenswertes Unternehmen. Und das Zentrum rund um die »Tine« lädt mit seinen attraktiven Geschäften zum Bummeln ein.
Die »Tine« ist sozusagen die gute Seele Husums. Die 1902 von dem hier geborenen Bildhauer Adolf Brütt (1855–1939) geschaffene Figur einer Fischersfrau wurde zu Ehren zweier wohlhabener Familien gestiftet, die sich um das Wohl der Stadt verdient gemacht hatten. Heute pflegen die Einheimischen zu ihrer »Tine« ein nahezu persönliches Verhältnis.
Ein weiterer Husumer, der allerdings nicht in den Marschen, sondern durch Diamantenhandel in den USA reich geworden war, vermachte seiner Vater-

**Zentrum: Marienkirche am Markt**

**»Vor der Stadt«: Husumer Schloß**

**Einstiges Wattenmeer: Schafweide im Sönke-Nissen-Koog**

stadt sein Vermögen zum Bau eines Museums. Ludwig Nissen war Husum im Herzen immer treu geblieben, und seine Asche wie auch die seiner Frau Katharine ruht in einer Urne im Eingangsbereich des nach ihm benannten Nordfriesischen Museums Nissenhaus.
Es ist das einzige Museum Europas, das in einer sehr ausführlichen Ausstellung die Besonderheiten der flachen Küstenlandschaft hervorhebt und die Themen Küstenschutz, Deichbau und Flutkatastrophen eingehend behandelt.

## Gott schuf das Meer, die Friesen die Deiche

Nordfrieslands grüne Weiten, seine endlosen Köge, in denen die Bauerngehöfte wie Inseln in einem Meer aus gelbblühendem Raps liegen, sind einzig dem fortwährenden Kampf der Menschen gegen die Elemente zu verdanken. In der tellerflachen Landschaft waren sie den Launen der Natur hilflos ausgesetzt. Deshalb bauten die Einheimischen ihre Häuser auf Warften und errichteten Deiche, hinter denen sie vor den todbringenden Sturmfluten einigermaßen sicher sind. Gleichzeitig entstand auf diese Weise fruchtbares Agrarland.
Theodor Storms berühmte Novelle vom »Schimmelreiter« enthält also viel Wahres, auch wenn der Autor historische Tatsachen recht frei kombinierte.
Aus der gemeinsamen Anstrengung der Küstenbewohner für ausreichenden Schutz vor dem Blanken Hans war damals bereits ein Spekulationsgeschäft geworden. Ein neuer Koog versprach gutes Land und hohe Gewinne. Und so trieben sich allerlei Unternehmer, ausgerüstet mit dem königlichen Privileg, einen Koog errichten zu dürfen, in den Marschen herum. Sie stellten Geld zur Verfügung, heuerten Arbeiterkolonnen an und begannen mit Deichbauprojekten vor Husum und Bredstedt. Wer Glück

**EXTRA-TIP**

*Eine Eigenart der Marschenlandschaft ist das »Klootstockspringen«. Der Klootstock ist ein Springstock, den der Marschenbauer brauchte, um seine Ländereien zu begehen. Dabei mußten oft breite Ent-*

*wässerungsgräben überwunden werden. Mit dem 2,5 – 4 m hohen Stab können bis zu 5 m breite Wasserläufe übersprungen werden.*

Vogelweide: Wildgänse rasten in Scharen auf den Marschwiesen

Leben am Horizont: Hamburger Hallig

Biotop: Süß- und Salzwasserpflanzen bestehen nebeneinander im Beltringharder Koog

**EXTRA-TIP**

*Am Silvesterabend laufen die Kinder an der Westküste Rummelpott. Bunt verkleidet ziehen sie von Tür zu Tür, singen das Rummelpottlied und wünschen ein gutes neues Jahr. Traditionellerweise werden sie mit kleinen Geschenken, Obst und Süßigkeiten bedacht. Älteren Rummelpottläufern wird auch schon mal ein Schnaps eingeschenkt.*

hatte und den neuen Koog schließen konnte, bevor die nächste große Flut das Werk wieder zerstörte, verfügte über reiche Ländereien.

## Jeder setzte sich sein Denkmal

So ist es dem »Geheimen Conferenzrath« des dänischen Königs Jean Henri Desmercieres zu verdanken, daß den Nordfriesen ein gleichnamiger Koog beschert wurde, dessen Name ihnen nur sehr schwer über die Zunge geht. Der Sophien-Magdalenen-Koog ist eine Huldigung an die dänische Königin, und die vor Bredstedt liegenden Reußenköge sind nach ihrem Auftraggeber, dem Grafen Reuß, benannt.

Der schönste von allen aber ist der Sönke-Nissen-Koog, ebenfalls westlich von Bredstedt gelegen. Will man den hier ansässigen Bauern glauben, so besitzen sie das fruchtbarste Land entlang der Küste. Doch der Koog gibt nicht nur reiche Ernten her, er verfügt auch über eine harmonische Bebauung: Durchfährt man ihn heute auf der schnurgeraden Hauptstraße, so wird offenkundig, wie sehr die großen Bauerngehöfte mit ihren hellgrünen Blechdächern mit der reinen Ebene verschmelzen.

Das jüngste Eindeichungsprojekt wurde 1987 abgeschlossen. Der neu entstandene Beltringharder Koog westlich des Cecilienkooges dient allerdings nicht mehr der Landgewinnung, sondern dem Küstenschutz. In seinem Inneren befindet sich ein 3400 Hektar großes Naturschutzgebiet, das zu einem beliebten Ausflugsziel geworden ist.

## Die Hallig, die keine mehr ist

Einmal im Sönke-Nissen-Koog angelangt, sollte man einen Blick über den Deich auf die Hamburger Hallig werfen. Sie ist schon seit 1859 durch

Weithin sichtbar: Turm der Hattstedter Backsteinkirche

Immer geradeaus: Radfahren auf der Hamburger Hallig

einen Damm mit dem Festland verbunden. Mittlerweile ist derart viel Vorland entstanden, daß von einer Hallig eigentlich nicht mehr gesprochen werden kann. An einem schönen Tag ist ein Spaziergang hinaus zur Warft, auf der sich ein Restaurant befindet, ein wunderbares Erlebnis.
Man kann zur Not auch mit dem Auto auf die Hamburger Hallig gelangen, doch wird dafür eine Gebühr von 5 Euro erhoben, denn der Weg führt durch den Nationalpark Wattenmeer. Die Halbinsel ist nicht nur Brutplatz, sondern auch eines der wichtigsten Rast- und Nahrungsgebiete für Zugvögel im Nationalpark. In Hochzeiten halten sich hier über 50 000 Wat- und Wasservögel auf.

## Bei Bredstedt beginnt die Geest

Nur wenige Kilometer vom Meer entfernt, doch schon auf dem sandigen Grund der Geest, liegt das Städtchen Bredstedt. Noch bis ins 15. Jahrhundert hinein hatte es einen kleinen Hafen. Hafenatmosphäre gibt es keine mehr zu schnuppern, dafür aber kann man einen lebendigen Ort genießen, dessen kleine Stadthäuser mit ihren Geschäften sich um den Marktplatz drängen.
Einen Besuch wert ist das Naturzentrum Nordfriesland, das in großen Schaukästen eindrucksvoll über die wichtigsten Landschaftsformen der Region informiert. Auch die Kirche St. Nikolai mit ihrem barocken Dachreiter sollte man sich ansehen. Auffallend an dem spätbarocken Bau ist der zunächst etwas irritierende Kontrast zwischen Alt und Neu.

Taufstein: Die Kirche St. Nikolai in Bredstedt

So ist das ursprüngliche Gestühl durch moderne Stühle ersetzt worden. Auch ist anzunehmen, daß einst ein Chorgewölbe existiert hat, obwohl man heute mit der flachen Balkendecke vorliebnehmen muß.
Besondere Aufmerksamkeit verdienen das Taufbecken aus dem Jahr 1599 sowie die 50 Jahre jüngere Kanzel. Um den Schaft des Taufbeckens sind sechs Statuetten gruppiert, die die vier Evangelisten sowie Petrus und Paulus darstellen. Es stammt aus der Holzschnitzwerkstatt Heinrich Ringerinks in Flensburg.
Ebenfalls aus der Fördestadt kommt die von Klaus Gabriels geschnitzte Kanzel, auf der »Der Sündenfall«, »Die Kreuzigung«, »Das Pfingstwunder« und »Das Jüngste Gericht« dargestellt sind.

**EXTRA-TIP**

*Die Schobüller »Galerie Lüth« ist schon lange kein Geheimtip mehr. Es werden ausschließlich Arbeiten von*

*Künstlern gezeigt, die in Schleswig-Holstein und Hamburg leben. Hier kann man Werke vergleichsweise günstig erstehen. Altendorfer Str. 21, 25875 Schobüll/Halebüll, Tel. 0 48 46/4 56, geöffnet Di–So 10–18 Uhr*

Mitteldeich
Lütt Jenswarft
D.-Fahretoft
Bahnenswarft
Bottschlott
D.-Waygaard
Südwaygaard
Langenhorner Neuer Koog
Bargumberg
Bargum
B.-Wester-B.
B.-Oster-B.
Soholmbrück
Linnerthof
Soholmfeld
E.-S.-Knorburg
Li.-Riesbriek
Riesbriekfeld
Li.-Linnau
Lindewitt
Süderhuus
Hauke-Haien-Koog
Speicherbecken
Schlüttsiel
Tundeswarft
Bollhaus
Efke-Langenhorner Alter Koog
Mönkebüll
La.-Osterlangenhorn
La.-Loheide
E.-S.-Soholm
Lütjenholm
Lütjen-holm
Golde-Goldelund
Goldebek
Oland
Eggenswarft
Alten-deich
Bongsiel
Gaardwarft
Langenhorn
Mönkebüllfeld
Loheider-feld
Brommelund
Dörpumfeld
Megelberg
Hogelund
Jolde-lund
Heinsbeck
Ockholm
Süderwarft
Tadenswarft
Nordergoesharde
Bo.-Büttjebüll
Addebüll
Büttjebüllfeld
Westerbordelumfeld
Uphusum
Bo.-Dörpum
Mirebüll
Högelfeld
Joldelund
Rocheleysand
Gröde-Appelland
Gröde
Schulwarft
Habel
Sönke-Nissen-Koog
Sterdebüll
Ebüll
Wester-
Oster-
Bordelum
Bordelumersiel
Margaretenberg
Friesenheim
Sönnebüll
Glücksburg
Scheffelhof
Högel
Vollstedt
Nordergoesharde
Löwenstedtfeld
Kolkerheide
Löwenstedt
Sandhörn
Reußenkoog
Reußen-
Hamburger Hallig
Bredstedt
Breklumfeld
Riddorf
Neuburg
Drelsdorfnorderfeld
Drelsdorf-osterfeld
Petersburg
Drelsdorf
H.-Kollund
Brookfeld
Brook
Breklum
Borsbüll
Struckum
Fortuna
Almdorf
Bohmstedtfeld
Hohenhörn
Norstedt
Haselund
koog
köge
Wallsbüll
Fresenhof
Hoffnung
Cecilienkoog
NSG
Gregerszelt
Bohmstedt
Eiberg
N.-Spinkebüll
Kragelund
Eckstock
Boxlund
Viölfeld
Viöl
Moorsteert
Beltringharder Koog
Hattstedter-Altendeich
Altemeede
Großellerbüll
Lagedeich
Klein-Ahrenshöft
Groß-Arlau
V.-Hoxtrup
Steinberg
Hochviöl
Hochviölberg
Ackebroe
Norderwarft
Halberweg
Neuwarft
Schulwarft
Neuerkoog
Grüne Küstenstraße
Lundenberg
Pellworm-plate
Norderplate
Hattstedtermarsch
Herstum
Elemenning
Arlewatt
Arlewattfeld
Immenstedt
Nordstrandischmoor
Süderkoogshaus
Sterdebüll
Sandfenne
Drift
Kornmaas
Arlewattheide
Ahrensröh
Olderup
Nordstrand
Wobbenbüll
Ebenshof
Hattstedt
Horstedt
Südergoesharde
Ahrenviöl
Rungholtsand
Elisabeth-Sophien-koog
Altendorf
Halebüllfeld
Hillgenbohl
Engelsburg
Wester-Ohrstedt
Norderhafen
Kiefhuck
Hamburger-deich
Pohnshallig
Halebüll
Schobüll
Glückstal
Kronenburg
Spaltenhof
Schauendahl
Rauberg
Am Pfahl
Pfannendorf
Strucklahnungshörn
N.-Alterkoog
Odenbüll
N.-Oster-deich
Moorsum
Mettgrund
H.-Hockensbüll
Husum
Augsburg
Osterhusumfeld
Kielsburg
Spinkwang
Schwesing
Haneburg
England
N.-Süden
Nordstrand deich
Moor-
N.-Herrendeich
Porrenkoog
M.-Rosendahl
Süderholz
Ra.-
Witt
Westerdeich
Trendermarschkoog
Neukoog
Wilheitsberg
Ispenstedt
Süderhafen
Langendeich
Lundenberger Sand
Halbmond
H.-Rödemis
Mildstedtfeld
Voßberg
Rantrumfeld
Westerwitt
Südfall
Dreisprung
Finkhaus
Fink-haus
Mildau
Lurup
Steinberg
Korbbakensand
Nordstrander Watt
Weißes Knie
Mildstedt
Hevenstrom
Simonsbergerkoog
hallig
Südermarsch
Rantrum
Oldersbek
Dreisprung
Voßkuhle
Hörn
Grüntal
Koogshaus
Platenhörn
Simonsberg
Leutnantshof
Obbenskoog
Leglichkeitskoog
Kollschau
Uelvesbüllerkoog
Uelvesbüll
Sand
Sandkrug
Sandhak
Hagedornzaun
Dingsbüllkoog
Wisch
Westerholz
Eckhof
Feldbergshof
Nordeich
Ramstedterfeld
Ramstedt
Norderhever-koog
Tetenbüllspieker
Kaltenhörn
Norderfriedrichskoog
Moordeich
Fleudenberg
Nordende
Riesbüllkoog
Blockhaus
Riesbüllhof
Sonnenberg
St. Peterskoog
Schwabstedt
Augustenkoog
Westerhof
Slatterack
Seegaard
Osterhever
Altneu-koogs-bühr
Böse Sieben
Hochhörn
Schmierkrug
Steinbrennerhof
Witzwort
Flöhdorf
Büttel
Witzwort-Süden
Reimersbude
Koldenbüttel
Friedrichstadt
Neulandshof
Sparhörn
Mühlen-deich
Sieversfleth
Altneukoog
Riep
Osterende
Schlickkoog
Süderhever-koog
Reinsbüll
Warmhörn
Soramshörn
Oldenkoog
Seeth
Lehmrick
Bolling-warft
Rehm-stacker-deich
Kirrenberg
Knolhaus
Oldenswort
Neukrug
Klerenbüll
Rothenhörn
Trindammhof
Wester-offen-büll-deich
Hoyerswort
Harblek
Rothen-spieker
Preil
Damms-feld
Bösbüttel
Drage
Dragermoor
Eiderstedt
Poppenbüll
Helmfleeth
Knollhof
Olde-höft
Le.-Dahrenwurth
Sankt Annen
Neuensiel
Eidernideich
Breshöft
Watt
Teten-büll
Kleihörn
Langenhemme
Axendorf
St. Annen-Osterfeld
Schleuse Nordfeld
Jeppern
Groß-Marne
Kirchspiel
Katharinenheerd
Junkernkoog
Schwarzhof
Fleudenberg
Alten-deich
Lehe
Woller
St. Annen-Damm
Hehm
Nordfeld
Bohmland
medehop
Klein-Tating
Sandwehle
Garding
Hochbohm
Kotzenbüll
Wollersum
Lunden
Neufeld
Hauberg
Deljekoog
Grüne Küstenstraße
rinenheerd
Hp. Katting
Tönning
Mahde
Lundener Moor
Krempeler Moor
Buttermilchs-krug
Wester-
Hörst
Blumen
Borst
Eichelhof
Niehuus
Krempel

## SEHENSWERTES

Die Autotour führt von der Storm-Stadt zunächst die Küste entlang über das kleine Schobüll durch die Köge zur Hamburger Hallig. Das gemütliche Bredstedt lädt zum Verweilen ein, bevor es über Hockensbüll mit seinem historischen Gasthaus durch die Weiten der Südermarsch geht. Ein Besuch der idyllisch gelegenen Treene-Städte Schwabstedt und Friedrichstadt rundet die Tour ab.

### HUSUM ★★★

**1** Die Kreisstadt Husum sollte ausgiebig erkundet werden. Neben den verschiedenen Stätten, die das Wirken Theodor Storms veranschaulichen, sind in Husum vor allem das Nordfriesische Museum, die St.-Marien-Kirche und das Schiffahrtsmuseum sehenswert.

### SCHOBÜLL ★★

**2** Seinen Reiz erhält Schobüll durch den hügeligen Geestrücken, der hier bis ans Wattenmeer reicht. Der Luftkurort verfügt über einen kleinen Wald, so daß die Luft nicht nur nach Meer und Salz riecht. Einen Besuch wert ist das Kirchlein am Meer.

### SÖNKE-NISSEN-KOOG ★★★

**3** Der Koog zählt durch die auffällige Architektur seiner Gehöfte zu den schönsten Kögen der Gegend. Auf einem solchen Hof befindet sich die Werkstatt der Handwebmeisterin Birgit Peters. Vom Außendeich des Kooges läßt sich das Ziel, die drei Gebäude der Hallig, bereits erspähen. Die Attraktivität der Halbinsel besteht in ihrer Weite und Ungestörtheit. Vor dem 31. Mai bietet sich die sonst von Autos benutzte Fahrspur als Wanderweg an. Zehn Informationstafeln des Nationalparks Wattenmeer geleiten den Wanderer hinaus zur Hallig. Dort angekommen, sollte man dem »Halligkröger« einen Besuch abstatten. Empfehlenswert ist der Pharisäer.

### BREDSTEDT ★

**4** Zu einem gemütlichen Bummel rund um den Marktplatz lädt Bredstedt ein. Etwas abseits der vielen kleinen Geschäfte befinden sich die sehenswerte Kirche in der Süderstraße und das Naturzentrum Nordfriesland in der Bahnhofstraße. Abends – am Wochenende auch zum Frühschoppen – lohnt es sich, in die Musikkneipe »Fiedes Krog« am Markt einzukehren.

### SCHWABSTEDT ★★

**6** Der kleine Ort am Flüßchen Treene ist ein beliebtes Ausflugsziel. Neben dem Besuch des Heimatmuseums empfiehlt sich eine Flußfahrt. Und wer will, kann hier ausgezeichnet den Fischen nachstellen.

### FRIEDRICHSTADT ★★

**7** Das »Holländerstädtchen« lädt zu einem Streifzug durch die gemütlichen Straßen ein. Auch eine echte Grachtenfahrt sollte nicht fehlen. Sehr sehenswert sind die Alte Münze und die Marktpumpe.

## ESSEN & TRINKEN

### BREDSTEDT

**4** Zahlreiche gute Gaststätten sorgen für das leibliche Wohl. Hervorzuheben ist die »Friesenhalle« am Markt. Zu angemessenen Preisen läßt es sich hier ausgezeichnet speisen.
*Hohle Gasse 2, 25821 Bredstedt, Tel. 0 46 71/15 21, geöffnet im Sommer Di–Sa 9–22 Uhr, So abend und Mo mittag geschl., Nov. und März geschl., mittlere Preisklasse*
Auch ein gemütliches Café befindet sich am Markt. Hier kann man in netter Atmosphäre selbstgebackenen Kuchen genießen.
*»Café Nissen«, Osterstr. 55, 25821 Bredstedt, Tel. 0 46 71/14 43, geöffnet tgl. 7–18 Uhr, Sa bis 13 Uhr, So 13–18 Uhr, mittlere Preisklasse*

### HOCKENSBÜLL

**5** Etwas nördlich von Husum liegt die über 300 Jahre alte Gaststätte »Zum Krug« (Hinweisschild an der Straße zwischen Husum und Schobüll beachten), in der Theodor Storm regelmäßig verkehrte. Das Haus wurde mit dem »Denkmalpflege-Preis Schleswig-Holstein« ausgezeichnet und ist für seine hervorragende Küche über die Grenzen Husums hinaus bekannt.
*Alte Landstraße, Tel. 0 48 41/6 15 80, geöffnet Di–Sa ab 18 Uhr, So 12–14, 18–22 Uhr, Mitte Jan.–Mitte Feb. geschl., mittlere Preisklasse*

**Die Kirche von Witzwort**

### FRIEDRICHSTADT

**7** Genüßlich speisen – bei gutem Wetter auch auf der Terrasse direkt an der Gracht – läßt es sich in Friedrichstadt vor allem am Mittelburgwall.
*Hotel-Restaurant »Holländische Stube«, Am Mittelburgwall 22–26, Tel. 0 48 81/9 39 00, geöffnet 10–23 Uhr, warme Küche 12–14, 18–22 Uhr, Nov.–März Mo und Di geschl., mittlere Preisklasse*
Wer etwas Preisgünstigeres und Gutbürgerliches sucht, kann im Restaurant »Altes Amtsgericht« satt werden. Es befindet sich neben der Tourist-Information am Markt.
*Am Markt 12, Tel. 0 48 81/77 43, geöffnet 10–23 Uhr, warme Küche 11–22 Uhr, Jan. geschl., untere Preisklasse*

## WANDERN UND RADWANDERN

**A** Der **Rundgang** durch Husum auf Storms Spuren beginnt bei seinem Geburtshaus am Markt 9. Weiter geht es in die Stadtpassage/Großstr. 16 zum Pole-Poppenspäler-Museum. Die einstigen Wohnräume des Dichters lassen sich in der Wasserreihe 31 besichtigen, wo auch ein Storm-Führer durch Husum und Nordfriesland erhältlich ist. Auch das Husumer Schloß spielte eine Rolle in Storms Leben: 1873 wurden seine Amtsräume als Richter dorthin verlegt. Im Schloßgarten befindet sich das Storm-Denkmal des Husumer Bildhauers Brütt. Begraben liegt der Dichter in einer Familiengruft auf dem ehemaligen St.-Jürgen-Friedhof im Osterende.

**B** Auf einer **Radtour** ab Friedrichstadt geht es zunächst an der Eider entlang nach Reimersbude. Das nächste Ziel ist Witzwort, das zu einer Verschnaufpause einlädt. Sehenswert ist vor allem die mächtige Kirche mit dem außergewöhnlichen Schnitzaltar. Nun sind es nur noch 2 km zum Roten Haubarg. In dem liebevoll restaurierten und jetzt weiß verputzten Gutshaus befinden sich eine interessante landwirtschaftliche Ausstellung und ein vorzügliches Restaurant. Über Dreisprung geht es auf landwirtschaftlichen Nutzwegen nach Ingwershörn, Riesbüllkoog und Koldenbüttel, wo eine Besichtigung der Kirche und der Goldschmiede von Ingeburg Peters (Mühlenweg 17) der Rückkehr nach Friedrichstadt vorausgehen sollte. Gesamtstrecke: ca. 31 km.

**C** Auf der kleinen **Radtour** ab Schobüll wird es ein wenig hügelig, denn der Ort liegt auf einem sandigen Geestrücken. Es geht am Deich entlang in den Dockkoog und der Husumer Au folgend in die Storm-Stadt. Zurück gelangt man über Hockensbüll, Hockensbüllfeld und Hattstedtfeld nach Hattstedt, dessen sehenswerte Kirche als Orientierung dient. Über Wobbenbüll und Halebüll führt der Weg zurück nach Schobüll. Gesamtstrecke: ca. 18 km.

*Hier schmecken sie am besten: Krabben und ein reichhaltiges Angebot an frischem Fisch – zum sofortigen Verzehr oder für die eigene Weiterverarbeitung – erhält man in den Fischbuden und Fischgeschäften am*

*Husumer Binnenhafen und bei der Fischereigenossenschaft am Außenhafen, direkt hinter der Bahnschranke zum Dockkoog.*

# Schalen- und Weichtiere

Bei einer Wattwanderung bewegt man sich auf einem unvorstellbaren Gewirr von Tieren und Pflanzen, die 2000 verschiedenen Arten

**So viel Kraft hätte man dem Seestern gar nicht zugetraut: Mit seinen fünf Saugarmen bricht er die Miesmuschel auf und spritzt Verdauungssaft ins Innere, um das aufgelöste Muschelfleisch anschließend aufzusaugen.**

angehören. Es ist ein herrliches Gefühl, durch den glitschigen Schlamm zu laufen. Und in einer Hand voll Schlick lassen sich Wattschnecke, Schlickkrebs, Platt- und Pfeffermuschel entdecken. Was wäre die Nordsee ohne ihre Krabben oder Sandgarnelen, wie sie richtig heißen? Die Tierchen bevölkern im Sommer zu Milliarden das Wattenmeer. Die kleinen Allesfresser sind beliebte Beutetiere für Vögel und junge Seehunde. Schlickkrebse kommen in immenser Zahl vor. Ein Kubikmeter Schlamm kann bis zu 40 000 von ihnen enthalten.

**Manchmal besiedeln Seepocken selbst die flinken Strandkrabben.**

# Fische

**Großflächige Kolonien: Miesmuschelbänke im Watt.**

Das Wattenmeer ist die Kinderstube zahlreicher Speisefischarten wie Scholle, Seezunge, Hering und Sprotte. Sie profitieren vom reichen Nahrungsangebot auf den Schlickflächen. Aber das Watt ernährt die Tiere nicht nur, es schützt sie auch. Bei ablaufendem Wasser bleiben die winzigen Jungfische in den flachen Prielen und Pfützen zurück und sind in ihrem ersten Lebensjahr auf diese Weise vor den Räubern des Meeres sicher.

**Pier- oder Wattwurm** Das etwa 15 cm lange Tier lebt in einem U-förmigen Bau. Auffallend sind seine über das ganze Watt verteilten

**Die Namen sprechen für sich: Feuerqualle und Blaue Nesselqualle.**

gekringelten Kothaufen, die wohl jeder Wattwanderer kennt.

**Qualle** Diejenigen Exemplare, die man gelegentlich als undefinierbare Gallertklumpen am Strand oder im Watt findet, gehören zur Klasse der Becherquallen. Ihr Körper setzt sich zu 99 Prozent aus Wasser zusammen. Ihre Ernährung besteht im wesentlichen aus Plankton.
Die Fortbewegung erfolgt durch das Zusammenziehen ihrer Scheibenränder, wodurch das in der Glockenhöhlung vorhandene Wasser verdrängt wird. Der dabei entstehende Rückstoß treibt das Tier voran. Die berüchtigten Feuerquallen, die mit Gift ihre Angreifer lähmen, sind im Wattenmeer selten.

**Queller** Die bis zu 30 cm hohe Pflanze gedeiht in Bereichen, die noch regelmäßig vom Meer überflutet werden. In ihren verzweigten Ästen bleiben angespülte Sedimente hängen, das Watt »wächst«. Deshalb wird der Queller gezielt zur Landgewinnung eingesetzt.

**Ringelgans** Die Ringelgans gehört zu den Zugvögeln. Die Nahrungsbeschaffung erfolgt durch ein systematisches Herumtreten, mit dem das Tier Würmer aus ihren Gängen lockt. Die Flugformation entspricht nicht der anderer Wildgansarten: Es bietet sich ein eher ungeordnetes Bild.

**Rotschenkel** Das augenfällige und namengebende Merkmal dieser Schnepfenart sind die roten Beine. Auf der Suche nach Nahrung durchpflügt der Rotschenkel mit geöffnetem Schnabel den Boden. Er wählt beim Brüten gern den für seine Wachsamkeit bekannten Kiebitz als Nachbarn.

**Der Pierwurm hat sich in den Schlick gegraben, spiralförmige Kothäufchen markieren den Eingang zu seiner Röhre.**

**Sandgarnele** Die in Norddeutschland allgemein als »Krabbe« betitelte Sandgarnele lebt im Bereich der Priele, begibt sich zur Nahrungssuche jedoch ins Watt. Das Weibchen erreicht eine Größe von zirka 8 cm, während das Männchen nur etwa halb so groß wird.

**Sandklaffmuschel** In 20–30 cm Tiefe unter der Wattoberfläche hat sich die Sandklaffmuschel auf interessante Weise ihrem Lebensraum angepaßt: Sie besitzt ein verlängertes Atemrohr, und ihr Sauerstoffbedarf ist wesentlich geringer als der vergleichbarer Tiere.

**Scholle** Dieser Fisch hat sich seiner Umgebung auf eine ganz besondere Weise angepaßt: Am Ende seiner Wachstumsphase sinkt er zu Boden, und ein Auge wandert über die Stirn auf die andere Körperseite. Damit ist die Verwandlung zu einem rechtsseitigen Plattfisch abgeschlossen.

**Die Flunder tarnt sich: Sie hat sich in Form und Farbe perfekt dem Untergrund angepaßt.**

**Seegras** Das Gemeine Seegras wächst in einer Wassertiefe von 2 m und mehr. Die Pflanze dient als Laichplatz für verschiedene Fische und vielen Zugvogelarten als Nahrung.

**Seehund** Der Seehund wird bis zu 2 m lang, hat einen glatten, gelblichgrauen Pelz mit bräunli-

# Ebbe und Flut

Die Gezeiten sind ein Phänomen der Küste: Alle sechs Stunden läuft das Wasser ab, um innerhalb der folgenden sechs Stunden wieder zurückzukehren.

**Leinen los: Schiffe im Husumer Hafen bei Flut.**

**Auf dem Trockenen: Niedrigwasser im Hafen.**

Die Gezeiten entstehen durch die Anziehungskraft des Mondes und die aus der Erddrehung resultierende Fliehkraft, die die Wassermassen in Bewegung setzen. Diese Differenz der extremen Wasserstände wird als Tidenhub bezeichnet. Er beträgt an der schleswig-holsteinischen Nordseeküste etwa 3 m. Zu Springfluten, besonders hohen Wasserständen, kommt es, wenn sich zu der Anziehungskraft des Mondes noch die der Sonne gesellt. Bei stürmischen Winden kann aus einem solchen Zusammentreffen leicht eine Sturmflut entstehen.

# Das Watt, was ist das?

**Durch die Meeresströmung entstehen die für das Sandwatt typischen regelmäßigen Rippelmarken.**

Das Watt besteht aus unterschiedlichen Landschaftsformationen. Das weiche und schlammige Schlickwatt entsteht, wo die Strömungsgeschwindigkeit des Meeres am geringsten ist und die Schwebstoffe des Wassers ohne größeren Widerstand absinken können.
Charakteristisch für das Sandwatt sind die parallel verlaufenden Rippelmarken, die anzeigen, daß der Schlick sich mitbewegt, wenn Ebbe und Flut darüberziehen. Hier ist der Boden wesentlich härter und sandiger.
Priele sind die Zu- und Abflüsse des Wattenmeeres. Hier graben sich gern die etwa 1 cm großen Schlickkrebse ein. Das feine Zischen und Blubbern, das so typisch für das Wattenmeer ist, entsteht durch das Zerplatzen der Luftbläschen an der Mündung ihrer Gänge.

**In seinen fleischigen Ästchen speichert der Queller Salzwasser.**

**Austernfischer** Der etwa 43 cm große Vogel hat einen gedrungenen Körperbau. Er ist am Kopf, an der Oberseite und am Hals schwarz, der Bauch ist weiß. Auffallend rot sind Augen, Füße und Schnabel. Der Austernfischer lebt in Schwärmen und bleibt in der Regel einem Standort treu.

**Eiderente** Dieser Entenvogel ist mit einer Größe von 58 cm relativ schwerfällig und kann daher schlecht fliegen. Dafür ist sie ein hervorragender Taucher: Im Extremfall gelangt sie bis in 60 m Tiefe.

**Flunder** Der zur Familie der Schollen gehörende Fisch wird 30–50 cm lang und ist bis zu 1/3 links- und zu 2/3 rechts-äugig. Die Flunder lebt im Priel und begibt sich nur zur Eiablage in die tiefere See.



# Salzwiesen

Salzwiesen bilden den Übergangsbereich zwischen Watt und Festland, in dem sich die ersten Pflanzen ansiedeln. Die Flächen werden noch 100- bis 200mal jährlich überspült und erhalten jeweils eine neue Schicht nährstoffreichen Schlicks.
Hochspezialisierte Pflanzen wie der dickfleischige Queller und das robuste Schlickgras siedeln als erste. Wächst die Salzwiese ein wenig höher, folgen Andelgras und Strandaster. Zuletzt blühen Strandflieder, Stranddreizack und Strandnelke.

**Die Salzwiese ist nicht nur ein wichtiges Brutgebiet für zahlreiche Vogelarten, sie spielt auch eine entscheidende Rolle im Küstenschutz. Anrollende Wellen werden durch intakte Biotope gebremst, der Druck des Wassers auf die Deiche wird vermindert. Der rotblühende Strandflieder hat sich diesem Lebensraum, der noch häufiger vom Meer überspült wird, gut angepaßt: Die Pflanze verfügt über Drüsen an ihrer Blattoberfläche, die das überschüssige Salz ausscheiden können.**

**Herzmuschel** Die im Watt weitverbreitete, nur 3 cm unter der Oberfläche lebende Muschel kann mit Hilfe ihres Grabfußes erstaunlich weit springen. Ähnlich wie bei einem Baum läßt sich ihr Alter an Jahresringen ablesen.

**Kiebitz** Dieser Watvogel hat eine aus langen schmalen Federn bestehende Haube, die er gern zur Schau stellt. Durch das Klopfen auf den Boden mit einem Fuß – er imitiert das Prasseln des Regens – lockt er die Würmer aus dem Boden.

**Kieselalge** Die winzige, einzellige Pflanze ist ein wichtiges Nahrungsmittel für viele Tierarten. Im Sommer, wenn die Bestände am größten sind, leben mehrere Millionen Kieselalgen auf engstem Raum.

**Miesmuschel** Die Miesmuschel lebt an der Wattoberfläche. Nahrungsaufnahme und Atmung erfolgen über Kiemen. Auf Miesmuschelbänken leben bis zu 12 000 dieser 8 cm langen Weichtiere.

**Mit ihrem Wurzelwerk krallt sich die Salzmiere im Dünensand fest.**

Eine Landschaft mit Zukunft

# Das Wattenmeer

*Einzigartige Tiere und Pflanzen bevölkern einen auf den ersten Blick unscheinbaren Lebensraum*

## DER NATUR AUF DER SPUR

Ferien an der See bedeuten in der Regel erst einmal Badefreuden und viel frische Luft. Dabei ist aber den wenigsten bewußt, daß ein Aufenthalt an der Küste Nordfrieslands oft genug auch ein Urlaub am Nationalpark Schleswig-Holsteinisches Wattenmeer ist.
Das gesamte Watt vor der schleswig-holsteinischen Küste mit einer Fläche von 285 000 Hektar wurde im Oktober 1985 zum Nationalpark erklärt. 1986 folgte die Einrichtung des Nationalparks Niedersächsisches Wattenmeer, und 1990 erhielt schließlich das Hamburgische Wattenmeer diesen höchsten Schutzstatus. Zusammen mit dem holländischen und dem dänischen Wattenmeer bilden die Gebiete die größte zusammenhängende Wattenlandschaft der Welt.
Der Nationalpark dient »dem Schutz des schleswig-holsteinischen Wattenmeers und der Bewahrung seiner besonderen Eigenart, Schönheit und Ursprünglichkeit« wie es im Gesetzestext heißt. Gegenwärtig sind besonders sensible Gebiete – etwa ein Drittel der Gesamtfläche – in der Schutzzone 1 zusammengefaßt. Sie dürfen nicht betreten werden. In der Zone 2 ist das Zutrittsverbot zeitlich beschränkt, es gilt für die Brutzeiten bestimmter Seevögel und die Sommermonate, in denen die Seehunde ihren Nachwuchs erwarten. Die Zone 3, sie umfaßt die gesamte übrige Fläche, ist ohne Beschränkung zugänglich. Ausgenommen sind die Inseln und Halligen, sie sind nicht Teil des Nationalparks.

Sogenannte »Seevogelfreistätten« wurden bereits 1909 auf der Hallig Norderoog und 1910 auf Trischen eingerichtet. In den dreißiger Jahren wurden die Hamburger Hallig sowie Wattgebiete östlich von Sylt zu Naturschutzgebieten erklärt. Erst 1974 jedoch wurde dem gesamten Nordfriesischen Wattenmeer dieser Status zuerkannt. Doch bis zum Nationalpark war es noch ein weiter Weg. Zu groß waren die Bedenken der Bevölkerung, die eine erhebliche Einschränkung ihrer Nutzungsrechte befürchtete. Die öffentliche Diskussion über das Für und Wider des Nationalparks zog sich bis zu seiner Gründung im Oktober 1985 hin, ja sie ist heute noch heftig im Gange.
Denn die Einrichtung soll sowohl den Anforderungen des Naturschutzes als auch den Bedürfnissen der Einheimischen gerecht werden. Ein Konflikt, der seit 1985 des öfteren zur Zerreißprobe für das Projekt wurde. Weitere Kompromisse werden erforderlich sein, wenn es um den Ausgleich zwischen Landes- und Bundesgesetzgebung geht. Wie soll der Freizeitjäger verstehen, daß er ab sofort keine Enten im Wattenmeer mehr jagen darf, es der Bundeswehr aber weiterhin erlaubt bleibt, in der Meldorfer Bucht – mitten im Nationalpark – ballistische Versuche mit Rohrwaffen oder Tests mit Infrarotraketen durchzuführen? Und warum darf sich der begeisterte Nordseeurlauber keinen bunten Blumenstrauß auf den Salzwiesen pflücken, während ein Mineralölkonzern im Schutzgebiet Öl fördert?

Lobende Worte gebühren aber den Urlaubern. Die Bereitschaft, Einschränkungen zu akzeptieren, ist groß. Schließlich ist eine intakte Umwelt zumeist das ausschlaggebende Motiv für einen Aufenthalt an der Nordseeküste. Entsprechend aufgeschlossen sind die Gäste gegenüber den Naturschutz-Informationszentren und naturkundliche Wanderungen helfen, den Menschen in diesen einzigartigen Naturraum einzubeziehen anstatt ihn auszuschließen.

**Eine Fangfahrt auf einem Fischkutter ist besonders für Kinder ein unvergeßliches Erlebnis. Wenn ein kundiger Begleiter die Lebewesen des Watts erklärt, kann man viel über die unterschiedlichen Bewohner des Meeres lernen.**

# Säugetiere und Vögel

**Bei der Balz und beim Nestbau sind Austernfischer originelle Individualisten, doch ansonsten suchen sie stets die Sicherheit des Schwarms.**

Der Seehund ist das einzige im Wattenmeer beheimatete Säugetier. 1988 fielen in der Nordsee mehrere tausend Heuler einer mysteriösen Seuche zum Opfer. Vor der Epidemie betrug ihre Zahl etwa 10 000. Sie wurde durch die Krankheit auf zirka 4500 reduziert und stieg bis 1993 glücklicherweise wieder auf 8200 an.

Die Vogelwelt im Wattenmeer ist vielfältig. Über dreißig Arten brüten im Küstenbereich. Dazu gehören Lach-, Herings-, Silber- und Sturmmöwen, die weitverbreiteten Austernfischer und Rotschenkel wie auch die selteneren Seeregenpfeifer und Zwergseeschwalben. Sie alle haben sich in der Nahrungssuche spezialisiert. Säbelschnäbler, Brachvögel und verschiedene Regenpfeiferarten picken nach Schlickkrebsen und Wattwürmern, während Austernfischer einen derart starken Schnabel besitzen, daß sie damit Muscheln aufknacken können. Ganz anders die Eiderenten. Sie schlucken die Muscheln und zerquetschen diese mit ihren Mägen.

**Die Silbermöwe ist ein Nesträuber und versorgt so ihre Jungen oft auf Kosten anderer.**

chen oder grau-schwarzen Flecken und unterseits behaarte Flossenfüße, die er allerdings nicht zum Laufen benutzen kann. Das Tier ist ein hervorragender Taucher: Meistens bleibt es 5 bis 10 Minuten unter Wasser, es kann aber auch bis zu 30 Minuten ohne Sauerstoff aushalten. Die Jungen kommen auf Sandbänken zur Welt, werden vier Wochen gesäugt und dann ins Wasser gestoßen. Während der Zeit der Aufzucht sollten die Seehunde auf keinen Fall gestört werden, da sie sonst zu häufig ins Wasser flüchten müssen und nicht ausreichend ernährt werden können.

**Seepocke** Dieses 5 bis 15 mm kleine Krustentier wächst bereits als Larve an einer Unterlage fest. Solche Oberflächen sind beispielsweise Steine, Pfähle, Strandkrabben oder Miesmuscheln.

**Kaum ein Vogel ist so wachsam wie der Kiebitz.**



# Schützt das Wattenmeer!

Immer wieder schlagen Umweltschützer Alarm, zum Beispiel wenn irgendwo auf den Außensänden ein Giftmüllfaß angeschwemmt wird oder wenn durch Messungen eine erhöhte Konzentration von Umweltgiften nachgewiesen wird. Die Nordsee ist jahrelang als Abfallgrube der Industriegesellschaft mißbraucht worden und wird es in geringerem Maße noch heute. Auch die Ölförderung in der Nordsee ist dabei ein ernstzunehmendes Problem. Vermehrtes Auftreten von Hautgeschwüren, Tumoren oder Knochenkrankheiten bei Fischen sind deutliche Warnsignale.

**Einst war das Watt vor allem für die Fischerei von Bedeutung: Bei der Reusenfischerei werden die trichterförmigen Netze an der Lahnung befestigt.**

Daher ist es begrüßenswert, daß die drei Anrainerstaaten Niederlande, Deutschland und Dänemark gegenwärtig gemeinsam an Konzepten zur Bewahrung dieses einmaligen Feuchtgebiets arbeiten. Langfristiger Schutz kann aber erst gewährleistet werden, wenn alle Staaten an einem Strang ziehen und Gifteinleitungen endgültig unterbunden werden.

**Seezunge** Die in der Nordsee häufig vertretene Seezunge wird bis zu 50 cm lang und lebt wie alle Plattfische am Meeresgrund, dem sie sich farblich anpassen kann. Ihren Namen verdankt sie ihrer zungenförmigen Gestalt.

**Silbermöwe** Sie ist eine der meistverbreiteten Möwenarten an der deutschen Nordseeküste. Die Vögel sind Allesfresser, die auch vor Müllkippen nicht haltmachen. Sie leben in festen Paarbeziehungen, das Gelege besteht aus zwei bis drei Eiern.

**Strandflieder** Ebenso wie die Salzmiere ist der Strandflieder eine typische Salzwiesenpflanze. Zwischen August und September blüht er rosaviolett. Über Blattdrüsen scheidet er nicht verwertbare Stoffe aus.

**Strandkrabbe** Zur Ordnung der Krebse gehört auch dieses bis zu 8 cm messende Tier, das sich nicht vorwärts, sondern ausschließlich seitwärts fortbewegen kann. Die Atmung erfolgt durch unter dem Rückenschild liegende Kiemen.

Zwischen Himmel und Meer: Auf der Hallig Hooge lebt man in einer ganz eigenen Welt.

# Die Halligen, Pellworm und Nordstrand

Knatternd fährt die Lore den Dagebüller Deich hinunter. Sollte der Fahrtwind zu kalt sein, hält der Fahrer eine Decke bereit, die man sich schützend um die Beine schlagen kann.

Dies ist die stilvollste Art, auf die Hallig zu gelangen. Der drei Kilometer lange Damm von Dagebüll nach Oland, das auf dieselbe Weise mit Langeneß verbunden ist, ist ein Kuriosum des Wattenmeers. Die 1926/28 gebaute Bahn dient heute dem Amt für Land- und Wasserwirtschaft als Versorgungsweg für den Küstenschutz. Doch auch die Halligbewohner dürfen den Schienenweg für eigene Besorgungen nutzen.

Die zehn nordfriesischen Halligen sind im wahrsten Sinne des Wortes einmalig. Ihresgleichen suchen auch Nordstrand und Pellworm, die 1634 aus der großen Insel Strand entstanden.

*Wattwandern ist eine beliebte Urlaubsbeschäftigung. Ausflugsfahrten mit Pferd und Wagen in*

*das Watt hingegen sind schon ungewöhnlicher. Eine solche Unternehmung von Nordstrand nach der Hallig Südfall ist ein willkommenes Angebot für alle, die nicht ganz so gut zu Fuß sind. Die Abfahrtszeiten richten sich nach den Gezeiten, um Voranmeldung (tgl. 8–12 Uhr) wird gebeten. Werner L. Andresen, Tel. 0 48 42/3 00*

**Unterwegs auf Hooge: Etappenziel Westerwarft**

**Halligversammlung: Gottesdienst auf der Kirchwarft**

**Traditionsbewußt: Friesinnen auf Hooge**

**EXTRA-TIP**

*Die Gastwirtschaft »Seeblick« auf der Tadenswarft, Langeneß, ist ihrer urigen Atmosphäre wegen schon des längeren ein Geheimtip unter den Halligreisenden. Der hiesige Pharisäer sucht seinesgleichen. Tel. 0 46 84/2 18,*

*geöffnet Mi, Fr und Sa 19–24 Uhr, So 11–12 Uhr: Frühschoppen*

Keine andere deutsche Landschaft ist den Naturkräften so unmittelbar ausgesetzt wie die Halligen. Noch bis zum 14. Jahrhundert erstreckte sich ein breiter Marschlandgürtel auf der Fläche des heutigen Wattenmeers. Die Utlande (Außenlande) waren eine Moor- und Seenlandschaft, die seit dem 11. Jahrhundert von den Menschen urbar gemacht worden war. Bei der »ersten groten Mandränke« im Januar 1362 ging diese Kulturlandschaft und mit ihr die sagenumwobene Handelsstadt Rungholt unter. Der Legende nach war der Ort reich, dekadent und gottlos, und so schickte Gott den Menschen ein Strafgericht, das in Form einer großen Flut über die Stadt hereinbrach.

Das Meer wütete weiter. War nach der ersten »Mandränke« lediglich die Insel Strand übriggeblieben, so mußte sie nun in der zweiten »groten Mandränke« vom Oktober 1634 dran glauben. Als Folge entstanden die heutigen Inseln Nordstrand und Pellworm. Weitere Sturmfluten folgten. In die Annalen sind die von 1717, 1825 und 1962 eingegangen. Jede dieser Katastrophen – und viele weitere, hier nicht genannte – bedeuteten für die Bewohner der Utlande unsagbares Leid.

**Sonderstellung: Glockenturm auf der Kirchwarft**

## Schlickhügel im Meer: die Halligen

Halligen sind, im Gegensatz zu »richtigen« Inseln, nur schwer zu befestigen. Da sie keinen eiszeitlichen Geestkern besitzen, sind sie geologisch nicht

**Stilleben: Nachmittag auf der Hallig Hooge**

**Verschnaufpause: Kleiner Gast auf Hooge**

verankert. Sie »schweben« auf dem Wattenmeer, denn sie sind nichts anderes als durch Strömungen aufgeworfener Schlick. Getreide wird auf dem salzigen Untergrund niemals wachsen. Allein auf künstlich aufgeworfenen Hügeln – den Warften – läßt es sich trockenen Fußes leben. Denn noch immer werden die Halligen mehrmals jährlich von kleinen Sturmfluten überspült. Dann ist »Land unter«, und die Menschen warten auf ihren Warften, bis das Wasser wieder abgelaufen ist.
Heute sind die Landflecken, von wenigen Ausnahmen einmal abgesehen, alle befestigt, und Hooge, die selbsternannte »Königin der Halligen«, besitzt sogar einen Sommerdeich. Die Wende kam nach der großen Sturmflut 1962. Selbst wenn keine Todesopfer zu beklagen waren, war der Sachschaden doch beträchtlich. Auch erkannte die Landesregierung nun endlich die segensreiche Wellenbrecherfunktion der Vorposten im Wattenmeer, und es wurde ein umfangreiches Hilfsprogramm in die Wege geleitet.
Neben einem Wasser- und Stromanschluß, den nun endlich alle Halligen bekamen – auf Gröde dauerte es allerdings noch bis 1976 –, erhielten sämtliche Häuser spezielle Schutzräume, die den großen Sturmfluten standhalten sollten. Im Januar 1976, als das Wasser noch einen halben Meter höher stieg als 1962, bewährten sich die neuen Schutzmaßnahmen.
Heute unterscheidet sich der Alltag auf einer Hallig kaum noch vom Leben auf dem Festland. Die traditionellen Einkommensquellen, Fischerei und Landwirtschaft, sind nahezu bedeutungslos geworden; die Menschen haben im Küstenschutz und im Fremdenverkehr ein neues Auskommen gefunden.

**EXTRA-TIP**

*15 stürmische Minuten an einem schönen Sommertag verheißt das Sturmflutkino. Der Besuch ist unbe-*

*dingt empfehlenswert, will man ein Gefühl dafür bekommen, wie sich die Hooger Idylle in ein »Land unter« verwandelt. Sturmflutkino, Hanswarft, 25859 Hallig Hooge, Tel. 048 49/2 71, Vorführung alle 20 Minuten*

Eilzustellung: Der Postbote Fiete Nissen bei der Arbeit

Vogelschutzgebiet: Die Hallig Südfall

Halligfriedhof: Gräber auf Nordstrandischmoor

**EXTRA-TIP**

*Kurios ist die Entstehungsgeschichte des Wattenmuseums Liermann. Fast 50 Jahre lang brachte der Halligpostbote Heinrich Liermann die Post nach Süderoog. Auf seinen Wegen durch das Watt fand er dabei zahlreiche Spuren des untergegangenen Lebens rings um Pellworm. Wattenmuseum, Wester-Schütting, 25849 Pellworm, Tel. 0 48 44/2 85, geöffnet April–Sept. tgl. 8–20 Uhr, Okt.–März 8–16 Uhr*

Und sogar einige Autos – angesichts der Größe der Halligen eher verwunderlich – fahren auf Hooge und auf Langeneß. Das Benzin muß aber in Kanistern vom Festland herübergeschafft werden. Urlauber sollten ihre Autos jedoch nicht mitbringen. Trotz alledem ist ein Halligaufenthalt mit nichts Bekanntem zu vergleichen. Wenn das sommerliche Tagesgeschäft vorüber ist und die Ausflugsdampfer aus Schlüttsiel und Strucklahnungshörn wieder abgelegt haben, legt das Eiland seine Geschäftigkeit ab und fällt zurück in diese einmalige Stille.

## Hooge – die Betriebsame

Ganz anders Hooge während eines Sommertages: Gegen 11 Uhr legen die MS »Seeadler« und die MS »Hauke Haien« mit Tagesausflüglern aus Schlüttsiel an. Mit dem Linienschiff von Schlüttsiel und Amrum kommen weitere Besucher, um die 5,6 $km^2$ große Hallig per Fahrrad, mit Pferd und Wagen oder auf Schusters Rappen zu entdecken. Das touristische Zentrum Hanswarft liegt nur etwa einen Kilometer vom Anleger entfernt. Sehenswert ist hier vor allem der Königspesel. In dieser guten Stube hat 1825 der dänische König Frederik VI. genächtigt, weshalb sie ihren majestätischen Namen erhielt. Schlechtes Wetter hatte den Monarchen auf der Hallig aufgehalten.

Die Katastrophe ereignete sich im Oktober 1995. Der unter Denkmalschutz stehende Königspesel stand in Flammen. Ein Kurzschluß hatte in dem reetgedeckten Haus ein Feuer ausgelöst. Mit vereinten Kräften gelang es der Hooger Bevölkerung, die wertvollen Einrichtungsgegenstände vor der Zerstörung zu retten. Das bis auf die Grundmauern niedergebrannte Gebäude wurde zwischenzeitlich wieder aufgebaut, der Königspesel ist ab Sommer 1996 erneut zugänglich.

## Die ungleiche Schwester Langeneß

Wer das langgezogene Langeneß umrunden will, der hat schon eine richtige Wanderung vor sich. Die 9 km lange und 1 km breite Hallig verlangt einige Kondition. Die Entfernungen sind beträchtlich, und es empfiehlt sich daher, ein Fahrrad zu leihen oder mitzubringen.

Windig: Große Wäsche auf der Hallig Gröde

Gute Stube: Innenleben einer Warft

Seine eigenwillige Form erhielt Langeneß durch das Zusammenwachsen der drei kleinen Halligen Butwehl, Nordmarsch und Langeneß. Noch heute wird mancherorts die Bezeichnung Nordmarsch-Langeneß verwendet. Auf dem schmalen Stück Land geht das Leben – auch das sommerliche – einen gemächlicheren Gang. Tagestouristen kommen wenige, und die paar Besucher reisen meist mit dem Linienschiff an.
Um die Sehenswürdigkeiten der Insel kennenzulernen, muß man weitere Wege zurücklegen als auf Hooge. Das schöne Kapitän-Tadsen-Museum mit seiner historischen Einrichtung befindet sich auf der Ketelswarft in der Halligmitte, die Kirche noch eine Warft weiter. Eine weitere heimatkundliche Ausstellung, die Friesenstube, liegt auf der benachbarten Honkenswarft.

## Die kleinen Halligen Oland, Gröde und Nordstrandischmoor

Die urwüchsigste Halligatmosphäre läßt sich auf den ganz kleinen Eilanden erleben. In ihrer Abgeschiedenheit und Stille fühlt man sich in eine andere Welt versetzt. Auf Oland wohnen 31, auf Gröde 19 und auf Nordstrandischmoor noch 18 Menschen. Und doch leben die Einheimischen hier ebenso vom Fremdenverkehr wie die meisten anderen Inselbewohner des Wattenmeers auch.
An Wahlabenden ist die kleinste Gemeinde der Republik in aller Munde, denn Gröde hat – bei einer Wahlbeteiligung von 100 % – schon zwei Minuten nach Schließung der Wahllokale die Stimmen ausgezählt. Um nach Oland und Gröde zu gelangen, muß man einen Marsch durchs Watt auf sich nehmen. Dazu schließt man sich am besten einer geführten Wanderung an. Nur bei günstigen Tidenverhältnissen fährt ein Ausflugsschiff von Schlüttsiel aus.
Nordstrandischmoor, das ein Überbleibsel der ehemaligen Insel Strand ist, wird während des Sommers regelmäßig von Ausflugsschiffen angelaufen. Die Hallig ist zudem durch einen Lorendamm mit dem Naturschutzgebiet Beltringharder Koog verbunden, wo die Einheimischen in einem Garagenkomplex ihre Autos untergestellt haben.

## Die unbewohnten Halligen

Die vier winzigen Halligen Norderoog, Habel, Süderoog und Südfall sind Vogelparadiese. Alle, mit Ausnahme von Südfall, liegen in der Schutzzone 1 des Nationalparks Wattenmeer und dürfen ohne Begleitung nicht besucht werden. Auch das allein von einem Vogelwärter bewohnte Südfall sollte nur

**EXTRA-TIP**

*Norderoog, Südfall und Süderoog dürfen von Touristen nur im Rahmen einer naturkundlichen Exkursion betreten werden. In Begleitung eines Fachmanns lernt man die Pflanzen- und Tierwelt aber auch am besten kennen.*
*Kontaktadressen: Norderoog, Kurverwaltung Hooge, Tel. 0 48 49/2 55;*

*Süderoog, Kurverwaltung Pellworm, Tel. 0 48 44/1 89 43; Südfall, Gemeinde Nordstrand, Tel. 0 48 42/82 32*

**Einsam und aufrecht: Der Leuchtturm von Südosthörn vor bleischwerem Himmel**

**EXTRA-TIP**

*In Pellworms alter Kirche St. Salvator finden während der Saison allwöchentlich Orgelkonzerte statt. Namhafte Organisten aus dem In- und Ausland gestalten die Konzerte an dem einzigen in Schleswig-Holstein erhaltenen In-*

*strument des berühmten Orgelbauers Arp Schnitger. Kurverwaltung Pellworm, Tel. 0 48 44/ 1 89 43*

**Wahrzeichen Pellworms: Die Alte Kirche**

unter fachkundiger Führung betreten werden. Man muß in diesem Fall nicht unbedingt laufen. Von Nordstrand aus werden Fahrten mit Pferd und Wagen durchs Wattenmeer nach Südfall angeboten.

## Pellworm, die »grüne« Insel

Umweltschutz spielt auf allen Inseln und Halligen im Wattenmeer eine wachsende Rolle, doch Pellworm hat hier zweifellos eine Vorreiterrolle inne. Die 37 km² große Insel verfügt über Europas größtes kombiniertes Solar- und Windkraftwerk mit einer Leistung von 1,5 Megawatt. Der hier erzeugte Strom wird zum Festland geleitet, zum Leidwesen des Vereins Ökologisch Wirtschaften e.V., der die Energie lieber vor Ort nutzen würde.
Mehrmals täglich legt das Linienschiff der Neuen Pellwormer Dampfschiffgesellschaft von Nordstrand kommend nach 35minütiger Überfahrt in Tammensiel an. Neben der Landwirtschaft ernährt den Pellwormer nämlich der Fremdenverkehr. Auf jeden der 1387 Einwohner kommen zwei Gästebetten und ein halbes Mietfahrrad. Gleich am Fähranleger befindet sich das im Obergeschoß der Kurverwaltung untergebrachte Heimatmuseum. Es erzählt, wie auch die beiden Wattenmuseen Pell-

**Abgelegen: Der Pellwormer Hafen**

worms, vom nie endenden Kampf der Menschen gegen den Blanken Hans.
Der hat übrigens seinen Namen auf Pellworm erhalten und ist Detlev von Liliencron zu verdanken. Der Dichter hatte hier gegen Ende des 19.Jahrhunderts für einige Zeit das Amt des Vogtes inne. Beeindruckt von der grollenden See, schrieb er das Gedicht vom Blanken Hans.

## Insel der drei Konfessionen

Obwohl Nordstrand nach der Eindeichung des Naturschutzgebietes Beltringharder Koog sein Inseldasein aufgeben mußte, hat der Reisende nach dem

Auf der grünen Wiese: Strandkörbe am Nordstrander Westerdeich

Inselkirche: St. Theresia auf Nordstrand

Gehaltvoll: Im Pharisäer steckt mehr als nur Kaffee

Durchfahren der Stöpe noch immer das Gefühl, das Festland hinter sich gelassen zu haben.

Bei der »zweiten groten Manndränke« 1634 konnte Nordstrands Kirche St. Vinzenz in Odenbüll als einziges Gotteshaus der Region gerettet werden. Es ist seit seiner Entstehung mehrmals umgebaut worden, doch in seinen Fundamenten steht hier noch ein Gebäude aus dem 13. Jahrhundert. Im Inneren sind der spätgotische Altaraufsatz, der Taufstein sowie die 1605 von einem unbekannten Meister geschnitzte Kanzel sehenswert.

Es gibt auf Nordstrand neben der protestantischen auch noch zwei katholische Gemeinden. Ja, wirklich: zwei. Die Insel ist nämlich ein Zentrum der norddeutschen Altkatholiken. Die Anhänger dieser Glaubensrichtung, im 17. Jahrhundert von holländischen Deichbauern in Nordfriesland eingeführt, lehnen den Papst als Oberhaupt der Kirche ab. In der Kirche St. Theresia praktiziert eine kleine Gemeinde diesen Glauben.

## Die Sache mit den Pharisäern

Nordstrands Geschichte ist laut einer Legende eng verwoben mit der Geistlichkeit. Bei der Erfindung des Getränks Pharisäer half ein Dorfpastor kräftig – wenn auch unbewußt – mit. Anläßlich einer Feier blieb es den Gästen in Gegenwart des Pastors verwehrt, Alkohol zu trinken. Also fügten sie dem Kaffee einen guten Schuß Rum zu und deckten das ganze mit einer dicken Schicht Sahne ab. Als der Pastor versehntlich eine falsche Tasse bekam, rief er aus: »Ihr scheinheiliges Volk, ihr Pharisäer!« Und so hatte das Getränk seinen Namen weg.

**EXTRA-TIP**

*Die »Nordstrander Töpferei« ist mittlerweile weit über die Grenzen des Kreises Nordfriesland hinaus bekannt. Die Gefäße sind zum Teil alten Funden aus dem Wattenmeer nachempfunden. Formen und Bemalung sind rein friesisch, dabei ist das dezente Graublau mittlerweile zu einem Markenzeichen der Werkstatt geworden. Es gibt hier auch eine gemütliche Teestube und die Galerie »Lat di Tied«. Nordstrander Töpferei, Süden 44/46, 25845 Nordstrand Tel. 0 48 42/4 00, geöffnet tgl. 10–18 Uhr*

Föhrer Schulter
FÖHR
Ackerum
Osterland
Midlum
Oevenum
Alkersum
Wrixum
W.-Boldixum
St. Joh.-K.
Kleinnieblum
Nieblum
Bretland
Greveling
WYK a. Föhr
Friesen-Mus.
Oland
Nordmarsch-Langeneß
Marschnack
Honnenswarft
Kirchwarft
Bandixwarft
Norderhörn
Ketelswarft
Langeneß
Neuwarft
Tadenswarft
Mayenswarft
Treuburg
Tammenswarft
Neu-peterswarft
Rixwarft
Hilligenley
Gröde-Appelland
Knudtswarft
Gröde
Schulwarft
Rocheley-sand
Habel
Sand-hörn
Hamburger Hallig
Halligen
Sands Hörn
Hooge
Ipkenswarft
Backenswarft
Volkertswarft
Kirchwarft
Ockelützwarft
Hanswarft
Königspesel
Ockenwarft
B
Pellworm
Norderoog
Grüner deich
Buphever-koog
Pellworm-plate
Westermühle
Wald-husen
Norder-mitteldeich
Moordamm
Hilligenwarft
Bremen
Utermarkerkoogsmitteldeich
Schardeich
Alte Kirche
Tammensiel
Ostersiel
Neue Kirche
Gurde
Tammwarft
Oster-schütting
Westertilli
Ostertilli
Junkersmitteldeich
Westerschütting
Südermitteldeich
Schmerhörn
Untjehörn
A
Rummelloch
Süderoog
Süderoog-sand
Norderhever
Hever-steert
Südfall
Korbbakensand
Heverstrom
Süderhever
Rungholt-sand
Moorsteert
Norderwarft
Halberweg
Neuwarft
Schulwarf
Nordstrandischmoor
Nordstrand
Norderplate
Koog
NSG
Elisabeth-Sophien-koog
Pohns-hallig
Norderhafen
Kiefhuck
Hamburger-deich
Strucklahnungshörn
Odenbüll
N.-Oster-England
Moorsum-koog
N.-Alterkoog
N.-Süden
Moor-deich
N.-Herrendeich
Neukoog
Westerdeich
Trendermarschkoog
Langendeich
N.-Süderhafen
Dreisprung
Nordstrander Watt
Lundenberger Sand
1
2
3
4
5
Heinrichshof
Neugalmsbüll
Neuwerk
Alter-Christian-Albrechts-Koog
Galmsbüll
Bökingharde
NIEBÜLL
Deezbüll
Friesl. Heimat-mus.
Moorhäuser
R.-L.-Maasbüll
Korn-koog
R.-L.-Klockries
Lindholm
Neuhamm
Rodenäs
Kokkedahl
Karlsburg
St.-Wester-büll
Schnate-büll
Klintumfeld
Galmsbüller Koog
G.-Marienkoog
Dagebüll-damm
Osterhof
Deezbülleck
Risum-Koog
Kohldammer-deich
L.-Oster-
Stedesand
Klintum
Gottes-gruft
Dagebüll
Dagebüll Hafen
Dyenswarft
C
Oseworder-koog
D.-Juliane-Marienkoog
Broderswarft
Moordeich
Westerschinkel
Herrenkoog
Steinighörn
Sande
Küstenstr.
Perebüll
Trollebüll
Ackern Hörn
26
Karrharde
Bottschlotter See
Schweine-hallig
Bongsieler Kanal
Enger K.
Mitteldeich
Lütt Jenswarft
D.-Fahretoft
Bahnenswarft
Bottschlott
D.-Waygaard
Langenhorner Neuer Koog
Bargumberg
Bargum
Süderwaygaard
Efke-
Langenhorner Alter Koog
B.-Wester-
Hauke-Haien-Koog
Speicher-becken
Tundeswarft
Bollhaus
La.-Oster-langenhorn
La.-Loheide
Mönkebüll
Loheider-feld
Schlüttsiel
Eggenswarft
Alten-deich
Bongsiel
Gaardwarft
Langenhorn
Ockholm
Süderwarft
Tadens-warft
Bo.-Büttjebüll
Addebüll
Nordergoesharde
Büttjebüllfeld
Westerborde-lumfeld
Uphusum
Sterdebüll
Margareten-berg
Sönke-Nissen-
Ebüll
Wester-
Friesenheim
Bordelum
Bordelumersiel
Reußen-Koog
Reußen-
BREDSTEDT
Breklum
Borsbüll
Struckum
köge
Walls
Cecilien-
Gregerszelt
Koog
Bottinghärder
Hattstedter
Alten-deich
Neuerkoog
Großell.
Hattstedtermarsch
Süderkoogshaus
Sterdebüll
Wobbenbüll
Simons-bergerkoog
Simonsberg
Leutnantshof
Uelvesbüllerkoog
Uelvesbüll
Eckhof
Norder-friedrichs-koog
Norderhever-koog
Tetenbüllspieker
Kaltenhörn
Moordeich
Schmierkrug
Steinbrennerhof
Witzwort
Altneu-koogs-
Böse Sieben
Hochhörn
Stufhusen
Augusten-koog
Westerhof
Slatterack
Osterhever
Seegaard
Sievers-fleth
Utholm
Sparhörn
Westerhever
Mühlendeich
Bupheverkoog

## SEHENSWERTES

Die Radtour auf Nordstrand beweist, daß man mit dem Fahrrad nach England gelangen kann. Die grüne Marscheninsel verfügt über ein dichtes Radwegenetz.

### SÜDERHAFEN ★

**1** Die beschauliche Siedlung ist der Ausgangspunkt der Fahrt. Es lohnt ein Blick in den Jachthafen, wo man maritime Atmosphäre schnuppern kann.

### SÜDEN ★★

**3** In der kleinen Ort schaft befindet sich die bekannte »Nordstrander Töpferei«, in der typisch friesische Gefäße gefertigt werden. Aber auch sonst lohnt das Dorf einen längeren Aufenthalt. Die Pfarrkirche St. Theresia am Osterdeich ist eine Kuriosität, denn das Gotteshaus ist Heimstatt einer kleinen Gemeinde, die dem altkatholischen Glauben anhängt.

### ODENBÜLL ★★

**4** Die St.-Vinzenz-Kirche aus dem 13. Jahrhundert birgt mehrere Schätze. Einige von ihnen befinden sich an der südlichen Außenwand: Hier sind alte Grabsteine in das neue Mauerwerk eingelassen. Der mächtige Backsteinbau ist das einzige Gotteshaus auf Nordstrand, das die große Flut im Jahr 1634 überstand.

**Eine Freude fürs Auge: Blühende Halligen**

### NORDERHAFEN ★

**5** Norderhafen ist das touristische Zentrum Nordstrands – mit Kurhaus, Hallenbad und Informationszentrum des Nationalparks. Auch gastronomisch hat der Ort einiges zu bieten. Der Weg führt nun zum Beltringharder Koog, den es zu umrunden gilt. Das 35 km² große, 1987 eingedeichte Areal fiel angesichts landwirtschaftlicher Überproduktion nicht dem Pflug zum Opfer und ist heute ein einzigartiges Biotop. Die Fahrt führt bei Wobbenbüll über den Damm zurück nach Nordstrand und am Deich entlang zum Ausgangsort.

## ESSEN & TRINKEN

### ENGLAND

**2** Zwei Restaurants, in denen es Inselspezialitäten und Gutbürgerliches gibt, stehen zur Auswahl.
*»Engländer Krug«, England 32, Tel. 0 48 42/3 01, geöffnet tgl. außer Do ab 11 Uhr, warme Küche 11–14 Uhr und 17–21 Uhr, im Winter ab 17 Uhr. Mittlere Preisklasse.*
*»Hotel-Restaurant England«, England 46, Tel. 0 48 42/10 75, geöffnet tgl. ab 11.30 Uhr, warme Küche 11.30–14 Uhr und 17–21 Uhr, 15. Jan.–1. März geschl., März und April Mi geschl., mittlere Preisklasse*

### SÜDEN

**3** Wie es sich vom wunderschönen Steingut der Nordstrander Töpferei speisen läßt, erfährt man in angenehmer Atmosphäre in der »Nordstrander Teestuv« im selben Haus.
*Süden 42, Tel. 0 48 42/82 18, geöffnet tgl. 11–23 Uhr, warme Küche 11.30–14 und 17.30–21.30 Uhr, mittlere Preisklasse*

### NORDERHAFEN

**5** Auf Nordstrand serviert man Lamm- und Fischspezialitäten.
*»Haus Uthlande«, Am Kurhaus 12, Tel. 0 48 42/5 20, geöffnet tgl. außer Do 11.30–21 Uhr, mittlere Preisklasse*
*Restaurant-Café »Zur Nordsee«, Norderhafen 22, Tel. 0 48 42/86 07, geöffnet tgl. außer Mi 10–24 Uhr, warme Küche 11.30–14 Uhr und 18–21 Uhr, Juli und Aug. kein Ruhetag, mittlere Preisklasse*

**Inselwegweiser**

*Restaurant »Kiefhuck«, Kiefhuck 4, Tel. 0 48 42/3 27, geöffnet tgl. 10–14 Uhr und ab 17 Uhr, im Winter Di geschl., Okt. geschl., mittlere Preisklasse*
*Wenn es nur ein kleiner Imbiß sein soll, seien die Fischbrötchen vom »Inselfisch« empfohlen. Norderhafen 19, Tel. 0 48 42/5 88, untere Preisklasse*

### STERDEBÜLL

**6** Im »Schimmelreiterkrug« kehrte der Erzähler in der bekannten Stormschen Novelle ein, obwohl er schon »die Lichter der Stadt« und »die Spitze des auf Felsblöcken gebauten Kirchturms« erkennen konnte. Hier wurde die Geschichte vom Deichgrafen Hauke Haien erzählt.
*Sterdebüll 68, Tel. 0 48 46/8 21, geöffnet im Sommer tgl. ab 10 Uhr, untere Preisklasse*

*Ihrem Besucher viel zu bieten hat die Engel-Mühle, eine 1888 erbaute und heute noch funktionstüchtige Kornmühle. Neben einem kleinen Museum, das beispielsweise eine alte Brötchenpresse und eine Klopfmaschine von 1870 für Jutesäcke zeigt, befindet sich hier das Hochzeitszimmer, in dem auch heute ein Großteil der Trauungen stattfindet. Das nostalgische Flair genießen kann man*

*im Mühlencafé, wo mit gutbürgerlicher Küche und Backwaren aus eigener Herstellung für das Wohl des Gastes gesorgt wird. Mühlencafé »Glück zu«, Süderhafen, 25865 Nordstrand, untere Preisklasse*

## WANDERN UND RADWANDERN

**A** Bei dieser **Fahrradtour** auf Pellworm geht es vom Hafen über den Stürenburger Weg am Deich entlang zum Leuchtturm, am Deich weiter, dann rechts in den Untjehörnweg. Über Osterschütting und Westerschütting geht es zu den beiden interessanten Wattmuseen. Dann etwa 1,5 km neben dem Deich zum Pellwormer Wahrzeichen, der Alten Kirche St. Salvator radeln. Nun geht es über den Alten Kirchenweg und den Hooger Slutweg zur Nordermühle, einem beliebten Restaurant. An dieser Stelle rechts abbiegen in die Straße Waldhusen, an der Schule vorbei in die Schulstraße und dann noch einmal rechts abbiegen und zum interessanten Pellwormer Solar- und Windkraftwerk fahren. Zurück zum Ausgangspunkt am Hafen sind es nur noch wenige hundert Meter. Mit einem Besuch des Inselmuseums im Obergeschoß der Kurverwaltung endet die Tour.
*Gesamtstrecke: ca. 20 km.*

**B** Abseits der ausgetretenen Pfade hat **Hooge** wirkliche Halligatmosphäre zu bieten. Betriebsam geht es bis zur Backenswarft zu. Hinter der Warft zum Hafen abbiegen. Kurz vorher zweigt der Weg zum Sommerdeich ab. Auf diesem bis zur Badestelle und dann zur Lorenzwarft marschieren. Weiter geht es in Richtung Ockelützwarft zur Hanswarft mit dem Sturmflutkino, dem Königspesel und dem Naturschutzzentrum Wattenmeer. Ein Abstecher zur Kirchwarft empfiehlt sich.
*Gesamtstrecke: ca. 7 km.*

**C** Geleitet von einem erfahrenen Führer erfährt man auf einer **Wattwanderung** zur Hallig Oland viel über Geschichte und Gegenwart dieser einzigartigen Landschaft. *Gesamtstrecke: ca. 12 km.*
*Info: Fremdenverkehrszentrale Dagebüll oder direkt beim Wattführer Boy Boysen, Tel. 0 46 68/92 00-0.*

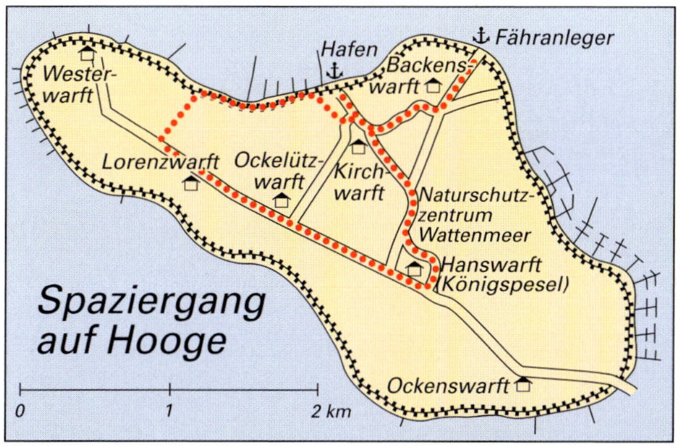

SPECIAL

# Land unter – Leben auf den Halligen

**Die Geschichte der Halligen ist die Geschichte der großen Flutkatastrophen. Doch nicht jede Überflutung muß gleich verheerende Folgen haben.**
**Bereits Springfluten mit Pegelständen von 1,5 m über der normalen Hochwassermarke führen zu einer Situation, die auf den Halligen als »Land unter« bezeichnet wird. Für die Menschen, die hier zu Hause sind, gehören winterliche Überflutungen zum Lebensrhythmus.**
**Oft genug wird die Lage aber wirklich ernst. Bei der Sturmflut 1962 wurde die Mehrzahl der Häuser auf den Halligen beschädigt. Wie häufig eine Hallig überflutet wird, läßt sich nicht voraussagen. In manchen Jahren passiert es bis zu 20 mal, dann wiederum geschieht längere Zeit gar nichts. Im Winter 1995/1996 hieß es wegen des vorherrschenden Ostwinds nur einmal »Land unter«.**

1

4

5

**1** Die saftigen Salzwiesen bilden seit je den natürlichen Übergang zwischen Land und Meer. Die See hat ihren Anspruch auf das Land noch lange nicht aufgegeben: Bis zu 200mal im Jahr werden die Flächen von der Flut überspült.

**2** Ein schützender Gürtel von Salzwiesen trennt die Häuser auf der Hallig Hooge vom Watt. Doch selbst durch ihre gesicherte Lage auf den Warften, jenen ca. 4 m hohen Erdaufschüttungen, sind sie letztlich nicht vor den mächtigen Sturmfluten der Nordsee sicher.

**3** Bei stürmischer See ist ein Marsch auf dem Deich der Hallig Hooge eine abenteuerliche Gratwanderung.

**4** Zu den meisten Warften gehört auch der Fething, ein Regenwasserbassin, das die Versorgung des Viehs sicherstellt. Die Wohnhäuser sind inzwischen an das moderne Trinkwassersystem vom Festland angeschlossen. Im Bild die Backenswarft auf der Hallig Hooge.

**5** Auch bei Sturmflut wollen die Halligbewohner auf Nachrichten vom Festland nicht verzichten: Postzustellung auf Hooge.

**6** Die Halligen – das Foto zeigt Oland – sind eine relativ junge Formation, sie entstanden erst ab dem späten Mittelalter. Es handelt sich bei ihnen um sogenannte Marschinseln, Schöpfungen des Meeres aus Sedimenten.

**7** Seit den zwanziger Jahren verbindet ein einfacher Holzbahndamm das Festland mit den Halligen Oland und Langeneß. Loren befördern auf ihm wichtige Güter zu den Warften.

2

3

6

7

Romantischer Anblick: Wenn die letzten Sonnenanbeter den Strand verlassen haben, ruhen die Pfahlbauten von St. Peter-Ording im Abendlicht.

## Das alte Bauernland

# Eiderstedt – Haubarge und Backstein-kirchen

Die Haubarge sind wohl das augenfälligste Merkmal Eiderstedts. Weithin sichtbar überragen ihre Reetdächer die wenigen Bäume der endlos wirkenden Marschenlandschaft. Die beachtlichen Anwesen wurden vor fast 400 Jahren von holländischen Einwanderern ins Land gebracht. Einst gab es um die 500 Gebäude dieser Art. Ein Haubarg vereint auf einer Grundfläche von 500 bis 1000 m² alles unter einem Dach: Wohnung, Scheune, Stall sowie den Dreschboden. Heute gibt es noch etwa 60 der wunderschönen Höfe. Sie werden teils bewirtschaftet, dienen aber immer mehr dem einzigen blühenden Wirtschaftszweig in dieser strukturschwachen Region: dem Fremdenverkehr. Und so läßt sich heute stilvoll unter einem geschichtsträchtigen Dach ein erholsamer Urlaub verbringen.

*Die Pfahlbauten am Strand von St. Peter-Ording sind ein ausgefallener Ort der Einkehr. Eines dieser Restaurants auf Stelzen ist die »Arche Noah«. Hat man sich den Weg über einen fast 1 km lan-*

*gen Holzsteg erwandert, so wird man von einer freundlichen Crew empfangen, die für den großen wie den kleinen Hunger einiges bereithält: vom Stammessen bis zum Festmenü und durchgehend warme Küche. »Arche Noah«, Badestelle Bad, 25826 St. Peter-Ording, Tel. 0 48 63/81 10, untere Preisklasse*

Seltener Anblick: Eiderstedter Deichschäfer

**EXTRA-TIP**

*Der Haubarg ist das typische Bauernhaus der Landschaft Eiderstedt. Holländische Einwanderer brachten diesen Gebäudetyp ins Land, die ersten Höfe entstanden um 1600.*

*Die Ausmaße sind enorm. Den Kern bildet ein Vierkant aus vier, sechs oder acht Ständern. Sie sind mit Querbalken verbunden und tragen das gewaltige Reetdach.*

Bollwerk gegen die Flut: Eidersperrwerk

Mächtige Sielzüge durchziehen die Eiderstedter Marsch. Sie zeigen, wie sehr das Leben hier vom Wasser bedroht ist. Ohne funktionierende Trockenlegung würde das tiefliegende Bauernland bald im Morast versinken. Die Sielzüge erzählen aber auch von Eiderstedts Geschichte, denn hier, wie überall entlang der Nordseeküste, war der Übergangsbereich zwischen Land und Meer einem ständigen Wechsel unterworfen. 1613 wurde durch Deichbau aus den Inseln Eiderstedt, Utholm und Everschop eine Einheit. Durch stetige Deicherweiterung erhielt Eiderstedt seine heutige Gestalt. Die gesamte Halbinsel, etwa 30 km lang und 15 km breit, ist von einem Gewirr von Deichen durchzogen. Von den 165 Kögen Schleswig-Holsteins liegt jeder dritte in dieser Region. Durch einen flexiblen Damm aus Stahlbeton – das Eidersperrwerk – wurde zwischen 1968 und 1973 das den Kreis Nordfriesland nach Süden hin begrenzende Flüßchen Eider abgeschottet. Dieses war aus Küstenschutzgründen zur Vorflutsicherung notwendig geworden. Es entstand ein gigantisches Bauwerk, das die ihm zugedachten Funktionen

Erlebnis Natur: Katinger Watt

Roter Haubarg: Zeugnis des Reichtums Eiderstedter Bauern

auch größtenteils erfüllt. Gleichzeitig fiel durch diese Maßnahme eine 15 $km^2$ große Fläche aus dem Einfluß von Ebbe und Flut heraus, und es entstand ein einzigartiges Gebiet – das Katinger Watt.

## Stolze Backsteinkirchen

Vom Reichtum des Landes künden nicht nur die Haubarge, sondern auch die zahlreichen Backsteinkirchen. Insgesamt 18 evangelische und zwei katholische Gotteshäuser besitzt Eiderstedt. Jede Ortschaft hat ihre eigene, oft wuchtige Kirche, ihre Gründung reicht meist ins 12. Jahrhundert zurück. St. Christian in Garding liegt auf Eiderstedts höch-

Imposant: St. Anna in Tetenbüll

Die Weite der Marsch: Simonsberg

ster natürlicher Erhebung, immerhin 8 m über dem Meeresspiegel. Mit ihrem klotzigen Turm ist sie weithin sichtbar und unbestreitbar das Wahrzeichen des Orts. In ihrem Inneren verbirgt sich nicht nur ein ungewöhnliches zweischiffiges Langhaus, sondern auch die älteste Kanzel Schleswig-Holsteins. Wie alle Sakralbauten Eiderstedts lohnt auch die Gardinger Kirche einen Besuch.

Garding ist der geographische Mittelpunkt von Eiderstedt. Schon vor 400 Jahren erhielt der Ort, der heute 2900 Einwohner zählt, die Stadtrechte. Er entwickelte sich, wie das benachbarte Tönning auch, zu einem Handelszentrum mit bescheidenem Wohlstand. Das Städtchen ist der ideale Ausgangspunkt für ausgedehnte Radtouren durch die benachbarten Köge.

Radfahren auf der Halbinsel Eiderstedt ist etwas Besonderes. Gesicherte Strecken entlang den Hauptstraßen, aber auch ungezählte landwirtschaftliche Nutzwege laden dazu ein, abseits des großen Verkehrs die flache Marschenlandschaft zu erkunden. Die Fremdenverkehrs-Gemeinschaft Eiderstedt hat eine Radwanderkarte erarbeitet und macht Vorschläge für Touren, die nach einem ebenso einfachen wie bemerkenswerten System verlaufen: In der tellerflachen Landschaft sind die weithin sichtbaren Kirchtürme überaus prägnante Orientierungshilfen. Deshalb ist in ihrem Schatten jeweils ein hilfreicher Lageplan zu finden, so daß die Radfahrer sich jederzeit orientieren können.

Unmittelbar der Gardinger Kirche gegenüber befindet sich die Gedächtnisstätte des hier geborenen Historikers und Nobelpreisträgers Theodor Mommsen. Im ebenfalls nur wenige Schritte entfernten Stadtpark erinnert ein Ehrenmal an den berühmtesten Sohn der Stadt.

## Das schöne Tetenbüll

Wenige Kilometer nordöstlich von Garding liegt das Dorf Tetenbüll. Die Gemeinde erhielt 1994 von der Europäischen Arbeitsgemeinschaft Landentwicklung und Dorferneuerung einen Preis, mit dem »das beispielhafte Wirken um die Erhaltung des dorfeigenen Charakters« gewürdigt wurde.

## Gesundheit in St. Peter-Ording

Von der Stille der Marschenlandschaft in das betriebsame St. Peter-Ording sind es nur wenige Kilometer. Das Nordseeheilbad verfügt über jede nur denkbare Annehmlichkeit: Meerwasser-Wellen- und Thermalbad, Kurpromenade und vor allem einen 12 km langen weißen Sandstreifen. Es ist dieser Strand, der Jahr für Jahr Tausende anzieht. Dabei war St. Peters Weg zum Nordseeheilbad durchaus ein steiniger. Der Ort und sein Strand lagen derart abseits, daß kaum ein Badegast sich je hierher verirrte. Erst als der Bahnbau 1892 Garding erreichte, wurde es an der Landspitze lebendig. Am schönsten ist das langgezogene St. Peter-Ording im Ortsteil Dorf. Hier befinden sich das in einem 250 Jahre alten friesischen Langhaus untergebrachte Eiderstedter Heimatmuseum und die Kirche St. Peter, die dem Ort den Namen gab. Durch die neu gestaltete Hauptstraße erhielt Dorf seinen ländlichen Charakter zurück, der in anderen

**EXTRA-TIP**

*Ein Blick in die um das Jahr 1400 errichtete Dorfkirche St. Anna in Tetenbüll lohnt sich: Besonders sehenswert sind die Nordempore aus dem Jahr 1631 mit 30 alttestamentarischen Motiven und die Decke, in der gerade erst 40 neutestamentarische Bilder freigelegt wurden. Sollte die Kirche abgeschlossen sein, ist der Schlüssel im Pastorat erhältlich.*

**Tönninger Hafen: Einst ein bedeutender Handelsplatz**

**Marmor und Alabaster: St. Laurentius-Kirche**

**EXTRA-TIP**

*Das Tönninger Packhaus dokumentiert eindrucksvoll die große Vergangenheit der kleinen Hafenstadt an der Eidermündung. Erzählt das Gemäuer selbst von der Zeit,*

*als die landwirtschaftliche Überproduktion Eiderstedts von hier aus exportiert wurde, so ist die stadtgeschichtliche Ausstellung in seinem Inneren wegen vieler Details zur Entwicklung Tönnings einen Besuch wert. Geöffnet Mai–Sept. 10–12 und 14–17 Uhr*

**Mitten im Ort: Dorfkirche St. Peter**

Teilen St. Peters infolge reger Bautätigkeit verlorengegangen ist.
Natürlich ist St. Peter-Ording vor allem ein Kurort. Reha-Kliniken liegen zumeist versteckt in den Kiefernwäldern, die vor 100 Jahren in dieser Gegend angelegt wurden. Neben der jod- und salzhaltigen Luft wird dem Schlick des Wattenmeeres eine besondere Heilwirkung zugesprochen. Etwa 500 $m^3$ dieses Arzneimittels werden jährlich in St. Peter für Bäder und Packungen gebraucht.
Als jüngst die traditionelle Entnahmestelle im Wattenmeer erschöpft war, wußte man nicht, wo man weitergraben sollte. Eine Absprache mit dem Landesamt für den Nationalpark war vonnöten, doch weit schwieriger gestaltete es sich, von modernen Umweltgiften unbelasteten Schlick zu bekommen. Bei Probebohrungen stieß man hinter dem Deich auf eine mehrere Meter dicke Lagerstätte, deren sauberer Schlamm den Kurbetrieb noch auf Jahrzehnte hin aufrechterhalten wird.

## Historischer Fund

Nicht schlecht gestaunt haben Sielbauarbeiter, als sie im Sommer 1994 auf die hölzernen Überreste eines Schiffes stießen. Natürlich wurden die Baggerarbeiten umgehend zugunsten der archäologi-

**Umschwärmt: Der Leuchtturm von Westerhever**

schen Herkulesarbeit eingestellt. Schicht für Schicht trat dabei ein 12 m langer und 3,7 m breiter Lastensegler aus Eichenholz zum Vorschein. Weitere interessante Funde wurden in der Umgebung gemacht. So wurden ein Teil von einem Dudelsack, Tonpfeifen und Keramikscherben entdeckt, die es ermöglichen, das Alter des Bootes auf etwa 400 Jahre zu schätzen.
Durch diesen wichtigen Fund erhält die Ferienregion Nordfriesland eine weitere Attraktion. Im Sommer 1997 wurde ein Anbau des Schiffahrts-

Auf dem Trockenen: Auch die Flut kann den Pfahlbauten in St. Peter-Ording nichts anhaben

Sandiges Vergnügen: Strandsegler in St. Peter

museums in Husum fertiggestellt, der eigens für den Lastenträger erbaut wurde. Bis dahin wartete das Schiffswrack in einer Konservierungslösung aus Zucker auf seinen öffentlichen Auftritt.

## Tönning, ein Ort mit viel Geschichte

Bis 1970 bestand der heutige Kreis Nordfriesland aus den drei Verwaltungsbezirken Südtondern, Husum und Eiderstedt. Tönning, der traditionsreiche Umschlagplatz mit über 400jähriger Geschichte, war Kreisstadt der Eiderstedter Halbinsel. Der einst betriebsame Hafen ist heute beliebter Anlaufpunkt für Freizeitkapitäne. Früher wurden von hier aus die reichen Ernten der Eiderstedter Marsch exportiert. Das mächtige Packhaus am Hafen symbolisiert die ehemalige Produktionsstärke der Landwirtschaft. Heute beherbergt es eine sehenswerte Ausstellung zur Stadtgeschichte.

In Tönning bestimmt nicht nur der beständige Wechsel von Ebbe und Flut den Lebensrhythmus, sondern man kann sich hier auch sehr leicht in den »Gezeiten der Liebe« verfangen. Manch einer wird die Kulisse der Kleinstadt aus der beliebten Vorabendserie kennen, die im Sommer 1994 hier gedreht wurde und im darauffolgenden Jahr im ZDF zu sehen war.

## Eine Stadt wie aus einem Guß

Strenggenommen gehört Friedrichstadt nicht mehr zu Eiderstedt, und das ist auch auf den ersten Blick sichtbar. Hier, 12 km von der Nordsee entfernt, geht es nicht friesisch, sondern holländisch zu.

**EXTRA-TIP**

*Das Eichhörnchen ist nur eine der über 150 noch erhalte-*

*nen alten Hausmarken, die einst in Friedrichstadt die Hausnummern ersetzten. Gerade für den Fotofreund lohnt es sich, bei einem Spaziergang durch das kleine Städtchen auch immer wieder auf die schönen Motive an den Fassaden zu achten.*

Stolz und schön: Häuserfassaden in Friedrichstadt drängen sich Giebel an Giebel

**EXTRA-TIP**

*Vor den Linden des Friedrichstädter Marktes wurde 1879 eines von mehreren Pumpenhäuschen errichtet, nachdem die Verwendung des Wassers aus den Grachten zu einer Epidemie geführt hatte. Die plattdeutsche Inschrift stammt von Klaus Groth.*

*Im Sommer ist die Marktpumpe täglicher Treffpunkt für eine lohnenswerte einstündige Stadtführung. Informationen erhält man bei der Tourist-Information Friedrichstadt, Am Markt 9, Tel. 0 48 81/72 40 und 16 12, Fax 70 93*

Kanäle und Grachten: »Klein-Amsterdam«

Bedeutendes Gotteshaus: Lutherische Kirche

1621 setzte sich Herzog Friedrich III. von Schleswig-Gottorf mit der Gründung der Stadt selbst ein Denkmal. Er verfolgte die Absicht, mit Hilfe holländischer Glaubensflüchtlinge ein großes Handelszentrum zu etablieren. Den Zuzüglern, erfahrenen Kaufleuten, garantierte er als Anreiz freie Religionsausübung. Mit der großen Handelsstadt wurde es zwar nichts, dafür aber entstand ein »Holländerstädtchen«, das nicht umsonst Klein-Amsterdam genannt wird und dessen Reiz seit Jahrhunderten ungebrochen ist.

Kaum ist man in das alte Friedrichstadt eingetaucht, fühlt man sich in eine andere Welt versetzt. Nicht mehr der herbe Reiz der Marschenlandschaft, sondern sehenswerte alte Häuser mit Treppengiebeln der holländischen Renaissance nehmen den Reisenden gefangen. Friedrichstadts mehr als 370jährige Geschichte ist überall deutlich zu erkennen. Natürlich ragen besonders wertvolle Stücke aus dem Architekturensemble heraus, doch ist es letztlich die Geschlossenheit des Stadtbilds, die einem die Sprache verschlägt.

Um nur zwei Schmuckstücke zu nennen: Da ist die Westseite des Marktes, an der noch eine geschlossene Front holländischer Kaufmannshäuser aus der Zeit der Gründung mit neun Treppengiebelhäusern bewundert werden kann. Die Alte Münze ein paar Schritte weiter ist das wertvollste Gebäude der niederländischen Renaissance in Norddeutschland. In dem 1626 errichteten Bau wurden allerdings nie Münzen geprägt, vielmehr war das Haus Amtssitz des ersten Statthalters Adolph van Wael van Moersbergen. Derzeit wird hier ein stadtgeschichtliches Museum eingerichtet.

Es ist nicht das Salzwasser der Nordsee, sondern das Süßwasser der beiden Flüsse Treene und Eider, das das Leben im beschaulichen Friedrichstadt bestimmt. Langsam wird das Land hügeliger, der schwere Marschboden wird abgelöst durch die sandigere Geest, deren Hügel sich nach Nordosten hinziehen. Von ihren Kuppen, die etwa 40 m über dem Meeresspiegel liegen, hat man bei klarem Wetter einen phantastischen Blick zurück über die weite Ebene der Halbinsel Eiderstedt.

Sanfter Ausklang eines schönen Tages: Segler auf der Eider

Heverstrom
Süderhever
Nordstrander Watt
Westerhever
Vogelschutzgebiet
Rochelsand
Tümlauer Bucht
Utholm
Augusten-Westerhof
Westerhever
Süderhever koog
Eiderstedt
Everschop
Tümlauer
Poppenbüll
Osterhever
Tetenbüll
Kirchspiel Katharinenheerd
Garding
Grüne Küstenstraße
St. Peter-Ording
Bad St. Peter
St. P.-Süd
St. P.-Böhl
Tating
Welt
Vollerwiek
Witzwort
Oldenswort
Uelvesbüll
Simonsberg
Tönning
Kating
Katingervorland
Eider
Eidersperrwerk
Eiderdamm
Vogelschutzgeb.
Karolinenkoog
Nationalpark
Dithmarscher Gründe
Wesselburener Watt
Wesselburenerkoog
Hillgroven
Norddeich
Wesselburen
Neuenkirchen
Weddingstedt
Heide
Lohe-Rickelshof
Hemmingstedt
Wöhrden
Hedwigenkoog
Westerdeichstrich
Büsum
Seehund-Aufzuchtstation
Büsumer Deichhausen
Friedrichsgabekoog
Schleswig-
Blauortsand
Blauort
Tertiussand
Tertius
Holsteinisches
Bielshövensand
Meldorfer Bucht
Trischen
Marner Plate
Meldorf
Nordermeldorf
Speicherkoog
Helmsand
Friedrichskoog
Dieksand
Kronprinzenkoog
Gelbsand
Haken-
Lunden
Hemme
Lehe
Friedrichstadt
Koldenbüttel
Nordfriesland
Süderstapel
1
2
3
4
5
6
A
B
C

## SEHENSWERTES

Von St. Peter-Ording aus führt ein abwechslungsreicher Abstecher in den Kreis Dithmarschen. Über den Eiderdamm geht es in die Hebbelstadt Wesselburen, den Badeort Büsum und zur lebhaften Kreisstadt Heide. Der Rückweg führt über Tönning, das alte Handelszentrum der Bauernhalbinsel Eiderstedt.

### ST. PETER-ORDING ★★

**1** Die große Attraktion eines der bekanntesten deutschen Badeorte ist gewiß der weitläufige Strand mit seinen typischen Pfahlbauten. Hübschester Ortsteil ist St. Peter-Dorf, wo man in der Dorfkirche auf ein echtes Schmuckstück stößt: einen Beichtstuhl aus dem Jahre 1703.

### EIDERSPERRWERK ★

**2** Die erste kurze Etappe führt über Welt zum Eidersperrwerk. Informationstafeln zu Anlage und Funktion des Sperrwerkes befinden sich an der Südseite des Baus. Trotz vieler Probleme hat sich der Staudamm oftmals bewährt, denn seit 1973 hat das Umland der Eider bei Sturmfluten keinen Schaden mehr genommen.

### WESSELBUREN ★★

**3** Weiter geht es in den Landkreis Dithmarschen nach Wesselburen. Das Städtchen ist der Geburtsort des bedeutenden deutschen Dramatikers Friedrich Hebbel. In der alten Kirchspielvogtei von 1737 ist das Hebbelmuseum untergebracht. *Österstr. 6, Tel. 0 48 33/41 90*
Weithin sichtbares Wahrzeichen von Wesselburen ist der Zwiebelturm der St.-Bartholomäus-Kirche. Kirchenwie auch Stadtführungen bietet Hilde Schröder an. *Tel. 0 48 33/83 72*

### BÜSUM ★★

**4** Das Nordsee-Heilbad Büsum lockt mit seiner maritimen Atmosphäre. Das Städtchen schaut auf eine 150jährige Geschichte als Badeort zurück und ist beliebt wie eh und je. Viele Sehenswürdigkeiten befinden sich in unmittelbarer Nähe des Hafens, so das Nordsee-Aquarium, in dem viele Meeresbewohner aus der Nähe betrachtet werden können. Ebenso interessant sind das Infozentrum des Nationalparks Wattenmeer im alten Schleusenhaus und die Museumsschiffe im Hafen.
*Kurverwaltung Büsum, Kurgastzentrum, 25757 Büsum, Tel. 0 48 34/90 90, Fax 65 30*

### HEIDE ★★

**5** Den größten Marktplatz Deutschlands besitzt die von Büsum nur wenige Kilometer entfernte Kreisstadt Heide. Jeden Sonnabend findet hier ein farbenfroher und lebendiger Wochenmarkt statt. Am ersten Juliwochenende wird das Rad der Geschichte um 500 Jahre zurückgedreht: Die Heider erinnern mit ihrem »Marktfrieden« an die Zeit, als Dithmarschen noch freie Bauernrepublik war. Eine bunte Truppe aus Schaustellern, Gauklern und Tänzern bevölkert dann den Platz. Weitere Attraktionen in Heide sind das Brahmshaus, *Lüttenheid 34 (Tel. 04 81/6 31 86)* und das Heimatmuseum, *Brahmsstr. 8*, sowie die St.-Jürgens-Kirche am Marktplatz.

### TÖNNING ★★★

**6** Auf der B5 führt der Weg nach Tönning, der größten Stadt des ehemaligen Kreises Eiderstedt. Der Ort erhielt die Stadtrechte schon im Jahre 1590. Eine sehenswerte Ausstellung im »Packhaus« am Hafen informiert ausführlich über Geschichte und Bedeutung des einstigen Handelszentrums *(geöffnet Di–So 10–12 und 14–17 Uhr)*. Auf der B 202 gelangt man über Garding zurück nach St. Peter-Ording.

**Auf der Ebene: Der Leuchtturm von Westerhever**

## ESSEN & TRINKEN

### BÜSUM

**4** Vorzügliche Speisen in ungewöhnlichem Ambiente: Die Wände des Restaurants »Kolles Alter Muschelsaal« sind mit einigen tausend Muscheln dekoriert. *Hafenstr. 27, Tel. 0 48 34/24 40, geöffnet Di–So 12–14 und 17.30–22 Uhr, mittlere Preisklasse*
Wer es gutbürgerlich mag, der wird im Hotel-Restaurant »Zur Alten Post« voll auf seine Kosten kommen. *Hafenstr. 2, Tel. 0 48 34/23 92, geöffnet tgl. ab 7.30 Uhr, warme Küche 12–14 und 18–22 Uhr, mittlere Preisklasse*

### HEIDE

**5** Rund um den Marktplatz befinden sich einige Restaurants, in denen es sich ausgezeichnet speisen läßt. Eine gute Tasse Kaffee und erstklassige Torte bekommt man im Café Reimers. *Friedrichstraße 33, Tel. 04 81/68 30 30, geöffnet Mo–Sa 8–18 , So 14–18 Uhr, mittlere Preisklasse*

### TÖNNING

**6** Das Restaurant »Godewind« ist bekannt und beliebt wegen seiner Fischspezialitäten. Aber auch wer nur eine kleine Mittagsrast einlegen will, ist hier gut aufgehoben. *Am Hafen 23, Tel. 0 48 61/66 00, geöffnet Di–So 11.30–23 Uhr Jan., Feb. und Anfang–Mitte Mai geschl., mittlere Preisklasse*
Fangfrisch schmecken Krabben besser, und deshalb kauft man sie am besten gleich am Hafen bei Wolfgang Guszinski. *Am Hafen 33, Tel. 0 48 61/7 40*

## WANDERN UND RADWANDERN

**A** Die **Fahrradrundtour** beginnt am Gardinger Marktplatz. Von hier geht es in Richtung Norden auf den Osterdeich und weiter auf Wirtschaftswegen vorbei an den Orten Speckdorf und Kleerenbüll nach Osterhever. Nach einem Besuch der St.-Martins-Kirche aus dem Jahre 1113 führt der Weg über den Norderheverkoog zum Wahrzeichen der nordfriesischen Küste, dem Leuchtturm »Westerheversand«. Der Rückweg führt über die Knutzenwarft die Tümlauer Bucht entlang und durch den Tümlauer Koog bis kurz vor Tating, wo es auf einem Wirtschaftsweg parallel zur Bundesstraße 202 zurück nach Garding geht. Gesamtstrecke: ca. 42 km.

**B** Ausgangspunkt dieser **Fahrradwanderung** ist die Dorfkirche von St. Peter-Dorf aus dem 13. Jahrhundert. Die Strecke führt über die Eiderstedter Straße und die Wittendüner Allee zum Westküstenpark, für dessen Besuch man gut zwei Stunden einplanen sollte. Von hier führt ein Fahrradweg in Richtung Garding und Eidersperrwerk vorbei am Hamkens-Haubarg nach Borsthusen und Grothusenkoog. Auf der Seeseite des Außendeiches radelt man dann über Ehstenstiel zurück nach St. Peter-Böhl, wo man einen herrlichen Blick auf die Eidermündung hat. Kleiner Tip: Bei Westwind die Tour in umgekehrter Richtung unternehmen! Gesamtstrecke: ca. 25 km.

**C** Auf einem **Spaziergang** rund um den Marktplatz in Garding läßt sich die gemütliche Atmosphäre dieses Städtchens schnuppern. Nach einem Besuch der romanischen St.-Christians-Kirche sollte man einen Blick in die Theodor-Mommsen-Gedenkstätte werfen. Nördlich des Marktplatzes schließt sich der kleine Stadtpark an, in dem es sich herrlich schlendern läßt. Über die Marienstraße gelangt man zum Norderring, wo im Sommer eine Kolonie Graureiher brütet.

*Zu einem bunten Reigen von Veranstaltungen rund um den Kohlkopf lädt der Landkreis Dithmarschen – das größte geschlossene Kohlanbaugebiet Europas – in der zweiten Septemberhälfte. In nahezu jedem Gasthof werden regionaltypische Köstlichkeiten aus Kohl gereicht. Und da sich die Dithmarscher schon immer schwer mit dem Adel taten, wird auch keine Kohlkönigin gewählt, sondern es werden*

*zwei »Kohlregentinnen« gekürt. Auskunft: Touristikzentrale Dithmarschen e.V., Alleestr. 12, 25761 Büsum, Tel. 0 48 34/9 00 10, Fax 9 00 50*

SPECIAL

# Die Friesen: ein Volk von Seefahrern

**Seit je lebten die Bewohner der nordfriesischen Küste vom Meer, und das nicht schlecht. Die Erträge der Heringsfischerei, die bis zum Anfang des 17. Jahrhunderts eine wichtige Rolle spielte, waren noch relativ bescheiden. Das große Geld kam dann mit dem Walfang, der um 1650 einsetzte und die wagemutigen Friesen bis in arktische Regionen führte. Grönlandfahrer wurden sie deshalb auch genannt. Als im 19. Jahrhundert die Bestände dezimiert waren, fand diese Blütezeit ihr Ende. Heute spielt nur noch der Krabbenfang eine nennenswerte Rolle.**

**1** Wohlstand, Stolz und Standesbewußtsein sprechen aus dem Porträt des Föhrer Kapitäns Johann Hinrich Jacobs. Der Eisberg im Bildhintergrund läßt auf seine Profession als Walfänger schließen, denn die Fanggründe lagen im bitterkalten Nordmeer.

**2** In der alten Zeit hatten es die Seeleute vor allem auf den Waltran abgesehen, der als Speise- oder Lampenöl und bei der Herstellung von Seife und Medikamenten Verwendung fand. Auf der Jagd nach dem »flüssigen Gold« riskierte so mancher Friese Leib und Leben. In mehreren Fangbooten setzten die Männer den gewaltigen Tieren nach, bis diese der geballten Macht der Harpunen erlagen. Dabei konnte es leicht passieren, daß einer der leichten Kähne kenterte oder Matrosen über Bord gingen.

**3** Eindrucksvolle Trophäen: Die Kieferknochen eines Wals bilden den Eingang zum Wyker Heimatmuseum. Wer sich für die Geschichte der Seefahrt interessiert, ist hier richtig: Die Sammlung enthält zahlreiche interessante Gemälde und Gegenstände zu diesem Thema.

**4** »In früher Jugend trat er den wechselvollen Beruf eines Seefahrers an ...« Der Grabstein auf dem Süderender Friedhof erzählt vom günstigen Schicksal des Kapitäns Ocke Flor, der von seinen Fahrten wohlbehalten zurückkehrte. Neben Walfängern kommandierten die friesischen Seeleute vor allem Handelsschiffe hamburgischer oder niederländischer Reedereien.

**5** Gefürchtet war die Umseglung von Kap Hoorn an der Südspitze Amerikas besonders im Winter, weil dann schwere Stürme die Boote in die gefährlichen Klippen trieben. Vor der Eröffnung des Panamakanals im Jahre 1914 war dies für die friesischen Handelsschiffe der einzige Weg an die Westküste der Neuen Welt.

2

3

4

Wir haben hier keine bleibende Stätte,
sondern die zukünftige suchen wir.
Dieses Grab umschließt die irdische Hülle der beiden Eheleute Oche Hinrich Flor und Thur Flor geb. Riecmers aus Oldsum welche 1818 den 23. Jan. zur vereinten irdischen Wallfahrt den Bund der Ehe schloßen.
Beide sind geboren in Oldsum, er 1794 den 21. August, und sie 1791 den 4. Juli. In früher Jugend trat er den wechselvollen Beruf eines Seefahrers an und von der milden Hand der Vorsehung mit Glück gesegnet führte er seit 1824 als Capitain nach einander mehrere Schiffe, meistens von Hamburg nach Newyork. Nachdem er sich 1852 in seine Geburtsheimath zurückgezogen hatte, verwandte er die letzte Zeit und Kraft seines Lebens darauf, das Wohl seiner Familie und in dem ihm aufgetragenen Amte eines Schulpatrons das Beste der Gemeine zu fördern, bis ihn der Herr des Lebens nach einem schweren letzten Leiden 1856 den 6. Mai durch den Tod zur ewigen Ruhe einberief, da er 61 Jahre 8 Monate 15 Tage hienieden gelebt hatte.
Thur Flor, die treue Gattinn die sorgsame Hausfrau die liebende Mutter, entschlief nach langem Leiden 1852 den 2. Februar in einem Alter von 60 Jahren 6 Monaten 29 Tagen.
Die hinterlassenen Kinder, ein Sohn und 2 Töchter setzen ihren Eltern dieses Denkmal und ihnen, wie den Schwiegerkindern und Enkeln bleibe ihr

5

# Kunst Kultur Brauchtum

*Großer Beliebtheit erfreuen sich die Ringreiterwettkämpfe im Juli und August. Dabei müssen Pferd und Reiter allerhöchste Geschicklichkeit beweisen, denn es gilt, mit einer 2 m langen Lanze im vollen Galopp*

*einen hängenden Ring von nur 2 cm Durchmesser zu treffen. Nach mehreren Durchgängen wird der König geehrt. Während der Sommermonate hat fast jedes Dorf seinen Wettbewerb.*

## BREDSTEDT
### Nordfriisk Instituut

Das Institut ist die zentrale wissenschaftliche Einrichtung in der Region zur Pflege, Förderung und Erforschung der friesischen Sprache und Kultur. In einer Fachbibliothek und einem Archiv können sich Interessierte tiefergehend mit dem Thema beschäftigen. Durch Buch- und Broschürenveröffentlichungen, aber auch durch Vortragsreihen (Nordfriesisches Sommer-Institut) wird ständig über den aktuellen Stand der friesischen Sache informiert.
*Süderstr. 30, 25821 Bredstedt, Tel. 0 46 71/20 81, geöffnet Mo–Fr 8–12.30 und 13.30–17.30 Uhr*

## FRIEDRICHSTADT
### Alte Münze

Zum 375jährigen Stadtjubiläum 1996 erhielt der Ort sein erstes Museum. Die Alte Münze aus dem Jahr 1626 ist das kostbarste Gebäude der niederländischen Renaissance in ganz Norddeutschland und bildet somit einen würdigen Rahmen für wechselnde Ausstellungen zur Stadtgeschichte.
*Mittelburgwall 23, Informationen zu Preisen und Öffnungszeiten: Friedrichstädter Tourist-Information, Am Markt 9, Tel. 0 48 81/72 40, Fax 7093*

**Literatur: Theodor-Storm-Haus**

## GARDING
### Theodor-Mommsen-Gedächtnisstätte

Im Gardinger Pastorat wird an den Historiker und Nobelpreisträger Theodor Mommsen erinnert.
*Am Markt 5, Tel. 0 48 62/1 72 67, geöffnet Juni–Aug. Di–Fr 8.30–11.30 Uhr und nach Vereinb., Sept.–Mai 15–17 Uhr*

## HOOGE
### Königspesel

Der Königspesel im Kapitänshaus aus dem Jahr 1776 sollte in keiner Urlaubsplanung fehlen. Unglücklicherweise brannte das Gebäude im Oktober 1995 aus, das Inventar der wertvollen Stube konnte jedoch größtenteils gerettet werden. Ab August 1996 ist es wieder in alter Pracht zu bestaunen.
*Hanswarft, Tel. 0 48 49/2 19 oder 2 59, geöffnet tgl. nach Ankunft der Ausflugsschiffe sowie nach Vereinbarung*

## HUSUM
### Nordfriesisches Museum

Die umfangreichste Sammlung zur Landschaftsgeschichte und Besiedlung Nordfrieslands sowie zu den Themen Sturmflut, Deichbau und Volkskunde

**Haeberlin-Friesenmuseum auf Föhr**

**Heimatmuseum in Nebel**

befindet sich im Ludwig-Nissen-Haus. Neben Archiv, Bibliothek und Lesesaal ergänzen Vorträge und Kammermusikabende das Angebot.
*Herzog-Adolf-Str. 25, Tel. 0 48 41/ 25 45, geöffnet April–Okt. tgl. 10–17 Uhr, Nov.–März So–Fr 10–16 Uhr, Gruppen nach Vereinbarung*

### Schiffahrtsmuseum Nordfriesland

Die Nordfriesen als seefahrendes Volk kann man im Husumer Schiffahrtsmuseum kennenlernen. Die detaillierte Ausstellung wird 1997 durch einen großen, in Eiderstedt gefundenen Lastensegler erweitert.
*Am Zingel 15, Tel. 0 48 41/52 57, geöffnet April–Okt. tgl. 10–17 Uhr*

### Schloß vor Husum

Der Bau liegt am Rand des Zentrums von Husum in herrlicher Umgebung und beherbergt wechselnde Ausstellungen. Im September finden hier die Pole-Poppenspäler-Tage statt.
*Schloß vor Husum, Tel. 0 48 41/ 89 73-0, Fax 89 73-120, geöffnet März–Okt. Di–So 11–17 Uhr, für Gruppen auch nach Vereinbarung*

**Nolde-Museum: Im einstigen Refugium des**

### Theodor-Storm-Haus

Unbedingt einen Besuch abstatten sollte man dem einstigen Wohnhaus des Schriftstellers mit Archiv und Studienbibliothek. Hier kann man sehen, wie der Autor lebte, denn die Räume enthalten die vollständige Einrichtung aus seinen Tagen.
*Wasserreihe 31, Tel. 0 48 41/ 66 62 70, geöffnet April–Okt. Mo 14–17 Uhr, Di–Fr 10–12 und 14–17 Uhr, Sa/So 14–17 Uhr; Nov.–März Di, Do, Sa 14–17 Uhr, größere Gruppen auch nach Vereinbarung*

## KEITUM (SYLT)
### Sylter Heimatmuseum, Altfriesisches Haus

Einen umfassenden Einblick in die Sylter Inselgeschichte erhält, wer diese Keitumer Ausstellungen besucht.
*Sylter Heimatmuseum, Am Kliff 19, Tel. 0 46 51/3 16 69, geöffnet tgl. 10–17 Uhr, im Winter Do–Sa 13–16 Uhr*

*Altfriesisches Haus, Am Kliff 13, Tel. 0 46 51/3 11 01, geöffnet tgl. 10–17 Uhr, im Winter Do–Sa 13–16 Uhr*

## LANGENESS
### Friesenstube, Kapitän-Tadsen-Museum

Diese beiden volkskundlichen Sammlungen von Langeneß machen mit den Eigenarten des Lebens auf den Halligen bekannt.
*Friesenstube im historischen Hallig-Bauernhaus, Honkenswarft, Tel. 0 46 84/2 60, geöffnet tgl. nach Bedarf außer 12–15 Uhr*

Aspekte des Lebens auf der Insel. Auch die Tradition der Seefahrerei wird in dem kleinen Museum lebendig.
*Tel. 0 46 82/15 12, geöffnet Mo–Mi 10–12 Uhr und Do–So 15–18 Uhr*

## NIEBÜLL
### Friesisches Heimatmuseum

Die Sammlung im Bauernhaus entführt den Besucher in eine längst untergegangene ländliche Welt.
*Osterweg 76, Tel. 0 46 61/ 82 36, geöffnet Mai–Sept. tgl.14–16 Uhr sowie nach telefonischer Voranmeldung unter Tel. 0 46 61/36 56*

## ST. PETER-ORDING
### Eiderstedter Heimatmuseum

Die regionalen Besonderheiten Eiderstedts und vor allem der ausgesprochen hohe Lebensstandard der bäuerlichen Haubarg-Kultur werden bei einem Besuch lebendig. Auch die Bädergeschichte des Kurortes St. Peter-Ording wird beleuchtet. Eine Ausstellung zur Eindeichung der Halbinsel rundet das attraktive Angebot ab.
*Olsdorfer Str. 6, Tel. 0 48 63/12 26, geöffnet Di–Sa 15–17 Uhr, So 10–12 Uhr, April–Okt. Di auch 10–12 Uhr*

## TØNDER (DÄNEMARK)
### Tønder-Festival

Die jährlich Ende August stattfindende Veranstaltung ist ein internationales Musikereignis. Seit 1975 geben sich hier die Großen der Folkmusik ein Stelldichein. An jeder Straßenecke, aber auch in Konzerthallen und -zelten wird drei Tage lang musiziert.
*Programminformationen und weitere Auskünfte: Fremdenverkehrsbüro, Torvet 1, DK-6270 Tønder, Tel. 00 45/74/72 12 20 (es wird fließend Deutsch gesprochen)*

**Künstlers in Seebüll verbirgt sich eine Sammlung von Weltrang**

*Kapitän-Tadsen-Museum im Hallighaus von 1741, Ketelswarft, Tel. 0 46 84/2 17, Besichtigung nur im Rahmen einer Führung: Ostern–Okt. Mo–Sa jeweils 10.30, 13.30 und 15.30 Uhr, sonst nach Vereinbarung*

## MELDORF
### Dithmarscher Landesmuseum

Das Landesmuseum enthält eine reiche Sammlung bäuerlicher Kulturgegenstände aus der Region sowie naturgetreue Modelle aus der Frühphase des Industriezeitalters.
*Bütjestr. 2–4, Tel. 0 48 32/72 52, geöffnet März–Okt. Di–Fr 9–16.30 Uhr, Sa/So 11–16 Uhr; Nov.–Feb. Di–Sa 9–16 Uhr, Gruppen nach Vereinbarung*

## NEBEL (AMRUM)
### Heimatmuseum

In einer über 200 Jahre alten Mühle mit viel Atmosphäre illustriert die Ausstellung die unterschiedlichen

### Richard-Haizmann-Museum

Das Museum in dem unter Denkmalschutz stehenden alten Rathaus der Stadt Niebüll ist ein Anlaufpunkt für Liebhaber moderner Kunst. Neben Werken Richard Haizmanns (1895–1963) bietet es wechselnden Ausstellungen zeitgenössischer schaffender Künstler Raum.
*Rathausplatz, Tel. 0 46 61/10 10, geöffnet Di–Fr 11–16.30 Uhr, Sa 10–12 Uhr, Juni–Aug. auch So 14–17 Uhr*

## SCHWABSTEDT
### Haus des Kurgasts

Im Haus des Kurgasts ist eine heimatgeschichtliche Sammlung des Kirchspiels Schwabstedt untergebracht. Neben zahlreichen Ausgrabungsfunden aus dem Mittelalter werden Dinge aus den verschiedenen Bereichen des bäuerlichen Lebens ausgestellt.
*An der Treene 11, Tel. 0 48 84/4 12-18 oder -20, geöffnet nach Bedarf*

**Altfriesisches Haus in Keitum**

## SEEBÜLL (NEUKIRCHEN)
### Nolde-Museum

In den Räumen des einstigen Ateliers und Wohnhauses des bedeutenden Expressionisten Emil Nolde wird heute jährlich wechselnd eine Auswahl aus dem Gesamtwerk präsentiert. Auch der prächtige Garten des Künstlers ist zugänglich.
*Seebüll, 25927 Neukirchen, Tel. 0 46 64/3 64, geöffnet tgl. 10-19 Uhr, Nov. 10-18 Uhr.*

## WYK AUF FÖHR
### Haeberlin-Friesenmuseum

Der Eingang aus zwei Walkiefern zeigt es bereits: Föhrs Geschichte ist auch die Geschichte der Seefahrerei.
*Rebbelstieg 34, Tel. 0 46 81/25 71, geöffnet März–Okt. Di–So 10–17 Uhr, Nov.–Feb. Di–So 14–17 Uhr*

*Ein altes nordfriesisches Fest ist das Biikebrennen am 21. Februar. Das Fastnachtsfeuer hat seine Wurzeln in einem heidnischen Fruchtbarkeitsritual. Durch*

*Verbrennen einer Strohpuppe, die den Winter darstellt, soll der kalten Jahreszeit der Garaus gemacht werden. Im Anschluß an das Feuer versammelt sich die Dorfgemeinschaft im Gasthof zum traditionellen Grünkohlessen.*

# Essen und Trinken

## BARGUM
### Andresens Gasthof

Die erste Adresse für Feinschmecker an der Nordseeküste. Soeben hat das nach außen hin eher schmucklos wirkende Haus die Auszeichnung »Bestes Restaurant in Schleswig-Holstein« erhalten. Das mit einem Michelinstern gekürte Lokal ist deshalb auch nicht ganz billig.
*Dörpstraat 62, Tel. 0 46 72/10 98, Fax 10 99, geöffnet Mi–So 18–22 Uhr, Fr–So auch 11–14 Uhr, 15. Jan.–15. Feb. sowie Okt. und Nov. geschl., obere Preisklasse*

## BONGSIEL
### Gaststätte Bongsiel

Wer sich dem Aal verschrieben hat, für den führt kaum ein Weg vorbei an dem Restaurant, in dem Hanni und Elsbe Thamsen auch andere Fisch- und Fleischspezialitäten servieren.

Auf die Schnelle: Am Lister Hafen gibt es Köstlichkeiten aus dem Meer

Aal gibt es allerdings in allen denkbaren Variationen, und die hauseigene Räucherei sorgt für Nachschub.
*Am Kanal 2, 25842 Ockholm-Bongsiel, ca. 15 km nordwestlich von Bredstedt, Tel. 0 46 74/14 45, geöffnet tgl. außer Di (im Winter Mo und Di) 12–14 Uhr und 17–22 Uhr, mittlere Preisklasse*

## DAGEBÜLL
### To olen Slüüs

Im romantischen Dorfteil Dagebüll-Kirche befindet sich eine traditionsreiche Fischgaststätte, die leicht übersehen werden kann. Sie liegt nur etwa einen Kilometer entfernt vom Hafen.
*Tel. 0 46 67/3 73, geöffnet: im Sommer ab 17.30 Uhr, So und Fei auch 12–14 Uhr, im Winter nur Fr–So, mittlere Preisklasse*

## GARDING
### Café und Teestube Nordiska

An nur fünf Tischen drängeln sich die Gäste in der gemütlichen Teestube direkt an der Kirche. Der Andrang herrscht zu Recht: Die angebotenen Teesorten sind vorzüglich, und auch der Kaffee schmeckt, wie er schmecken soll. Der Teestube ist ein Versandhandel angeschlossen.
*Enge Str. 3, Tel. 0 48 62/85 60, geöffnet tgl. 9–18 Uhr, im Winter So ab 14 Uhr und Mi geschl., mittlere Preisklasse*

## KAMPEN (SYLT)
### Kupferkanne

Geboten werden Kuchen, Kuchen und nochmals Kuchen. Dazu leckere Kaffeesorten. Doch wird hier auch in Sylter Preisen gehandelt. Den atemberaubenden Blick aufs Watt gibt es allerdings gratis.
*Stapelhooger Wai, Tel. 0 46 51/4 10 10, geöffnet tgl. ab 10 Uhr, mittlere Preisklasse*

Alkovenstube in Andresens Gasthof

Gemütlich: Alte Friesenstube

## KEITUM (SYLT)
### Fisch-Fiete

Das Speiselokal ist eine Institution in Sachen Fisch. Es ist weit über die Grenzen Sylts hinaus bekannt und steht für die vollendete Kunst, Meeresfrüchte zuzubereiten.
*Weidemannweg 3, Tel. 0 46 51/3 21 50, geöffnet tgl. 12–14.30 Uhr und ab 18 Uhr, obere Preisklasse*

## LIST (SYLT)
### Gosch Hafenimbiß

Was wäre ein Hafen ohne Fischbuden? Für den kleinen Hunger bieten sich die »schnellen« Köstlichkeiten aus der Nordsee geradezu an.
*Am Hafen, Tel. 0 46 51/94 78*

Friesisches Ambiente: In der Nordermühle

## NIEBLUM (FÖHR)
### Altes Landhaus

Das 200 Jahre alte Reetdachhaus hat Atmosphäre und Stil. Gegrillte Heringsfilets und der gegrillte Steinbeißer stehen ganz oben auf der Wunschliste der meisten Gäste. Eine vegetarische Karte rundet das Angebot ab.
*Bi de Süd 22, Tel. 0 46 81/25 72, geöffnet Mi–Mo 12–23 Uhr, im Winter erst ab 18 Uhr, mittlere Preisklasse*

## NORDDORF (AMRUM)
### Ual Öömrang Wiartshüs,

Richtig urig sieht das Alte Amrumer Wirtshaus mit seinem Reetdach aus, die Innenräume sind mit Delfter Kacheln geschmückt. Spezialität sind hier vor allem Fischgerichte.
*Brätlunn 4, Tel. 0 46 82/8 36, geöffnet tgl. 11–13.30 und 17–24 Uhr, Küche bis 21 Uhr, mittlere Preisklasse*

*Die Rote Grütze, plattdeutsch »Rode Grütt«, ist nicht nur den Norddeutschen ein Begriff. 500 g rote Johannisbeeren, 250 g*

*Sauerkirschen und 250 g Himbeeren werden mit Wasser aufgekocht und dann durch ein Sieb gerührt. Das so gewonnene Fruchtmark mit Wasser zu einem Liter Flüssigkeit auffüllen, 175 g Zucker unterrühren und das Ganze aufkochen lassen. Weitere 250 g Kirschen einrühren und 100 g mit Wasser angerührte Stärke unterziehen. Alles kurz aufkochen lassen. Die Rote Grütze wird kalt mit Milch serviert.*

**PELLWORM**
**Nordermühle**

In einer restaurierten Mühle läßt sich stilecht speisen. Die »Nordermühle« ist ein Restaurant und Café mit Meerblick, hier wird auch das friesische Nationalgetränk, der Pharisäer, serviert.
*Nordermitteldeich, Tel. 0 48 44/6 56 oder 5 54, geöffnet März–Ende der Herbstferien ab 11 Uhr, warme Küche 11–14 und 18–22 Uhr, mittlere Preisklasse*

**RANTUM (SYLT)**
**Sansibar**

Auf halber Strecke zwischen Rantum und Hörnum liegt das Sansibar versteckt in den Dünen. Ein idyllischer Ort, der Wünsche weckt und viele auch erfüllt, denn die Küche in dieser Oase – überraschenderweise süddeutsch beeinflußt – kann sich sehen lassen.
*Hörnumer Str., Tel. 0 46 51/96 46 46, geöffnet tgl. 11–23 Uhr, obere Preisklasse*

**auf Pellworm läßt sich in stilechter Umgebung speisen**

**RISUM-LINDHOLM**
**Café Uthland**

Das Lokal wurde zum »schönsten Café in Nordfriesland 1995« gekürt. Das unter Denkmalschutz stehende Friesenhaus südöstlich von Niebüll ist mit viel Liebe zum Detail zu einem modernen Gastronomiebetrieb umgebaut worden. Hier wird nur Selbstgebackenes serviert. Vorzügliches Teeangebot.
*Dorfstr. 299, Tel. 0 46 61/46 13, geöffnet tgl.10–18 Uhr, während der Wintermonate Di–So 14–18 Uhr, mittlere Preisklasse*

**STADUM**
**Waldstübchen Hof Berg**

Etwa 20 km nordöstlich von Bredstedt gibt es handfeste Hausmannskost, die das Portemonnaie schont. Dort sind zudem zahlreiche Gerätschaften des täglichen Lebens ausgestellt, die heute aus der Mode gekommen sind.
*Hof Berg 2, Tel. 0 46 62/26 47, geöffnet Di–So ab 10 Uhr, warme Küche bis 22 Uhr, untere Preisklasse*

**ST. PETER-ORDING**
**café rasmus**

Ungehinderter Blick auf die weite Nordsee, dazu ein Stückchen Friesentorte und eine Tasse Kaffee genießen – das geht im Promenadencafé »rasmus«.
*Strandpromenade 1, Tel. 0 48 63/ 9 71-0, Fax 14 15, geöffnet Mi–Mo 10–22 Uhr, im Winter 12–18 Uhr, mittlere Preisklasse*

**TÖNNING**
**Schankwirtschaft Wilhelm Andresen**

Echte friesische Atmosphäre läßt sich bei Wilhelm Andresen schnuppern. Die hier servierten Spezialitäten Eiergrog und Matjesbrot sind im wahrsten Sinne des Wortes in aller Munde.
*Im Ortsteil Katingsiel gleich hinterm Deich, Tel. 0 48 62/3 70, geöffnet Fr–So 14–24 Uhr, während der Woche ab 17 Uhr, untere Preisklasse*

**WESTERLAND (SYLT)**
**Alte Friesenstube**

Schon beim Blick auf die Speisekarte läuft einem das Wasser im Mund zusammen, denn dort heißt es im schönsten Plattdeutsch: »All´ns wat ut´n Meer kümmt, dor löppt een doch de Snuut vull Water!« Plattdeutsch und friesisch geht es weiter, und so mancher Gast wird hier an seine sprachliche Grenzen stoßen. Doch die Bedienung steht bei der Übersetzung der original friesischen Gerichte hilfreich zur Seite.
*Gaadt 4, Tel. 0 46 51/12 28, geöffnet Di–So 18–22.30 Uhr, obere Preisklasse*

**Captain's Corner**

Andreas Putzler, Koch und Besitzer des Restaurants, serviert Nordseetypisches wie gebratene grüne Heringe, Labskaus und »Aal grün«. Etwas ganz Besonderes ist die Zubereitung auf einem heißen Stein vor den Augen der Gäste.
*Gaadt 7, Tel. 0 46 51/2 31 11, geöffnet Mi–Mo ab 17 Uhr, mittlere Preisklasse*

**Restaurant Jörg Müller**

Wer sein Restaurant schlicht nach seinem Namen benennen kann, der erwartet keine Gäste, die einfach nur auswärts essen wollen, sondern Feinschmecker, die allein schon durch ihre kulinarische Vorliebe ein fast persönliches Verhältnis zu Jörg Müller haben. Bezahlen muß man hier aber trotzdem.
*Süderstr. 8, Tel. 0 46 51/2 77 88, Fax 20 14 71, geöffnet Do–Mo 12–15 Uhr und Mi–Mo 18-24 Uhr, 10. Jan.–15. Feb. geschl., Luxusklasse*

**Keitumer Institution: Fisch-Fiete**

**WYK (FÖHR)**
**Alt Wyk**

In diesem Restaurant gibt es die »echte« Föhrer Krabbensuppe. Spezialitäten des Sommers kommen aus dem Meer, die des Winters aus den Föhrer Jagdgebieten: Wildente, Föhrer Reh oder auch Fasan. In jedem Fall sollte man sich einen guten Tropfen von der erlesenen Weinkarte gönnen.
*Große Str. 4, Tel. 0 46 81/32 12, geöffnet Mi–Mo 17.30–23 Uhr, obere Preisklasse*

*Der bekannte Westerländer Koch Andreas Putzler bereitet Grünkohl nur in großen Portionen zu: In 500 g Schweineschmalz werden 3 kg Zwiebeln angebraten.*

*Anschließend wird reichlich Rauchknochenbrühe, die zuvor aus Kassler- und Schinkenknochen hergestellt wurde, dazugegeben. In die Brühe kommen 8 kg Grünkohl. Nun muß das Ganze vier bis fünf Stunden kochen. Gelegentlich wird Flüssigkeit nachgegossen. Ist der Grünkohl gar, wird er mit Salz, Zucker, Pfeffer und Senf abgeschmeckt. Kurz vor dem Servieren noch mit flüssiger Sahne verfeinern.*

# Übernachten

## EMMELSBÜLL-HORSBÜLL

Ferien auf dem Bauernhof, in denen Eltern ihre Kinder auch gern mal dem Vermieterehepaar anvertrauen können, lassen sich bei Inken und August Pörksen buchen. Die Preise für die Ferienwohnungen liegen zwischen 45 und 80 DM pro Tag.
*Horsbüller Str. 39, 25924 Emmelsbüll-Horsbüll, Tel. 0 46 65/3 81*

## FRIEDRICHSTADT
### Hotel Aquarium Boddenberg

In einem altehrwürdigen Friedrichstädter Gemäuer ist das Hotel mit stilvoller Inneneinrichtung untergebracht. Interessant sind die angebotenen Veranstaltungen, etwa Radwanderungen in der Umgebung oder Touren zu den verschiedenen Inseln.
*Mittelburgwall 4–8, 25840 Friedrichstadt, Tel. 0 48 81/6 91, Fax 70 64, mittlere Preisklasse*

### Hotel Holländische Stube

Das ansehnliche Haus aus dem 17. Jahrhundert liegt direkt am historischen Marktplatz. Auch die Inneneinrichtung ist ansprechend: Stuckdecken und alte Möbel schaffen eine gemütliche Atmosphäre.
*Am Mittelburgwall 22–26, 25840 Friedrichstadt, Tel. 0 48 81/9 39 00, Fax 93 90 22, untere Preisklasse*

**Ferien unterm Reetdach: »Blumenhof« in Tating**

## HUSUM
### Hotel Altes Gymnasium

Seit April 1996 besitzt die Storm-Stadt ein 5-Sterne-Hotel, das keinen internationalen Vergleich zu scheuen braucht. Zwei Jahre lang hat Johann Max Böttcher, Eigentümer des Hamburger Hotels Böttcherhof, die ehemalige Hermann-Tast-Schule umbauen lassen, in der der Hotelier einst sein Abitur bestand. Zum Haus gehören noch ein exquisites Restaurant und mehrere Bars.
*Süderstr. 6–8, 25813 Husum, Tel. 0 48 41/83 30, Fax 8 33 12, obere Preisklasse*

### Theodor-Storm-Hotel

Eine gute Adresse in der Stadt. Dem Hotel sind ein Restaurant und eine eigene Brauerei angegliedert, in der mehrmals wöchentlich das Husumer Brauhaus-Pils hergestellt wird.
*Neustadt 60–68, 25813 Husum, Tel. 048 41/89 66-0, Fax 8 19 33, mittlere Preisklasse*

## KEITUM (SYLT)

Im ehrwürdigen Kapitänsdorf übernachtet man am besten unter Reet und in den eigenen vier Wänden.

**Klassiker: Hotel Stadt Hamburg**

Ferienwohnungen in und um Keitum zu Preisen von 130 DM bis 530 DM pro Tag bietet Helga Wedell an. Dabei kann aus 70 verschiedenen Objekten ausgewählt werden, die individuell ausgestattet sind.
*Helga Wedell, Kirchenweg 34, 25980 Keitum/Sylt, Tel. 0 46 51/3 33 33, Fax 3 33 53*

## NEBEL (AMRUM)

Traumurlaub unter dem Reetdach ist auch im überaus malerischen Friesendorf Nebel auf Amrum möglich. Zahlreiche Ferienwohnungen sowohl in restaurierten als auch in neuerbauten Friesenhäusern versprechen einen stilechten Aufenthalt.
*Auskünfte: Kurverwaltung Nebel, Kirchenweg 1a, 25946 Nebel/Amrum, Tel. 0 46 82/8 81, Fax 29 99, mittlere Preisklasse*

## NORDDORF (AMRUM)
### Hotel-Restaurant Hüttmann

Das Haus, das sich seit über 100 Jahren in Familienbesitz befindet, wurde jüngst renoviert. Die Zimmer sind einfach, aber äußerst geschmackvoll und in warmen Tönen eingerichtet.
*Ual Saarepswai 2–6, 25952 Norddorf/Amrum, Tel. 0 46 82/9 22-0, Fax 0 46 82/9 22-1 13, mittlere Preisklasse*

**Im Herzen Friedrichstadts: Die »Holländisch**

### Pension Friedrich Flor

Norddorf verfügt über eine ganze Reihe hervorragender Pensionen. Eine davon ist das Haus von Friedrich Flor. Die Übernachtungspreise entsprechen dem Amrumer Standard.
*Ual Saarepswai 11, 25946 Norddorf/Amrum, Tel. 0 46 82/26 31, Fax 42 01, mittlere Preisklasse*

## PELLWORM
### Hotel Nordseeblick

Direkt am Pellwormer Hafen gelegen, macht das Hotel seinem Namen »Nordseeblick« alle Ehre. Gesellige Atmosphäre erlebt man dann abends im gemütlichen Hafen-Pub im gleichen Haus.
In der näheren Umgebung befinden sich Kurmittelhaus und Schwimmbad.
*Am Hafen, 25849 Pellworm, Tel. 0 48 44/2 11, Fax 11 44, untere Preisklasse*

*Labskaus, ein typisches Gericht des Nordens, kann man wie folgt zubereiten:*
*1,3 kg Pökelfleisch vom Rind, eben mit Wasser bedeckt, mit zwei Lorbeerblättern, drei Nelken, 400 g Zwiebeln und Pfefferkörnern im*

*geschlossenen Topf in ca. zwei Stunden weichkochen.*
*1,2 kg Kartoffeln kochen, abpellen und auskühlen lassen. Das Kochfleisch, die Kartoffeln und Zwiebeln zusammen mit vier Matjesfilets und 500 g eingelegter Roter Bete durch den Fleischwolf drehen und erwärmen. Mit Pfeffer und Salz abschmekken und mit Rollmops und Spiegelei anrichten.*

## ST. PETER-ORDING
### Jensens Hotel Tannenhof

Ein Geheimtip ist der Tannenhof, der es mit den großen Häusern am Ort durchaus aufnehmen kann. Der gut geführten Herberge ist das Restaurant »Casa Bianca« angeschlossen.
*Im Bad 59, 25826 St. Peter-Ording, Tel. 0 48 63/70 40, Fax 7 04 13, mittlere Preisklasse*

### Landhaus an de Dün

Nur als erstklassig ist das im Mai 1995 eröffnete 5-Sterne-Haus zu bezeichnen. Zum Angebot gehören unter anderem ein Erlebnisbad und der kostenlose Fahrradverleih. Natürlich hat der Luxus auch seinen Preis.

## WENNINGSTEDT (SYLT)
### Villa Klasen

Das Hotel ist ein gemütliches und gut geführtes Haus in ruhiger Lage. Von hier aus sind es nur 300 m zum Wenningstedter Hauptstrand.
*Westerstr. 7, 25996 Wenningstedt/Sylt, Tel. 0 46 51/4 10 95, Fax 4 21 35, obere Preisklasse*

## WESTERLAND (SYLT)
### Hotel Stadt Hamburg

Das bekannte Haus ist das wohl traditionsreichste und charaktervollste Luxushotel auf Sylt. Es wurde schon 1869 eröffnet und befindet sich seit 1919 im Besitz derselben Familie. Das Ambiente ist gediegen, jedes Zimmer

gehörigen Restaurant gibt es regelmäßig Ausstellungen von Sylter Künstlern zu sehen. Während der Wintermonate bietet auch diese Herberge attraktive Preisarrangements an.
*Johann-Möller-Str. 30, 25980 Westerland/Sylt, Tel. 0 46 51/9 88 00, Fax 98 80 80, obere Preisklasse*

### Hotel Clausen

Ein behagliches Haus in Westerlands Zentrum ist das Hotel Clausen. Über Hotels ähnlichen Standards erteilt die Zimmervermittlung direkt am Bahnhof gerne Auskunft.
*Friedrichstr. 20, 25980 Westerland/Sylt, Tel. 0 46 51/9 22 90, Fax 2 80 07, obere Preisklasse*

**tube« liegt an einer der malerischen Grachten**

**Hotel am Hafen: »Nordseeblick«**

**Logenplatz: Hotel Miramar**

*Im Bad 63, 25826 St. Peter-Ording, Tel. 0 48 63/9 60 60, Fax 96 06 60, obere Preisklasse*

## TATING
### Blumenhof

Hier kann man seinen Urlaub in einem historischen Haubarg verbringen. Unterm Reetdach befinden sich Ferienwohnungen für zwei bis fünf Personen.
*Familie Hostrup, Süderdeich 8, 25881 Tating-Blumenhof, Tel. 0 48 62/84 19, mittlere Preisklasse*

## TÖNNING
### Strandhotel Fernsicht

Das Strandhotel bietet nicht nur den ungetrübten Blick auf die Eidermündung. Die Eigentümerin Frau Peters führt auch Stadtführungen in der Eiderstedter Tracht durch.
*Auf dem Badestrand, 25832 Tönning, Tel. 0 48 61/4 75, untere Preisklasse*

wurde individuell eingerichtet. Wintergäste sollten sich nach Preisvergünstigungen erkundigen.
*Strandstr. 2, 25980 Westerland, Tel. 0 46 51/8 58-0, Fax 8 58-2 20, Luxusklasse*

### Hotel Miramar

Westerlands zweites Luxushotel bietet Seeblick. Direkt an der Strandpromenade ist es situiert, zentraler kann man in dem Ort nicht wohnen.
Freilich zahlt der Gast für die Aussicht aufs Meer einen Aufschlag, die Zimmer zur Landseite hin sind um einiges preiswerter.
*Friedrichstr. 43, 25980 Westerland/Sylt, Tel. 0 46 51/8 55-0, Fax 8 55-2 22, Luxusklasse*

### Hotel Atlantic

Das hübsche Hotel liegt ebenfalls in unmittelbarer Strandnähe. Im dazu-

### Hotel Villa Kristina

Daß auf Sylt Übernachtungen nicht immer gleich dreistellige Summen kosten müssen, beweist dieses nette Haus. Dies erstaunt besonders angesichts der zentralen Lage.
*Norderstr. 7, 25980 Westerland, Tel. 0 46 51/2 52 01 und 2 52 21, Fax 2 77 11, untere Preisklasse*

## WYK (FÖHR)
### Kurhaus Hotel

Die traditionsreiche Herberge liegt direkt an der Strandpromenade. Als modernes Haus verfügt sie über Annehmlichkeiten wie Sauna und Fitneßraum.
*Sandwall 40, 25938 Wyk/Föhr, Tel. 0 46 81/ 7 92, Fax 15 91, mittlere Preisklasse*

*Urlaub auf dem Bauernhof wird immer beliebter. Hier gibt es Land-*

*leben zum Anfassen. Einen umfassenden Katalog über Angebote in Nordfriesland und den benachbarten Landkreisen ist beim Nordseebäderverband Schleswig-Holstein e.V., Parkstr. 7, 25813 Husum, Tel. 0 48 41/8 9750, Fax 48 43, erhältlich.*

# Einkaufen

*Überall im Kreis Nordfriesland findet man »Landläden«, Bauernhöfe,*

*auf denen die eigenen Produkte angeboten werden. So auch in einem Eiderstedter Haubarg an der Straße von Garding nach Welt. Landladen »Kühl« in Hülkenbüll, Tel. 0 48 62/3 39, geöffnet Mo–Fr 10–12 und 15–17 Uhr, Sa 9–12 Uhr*

## HUSUM

Wer von friesischem Mobiliar angetan ist und Antiquitäten erstehen möchte, dem sei der »Altfriesische Kunsthandel« empfohlen.
*Süderstr. 13, Tel. 0 48 41/30 30, geöffnet Mo–Fr 9–12 Uhr und 14–18 Uhr, Sa 9–12 Uhr (bei schönem Wetter auch länger), sonst nach telefonischer Vereinbarung*

## KAMPEN (SYLT)

Internationale Designer-Boutiquen, Künstlergalerien und exklusive

**Wertvoll: Handbemalte Friesenkacheln**

**Getöpferte Gesellen**

**Webmeisterin Birgit Peters**

Restaurants in Verbindung mit der Schönheit friesischer Architektur – dies verspricht ein Einkaufsbummel durch Kampen. Das »St. Tropez des Nordens« liegt etwa 7 km nördlich der Inselmetropole Westerland.

## KEITUM (SYLT)

Der Osten der Insel ist die Hochburg des Sylter Kunsthandwerks. Auf engstem Raum findet man Töpferei, Goldschmiede und Glasbläserei. Im Nachbarort Archsum werden Kerzen hergestellt, und in Braderup befindet sich eine Lederwerkstatt.

*Ein kleines Informationsheft ist bei den Kurverwaltungen erhältlich.
Kurverwaltung Sylt-Ost-Keitum, Am Tipkenhoog 5, 25980 Keitum, Tel. 0 46 51/3 37 33, Fax 3 37 37*

## Historische Kacheln

Einem ganz besonderen Beruf geht das Ehepaar Persch nach. Sie reproduzieren alte Friesenkacheln nach überlieferten Motiven aus Walfang und Seefahrerei. Aus Sammlerleidenschaft wurde ein umfangreiches Gewerbe, bei dem jeder Schritt in Handarbeit durchgeführt wird.
*Am Kliff 25, Tel. 0 46 51/3 16 53, Fax 3 57 88, geöffnet: nach telefonischer Anmeldung*

**Maritim: Zunftgerechtes Zubehör für den Freizeitkapitän**

## NIEBÜLL

Nordfriesische Landschaften und Stimmungen, eingefangen in Öl und in Aquarell, kann man bei Sonja Jannichsen erstehen. Die Künstlerin hält eine hochwertige Auswahl beliebter Motive bereit; sie führt aber auch Auftragsarbeiten – zum Beispiel Porträts – durch. Ein nettes Mitbringsel sind außerdem ihre farbenfrohen Seidenmalereien.
*Klanxbüller Str. 27, 25899 Niebüll, Tel. 0 46 61/28 23*

## SÖNKE-NISSEN-KOOG

Handgewebte Wolldecken, Kissen und Ponchos in allen Regenbogenfarben aus der Werkstatt der Webmeisterin Birgit Peters sind attraktive Souvenirs. In dem kleinen Laden werden neben zahlreichen Stücken ihrer Handwerkskunst auch Lederwaren, Keramik und Holzspielzeug angeboten.
*Sönke-Nissen-Koog 51, 25821 Reußenköge, Tel. 0 46 74/8 18, Öffnungszeiten sind telefonisch zu erfragen.*

## ST. PETER-ORDING

Ein begehrtes Souvenir von der Küste ist Bernstein, der sich gelegentlich im Spülsaum finden läßt. Wer kein Glück hatte oder sehen möchte, was man alles aus dem weichen Material machen kann, der findet sicherlich viel Freude am Bernstein-Haus. Schmuck zu kaufen gibt es hier natürlich auch.
*Boy Jöns, Dorfstr.15, Tel. 0 48 63/56 11, Fax 56 31, geöffnet Mo–Sa 9–12.30 und 15–18.30 Uhr, So 11–12.30 Uhr*

## Ordinger Töpferei

Ein Besuch der Ordinger Töpferei lohnt sich in doppelter Weise: Man kann nicht nur schöne Keramik erstehen, sondern dienstags ab 16 Uhr der Handwerkerin Silke Schebera sogar bei der Herstellung der Töpferwaren zuschauen.
*Öwerweg 12 (Nähe Bahnhof Ording), Tel. 0 48 63/87 68, geöffnet Mo–Fr 10–13 und 15–18 Uhr, Sa 10–13 Uhr*

## TØNDER (DÄNEMARK)

Ein Abstecher ins benachbarte Dänemark sollte zu jedem Aufenthalt im Norden Deutschlands dazugehören. Besonders Tønder, nur wenige Kilometer hinter der deutsch-dänischen Grenze gelegen, bietet reichhaltige Einkaufsfreuden. Die betriebsame Fußgängerzone vermittelt viel dänische, also behagliche Atmosphäre.

## WESTERLAND (SYLT) Dullin-Maritim

Von der Gallionsfigur bis hin zur Schiffsschraube kann man hier fast alles erstehen. Zum Sortiment gehören auch Glocken, Flaggen, nautische Instrumente sowie Modell- und Buddelschiffe.
*Strandstr. 28, Tel. 0 46 51/73 84*

# Freizeit

## BREDSTEDT
## Naturzentrum Nordfriesland

Das Informationszentrum ist weit über die Grenzen der Region hinaus bekannt. Hier befindet sich eine interessante naturkundliche Ausstellung. Darüber hinaus werden Diaabende und Führungen angeboten. Ein umfangreicher Veranstaltungskalender wird auf Anfrage zugesandt.
*Bahnhofstraße 23, 25821 Bredstedt, Tel 0 46 71/45 55, geöffnet Mai–Okt. tgl. 14– 18 Uhr, für Gruppen nach telefonischer Vereinbarung*

## ST. PETER-ORDING
## Westküstenpark

Ein Besuch des Haus- und Wildtierparks ist unbedingt lohnenswert. Besonders Kinder werden hier sehr viel Freude haben, denn es gibt ein Streichelgehege mit Ziegen und seltene Haustierrassen.
*Wohldweg 2, Tel. 0 48 63/30 44, geöffnet tgl. 9–18 Uhr, Tageskarte 8 DM, Kinder zwischen 3 und 14 Jahren 5 DM, bei Vorlage einer Kurkarte wird eine Ermäßigung gewährt*

## ST. PETER-ORDING

Keine andere Freizeitaktivität ist mit dem Ort so eng verknüpft wie das Strandsegeln. Diese exotisch anmutende Sportart hat europaweit etwa 5000 Aktive, im hiesigen Yacht-Club (YCSPO) sind etwa 200 Mitglieder organisiert. Ein Segelwagen besteht aus einem Rumpf auf drei Rädern, den der Pilot liegend mittels Fuß- und Handlenkung manövriert. Dabei können Geschwindigkeiten bis zu 120 km/h erreicht werden. Schnupperveranstaltungen richtet der YCSPO aus.
*Am Wäldchen 5, 25826 St. Peter-Ording, Tel. 0 48 63/54 63*

In Westerland trifft sich alljährlich die Surf-Elite

## FRIEDRICHSTADT

Ein Urlaub in Nordfriesland bedeutet viel Ruhe und intensive Natureindrücke. Was liegt da näher, als mit der Angelrute sein Glück zu versuchen? Die unberührte Flußlandschaft der Treene ist ein wahres Paradies für Petrijünger.
*Auskunft: Angelgeschäft Ovens, Kirchenstraße 10, 25840 Friedrichstadt, Tel. 0 48 81/76 00*

## HÖRNUM (SYLT)

Das wohl umfangreichste Angebot an Ausflügen in die nordfriesische Inselwelt macht die »Insel- und Halligreederei«. In Hörnum legen die allgegenwärtigen Adlerschiffe täglich nach Amrum, Föhr und zu den Halligen ab. Dieselben Ziele werden auch von Strucklahnungshörn aus angelaufen. Daneben stehen Kutterfahrten mit Seetierfang auf dem Programm.
*Ausführliches Prospektmaterial bei der Insel- und Halligreederei, Boysenstraße 13, 25980 Westerland, Tel. 0 46 51/9 87 00, Fax 2 63 00*

## WITTDÜN (AMRUM)

Der Deutsche Verband für Freikörperkultur e.V. unterhält einen eigenen Campingplatz, er liegt idyllisch in den Amrumer Dünen versteckt.
*DFK-Zeltplatz, 25946 Wittdün/Amrum, Tel. 0 46 82/24 08; oder: Deutscher Verband für Freikörperkultur e.V., Uhlemeyerstraße 14, 30175 Hannover, Tel. 05 11/34 22 33*

## WESTERLAND (SYLT)

Sylt ist ein Eldorado für Surfer und Wellenreiter. Jedes Jahr im September trifft sich in Westerland die absolute Elite zu den Weltcup-Rennen. Doch auch für den Amateursurfer ist die hiesige Küste bestens geeignet. Zahlreiche Reviere und Schulen schaffen ein vielseitiges Angebot.
*Ein Faltblatt mit umfangreichen Informationen ist zu beziehen bei der Bädergemeinschaft Sylt e.V., Postfach 11 50, 25961 Westerland/Sylt, Tel. 0 46 51/8 20 20, Fax 82 02 22*

## NORDFRIESISCHE LAMMTAGE

Zwei Wochen rund ums Lamm: Sie ermöglichen zum einen eine kulinarische Annäherung an das Thema, denn es gibt besonders viele leckere Zubereitungen zu probieren. Der Gast darf zum anderen aber auch selbst mit anpacken, wenn es ans Scheren geht. Und daß Schaf nicht gleich Schaf ist, zeigt sich, wenn die verschiedenen Rassen vorgeführt und erklärt werden. Die Veranstaltungen finden im Monat Mai im gesamten Kreisgebiet statt.
*Informationen: Kreisverwaltung, Marktstr. 6, 25813 Husum, Tel. 0 48 41/67-0, Fax 67-4 23*

Auf Fangfahrt: Spannendes Seegetier

Lammtage: Alles über Schafe

## REISEVORBEREITUNG

Nähere Bekanntschaft mit Nordfriesland kann man schon während der Urlaubsvorbereitungen schließen. Das Gesellschaftsspiel »Klaar Kiming« führt noch am heimischen Stubentisch durch die Küstenregion und macht richtig Appetit auf den Aufenthalt. Es ist im Buchhandel zum Preis von DM 59,80 erhältlich. Man kann es aber auch beim Nordfriisk Instituut bestellen. Zum selben Preis wird dort überdies ein gleichnamiges Video angeboten, das über das friesische Selbstverständnis aufklärt.
*Nordfriisk Instituut, Süderstraße 30, 25821 Bredstedt, Tel. 0 46 71/20 81*

*Eine besondere Attraktion für jung und alt sind die Tierfütterungen in der Seehundstation Friedrichskoog.*

*Faszinierend mit anzusehen, wie die wendigen Schwimmer nach den Fischen schnappen und gar nicht genug davon bekommen können. Fütterungszeiten sind 10.30 und 17.30 Uhr. Tel. 0 48 54/ 13 72, geöffnet tgl. 9–18 Uhr*

Schloß Glücksburg: Weißes Gemäuer spiegelt sich im Wasser ★★★

Laboe und die Kieler Förde aus der Vogelperspektive ★

Ein Hauch von Vergangenheit: Handelshof in Flensburgs Altstadt ★★

Leuchtturm Staberhuk an Fehmarns östlichstem Punkt ★

Schloß Salzau: Beim Musik Festival wird gern im Freien musiziert ★★★

Klosterkirche in Preetz ★★

## DIE TOP TEN DER REGION:

**Schloß Gottorf**
In der ehemaligen Residenz der Gottorfer Herzöge sind heute die Landesmuseen untergebracht

**Bordesholmer Altar**
Meisterwerk der niederdeutschen Schnitzkunst im Dom zu Schleswig

**Brodtener Steilufer**
Von hier aus reicht der Blick weit über die Lübecker Bucht

**Schloß Glücksburg**
Traumhaft gelegenes Renaissancewasserschloß im äußersten Nordosten Deutschlands

**Lübecker Altstadt**
UNESCO-Weltkulturerbe: Mittelalterliche Kirchen und prächtige Patrizierhäuser vereinen sich zu einem einzigartigen Gebäudeensemble

**Schlesw.-Holst. Musik Festival**
Musikalisches Großereignis mit besonderer Note: Nachwuchstalente und Stars bringen klassische Musik in alle Landesteile

**Holsteinische Schweiz**
Die sanft in die hügelige Landschaft eingebettete Seenplatte ist ein Meisterstück der Natur

**Freilichtmuseum Kiel-Molfsee**
Alte Bauernhäuser, Scheunen und Katen wurden hier zusammengetragen und wiederaufgebaut

**Wikinger-Museum Haithabu**
Die Ausstellung informiert über die Siedlungsgeschichte Haithabus

**Kieler Woche**
Im Juni tummeln sich Segler aus aller Welt auf der Kieler Förde

★★★ einzigartig
★★ außergewöhnlich
★ sehenswert

# Lieblich und gewinnend

Es gibt ohne Zweifel Landschaften von auffallenderer Schönheit, von großartigerer Wirkung, von reicherer Fruchtbarkeit des Bodens, sicherlich aber keine, die lieblicher zum Auge und gewinnender zum Herzen guter, sinniger Menschen spricht als die unsrige.« Dieser Satz ist 200 Jahre alt, stammt von Johann Heinrich Voss und meint eigentlich die Holsteinische Schweiz. Man kann das Zitat des Eutiner Rektors und Homer-Übersetzers jedoch getrost auf

die gesamte Küstenregion zwischen Lübeck und Flensburg anwenden. Denn wer Schleswig-Holsteins Osten beschreibt, kommt an Worten wie »lieblich« und »gewinnend« nicht vorbei. Viel sanfter als die rauhe Nordsee geht die Ostsee mit ihrer Küste um: Der Gezeitenwechsel ist kaum wahrnehmbar, Sturmfluten kennt man hier nicht. Harmonisch lösen Flach- und Steilufer einander ab; es gibt herrliche Sandstrände neben unberührten Naturreservaten. Die Gletscher der Eiszeit hinterließen Förden und Buchten, großartige Segelreviere, an denen geschichtsträchtige Kaufmannsstädte, mondäne Seebäder und malerische Fischerorte liegen. Dahinter modellierten sie ein anmutiges, von unzähligen Seen gesprenkeltes Hügelland.

Die Augen weiden sich am leuchtenden Gelb der Rapsfelder, am tiefen Blau der Seen, am vornehmen Weiß der Schlösser und Herrenhäuser oder am ehrwürdigen Rot der Backsteinbauten; die Ohren werden von den Klängen des Schleswig-Holstein-Musikfestivals verwöhnt. Daß dessen Konzerte auch in Scheunen und Ställen stattfinden, paßt zur heiteren Harmonie, die der Landstrich ausstrahlt. Und die Einheimischen? Aus den Wikingern von Haithabu sind freundliche Gastgeber geworden. »Gute, sinnige Menschen« würde Johann Heinrich Voss sie nennen – Menschen, so wie ihr Land.

# INHALT

*Gängigen Vorurteilen zufolge sind die »Nordlichter« wortkarge Zeitgenossen, introvertiert, steif und etwas muffelig. Was die letztgenannten Charaktereigenschaften betrifft, so kann man sich bei den zahlreichen Festen vom Gegenteil überzeugen. Tatsächlich gehen einige Küstenbewohner sehr sparsam mit Worten um, was auf eine unerschütterliche*

*Gelassenheit schließen läßt. Kurz und knapp ist der gängige Gruß »Moin«, und das zu jeder Tages- und Nachtzeit. Wie man darauf antwortet? Genauso, allerhöchstens aber mit »Moin, moin«! Wer noch mehr sagt, gilt schnell als Plaudertasche.*

***»Der Oststreifen – jene Landschaften, die, von dem Mittelrücken her, in leiser Senkung nach der Ostsee hin abfallen, – dieser Oststreifen ist der wichtigste Theil des Landes, der wichtigste und zugleich der landschaftlich schönste. Hügel folgt auf Hügel, dazwischen in Holstein kesselartige Vertiefungen, welche zahlreiche Seen bilden. Ueberall Fruchtbarkeit und Cultur.«***

**Theodor Fontane, 1866**

## 4 Rund um die Eckernförder Bucht

Selbst vielen Norddeutschen sind die Bäder an der Küste des Dänischen Wohlds kaum bekannt – eine Gegend abseits jeden Trubels. Hinter dem Seebad Eckernförde erstreckt sich der Naturpark Hüttener Berge, südlich davon fahren auf dem Nord-Ostsee-Kanal die Schiffe mitten durch die Felder. Die »Kanalhauptstadt« Rendsburg lohnt nicht nur wegen ihrer spektakulären Eisenbahnbrücke einen Besuch. Zwischen Schlei und Ostsee schließlich lädt die Halbinsel Schwansen zu Radtouren ein. **Seite 152**

**SPECIAL**

**Der Musiksommer des Nordens**

Seit 1986 lockt das »Schleswig-Holstein Musik Festival« Freunde klassischer Musik und viele Stars der Branche in Herrenhäuser, Kirchen und Scheunen zu Konzerten mit einzigartiger Atmosphäre. **Seite 160**

## 5 Schlei und Flensburger Förde

Schleswig ist die geschichtsträchtigste Stadt des Landes: Nachfolgerin Haithabus, ehemalige Residenz und einstiger Bischofssitz. Die malerische Fischersiedlung Holm entführt ihre Besucher in vergangene Zeiten. Und an der Nordküste von Angeln windet sich die Flensburger Förde weit ins Land. Hier sind das prächtige Wasserschloß Glücksburg und die alte Kaufmannsstadt Flensburg sehenswert. **Seite 162**

**SPECIAL**

**Die ersten Schleswiger**

Ende des ersten Jahrtausends gehörte die Siedlung Haithabu zu den größten Nordeuropas. Ausgrabungen am Westende der Schlei brachten neue Erkenntnisse über den Alltag der Wikinger zutage. **Seite 174**

## SUPERSPECIAL

### Begehrter Zankapfel

Nach dem Ende der Völkerwanderungen siedelten Dänen und Slawen in der Region; die Dänen im Schleswiger Raum, wo im 9. Jahrhundert die Wikingersiedlung Haithabu entstand, die Slawen in Holstein, wo sie Oldenburg gründeten. Das Spätmittelalter stand ganz im Zeichern der von Lübeck geführten Hanse, die bis ins 16. Jahrhundert den Ostseeraum beherrschte. Wie ein roter Faden zieht sich das Schicksal der zwischen Dänen und Deutschen hin und her gerissenen Landesteile Schleswig und Holstein durch die Geschichte. Der Deutsch-Dänische Krieg von 1864 beendete das Gerangel, und 1920 wurde die Staatsgrenze zwischen Flensburg und Sylt gezogen.

**Seite 146**

*Sohn Lübecks: Thomas Mann (1875–1955)*

## SERVICE

### Karten und Touren

Travemünde ist eines der ältesten deutschen Seebäder. Bereits vor 200 Jahren begann man zwischen Brodtener Steilufer und Travemündung mit dem Badebetrieb. Damals wurden gerade einmal 30 Gäste gezählt.

Eng ist es in der Lübecker Altstadt. In der Großen Petersgrube stehen die verschiedensten Baustile dicht nebeneinander: Zwei Häuser mit spätgotischen Treppengiebeln nehmen ein Barockgebäude in die Mitte.

Glücklich, wem dieses Haus auf Graswarder gehört. Das von der Ostsee aufgeschüttete Haff bei Heiligenhafen lockt nicht nur mit einem wunderschönen Sandstrand, sondern auch mit einem 230 Hektar großen Naturschutzgebiet.

Bündel für Bündel: Die Kunst der Reetdachdecker ist heute wieder stärker gefragt.

Planke für Planke: Auf der Bootswerft in Eckernförde werden alte Kähne auf Vordermann gebracht.

Reihe für Reihe: Über dem Rauch von glimmendem Buchenholz reifen Aale zur Delikatesse.

Wort für Wort: Für einen Klönschnack haben die Fischer von Fehmarn immer Zeit.

Hart am Wind: Die Kieler Woche ist das größte Seglertreffen der Welt. Kein Wunder, daß sich die Crews manchmal in die Quere kommen. Da es an der Ostsee keinen nennenswerten Tidenhub gibt, dafür aber reizvolle Förden und Buchten, steht sie bei Seglern hoch im Kurs.

Wind: Eine frische Brise läßt das Getreide wogen, unten schäumt die Gischt der Brandung.

Stille: Frühmorgens fährt ein Kutter hinaus; langsam verliert sich sein Tuckern im Rund der Bucht.

Weite: Das sanft gewellte Hinterland der Küste lädt die Augen ein, am Horizont spazierenzugehen.

Abend: Im Licht der untergehenden Sonne ist es an den Stränden für manche am schönsten.

Die Ecktürme machen aus den drei parallel stehenden Trakten des Schlosses Glücksburg eine unverwechselbare Einheit. Ende des 16. Jahrhunderts wurde der Prachtbau für die Herzöge von Schleswig-Holstein-Sonderburg in einem Binnensee an der Flensburger Förde errichtet.

Das Holstentor, Wahrzeichen von Lübeck und Symbol einstiger Macht, begrüßt seine Besucher mit einem freundlichen Motto: »CONCORDIA DOMI FORIS PAX« – »Eintracht drinnen, Frieden draußen«. Und das, obwohl das Tor 1464 bis 1478 als Teil einer Befestigungsanlage zur Verteidigung der Stadt errichtet wurde.

Königin der Backsteingotik: Innenraum der Marienkirche mit Blick zum Chor

Töpfer auf dem Lübecker Markt

der ab 1230 errichtete Komplex den Stolz der Bürger, die sich weder weltlichen noch geistlichen Autoritäten übermäßig verpflichtet fühlten. Lübecker Bürger zu sein war ein Privileg, und wenn ein Regent zu Besuch kam, wie Kaiser Karl IV. im Jahr 1375, dann wußte er, was sich gehörte, und sprach die hiesigen Kaufleute respektvoll mit »Ihr Herren« an. Auch heute noch ist das Rathaus mit seinen Arkaden und Kegeltürmchen nicht irgendein Behördenbau, sondern strahlt eine Erhabenheit aus, die aus Volksvertretern wie selbstverständlich Würdenträger macht. Und wenn andernorts die Amtskette am Hals eines Bürgermeisters etwas antiquiert wirken mag – in Lübeck erwartet man diesen Schmuck geradezu.

## ... und Organisten

Gleich neben dem Rathaus erhebt sich St. Marien, die um 1350 fertiggestellte Ratskirche. Zahlreiche Gotteshäuser im Ostseeraum wurden nach dem Vorbild von Deutschlands drittgrößter Kirche errichtet. Sogar Weltrekorde verzeichnet St. Marien in den Kategorien »höchstes Backsteingewölbe« und »größte Orgel mit mechanischer Traktur«. Das im Krieg zerstörte Vorgängerinstrument übte zusammen mit seinem berühmten Organisten Dietrich Buxtehude eine derartige Anziehungskraft auf den damals 20jährigen Johann Sebastian Bach aus, daß dieser 1705 von Arnstadt nach Lübeck pilgerte. Bach zeigte sich beeindruckt vom Kompositionsstil Buxtehudes, der den jungen Thüringer gerne als seinen Nachfolger gesehen hätte. Das Organistenamt an St. Marien war seinerzeit ein Traumjob. Allerdings mußte der Aspirant entweder die Witwe oder die Tochter seines Vorgängers heiraten, um die Versorgung der Hinterbliebenen sicherzustellen. Dieses Opfer mochte Johann Sebastian dann doch nicht bringen, denn Buxtehudes Tochter Anna Margaretha war zehn Jahre älter als er und alles andere als eine Schönheit. So ging Lübeck ein großes Aushängeschild durch die Lappen, und das nicht zum ersten Mal: Zwei Jahre zuvor hatte schon Georg Friedrich Händel der Hansestadt einen Korb gegeben – aus denselben Gründen.

## Die Stadt der sieben Türme

Während die meisten Großstädte ihre Gäste schon von weitem mit Hochhäusern oder Fernsehtürmen empfangen, zeigt sich Lübeck heute noch nahezu genauso wie zu Zeiten Johann Sebastian Bachs vor fast 300 Jahren: Sieben Türme recken sich in den Himmel. Die beiden mit 125 Metern höchsten gehören zur Marienkirche, je einer zu St. Jakobi, St. Petri und St. Aegidien, und ein Zwillingsturm bekrönt den Dom. Anno 1173 legte Heinrich der Löwe persönlich den Grundstein zu der Bischofskirche, die mit einer Länge von über 130 Metern Lübecks größtes Gotteshaus ist. Ihr bekanntestes Ausstattungsstück, das

**EXTRA-TIP**

*Der Name Lübeck steht für ehrwürdige Backsteinbauten; reetgedeckte Katen erwartet man in der Großstadt nicht. Und doch gibt es sie: im Stadtteil*

*Gothmund nördlich des Zentrums. Wie in alten Zeiten liegen Kutter im Hafen, wenn sie nicht gerade zum Fischfang auf Trave und Ostsee unterwegs sind, und zwischen den niedrigen Häuschen hängen Netze zum Trocknen aus. Die Fischersiedlung und das angrenzende Naturschutzgebiet Schellbruch laden zu geruhsamen Spaziergängen ein.*

Vorbild mittelalterlicher Sozialfürsorge: Das Heiligen-Geist-Hospital

Lübecker Altstadt: UNESCO-Weltkulturerbe

**EXTRA-TIP**

*Hanseatisch gediegen speist man im »Schabbelhaus«, dem neben der »Schiffergesellschaft« bekanntesten Lübecker Restau-*

*rant. Zwar fiel das alte Haus 1942 den Bomben zum Opfer, doch 1955 öffnete wenige Meter weiter in Gebäuden aus dem 16./17. Jh. ein neues »Schabbelhaus« seine Pforten. Auch hier entspricht das Ambiente ganz dem eines Lübecker Patrizierhauses. Nicht umsonst ist eines der Menüs nach den Buddenbrooks benannt. Mengstr. 48–52, Tel. 04 51/7 20 11, Mo–Sa 12–15 und 18–23 Uhr, mittlere Preisklasse*

Restaurant »Hieronymus«: Fassadendetail

Triumphkreuz von 1477, stammt von Bernt Notke. Es spricht für den berühmten Lübecker Bildhauer, daß er die Namen seiner Mitarbeiter in der Figur des Johannes versteckte.

Wie das Holstentor stand auch St. Petri bereits kurz vor dem Abriß. Zu groß waren die Kriegsschäden gewesen, zu teuer schien der Wiederaufbau. Heute hat die Kirche zwar keine Gemeinde mehr, doch Lübeck hat sich mit ihr seinen schönsten Aussichtsturm und einen großartigen Veranstaltungssaal erhalten. Am Koberg im Norden der Altstadt erhebt sich St. Jakobi, die Kirche der Seefahrer, jenes Berufsstands, ohne den Lübeck wohl eine unbedeutende Provinzstadt geblieben wäre. Im Innern soll das Wrack eines Rettungsboots, das beim Untergang des Segelschulschiffs »Pamir« geborgen werden konnte, an alle auf dem Meer gebliebenen Seeleute erinnern. Von 86 Besatzungsmitgliedern überlebten nur sechs das Unglück im September 1957 vor den Azoren.

## Armenhöfe und Bürgerhäuser

Ebenfalls am Koberg befindet sich das Heiligen-Geist-Hospital, eine der ältesten Sozialeinrichtungen Europas. Es geht auf eine Stiftung aus dem 13. Jahrhundert zurück, mit der Rat und Kaufmannschaft

Ausdruck ehemaligen Bürgerstolzes: Das Buddenbrookhaus

arme, alte und kranke Lübecker unterstützten. Ursprünglich stand das Spital in Domnähe. Nach dem Stadtbrand von 1276 erhielt es sein heutiges Gebäude im Norden der Altstadt, weit weg vom Bischof, der sich mehr in die städtische Fürsorge einmischte, als den Ratsherren lieb war. Schließlich ging es den Kaufleuten ja darum, durch eigene gute Taten bereits zu Lebzeiten ihr Seelenheil zu sichern. Diesem nicht ganz uneigennützigen Motiv verdankt die Stadt auch ihre Stiftungshöfe. 28 dieser sozialen Einrichtungen gibt es noch, die größte und schönste liegt an der Glockengießerstraße: der Füchtingshof, erbaut 1639, mit ursprünglich 21 Wohnungen für Kaufmanns- und Schifferwitwen. Die Gelder für Bau und Unterhalt

Wo Fernweh geweckt wird: Am Skandinavienkai in Travemünde starten jährlich Tausende von Fähren in Richtung Norden

Von Möwen begleitet: Fischkutter in Travemünde

Wohnhöfe und enge Durchgänge prägen die Lübecker Altstadt

der Anlage stammten von dem 1636 verstorbenen Ratsherrn Johann Füchting, der etwa ein Drittel seines im Seehandel erworbenen Vermögens testamentarisch zur Verfügung stellte. Noch heute leben hier Bedürftige, überwiegend ältere Frauen.
Wie wohnten nun die Kaufleute selbst? Bei allem Wohlstand ließen sie sich keine protzigen Paläste bauen – was die enge Altstadt ja auch gar nicht zuließ –, sondern Stadthäuser mit Fassaden, die trotz ihres Schmucks hanseatisches Understatement widerspiegeln. Eine besonders interessante Häuserzeile säumt die Große Petersgrube, wo die verschiedensten Baustile von der Gotik bis zum Klassizismus vertreten sind. Leicht zu finden ist das berühmteste aller Lübecker Bürgerhäuser: das Buddenbrookhaus. Es steht in der Mengstraße, gleich hinter der Marienkirche, und war weder Thomas oder Heinrich Manns Geburtshaus, wie viele vermuten, noch haben die Schriftstellerbrüder hier je gewohnt. Das Gebäude mit der Rokokofassade, in dem sich seit 1993 eine Gedenkstätte befindet, gehörte ihren Großeltern. Dadurch war Thomas Mann natürlich jeder Winkel des Hauses vertraut, und er konnte seine Familie Buddenbrook hier ansiedeln.

## »Lübecks schönste Tochter«

Wenn Hanno Buddenbrook, Thomas Manns anderes Ich im Roman, die Stadt wieder einmal zu eng war, träumte er sich hinaus: »Sommerferien an der See! Begriff wohl irgend jemand weit und breit, was für ein Glück das bedeutete?« Für jene Lübecker, die sich dieses Glück leisten konnten, lag die Sommerfrische gleich vor der Haustür: Man fuhr zum Bad

**EXTRA-TIP**

*Marionetten und andere Theaterfiguren aus aller Welt zeigt das »Museum für Puppentheater« nahe der Lübecker Petrikirche. Die mehr als 1200 Exponate nehmen inzwischen fünf miteinander verbundene Altstadthäuser in Beschlag. Zählt man zu den Puppen noch alle ausgestellten Bühnen, Requisiten,*

*Plakate und Musikinstrumente dazu, so umfaßt die von Fritz Fey zusammengetragene Sammlung etwa 15 000 Gegenstände. Gleich nebenan befindet sich ein Marionettentheater. Dessen Vorstellungen sind so beliebt, daß man sich zeitig um Karten bemühen sollte. Museum: Kolk 16, Tel. 04 51/7 86 26, März–Dez. tgl. 10–18 Uhr, Juli–Mitte Aug. bis 22 Uhr, Jan./Feb. Fr–Mi 10–18 Uhr; Theater: Kolk 20–22, Tel. 04 51/7 00 60, Kindervorstellungen Di–So 15 Uhr, Abendvorstellungen Fr/Sa 19.30 Uhr*

**Gemütliches Niendorf: Fischeridylle im Hafen**

**Der Pagodenspeicher von 1830 am Neustädter Hafen**

**EXTRA-TIP**

*Schon aus der Ferne sieht man den 100 m hohen Holstein-Turm, entsprechend weit reicht der Blick von oben. Das Bauwerk ist Wahrzeichen des »Hansa-Parks« in Sierksdorf, Schleswig-Holsteins einzigartigem Erlebnispark am Meer. Es gibt nervenkitzelnde Fahrbetriebe, Abenteuer in Fantasy-*

*Welten, Showtheater und für die Jüngsten sogar die Chance, ins Fernsehen zu kommen, denn der »Kinderquatsch mit Michael« wird hier aufgezeichnet. Alle Attraktionen sind im Eintrittspreis inbegriffen.*
*Am Fahrenkrog 1, Tel. 0 45 63/47 42 22, 1 Woche vor Ostern bis Ende der Herbstferien tgl. ab 9 Uhr*

nach Travemünde, einem Ort, den die Hansestadt bereits im 14. Jahrhundert gekauft hatte. Anno 1800 stand der erste von Lübecker Bürgern angeschaffte Badekarren am Travemünder Strand, und wie der Rostocker Arzt Samuel Gottlieb Vogel berichtete, setzten von dort in jenem Sommer bereits 30 Personen ihren Leib dem Meerwasser aus. Zwei Jahre später wurde das Seebad offiziell eröffnet, nach Heiligendamm und Norderney das dritte in Deutschland. Mit der Einrichtung regelmäßiger Dampferverbindungen nach Kopenhagen (1824) und nach St. Petersburg (1828) begann Travemündes Karriere als Fährhafen. Vor allem betuchte Russen schätzten den neuen Liniendienst, konnten sie doch seit 1825 im Kasino des Badeorts die Roulettekugel rollen lassen. Für manche Spielsüchtige aus dem Zarenreich war der Ankunftshafen dann auch gleich die Endstation ihres Deutschlandtrips, glücklichere schafften es noch bis Bad Homburg, Wiesbaden oder Baden-Baden. Den heutigen Besuchern von »Lübecks schönster Tochter« ist Travemündes viereinhalb Kilometer

**Sommerfreuden am Strand von Scharbeutz: Strandkörbe, weiße**

**Timmendorfer Strand: Kleiner Plausch im »Café Engels«**

langer Strand wichtiger als das Glücksspiel, und wem der Sinn nach einer Prise Fernweh steht, der kann von der Promenade aus das Ein- und Auslaufen der Fähren beobachten oder den Segler »Passat« auf dem Priwall besuchen.

## Tiefgründiges bei Niendorf

1911, im selben Jahr, als die »Passat« in Hamburg vom Stapel lief, beherbergte Niendorf einen Feriengast aus der Heide: Hermann Löns. Den Autor des »Mümmelmann« hielt es nicht lange an der belebten Promenade, es zog ihn ins stille Binnenland. Dort fand er am Nordende des idyllisch gelegenen Hem-

and und klares Wasser laden ein

Imposant: Das Brodtener Steilufer bei Travemünde

Romanisches Kleinod in Altenkrempe: Innenraum der Backsteinkirche

melsdorfer Sees seinen Lieblingsplatz. Auch den Wanderer von heute bezaubert die Szenerie, zumal er sie von einem hölzernen Turm aus genießen kann, dem sogenannten Hermann-Löns-Blick. Was der Schriftsteller wohl nicht wußte: Der Grund des Sees ist mit 44,5 Metern unter dem Meeresspiegel Deutschlands tiefster Punkt.

## Strände ohne Ende

Nein, »Klein-Timmendorf« war kein adäquater Name für ein mondänes Seebad! So wurden denn 1905 der Ort Timmendorfer Strand und in den zwanziger Jahren die dazugehörige Bahnstation aus der Taufe gehoben. Heute bildet Timmendorfer Strand mit dem Nachbarn Niendorf eine Bädergemeinschaft. Die beiden sind die südlichsten Glieder einer an der schleswig-holsteinischen Ostseeküste einmalig dichten Reihe von Bädern, in denen sich der Badespaß längst nicht mehr auf den Strand beschränkt, sondern an trüben Tagen auch unter klimatisierten Dächern weitergehen kann. Scharbeutz mit seiner Ostseetherme gehört dazu, Haffkrug und Sierksdorf schließen sich im Norden an. Dann reißt die Kette. Neustadt ist trotz seines Namens sehr viel älter als alle diese Seebäder und hat auch sonst nur wenig mit ihnen gemeinsam.

## Keine Konkurrenz aus Neustadt

Wenn es nach Graf Adolf IV. von Schauenburg gegangen wäre, hätte seine 1244 gegründete Neue Stadt mit Lübeck konkurriert. Dazu sollte es bekanntlich nicht kommen; des Grafen zweite Gründung, Kiel, war letztlich, wenn auch sehr spät, erfolgreicher. Trotzdem wurde aus Deutschlands nördlichstem Neustadt kein verlassener Platz, sondern ein reges Hafenstädtchen, dessen Kremper Tor auch Lübeck gut zu Gesicht stünde und das mit seinen Ortsteilen Pelzerhaken und Rettin zwei Seebäder vorweisen kann. An der Straße nach Pelzerhaken weist ein Schild zum Cap-Arcona-Ehrenfriedhof. Dort wird den fast 8000 Opfern eines tragischen Irrtums im Zweiten Weltkrieg gedacht: Britische Bomber verwechselten zwei mit KZ-Häftlingen aus dem Hamburger Lager Neuengamme »beladene« Schiffe mit der deutschen Kriegsflotte und versenkten sie am 3. Mai 1945 in der Neustädter Bucht.

**EXTRA-TIP**

*Warum ist die Banane krumm? Auf diese und andere Fragen rund um die Südfrucht weiß das Bananenmuseum in Sierksdorf Antwort. Der sammelwütige Bernhard Stellmacher hat alles zusammengetragen, was irgendwie mit dem »Lächeln der Natur«, wie er die Banane nennt, zu tun hat. Übrigens kann man das geringe Eintrittsgeld auch in Naturalien bezahlen.*
*Prof.-Haas-Str. 59, Tel. 0 45 63/83 35, Sa/So 11–13 Uhr*

PLÖN
Bad Malente
EUTIN
Naturpark
Holsteinische Schweiz
Lensahn
Grömitz
Schönwalde a. Bungsbg.
NEUSTADT i. Holstein
Neustädter Bucht
Lübecker Bucht
Sierksdorf
Sch.-Haffkrug
Scharbeutz
Timmendorfer Strand
L.-TRAVEMÜNDE
L.-PRIWALL
Ratekau
BAD SCHWARTAU
Stockelsdorf
LÜBECK
L.-KÜCKNITZ
L.-SCHLUTUP
DASSOW
SCHÖNBERG
Selmsdorf
Ahrensbök
REINFELD (Holst.)
Deutsche Ferienroute Alpen-Ostsee
Nordostdeutsche Hansestraße

## SEHENSWERTES

Startpunkt der **Autotagestour** ist Lübeck. Von dort führt der Weg entlang der Küste über Travemünde, Timmendorfer Strand und Neustadt nach Altenkrempe. Über Süsel, Schürsdorf und Ratekau geht es durch das Hinterland zurück.

### LÜBECK ★★★

**1** Man nannte sie die »Königin der Hanse«. Und noch heute ist in der Hauptstadt des ehemaligen Handelsbundes der Glanz früherer Zeiten spürbar. Kaufleute prägten die von der Trave umflossene Altstadt und schufen dort ein einzigartiges Gebäudeensemble. Am besten betritt man diese Welt aus rotem Backstein durch das 1464–78 errichtete Holstentor, das Wahrzeichen der Stadt. Geht man hinter dem Tor bergauf, gelangt man zum Markt mit einem der schönsten und ältesten Rathäuser Deutschlands (Baubeginn um 1230). Die zwischen 1260 und 1350 errichtete Marienkirche hinter dem Rathaus wurde zum Vorbild für gotische Backsteinkirchen im gesamten Ostseeraum. Weiterhin sehenswert sind der 1173 begonnene Dom, dessen ursprünglich romanische Anlage später im gotischen Stil umgebaut wurde, die Katharinenkirche (14. Jh.) und das Heiligen-Geist-Hospital, eine Stiftung Lübecker Kaufleute für Kranke und Bedürftige. Thomas-Mann-Freunde sollten darüber hinaus das Buddenbrookhaus besichtigen.
*Mengstr. 4, Tel. 04 51/1 22 41 90, tgl. 10–17 Uhr, Jan./Feb. Mo geschl.*

### TRAVEMÜNDE ★★

**2** Trotz seiner heutigen Bedeutung als einer der größten Fährhäfen im Ostseeraum hat sich Lübecks nördlichster Stadtteil viel vom Flair des mondänen Kurbads vergangener Tage bewahrt. Bereits Kaiser Wilhelm II. weilte in Travemünde; zu dieser Zeit entstanden die Strandpromenade (1902) und das Kurhaus (1914). Elegante Geschäfte säumen die »Vorderreihe«, eine autofreie Uferstraße mit Blick auf das Museumssegelschiff »Passat« vor der gegenüberliegenden Halbinsel Priwall. Der Alte Leuchtturm aus dem Jahr 1539 hat längst ausgedient; seine Arbeit verrichtet heute ein Leuchtfeuer auf dem Hochhaus des benachbarten Hotels »Maritim«. In der Altstadt lohnt vor allem die St.-Lorenz-Kirche (16. Jh.) mit einem Altar aus dem 18. Jh. einen Besuch.

### TIMMENDORFER STRAND ★

**4** Zwei ineinander übergehende, aber grundverschiedene Orte bilden eine Bädergemeinschaft: Timmendorfer Strand übernimmt mit noblen Boutiquen und exklusiven Freizeitangeboten den eleganten Part, während Niendorf mit seinem idyllischen Fischerhafen eine familiärere Atmosphäre ausstrahlt. Gemeinsam verfügt die Doppelgemeinde über einen 8 km langen Strand. Südlich von Niendorf liegt in einem Naturschutzgebiet ein sehenswerter Vogelpark.
*Tel. 0 45 03/47 40, tgl. ab 9 Uhr*

**Eindrucksvoller Großsegler: Die »Passat« in Travemünde**

### NEUSTADT ★

**5** In der Stadt am Nordufer der Lübecker Bucht ist vieles von der historischen Bausubstanz erhalten geblieben. Die Stadtkirche, ein Backsteinbau aus dem 13. Jh., birgt im Innern einen Schnitzaltar von 1643, der ursprünglich für den Dom in Schleswig bestimmt war. Nach dem Vorbild des gleichnamigen Baus in Lübeck entstand im 14. Jh. das Heiligen-Geist-Hospital in der Nähe der Hafenbrücke. Daneben sollte man sich den 1830 erbauten Pagodenspeicher am Hafen und das Kremper Tor, einen Rest der spätmittelalterlichen Stadtbefestigung, ansehen. Hier befinden sich das Ostholstein- und das Cap-Arcona-Museum.
*Tel. 0 45 61/62 04, Apr./Mai und Sept./Okt. Di–Sa 15–17 Uhr, So 10–12 Uhr, Juni–Aug. Di–So 10–12 und 15–17 Uhr*

### ALTENKREMPE *

**6** Schon von weitem sieht man, etwas verlassen auf einer kleinen Anhöhe liegend, eine romanische Backsteinbasilika. Die für das Dorf viel zu große Kirche wurde 1200 errichtet, als man hier die Gründung einer neuen Siedlung plante. Diese entstand dann jedoch weiter südlich: an der Stelle des heutigen Neustadt. Im Norden von Altenkrempe lohnt ein Besuch von Gut Hasselburg. Sein Torhaus von 1763 gilt als das schönste in ganz Holstein.

## ESSEN & TRINKEN

### BRODTEN

**3** Im Restaurant-Café »Hermannshöhe« auf dem Brodtener Steilufer, einem der schönstgelegenen Lokale des Landes, genießt man eine herrliche Aussicht auf die Lübecker Bucht und die mecklenburgische Küste. Serviert werden regionale und internationale Gerichte.
*Hermannshöhe 1, Tel. 0 45 02/7 30 21, Feb.–Mitte Nov. und 20.–31. Dez. tgl. 10–23 Uhr, Feb.–Apr. Mo geschl., mittlere Preisklasse*

### SCHÜRSDORF

**7** Wer den Trubel in den Orten an der Küste leid ist und gerne einmal etwas anderes essen möchte als Fisch, sollte unbedingt nach Schürsdorf fahren. Im »Landgasthof Brechtmann« werden beste Geflügelspezialitäten aufgetischt.
*Hackendohrredder 9, Tel. 0 45 24/99 52, März–Dez. Mi–Mo 11–14 und ab 17.30 Uhr, mittlere Preisklasse*

## WANDERN UND RADWANDERN

**A** In Neustadt beginnt eine **Fahrradtour** zum Bungsberg (168 m), dem höchsten Berg des Landes. In nordwestlicher Richtung gelangt man über Altenkrempe nach Schönwalde; wenige Kilometer weiter geht es linker Hand zum Bungsberg. Der Rückweg führt über Bergfeld, Kasseedorf, Plunkau und Sierhagen nach Neustadt.
*Strecke: 35 km, Dauer: ca. 3 Std.*

**B** Von Travemünde führt eine etwa viereinhalbstündige **Wanderung** über die Steilküste des Brodtener Ufers nach Niendorf und von dort an der Aalbek entlang zum Lönsturm am Hemmelsdorfer See. Zurück geht es östlich des Vogelparks durch die Felder nach Brodten und Travemünde.

**C** Ein **Spaziergang** durch die Lübecker Altstadt führt vom Holstentor durch die Große Petersgrube zu St. Petri und hinüber zum Markt mit Rathaus und St. Marien. Über die Königstraße erreicht man den Koberg mit dem Heiligen-Geist-Hospital, St. Jakobi und der »Schiffergesellschaft«. Von hier geht es durch die Mengstraße (Buddenbrookhaus) zurück zum Holstentor.

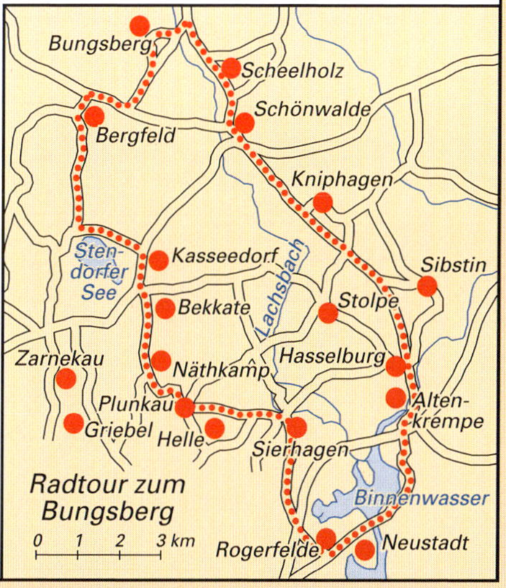


Maßstab 1:200.000 0 2 4 6 8 10 km

*Wer hat schon mal einen Rochen gestreichelt oder ist trockenen Fußes unter Wasser spazierengegangen? Solche ungewöhnlichen Erlebnisse*

*sind im »Sea Life« in Timmendorfer Strand möglich, wo man hautnah Erstaunliches über die Meeresbewohner an den deutschen Küsten erfährt. Hauptattraktion ist ein von 220 000 Litern Wasser umgebener gläserner Tunnel, der die Meereswelt aus der Taucherperspektive erschließt. Außerdem gibt es eine Süßwasserlandschaft und jede Menge fachkundige Information, vor allem auch aus ökologischer Sicht. Kurpromenade 5, Tel. 0 45 03/35 88 88, Juni–Aug. tgl. 10–21 Uhr, Sept.–Mai tgl. 10–18 Uhr*

# Delikates von der Küste und aus dem Land

**Schleswig-Holstein ist für seine herzhaften Köstlichkeiten bekannt: Täglich landen die Ostseefischer fangfrischen Fisch an, der oft gleich an Ort und Stelle verkauft und verarbeitet wird. In den Ställen wachsen die berühmten Holsteiner Schinken heran; geräuchert sind die Schweinebacken eine deftige Spezialität. Ihren weitreichenden Handelskontakten verdankt die Region Delikatessen wie den Flensburger Rum oder das Lübecker Marzipan. Und in den Backsteinkellern der Hansestadt reift mit dem Rotspon ein französischer Rotwein heran, dem das milde Seeklima seit alters den letzten Schliff verleiht.**

**1** Das Zerlegen eines Holsteiner Katenschinkens ist mit chirurgischer Messerkunst vergleichbar. Am besten, man überläßt das Aufschneiden der herzhaft duftenden Räucherspezialität dem Fachmann.

**2** »Aufgespießt«: Buchen- und Eichenholzrauch, richtig temperiert und »temporiert«, verleiht den Fischen in der Eckernförder Räucherei Rehbehn & Kruse das begehrte Aroma.
*Jungfernstieg 19,*
*Tel. 0 43 51/28 14*

**3** Die Besatzung des kleinen Kutters hat gerade frischen Hering angelandet und verkauft ihn der Einfachheit halber gleich selbst.

**4** Lübecker Marzipan: Die Firma Niederegger bietet die kalorienreiche Leckerei auch als Stadtpanorama an; der Text der Banderole zitiert die Inschrift am Holstentor.
*Zeißstr. 3–5,*
*Tel. 04 51/5 30 10*

**5** Im Lübecker Weinhaus Carl Tesdorpf, dem ältesten Weinimporteur Deutschlands, wird vor dem Kauf des Rotspons erst ausgiebig der Gaumen befragt.
*Mengstr. 64,*
*Tel. 04 51/79 92 70*

**6** In Haffkrug steht Aal nicht nur während der Aalwoche auf dem Speiseplan: Hier präsentiert Fischer Sick einige Prachtexemplare.
*Strandallee 91,*
*Tel. 0 45 63/42 26 71*

**7** Im Rum-Museum Flensburg hängen solche historischen Reklametafeln aus der Zeit, als die Stadt noch als die deutsche Rum-Hauptstadt galt.
*Schiffbrücke 39, im Schiffahrtsmuseum,*
*Tel. 04 61/85 29 70*

**8** Die weitaus meisten Kieler Sprotten kommen heute aus Eckernförde. Nur die »Rohware« stammt aus dem Großraum der Kieler Bucht.

3
FRI 103
4
DOMI
FORIS
PAX
5
7
Hermann G.
Rom
Herm. G. Dethleffsen's
SPIRITUOSER
8
EI 8

Im Anflug auf die »Sonneninsel«: Zu den meistfotografierten Motiven Schleswig-Holsteins gehört die imposante, 35 Jahre alte Eisenbahn- und Straßenbrücke über den Fehmarnsund zwischen Wagrien und der Insel Fehmarn

## Vögel weisen den Weg

# Ostholstein und Fehmarn

Elegant schwingt sich die Fehmarnsundbrücke über das Wasser. Für Urlauber auf dem Weg nach Skandinavien ist ihr graziler Bogen das Tor zum Norden, und bei den Nachfahren der Wikinger weckt sie die Vorfreude auf den sonnigen Süden. Als sogenannte Vogelfluglinie wurde die Strecke bekannt. Anders als ihre gefiederten Vorbilder jedoch gönnen sich die menschlichen Zugvögel nur selten eine Rast. Dabei hat Holsteins schönes Ende eine Degradierung zum Transitland wahrlich nicht verdient. Im Norden und im Osten von der Ostsee umgeben, bietet die Region jede Menge Strand. Das Binnenland, in dem manche historische Kostbarkeit auf ihre Entdeckung wartet, widerlegt mit seinem Auf und Ab der Hügel Vorurteile vom platten Norden. Da entspricht Fehmarn schon eher den Erwartungen. Doch auch diese Insel, die 78 Kilometer Küste beisteuert, steckt voller Überraschungen.

*Die Form einer Vogelschwinge paßt zu Graswarder, denn dieses vor Heiligenhafen gelegene Naturschutzgebiet ist ein Paradies für sämtliche Seevogelarten, wie z. B. die Silbermöwe (Infozentrum: 15 Gehminuten vom Parkplatz »Gill-Hus« entfernt,*

*Tel. 0 43 62/85 36 und 69 47, Führungen Ostern–Okt. tgl. 10.30 und 15 Uhr). Nicht nur Ornithologen kommen im Fehmarner »Wasservogelreservat Wallnau« auf ihre Kosten. Nach dem Besuch des Informationszentrums kann man sich allein oder mit Führung auf den Weg zu den vier Beobachtungsverstecken machen und durchs Fernglas spähen, ohne die Uferschnepfe (unteres Bild) zu stören. Tel. 0 43 72/10 02, Führung nach Anmeldung*

Von wegen bretteben: Die ostholsteinische Landschaft ist sanft gewellt

Kilometerlange Sandstrände säumen die Ufer von Dahme

Reiterfreuden in Lensterstrand bei Grömitz

Dahme: Rechts der bekannte Leuchtturm von Dahmeshöved

**EXTRA-TIP**

*Vegetarier sollten einen Bogen um »Braasch's Schinkenräucherei« in*

*Harmsdorf machen, um nur ja nicht in Versuchung geführt zu werden, denn hier läuft einem garantiert das Wasser im Munde zusammen. Wer nicht gerade im Verkaufsraum herumschnuppert, sieht den Schlachtern beim Zerlegen der Schweinebacken zu. Wenige Meter weiter steht die reetgedeckte Kate, in der seit 1663 die Holsteiner Spezialität geräuchert wird. Hauptstr. 25, Tel. 0 43 63/16 43, Mai–Okt. auch So 10–12 Uhr*

Die Mönche des 1177 gegründeten Lübecker Benediktinerklosters St. Johannis scheinen keine Kinder von Traurigkeit gewesen zu sein. Sie genossen die Vorzüge des Stadtlebens und waren dem weiblichen Geschlecht nicht abgeneigt. So bunt trieben es die Brüder, daß Klagen über ihr Benehmen das Ohr des Erzbischofs im fernen Bremen erreichten. Im Jahr 1231 schließlich sprach der Oberhirte ein Machtwort und verbannte die Gemeinschaft in die Wildnis von »Sicimeresthorp«, dem späteren Cismar, wo sich ihr Lebenswandel mangels Ablenkung besserte. Sage und schreibe 800 Reliquien, darunter Teile des Buches Mose, die Gebeine Abrahams, Stücke der Dornenkrone und des Kreuzes Christi, machten das Kloster im ausgehenden Mittelalter zum vielbesuchten Wallfahrtsort. Die kostbarste unter ihnen, Blutstropfen des Heilands, die der Sachsenherzog Heinrich der Löwe auf einem Kreuzzug von griechischen Mönchen erhalten und dem Kloster gestiftet haben soll, entpuppte sich leider als Bluff: Mehr als 100 Jahre hatten die Gläubigen einen ordinären roten Stoffetzen angebetet, wie man im Jahr 1447 nach der Öffnung des Behältnisses feststellen mußte. So versiegte der gewinnbringende Pilgerstrom, und anno 1560 war es dann mit der Klosterherrlichkeit vollends vorbei: Die Abtei wurde aufgelöst, ihre umfangreiche Büchersammlung der königlich-dänischen Nationalbibliothek in Kopenhagen einverleibt. Ein Teil der Gebäude fiel der Spitzhacke zum Opfer. Erhalten blieb unter anderem die Klosterkirche St. Johannes und St. Maria mit ihrem wunderschönen mittelalterlichen Retabel. Auf den schmalen Holzkonsolen des Flügelaltars waren einst jene 800 Reliquien in Schmuckgefäßen aufgestellt. Heute ist aus der »Strafkolonie« des Erzbischofs ein Ortsteil von Grömitz geworden, ein klösterlich-beschaulicher Kontrapunkt zum Trubel an der See.

**Vor den Toren Heiligenhafens liegt das idyllische Seevogeleiland Graswarder**

## Wagriens buckliger Osten

Einem weitverbreiteten Vorurteil zufolge ist Deutschlands Norden bretteben, der Horizont wie mit dem Lineal gezogen. Dem, der diese Meinung vertritt, sei eine Radtour durch Ostholstein empfohlen – spätestens nach dem zehnten Hügel wird er keuchend seinen Irrtum eingestehen. Selbst in unmittelbarer Küstennähe windet sich die Straße um Anhöhen herum oder führt über sie hinweg, mancherorts künden Hünengräber von früher Besiedlung. Natürlich kann man keine alpinen Gipfel erwarten, doch Erhebungen wie der Bungsberg, mit 168 Metern »Schleswig-Holsteins Zugspitze«, ermöglichen weite Ausblicke ins Land. Übrigens ist der Bungsberg auch eine Art Wintersportzentrum: Hier gibt es nämlich einen Skilift! Daß Ostholstein eine slawische Vergangenheit hat, mag zunächst erstaunen. Ab dem 7. Jahrhundert siedelten die slawischen Wagrier zwischen der Schwentine, die in die Kieler Förde mündet, und der Lübecker Bucht, in einem Landstrich, der noch heute Wagrien heißt. Sein Zentrum hatte der Volksstamm in Oldenburg, das, wie der Name schon sagt, aus einer Burg hervorging. Dieser Fürstensitz lag innerhalb eines Ringwalls. Das Oldenburger Wallmuseum zeigt ein Modell der alten Anlage und veranschaulicht auf spannende Weise, wie die Menschen vor einem Jahrtausend hier lebten. Mittelalterliche Quellen schildern »Starigard« – so hieß Oldenburg im Slawischen – als wohlhabende Stadt mit einem Seehafen. Zwischen 968 und 1160 hatten hier sogar Bischöfe ihren Sitz. Dann wurde das Bistum nach Lübeck verlegt, weshalb sich die Hafen-, Handels- und einstige Bischofsstadt mit Fug und Recht als Vorgängerin der Hansestadt bezeichnen darf.

**Die Klosterkirche von Cismar mit dem Reliquienaltar**

**Die bunten Kutter der Fischfangflotte in Heiligenhafen**

## Hochprozentigem auf der Spur

Wenn es an norddeutschen Küsten so etwas wie ein Nationalgetränk gibt, dann ist das der Grog. Und ein guter Ort, um diesen Seelenwärmer kennenzulernen, ist neben Flensburg, wo ja der Grundstoff hergestellt wird, das alte Fischerstädtchen Heiligenhafen. Dort nämlich macht sich seit den siebziger Jahren ein sogenanntes Grog-Kollegium bei internen Treffen und öffentlichen Veranstaltungen um die Pflege des Heißgetränks verdient, klärt Konsumenten über dessen Ursprung auf und sorgt dafür, daß sein Erfinder nicht in Vergessenheit gerät. Die Ehre gebührt dem englischen Admiral Edward Vernon, der im Jahr 1740 nach Westindien unterwegs war. Um seine Seeleute

**EXTRA-TIP**

*Wer bückt sich nicht, wenn er beim Spaziergang am Strand eine ihm unbekannte Muschel entdeckt! Das Ebenbild der*

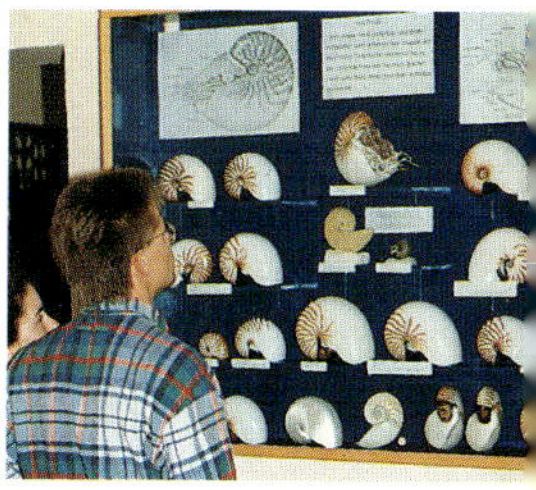

*Fundsache wird der Spaziergänger im »Haus der Natur« in Grömitz-Cismar antreffen. Die mit mehr als 4000 Arten größte private Molluskensammlung der Welt umfaßt Zehntausende Schalen von Muscheln und Schnekken, hinzu kommen Versteinerungen und Präparate. Zwar ist das Museum des Dr. Wiese wissenschaftlich ausgerichtet, doch wird auch dem interessierten Laien und seinen Kindern nicht langweilig.*
*Bäderstr. 26,*
*Tel. 0 43 66/12 88,*
*tgl. 10–19 Uhr*

Yachten drängeln sich an den Piers von Lemkenhafen in der Orther Bucht

**EXTRA-TIP**

*»Und der Haifisch, der hat Zähne...«, die man im »Meereszentrum Neptun« in Burg auf Fehmarn nicht fürchten muß, denn die gewaltigen Räuber schwimmen im Becken. 400 000 Liter faßt der Tank mit den verschiedensten Haiarten, den man durch einen Glastunnel gefahr-*

*los passieren kann. Außerdem zeigt das Aquarium viele andere Bewohner der tropischen Meere in ihren naturgetreu nachempfundenen Lebensräumen. Gertrudenthaler Straße (am Ortseingang), Tel. 0 43 71/ 44 16, März–Okt. tgl. 10–18, Nov.–Feb. tgl. 10–15 Uhr*

In der Ostsee werden vor allem Hering und Butt gefangen

von allzu zügellosem Trinken abzuhalten, ließ er die Rumration mit Zuckerwasser verdünnen. Wegen seiner Vorliebe, Röcke aus Grogram zu tragen, einem recht derben Tuch, wurde der Admiral »Old Grog« genannt. Und so kam das neue Getränk zu seinem Namen. Dank der Arbeit des hochprozentigen Kollegiums wissen mittlerweile nicht nur die Heiligenhafener, wem sie den »Drink« zu verdanken haben. Übrigens darf der Rumanteil eines »steifen« Grogs ein Drittel nicht unterschreiten.

## Der andere Kontinent

Wenige Kilometer nordöstlich von Heiligenhafen ist der Kontinent zu Ende. So drastisch sehen es jedenfalls die Fehmarner, die ihre Insel stets als eigenen Erdteil – den sechsten gewissermaßen – betrachten und, bevor die Brücke zum Festland existierte, verkündeten, sie führen »nach Europa«. Tatsächlich ist auf Fehmarn vieles anders als im restlichen Ostholstein. So liegt die Insel platt wie ein Pfannkuchen

Die Steilküste bei Staberhuk: Im Hintergrund der »weltgrößte

Burg auf Fehmarn: Florale Malereien in der St.-Jürgen-Kapelle

in der Ostsee und besitzt so gut wie keinen Wald – aber das Wetter ist besser! Was sich zunächst wie Insellatein anhört – schließlich ist der Fehmarnsund keine anderthalb Kilometer breit –, belegen Statistiken: Auf Schleswig-Holsteins einziger Ostseeinsel scheint die Sonne erstaunlicherweise öfter und länger als anderswo in Deutschland; vergleichbare Werte von mehr als 1800 Sonnenstunden im Jahr erreichen allenfalls einige Orte an der Deutschen Weinstraße in Baden. Entsprechend gering ist die Niederschlagsmenge. In der Tat kann man häufig beobachten, daß sich über dem Festland der Himmel mit Regenwolken bedeckt, während Fehmarn noch lange unbehelligt in der Sonne liegt.

Kleiderbügel« – die Fehmarnsundbrücke

Eyecatcher: Ein kreisrunder Lindenwall umgibt die Kirche von Petersdorf

Drei tolle Tage im Mai: Das Petersdorfer Rapsblütenfest

## Bauern und ihre »Monarchen«

Fehmarn ist Bauernland. Daran änderte auch der Transitverkehr nichts, denn die kreuzungsfreie Europastraße sorgt für raschen Durchfluß; die Verbindungen zwischen den Inselorten führen über sie hinweg oder darunter hindurch. Und selbst daran änderte der Tourismus nichts, der die Insel eigentlich erst so richtig wahrnahm, als sie wegen der Brücke kein »echtes« Eiland mehr war. Abgesehen von Burgtiefe, das einen der wenigen Südstrände an der deutschen Ostseeküste besitzt, gibt es auch kein größeres Ferienzentrum. So blieb der ländliche Charakter bewahrt, und wer Fehmarn durchstreift, passiert von Buschwerk – sogenannten Knicks – gesäumte weite Felder. Schon immer waren Fehmarns Bauern frei. Anders als auf dem Festland mit seinen Guts- und Herrenhäusern gab es hier niemals Felder, die für adlige Grundbesitzer bestellt werden mußten. Allerdings gab es »Monarchen«. So nannten die Inselbauern ihre Erntehelfer, arme Teufel, die aus allen Teilen des Landes im Juli auf Fehmarn landeten, im Dorfkrug angeworben wurden und häufig für mehr Schnaps als Geld schufteten. Am Ende einer harten Saison versoffen nicht wenige von ihnen auf dem Herbstmarkt in Burg ihren kargen Lohn und mußten sich dann das Fährgeld zusammenbetteln, um die Insel wieder verlassen zu können. Aber auch sie fühlten sich frei – genau wie die Zugvögel, die seit Menschengedenken im Herbst über Fehmarn in den Süden reisen und jedes Frühjahr wiederkehren.

## »Woodstock« am Leuchtturm

Viele mittlerweile ergraute Rockfans erinnern sich mit nostalgischen Gefühlen an das »deutsche Woodstock« beim Leuchtturm Flügge im September 1970. Daß sie damals ausgerechnet auf der Sonneninsel Fehmarn im Schlamm versanken und die Organisation im Chaos unterging, kann die nachträgliche Begeisterung kaum schmälern – immerhin erlebten sie das allerletzte Konzert von Jimi Hendrix, der zehn Tage später in London starb. Zum Gedenken an das »Love-and-Peace-Festival«, als die Insel mit 20 000 Menschen einen historischen Besucherrekord verzeichnete, findet jeden September ein Open-air-Konzert statt. So mies wie 1970 soll das Wetter hier nie mehr gewesen sein.

**EXTRA-TIP**

*Von der Hand in den Mund – diesen einfachen Weg nimmt der Fisch in der Lemkenhafener*

*»Aalkate«. Und da Fische schwimmen müssen, wird ein »Köm« hinterhergeschickt – in Fehmarns wohl gemütlichstem Lokal. Königstr. 20, Tel. 0 43 72/5 32, Apr.–5. Dez. tgl. ab 9 Uhr, untere Preisklasse*

FEHMARN
Kieler Bucht
Hohwachter Bucht
Lübecker Bucht
Neustädter Bucht
Fehmarn-sund
Fehmarnsundbrücke
Markelsdorfer Huk
Vogelschutzgebiet
Deutsche Ferienroute Alpen-Ostsee
Rodbyhavn
Puttgarden
Marienleuchte
BURG a.Fehmarn
Landkirchen a. Fehm.
W.- Westermarkelsdorf
W.- Schlagsdorf
W.- Dänschendorf
W.- Petersdorf
W.- Kopendorf
W.- Lemkendorf
W.- Sulsdorf
W.- Orth
Lemkenhafen
Orther Bucht
Krumm Steert
Strukkamphuk
L.- Strukkamp
Avendorf
Wulfen
Staberhuk
Gahlendorf
Bannesdorf a. Fehm.
Katharinenhof
Meeschendorf
Staberdorf
Niendorf
Teschendorf
Windparks
7
8
A
22
HEILIGENHAFEN
Großenbrode
Gro.- Lütjenbrode
Neukirchen
Heringsdorf
OLDENBURG i. Holst.
Weißenhäuser Strand
Gr.-Johannistal
Gr.- Dazendorf
Gr.- Techelwitz
Gr.- Nanndorf
Kröß
D.- Großwessek
Sperrgebiet
Gremersdorf
Göhl
Plügge
Quals
H.- Augustenhof
H.- Süssau
Rosenfelde
Wangels
Farve
W.-Hansühn
Kükelühn
Johannisdorf
Harmsdorf
Lensahn
Schö.- Mönchneversdorf
Schö.- Langenhagen
Schönwalde a. Bungsbg.
Bungsberg
Dahme
Dahmeshöved
Kellenhusen (Ostsee)
Grönwohldshorst
Cismar
Grö.- Lenste
Grömitz
Grömitzerhagen
Schashagen
Sch.- Bliesdorf
Sch.- Logeberg
Altenkrempe
Hasselburg
Kasseedorf
NEUSTADT i. Holstein
N.-Pelzerhaken
N.-Rettin
Süsel
Sierksdorf
Sch.- Haffkrug
Eutin
Neustädter Bucht
Hansapark
E47
207
202
501
1
2
3
4
5
6
B
C
12
14
40
Walkyriengrund

## SEHENSWERTES

Die **Autotagestour** beginnt in Grömitz, berührt mit Kellenhusen und Dahme zwei weitere Bäder an der holsteinischen Ostküste und führt über Lensahn quer durchs Land. Über Weißenhäuser Strand und Oldenburg geht es nach Heiligenhafen und hinüber nach Fehmarn. Für den Rückweg bietet sich die B 501 an – die ganzjährig stark befahrene E 47/B 207 sollte man besser meiden.

### GRÖMITZ ★

**1** Mit seinen zahlreichen Hotelanlagen zählt Grömitz zu den größten deutschen Bädern. Fast 400 m weit reicht die Seebrücke ins Meer. Geboten werden vielfältige Freizeitmöglichkeiten, darunter das Meerwasserbrandungsbad *(»Grömitzer Welle«, Kurpromenade, Tel. 25 62 47)*. Hauptattraktion im Zoo »Arche Noah« sind die »Liger«, Kreuzungen zwischen Löwen und Tigern. *Mühlenstr. 32, Tel. 0 45 62/ 56 60, tgl. 9–18 Uhr, Nov.–Ostersamstag 9–16 Uhr*

### CISMAR ★★

**2** Von der im 13. Jh. errichteten Benediktinerabtei ist die Kirche erhalten, eines der schönsten Beispiele norddeutscher Backsteingotik. Ihr herrlicher Reliquienschreinaltar stammt aus der Zeit um 1315. Regelmäßige Ausstellungen in den Klostergebäuden, die jeweils vom Landesmuseum Schloß Gottorf ausgerichtet werden, sowie einige Galerien locken Kunstliebhaber nach Cismar.

**Oldenburger Wallmuseum: Slawische Stube um 850**

### DAHME ★

**3** Zwischen Wald und Meer liegt das ruhige Bad mit seinem 6,5 km langen Sandstrand und dem Meerwasserhallenbad. Seit 1879 weist der knapp 40 m hohe Leuchtturm Dahmeshöved Schiffen den Weg in die Lübecker Bucht.

### GÜLDENSTEIN ★

**4** Zahlreichen Herrenhäusern ist die anmutige Landschaft Ostholsteins eine würdige Kulisse. Dazu gehört auch Güldenstein, ein schloßartiges Meisterwerk des Holsteiner Spätbarock aus den Jahren 1726–28.

### OLDENBURG ★★

**5** Am Oldenburger Graben, einem ehemaligen Sund zwischen der Hohwachter und der Lübecker Bucht, entwickelte sich die Kleinstadt – nicht zu verwechseln mit ihrem niedersächsischen Pendant – aus dem Hauptsitz der slawischen Wagrier. Einen guten Zugang zur Lebensweise dieser frühen Oldenburger vermittelt das Wallmuseum. *Prof.-Struve-Weg/Museumshof, Tel. 0 43 61/26 74 und 49 80, Apr.–Okt. Di–So 10–17 Uhr, Gruppenführungen nach Anmeldung ganzjährig*

### HEILIGENHAFEN ★★

**6** Eine Mixtur aus Alt und Neu charakterisiert das Fischerstädtchen: Neben der heimeligen Altstadt mit Giebelhäusern und der Backsteinkirche St. Nikolaus aus dem 15. Jh. erhebt sich das in den späten Sechzigern gebaute Ferienzentrum. Den Hafen schützt eine Nehrung; ihren Ostteil nimmt das Vogelschutzgebiet Graswarder ein, in dem ca. 40 Seevogelarten leben.

### LANDKIRCHEN ★

**7** Dank seiner zentralen Lage war Landkirchen bis ins 19. Jh. hinein Tagungsort der Fehmaraner Inselversammlung. Ihre Siegel, Privilegien und Gesetzesblätter bewahrten die Insulaner im Landesblock auf, einer uralten Eichentruhe in der Kirche St. Petri. Dort hängt auch ein besonders wertvolles Votivschiff: eine Miniaturhansekogge von 1618.

### BURG ★★

**8** Fachwerkhäuser und Kopfsteinpflaster machen Fehmarns Hauptort zu einem der gemütlichsten Städtchen des Landes. Besonders sehenswert sind die Kirche St. Nikolai aus dem 13. Jh., die wunderschön ausgemalte St.-Jürgen-Kapelle sowie das Peter-Wiepert-Heimatmuseum – ältestes Haus auf der Insel. Interessantes Ziel eines gemütlichen Strandspaziergangs ist die 3 km entfernte Burgruine Glambek aus dem 13. Jh. *Breite Straße, Tel. 0 43 71/ 62 57 und 96 27, Juni–Okt. Mo–Sa 11–17 Uhr*

## ESSEN & TRINKEN

### HEILIGENHAFEN

**6** Aus dem Jahr 1587 stammt das Gebäude, in dem einst Salz lagerte und sich heute ein ebenso gemütliches wie exquisites Restaurant befindet. »Zum alten Salzspeicher« geht vor allem, wer frischen Fisch à la saison genießen möchte – so z. B. Dorschfilet auf Wirsingrahm mit Sauce hollandaise oder einen herzhaften Heringstopf.

**»Zum alten Salzspeicher«**

*Hafenstr. 2, Tel. 0 43 62/ 28 28, Mai–Okt. tgl. ab 11.30 Uhr, Nov.–Apr. Di–Fr ab 17 Uhr, Sa/So ab 11.30 Uhr, mittlere Preisklasse*

### LANDKIRCHEN

**7** Direkt gegenüber der Kirche lädt »Dat oole Aalhus« zum Aalschmaus ein. Auf blanken Holztischen werden sämtliche Varianten des Fisches – geräuchert mit Bratkartoffeln, in Aspik oder »Aal grün« (gepökelt) – serviert. *Hauptstr. 39a, Tel. 0 43 71/ 91 99, März–Dez. Di–Sa ab 17 Uhr, So und Fei ab 10 Uhr, mittlere Preisklasse*

## WANDERN UND RADWANDERN

**A** Stundenlang unterwegs und fast immer mit Blick aufs Meer – bei einer Rundtour ist das nur auf einer Insel möglich. Start der **Fahrradtour** ist in Fehmarns Hauptstadt Burg. In Burgstaaken trifft man auf den ausgeschilderten Ostseeküsten-Radweg, der Fehmarn umrundet. Beim Fehmarnsund nicht auf die Brücke, sondern weiter nach Strukkamp fahren, von wo der Weg über Lemkenhafen und Orth vorbei am Wasservogelreservat Wallnau zur Nordküste führt. Bei klarem Wetter sieht man die dänische Insel Lolland und die Fähren auf dem Fehmarnbelt. Vorbei am Fährhafen Puttgarden im Osten der Insel geht es zurück nach Burg. *Strecke: 60 km, Dauer: ca. 4 Std.*

**B** Strand und Wald kombiniert eine etwa vierstündige **Wanderung** am Ausgang der Lübecker Bucht: Von Kellenhusen führt der Weg in nördlicher Richtung entlang der Küste nach Dahme. Den Rückweg nimmt man durch den Staatsforst Eutin (gleich beim Trimm-dich-Pfad), geht geradeaus in südwestliche Richtung, überquert die Straße von Grönwohlshorst nach Kellenhusen und landet bei der viele hundert Jahre alten Kroneiche. Von dort durch den Rittbruchweg zurück nach Kellenhusen.

**C** Eine zweistündige **Wanderung** verbindet das Ferienzentrum Weißenhäuser Strand mit jenem Herrenhaus, dem es seinen Namen verdankt. Der Weg führt von der Schleuse landeinwärts über den Oldenburger Graben, überquert die B 202 und biegt nach einer Schleife wieder nach Norden ab. Eine grüne »3« markiert die Strecke. Schließlich wird Gut Weißenhaus erreicht, ein stattlicher Bau von 1895, der seinen Namen von »Wittenhus« (Witwensitz) hat. Die grüne »3« führt zurück zum Ausgangspunkt.

*Europas einzige erhaltene Segelwindmühle« – mit diesem Superlativ wirbt Fehmarn für »Jachen Flünck« in Lemkenhafen. In dem Unikum aus dem Jahr 1787 – der Name bedeutet*

*»Eilende Flügel« – ist ein liebevoll eingerichtetes »Mühlen- und Landwirtschaftsmuseum« untergebracht, das den einstigen Weg vom Kornfeld zum täglich' Brot veranschaulicht. Noch bis 1953 trugen die mit Segeltuch bespannten »Flünck« des Galerieholländers zur Getreideverarbeitung bei, sein Mahlwerk ist vollständig erhalten Mühlenweg, Tel. 0 43 72/18 94 und 96 27, Juni–Okt. Do–Di 10–17 Uhr*

Maßstab 1:200 000

SPECIAL

# Segeln – der schönste Sport an der Küste

**Förden und Buchten lockern die Küstenlinie der südwestlichen Ostsee auf, an der meist ein frischer, ablandiger Wind weht; Flauten sind selten. Außerdem sorgt der im Gegensatz zur Nordsee extrem geringe Tidenhub dafür, daß den Booten stets mehr als die nötige Handbreit Wasser unterm Kiel bleibt – die schleswig-holsteinische Ostseeküste ist ein optimales Segelrevier. Und so findet hier auch bereits seit 1882 die älteste deutsche Regatta statt, die ihre Popularität nicht zuletzt dem begeisterten Segler Kaiser Wilhelm II. verdankt. Sie führte dazu, daß Kiel 1936 und 1972 zum Austragungsort der olympischen Segelwettbewerbe wurde. Übrigens: Auch wenn es den Anschein hat, geht der Name der Segelmetropole keineswegs auf das Unterteil der Schiffe zurück. Er spielt vielmehr auf den Keil an, den die Kieler Förde bildet.**

**1** Bei der Flensburger »Rumregatta« zeigen historische Segler, daß sie auch nach vielen Jahren noch gut im Wind liegen.

**2** Die »Gorch Fock« ist das Segelschulschiff der Bundesmarine. Auf der in Kiel beheimateten Dreimastbark, die 1958 bei Blohm & Voss in Hamburg vom Stapel lief, werden angehende Offiziere ausgebildet.

**3** Die »Aalregatta« zwischen Eckernförde und Kiel bildet den traditionellen Auftakt zur Kieler Woche. Die Kieler Förde verlangt von den Seglern besonders viel Umsicht, denn hier ziehen auch riesige Fähren und Frachter unbeirrt ihre Bahnen.

**4** Alljährlich Ende August tragen die Segler der Schleswiger Fischersiedlung Holm auf der Schlei die »Tweebakken-Regatta« aus.

**5** »Ausreiten« nennt man das Hinauslehnen des Körpers über die Bordkante, durch welches eine Jolle bei kräftigem Wind aufrechtgehalten wird.

**6** Auf »Optimisten« lernen die Kinder das Segeln. Die häufig aus Sperrholz gezimmerten Boote sind 2,30 Meter kurz und verfügen über eine Segelfläche von nur 3,50 Quadratmetern.

**7** Höhepunkt der Segelsaison ist die Kieler Woche (auch großes Bild). Mit gesetzten Spinnakern, den bauchigen Vorsegeln, kämpfen die Boote um die Führung.

5

1
HF 294
2
3
4
GLÜCK SBURG
6
7

Stattlicher Dreimaster: die »Gorch Fock«, das berühmte Segelschulschiff der Bundesmarine. Seit 1958 schon befährt die Windjammer die Weltmeere. Man muß schon Glück haben, wenn man sie in ihrem Kieler Heimathafen zu Gesicht bekommen will.

**Zwischen Seen und Meer**

# Kiel und die Holsteinische Schweiz

Die Landkarte sieht aus, als hätte ein Maler die Kontrolle über seinen Pinsel verloren: Gleich unter einer tadellos gezogenen Küstenlinie herrscht, in Form von blauen Klecksen jeder Größe, das reinste Chaos. Die seit mehr als 100 Jahren »Schweiz« genannte Holsteinische Seenplatte ist ein Meisterstück der Natur, ein faszinierendes Wechselspiel von Wasser und Land, das entgegen dem ersten Blick auf die Karte etwas zutiefst Harmonisches hat. Aufregend sind die Freizeitmöglichkeiten: Der Strandurlauber kann im grünen Hinterland in eine völlig andere Welt eintauchen, und wer Ferien im Binnenland macht, radelt an die Küste, um eine Brise Meeresluft zu tanken. Beide haben die Großstadt Kiel vor der Tür, wo sich nicht nur während der Kieler Woche etwas tut. Für Abwechslung ist also reichlich gesorgt.

*Vor den Toren seiner Hauptstadt wird das ganze Land zum Dorf. Im 60 ha großen »Schleswig-Holsteinischen Freilichtmuseum« in Molfsee stehen fast 70 historische Gebäude aus allen Landesteilen: Bauernhäuser, Mühlen und Werkstätten. Wie in einem echten*

*Dorf aus alten Tagen hämmern Schmiede und lassen Weberinnen ihre Schiffchen flitzen. Das Brot schmeckt noch nach Backhaus, und der Käse kommt aus der eigenen Meierei. Alte Hamburger Landstr. 97, Tel. 04 31/6 55 55, Apr.–14. Juni und 16. Sept.–Okt. Di–So 9–18 Uhr, 15. Juni–15. Sept. tgl. 9–18 Uhr, Nov.–März So und Fei 11–16 Uhr*

**Bad Malente-Gremsmühlen: Kurort zwischen Diek- und Kellersee**

**EXTRA-TIP**

*Im Eutiner »Vosshaus« würde sicher auch der Bewohner von damals gern speisen: Johann Heinrich Voss (1751–1826). Das Wohnhaus des berühmten Gelehrten beherbergt ein stilvoll eingerichtetes Restaurant, das für seine einfallsreiche*

*regionale bis französische Küche bekannt ist. Von der Terrasse hinter dem Haus hat man einen schönen Blick auf den Großen Eutiner See.*
*Voss-Platz 6,*
*Tel. 0 45 21/7 07 70,*
*tgl. 12–22 Uhr,*
*mittlere Preisklasse,*
*15 Zimmer*

**Ein »Briefkasten« im Dodauer Forst: Die Bräutigamseiche**

Gemächlich gleitet das Kanu voran. Links und rechts recken die Bäume ihre Äste über die Ufer. Die Stille ist fast vollkommen; sie wird nur von Vogelgezwitscher und dem leisen Lecken des Wassers an der Bootswand gestört. Hinter einer Brücke mündet das Flüßchen in den nächsten See. Der Paddler hat es nicht eilig. Er läßt sich treiben auf dem Gewässer mit dem grünen Saum, das in das sanfte Hügelland gebettet ist.

## Die Schweiz ...

Harmonisch und sanft – wenn eine Gegend so beschaffen ist, hat sie gute Chancen, zur »Schweiz« ernannt zu werden. Und davon gibt es hierzulande mehr, als man glauben mag: In einem Verzeichnis sind nicht weniger als 63 von den Eidgenossen quasi amtlich anerkannte deutsche Schweizen aufgelistet, von der Bergischen bis zur Wolkensteiner. Dabei muß sich die Landschaft nicht unbedingt durch hohe Gipfel oder einen besonderen Seenreichtum auszeichnen; was zählt, sind Harmonie und Romantik. Diese Kriterien erfüllt die Holsteinische Seenplatte voll und ganz. Aber wie vollzog sich deren Schweizwerdung? Im Jahr 1867, als Ferien in der Eidgenossenschaft einen ähnlichen Stellenwert hatten wie heute in Übersee, versuchte ein Hotelier in Schleswig, Gäste mit dem Werbespruch »Gremsmühlen – die Schweiz Holsteins« in seine Herberge zu locken. Der Text verfehlte seine Wirkung nicht, war aber zunächst nur von sehr lokaler Bedeutung und deshalb einigermaßen geschützt – bis ein Kollege auf die Idee kam, die Begriffe umzudrehen und sein 1885 am Kellersee eröffnetes Haus »Hotel Holsteinische Schweiz« zu nennen, womit er den Slogan schlechthin kreierte.

**Weite Felder, dichtes Schilf und blaues Wasser: Die Lebrader Teich**

**Bauernhaus mit Reetdach in der Holsteinischen Schweiz**

ei Plön sind ein herrliches Naturschutzgebiet

Blickfang in Eutin: Das Wasserschloß, früher fürstbischöfliche Residenz

Kulturereignis: Sommerfestspiele im Eutiner Schloßpark

In Malente, das sich nicht nur wegen dieser historischen Namensfindung als Herz der Holsteinischen Filiale Helvetiens bezeichnen darf, steht ein Wegweiser mit der Aufschrift »Schweiz 830 km«.

## ... und das »Weimar des Nordens«

Nur fünf Kilometer sind es bis Eutin. Der Kurort ist das Paradebeispiel einer kleinen, beschaulichen Residenz. Hier hatten die evangelischen Fürstbischöfe des Bistums Lübeck, das später im Großherzogtum Oldenburg aufging, ihren Landsitz. Im späten 18. Jahrhundert wurde das kleine Städtchen zum Musenhof, was ihm den Beinamen »Weimar des Nordens« einbrachte – auf den ersten Blick ein hochtrabender Vergleich, doch es gibt in der Tat viele Gemeinsamkeiten: Hier wie dort sponserten Herzöge die ansässigen Geistesgrößen, zwischen denen übrigens enge Verbindungen bestanden. In Eutin wirkte der Homerübersetzer Johann Heinrich Voss, der großen Einfluß auf Goethes Schaffen hatte, und des Geheimen Rats malender Reisegenosse Johann Heinrich Wilhelm Tischbein verbrachte hier seinen Lebensabend. Und bevor Johann Gottfried Herder Hofprediger in Weimar wurde, widmete er sich der Erziehung des Eutiner Prinzen Peter Friedrich Ludwig. Auch Carl Maria von Weber kam in Eutin zur Welt, am 18. oder 19. November 1786 im Haus Lübecker Straße 48. Von seinem Vater, einem Musiker, übernahm er den erfundenen Adelstitel, den Beruf und das unstete Leben. Carl war gerade sechs Monate alt, als die Familie wegzog, und bis auf zwei Besuche sah der Komponist seinen Geburtsort nicht wieder. Gleichwohl ehrt Eutin den großen Sohn der Stadt jedes Jahr mit sommerlichen Festspielen auf der Freilichtbühne im Schloßpark, bei denen der »Freischütz« natürlich nicht fehlen darf.

## Melkende Prinzen und ein Mohr

Malente und Eutin kann man eine reizvolle, wasserreiche Umgebung bescheinigen, doch Plön ist geradezu einmalig gelegen: Ein Ring von Seen umgibt die Stadt fast vollständig. Auf dem Ortsplan dominiert die Farbe Blau, denn Wasser bedeckt mehr als drei Viertel der Gemeindefläche. Wie das benachbarte Eutin war auch Plön eine Residenzstadt; das Schloß des einstigen Herzogtums Schleswig-Hol-

**EXTRA-TIP**

*Keine Stunde benötigt man mit dem Auto von Eutin bis Kiel, doch der mit Abstand schönste Weg führt übers Wasser und dauert mehrere Tage – wenn man nämlich die 50 Kilometer lange Strecke auf der Schwentine mit dem Boot zurücklegt. Ein Faltblatt »Schwentine Wasserwandern« ist bei der Fremdenverkehrsgemeinschaft Holsteinische Schweiz erhältlich. Tel. 0 45 23/23 56*

**Einst Unterkunft für preußische Prinzen, heute Internat: Schloß Plön am See**

**Sinfonie in Gelb: Ausgedehnte Rapsfelder bestimmen das Bild bei Plö**

**EXTRA-TIP**

*In Malente, dem Städtchen mitten im holsteinischen Seenparadies, liegt eine kleine Ausflugsflotte vor Anker: Vier Schiffe starten zur Fünf-Seen-Fahrt*

*nach Plön-Fegetasche und zurück, eines verkehrt auf dem Kellersee. Beide Rundfahrten dauern knapp zwei Stunden und können jeweils komplett oder auch nur teilweise absolviert werden. Bahnhofstr. 5, Tel. 0 45 23/22 01, Ostern–Okt. tgl. ab 9 Uhr (Fünf-Seen-Fahrt) bzw. 10 Uhr (Kellersee-Fahrt)*

**Auf der Prinzeninsel: »Niedersächsisches Bauernhaus«**

**Ländliches Idyll: Kuhwiese am Großen Plöner See**

stein-Sonderburg-Plön oberhalb der Altstadt ist nicht zu übersehen. 1761 wurde der Miniaturstaat aufgelöst. Der elegante weiße Bau diente dann zunächst als Sommersitz der dänischen Könige und nach 1868 als Kadettenanstalt. Hier wurde allerhöchste Prominenz ausgebildet: Keine Geringeren als die sechs Söhne Kaiser Wilhelms II. erhielten in Plön den letzten Schliff. Doch die Prinzen lernten nicht nur segeln, sondern auch Kühe melken und Kartoffeln anpflanzen: Auf der Prinzeninsel im Großen Plöner See unterhielten sie eine kleine Farm. Das Eiland mit dem »Niedersächsischen Bauernhaus« gehört noch heute den Hohenzollern, ist aber auch Besuchern von normalem Geblüt zugänglich. Keinen Zutritt hat man leider zum Plöner Schloß, denn es beherbergt heute ein Internat. Dafür lädt die gemütliche Altstadt zum Bummel ein. In der Neustadt steht die Johanniskirche, ein hübscher kleiner Fachwerkbau von 1685.

An ihrer Ostwand erinnert ein Grabstein an den im Jahr 1690 verstorbenen Christian Gottlieb. Dieser seinerzeit wohl ungewöhnlichste Bürger Plöns war ein Schwarzafrikaner. Dem Herzog diente der getaufte Mohr als Hoftrompeter. 1683 rettete ausgerechnet der Afrikaner den Bürgermeistersohn aus dem eisigen See. Zum Dank für diese Heldentat erhielt er die Tochter des Amts- und Würdenträgers zur Frau.

## Romantik und Romanik am See

Mit seinen rund 30 Quadratkilometern ist der Große Plöner See Schleswig-Holsteins größtes Binnengewässer, ein Paradies für Segler und Surfer ebenso wie für eine Vielzahl verschiedener Wasservögel. Vor einer Wanderung an den Ufern sollte man ein ornithologisches Bestimmungsbuch in den Rucksack packen, denn hier gibt es Enten in allen Farben, verschiedene Möwenarten, Seeschwalben, Graugänse, jede Menge Kormorane und Haubentaucher. Kulturhistorisch Interessierte kommen in Bosau, südwestlich von Plön am See gelegen, auf ihre Kosten.

n der Holsteinischen Schweiz

Bosau: Weißgetünchte Feldsteinkirche aus dem 12. Jahrhundert

Ideal für Erholungsuchende: Ruhig liegt das Segelboot auf dem Großen Plöner See

**EXTRA-TIP**

*Daß Deutschlands erstes »Circus-Museum« ausgerechnet im eher ruhigen Preetz seine bunte*

*Sammlung präsentiert, liegt an Friedel Zscharschuch. Der Journalist trug im Laufe seines Lebens alles zusammen, was mit der Welt des Zirkus zu tun hat. Plakate und Fotos erinnern an große Manegen, Requisiten an ihre Stars. Mühlenstr. 14, Tel. 0 43 42/18 69, Sa 15–18 Uhr, So und Fei 10–12 und 15–18 Uhr, Apr.–Sept. auch Mi 17–20 Uhr*

Dort steht mit St. Petri eine der ältesten Kirchen des Landes. Der weißgetünchte romanische Feldsteinbau wurde um 1150 unter Bischof Vizelin, dem Missionar der Wagrier, begonnen. Im 13. Jahrhundert erhielt die Kirche ihr heutiges Aussehen. In barocker Zeit kam der geschwungene Turmhelm hinzu. Um 1370 entstand der Schnitzaltar, etwa hundert Jahre jünger sind der Flügelaltar und das Triumphkreuz im Inneren des Gotteshauses. Bosau selbst präsentiert sich als ländliches Idyll, fernab von jedem Trubel.

## Grafen zwischen See und Meer

Wer im Labyrinth der holsteinischen Seen umherschippert oder von einem Gewässer zum anderen wandert, vergißt leicht, wie nah die Küste eigentlich ist: Nur 24 Kilometer trennen Plön von der Kieler und 26 von der Lübecker Bucht. Und vom Selenter See aus, dem zweitgrößten Binnengewässer im Land, braucht der Wanderer keine zwei Stunden zum Meer. Einige Tage kann man damit verbringen, sämtliche

Beschauliches Lütjenburg: Blick über die Dächer der Kleinstadt

Prächtiges Herrenhaus auf dem riesigen Gut Panker

**EXTRA-TIP**

*Beinahe wären die Gleise zwischen Schönberg und seinem gleichnamigen Strand demontiert worden; der letzte*

*Zug aus Kiel fuhr 1975 in die Station ein. Doch bereits ein Jahr später nahm ein Verein die Strecke wieder in Betrieb. Seither legen an Sommerwochenenden historische Züge die 4 km in 15 Min. zurück. Am Museumsbahnhof kann man in alte Straßenbahnen umsteigen. Museumsbahnhof Schönberger Strand, Am Schierbek 1, Tel. 0 43 44/23 23, Mai–Mitte Juni So, Mitte Juni–Sept. Sa/So*

Lütjenburg: Färberhaus am Markt von 1576

Heute eine Touristenattraktion: Museums-U-Boot in Laboe

Herrenhäuser im Norden des Kreises Plön zu besuchen. Nicht umsonst wird die Gegend auch Grafenwinkel genannt. Leider sind einige Häuser, da Privatbesitz, nur von außen zu sehen. Schloß Salzau hingegen, das seinen Namen dem vom Selenter zum Passader See rinnenden Bächlein verdankt, ist Eigentum des Landes und, nicht zuletzt dank der von Leonard Bernstein ins Leben gerufenen Workshops für junge Musiker, der Mittelpunkt des »Schleswig-Holstein Musik Festivals«. Zwischen 1881 und 1884 wurde es für den Kammerherrn Otto von Blome errichtet. Der hatte sich bereits 1848 seinen Traum von einer damals sehr modischen Ritterburg erfüllt: die Blomenburg im Süden von Selent, heute ein Landesjugendheim. Mit dem Bau, der in unserer Zeit so »ernsthaft« wirkt wie Schloß Neuschwanstein, wollte Blome den Landgrafen von Hessen übertrumpfen, der ganz in der Nähe das Gut Panker mit einer weithin bekannten Trakehnerzucht besaß und den Aussichtsturm Hessenstein errichten ließ.

## Ruhiges Lütjenburger Land

Vom Aussichtsturm Hessenstein auf dem immerhin 128 Meter hohen Pilsberg geht der Blick über Panker und den Großen Binnensee hinweg in die Hohwachter Bucht. Das namengebende Ostseebad gehört zu den schönsten Küstenorten Holsteins. Der Strand ist noch weitgehend unverbaut, denn das Dorf steht eine Etage höher auf dem Steilufer. Östlich davon erstreckt sich das kleine Sehlendorf, etwas verschlafen, aber wegen seines sanft ins Meer abfallenden Strandes besonders kinderfreundlich. Und hinter beiden Bädern liegt Lütjenburg, eine hübsche Kleinstadt mit stillen, von Backsteinhäusern gesäumten Gassen – der Nordosten des Kreises Plön ist eine beschauliche Welt ganz ohne Touristenmassen.

Entspanntes Feriendomizil: Hohwacht mit seinem gepflegten Sandstrand

Benediktinerinnenkloster in Preetz: Stiftskirche

Bei Schönberg: Hier haben Pferde reichlich Auslauf

## Von Fischern und Pröbsten

Weiter westlich wird es etwas lebhafter, die Landeshauptstadt rückt spürbar näher. Es gibt Ferienzentren wie Holm bei Schönberg, wo die Strände »Brasilien« und »Kalifornien« heißen. Zumindest die letzte Bezeichnung war keine Erfindung cleverer Touristenwerber. Sie soll vielmehr auf die 1735 in der Kieler Bucht gesunkene Segelbark »Kalifornia« zurückgehen. Ein Fischer fand eine angespülte Planke mit dem Namen des Schiffs und verwendete sie, zusammen mit anderem Treibgut, zum Bau einer Hütte, wobei er das Prachtstück mit dem Schriftzug über dem Eingang plazierte. »Kalifornia« hieß nun die Hütte, und so nannte sich später, etwas abgewandelt, der Ort. Das Städtchen Schönberg selbst mit seiner schönen Backsteinkirche ist das Zentrum der Probstei, die 20 Orte zwischen der Kieler Förde und dem Selenter See umfaßt. Sie alle gehörten einst dem Kloster Preetz und wurden – daher der Name der Region – von dessen Probst verwaltet. In seiner Blütezeit um 1500 besaß das Benediktinerinnenkloster mehr als 40 Dörfer mitsamt ihren Seen und Wäldern. Das 1211 gestiftete Haus nahm vorzugsweise Töchter aus reichen Familien auf und konnte so sein Vermögen ständig mehren, bis die Reformation dem geistlichen Großgrundbesitz ein Ende machte. 1542 wurde das Kloster aufgelöst und in ein Damenstift umgewandelt, was es noch heute ist.

## Erinnerungen und Ausblicke

Wer von Schönberg auf der B 502 nach Kiel unterwegs ist, wird den Turm nicht übersehen, der in der Ferne aus dem platten Land ragt. Er gehört zum Marine-Ehrenmal in Laboe. Direkt an der Kieler Förde entstand ab 1929 der Gigant aus Stahlbeton mit Granit- und Klinkerverkleidung, dessen Form an einen Schiffssteven erinnert. Gedacht war die Anlage, zu der noch ein Ehrenhof und eine unterirdische Gedenkhalle gehören, als Mahnmal für die im Ersten Weltkrieg gefallenen Marineangehörigen. Als man sie 1936 einweihte, wurde gerade der Weg zu einer zweiten, noch viel größeren Katastrophe bereitet, und irgendwie erinnert die Architektur an den Größenwahn dieser Zeit. Man mag zu dem Koloß stehen, wie man will, aber der Blick aus 72 Meter Höhe (85 Meter über dem Meeresspiegel) ist fantastisch. Nach oben fahren zwei Lifts, wer will, kann aber auch die Treppe mit den 341 Stufen erklimmen. Seit

**EXTRA-TIP**

*»Ole Liese« hieß einst eine Stute des Landgrafen, die von einem Knecht das Gnadenbrot erhielt. Als Gegenleistung*

*erteilte ihm der Adlige das Schankrecht. Das Gasthaus gibt es immer noch – es liegt in Panker und ist bekannt für seine frische, ideenreiche Küche, die auch vor Ausgefallenem, wie z. B. Taubenkoteletts, nicht haltmacht. Gut Panker, Tel. 0 43 81/43 74, Apr.–Okt. tgl. 12–22 Uhr, Nov.–März Mi–Fr 18–22 Uhr und Sa/So 12–22 Uhr, mittlere–obere Preisklasse, 7 Zimmer*

Musikkapelle im beliebten Kieler Einkaufszentrum Sophienhof

Kiel: Der »Schwertträger« vor dem Jugendstilrathaus

**EXTRA-TIP**

*150 Fischarten tummeln sich in den 31 Schaubecken des Kieler Aquariums im Institut für Meereskunde. Besuchermagneten*

*sind die possierlichen Seehunde, die in einem Außenbecken schwimmen, tauchen und spielen. Ihre Fütterung, sollte man sich auf keinen Fall entgehen lassen (Sa–Do 10 und 14.30 Uhr). Düsternbrooker Weg 20, Tel. 04 31/ 5 97 38 57, Apr.–Sept. 9–19 Uhr, Okt.–März 9–17 Uhr*

Olympiahafen Schilksee: Kurz vor der Regatta

1972 leistet das U-Boot 995 dem Ehrenmal Gesellschaft. Ein Besuch des 1943 gebauten Gefährts vermittelt hautnah die qualvolle Enge, der die 52 Mann starke Besatzung ausgesetzt war – immer mit der Angst im Nacken, das Boot könnte zum stählernen Sarg werden wie Tausende andere.

## Viel Leben an der Förde

Zunächst eine Warnung: Wer in Kiel großartige Baudenkmäler erwartet, wird enttäuscht. Für mittelalterliche Bürgerhäuser ist Lübeck zuständig, Dom und Schloß findet man in Schleswig, alte Kaufmannshöfe in Flensburg. Und die Kieler Sprotten? Die kommen aus Eckernförde. Wer nun aber Kiel etwa den spröden Charme einer Beamtenstadt andichten wollte – schließlich wird von hier aus ein ganzes Bundesland regiert –, tut der Fördestadt Unrecht. Immerhin sind hier 30 000 Studenten immatrikuliert, und diese mehr als zehn Prozent der Bevölkerung sorgen für reichlich Leben. In den Kneipen fließt der »Bölkstoff«, wie der heute wohl bekannteste Kieler, die Comicfigur Werner, das Bier nennt. Die Landeshauptstadt bietet hervorragende Einkaufsmöglichkeiten und eine bemerkenswerte Museumslandschaft. Dank des Fährhafens mitten im Zentrum sowie des Nord-Ostsee-Kanals, der im Ortsteil Holtenau in die Kieler Förde mündet, ist hier immer etwas los. Dem Ostseearm verdankt Kiel seine Entstehung im 13. Jahrhundert, seine wachsende Bedeutung als Schiffbauort im 19. Jahrhundert und schließlich seinen von den Preußen forcierten Aufstieg zum »Reichskriegshafen« 1871 – was in letzter Konsequenz zu seiner 80prozentigen Zerstörung im Zweiten Weltkrieg führte. Nur noch wenig Historisches konnte gerettet werden. So kommt es, daß mitten in einer Einkaufspassage eine Tafel an den Dichter Detlev von Liliencron erinnert, dessen Geburtshaus hier einmal stand. Das Shopping-Paradies heißt Sophienhof und führt

Bereit für die große Fahrt: Segelschulschiff »Gorch Fock«

Vom Segelschiff bis zum Riesenpott: Rund 100 000 Schiffe passieren jährlich die Schleusen in Kiel-Holtenau

Moderner Fährbahnhof in Kiel: Der Schwedenkai

Maritimes und Kurioses: Im Kieler Schiffahrtsmuseum

vom Hauptbahnhof zum Holstentörn, der wiederum zur Holstenstraße. Kein Kiel-Bummel ohne Holstenstraße! Man sieht es ihr nicht an, und doch hat diese Meile historische Bedeutung: 1957 war sie Deutschlands allererste Fußgängerzone. Sie führt zum Alten Markt, wo die Nikolaikirche noch etwas Altstadtatmosphäre vermittelt. Vor dem Gotteshaus steht »Der Geistkämpfer«, eine bronzene Engelsgestalt, die von dem berühmten Expressionisten Ernst Barlach stammt. Gleich gegenüber ragt das Wahrzeichen der Stadt in den Himmel: Wie ein italienischer Campanile sieht der Turm des Jugendstilrathauses aus. Weiter nördlich steht der ehemalige Westflügel des Kieler Schlosses: der Rantzaubau. Eine große Residenz war das Schloß nie, aber immerhin wurde hier im Jahr 1728 ein späterer Regent geboren: Zar Peter III., ein geistig leider etwas minderbemittelter Enkel Peters des Großen. In unmittelbarer Nachbarschaft des Schlosses befindet sich der Ostseekai, von dem aus die Fähren nach Dänemark ablegen. Hier kann man nun wieder kehrtmachen und nach dem Besuch des auch für maritime Laien interessanten Schiffahrtsmuseums Richtung Hauptbahnhof gehen. Sehr viel schöner aber ist es, hinter dem Ostseekai die Kiellinie nordwärts bis zur Blücherbrücke zu schlendern, wo, wenn es nicht gerade auf den Weltmeeren unterwegs ist, das berühmte Segelschulschiff »Gorch Fock« vor Anker liegt. Genau gegenüber, auf der Ostseite der Förde, mündet die Schwentine in die langgestreckte Meeresbucht. Es handelt sich um jenes Flüßchen, das die Holsteinische Seenplatte durchläuft und auch den Paddler irgendwann von der »Schweiz« bis zur Ostsee trägt – alle Wege führen nach Kiel.

**EXTRA-TIP**

*Seit nunmehr 20 Jahren macht er mit seiner Horex das platte Land unsicher. Gemeint ist Werner, Deutschlands bekanntester Comicheld. Daß sein nordisch-flapsiger Slang überall verstanden wird, ist an sich schon ein Phänomen, noch bemerkenswerter aber ist*

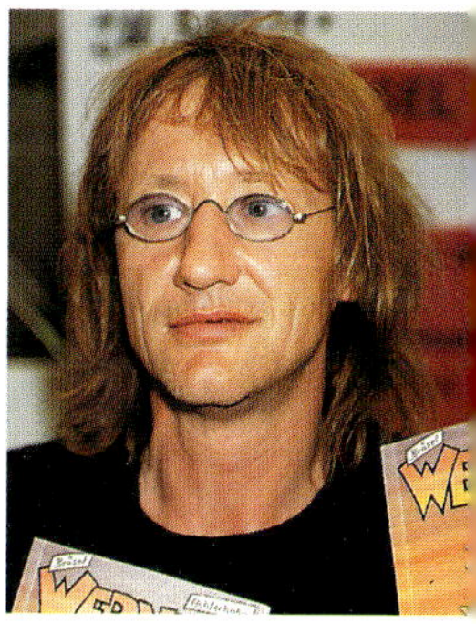

*der enorme Erfolg des Freaks. Das Licht der Welt hat die hasenzähnige Zeichenfigur in der Kieler Kneipe »Galerie Club 68« erblickt. Dort kritzelte Rötger (»Brösel«) Feldmann (Bild oben) in den Siebzigern Comics auf Bierdeckel – und irgendwann war Werner geboren. Wer Zeit hat, sollte einfach auf einen »Bölkstoff« vorbeischauen – es lohnt sich!*
*Ringstr. 68,*
*Tel. 04 31/6 17 39,*
*tgl. ab 18 Uhr,*
*untere Preisklasse*

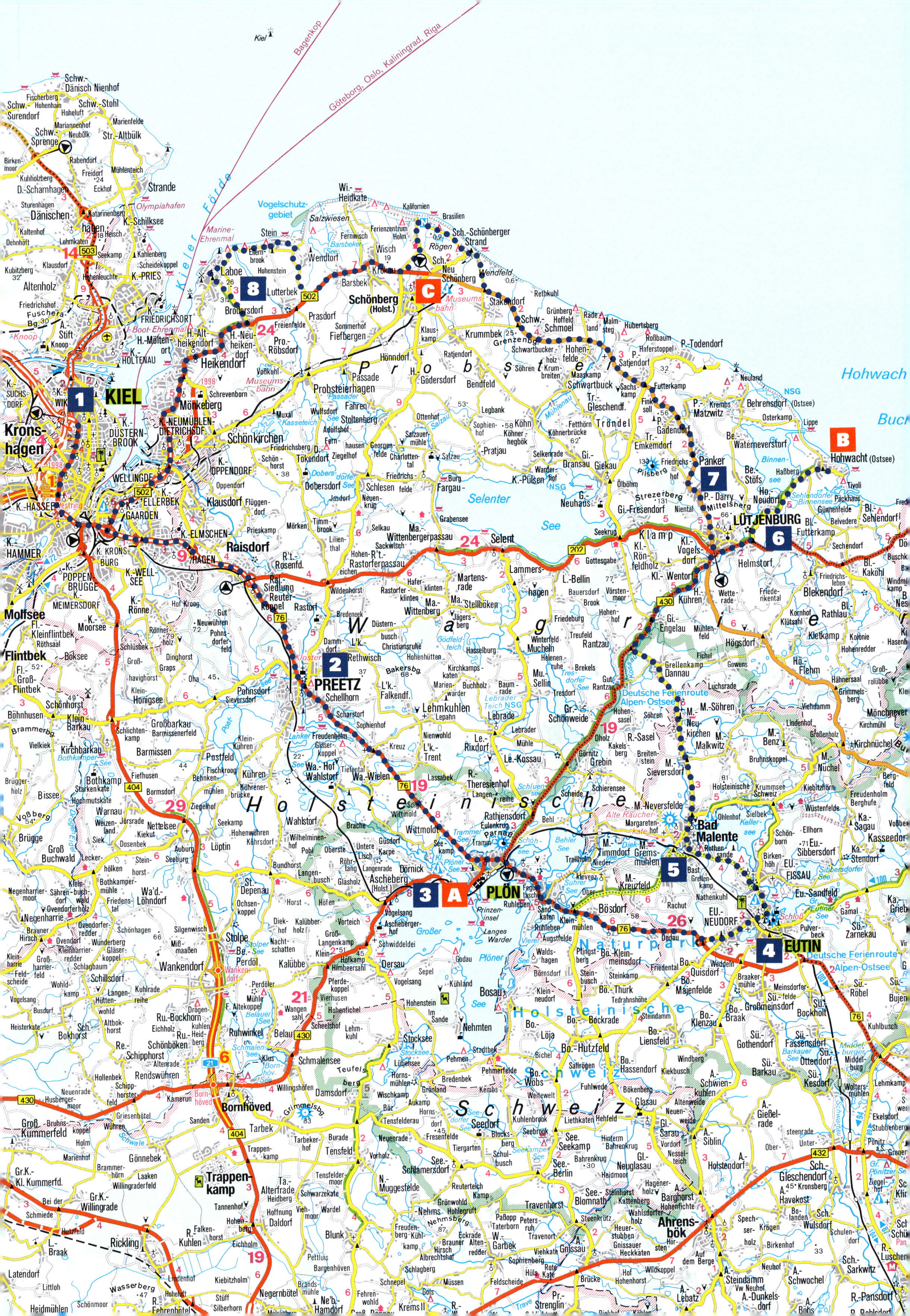

Kiel
Bagenkop
Göteborg, Oslo, Kaliningrad, Riga
Kieler Förde
Vogelschutz-gebiet
Hohwacht
Hohwachter Bucht
KIEL
Kronshagen
Laboe
Stein
Wendtorf
Heidkate
Kalifornien
Brasilien
Schönberg (Holst.)
Schönberger Strand
Heikendorf
Mönkeberg
Schönkirchen
Probsteierhagen
Probstei
Fiefbergen
Stakendorf
Lutterbek
Prasdorf
Brodersdorf
Selenter See
Selent
Lütjenburg
Panker
Hohwacht (Ostsee)
Raisdorf
Preetz
Wagrien
Holsteinische Schweiz
Naturpark Holsteinische Schweiz
Plön
Großer Plöner See
Bad Malente
Gremsmühlen
Eutin
Ahrensbök
Bornhöved
Trappenkamp
Wankendorf
Molfsee
Flintbek
Strande
Dänischenhagen
Altenholz
Friedrichsort
Wellingdorf
Gaarden
Elmschen
Klausdorf
Lehmkuhlen
Dersau
Bosau
Ascheberg (Holst.)
Fargau
Giekau
Grebin
Kirchnüchel
Dannau
Dahme
Deutsche Ferienroute Alpen-Ostsee
Tröndel
Blekendorf
Högsdorf
1
2
3
4
5
6
7
8
A
B
C

## SEHENSWERTES

Die **Autotagestour** führt von Kiel in die Holsteinische Schweiz. Über Preetz geht es, vorbei an unzähligen Seen, nach Plön und Eutin. Von dort verläuft die Strecke nach Norden bis Lütjenburg und durch die Probstei zurück zur Kieler Förde.

### KIEL ★★

**1** Durch die verheerenden Zerstörungen im Zweiten Weltkrieg ist die Landeshauptstadt arm an historischen Baudenkmälern. So existieren nur noch Teile des um 1700 erbauten Schlosses und des Franziskanerklosters aus dem 13. Jh. Vom Campanile des Jugendstilrathauses aus hat man einen schönen Blick über die Fördestadt. Kiels Highlights sind alle maritimer Art: die Holtenauer Schleusen an der Einfahrt zum Nord-Ostsee-Kanal, das Segelschulschiff »Gorch Fock« an der Blücherbrücke, das Aquarium des Instituts für Meereskunde und das Schiffahrtsmuseum.
*Wall 65, Tel. 04 31/9 01 34 28, 15. Apr.–14. Okt. tgl. 10–18 Uhr, 15. Okt.–14. Apr. Di–So 10–17 Uhr*

### PREETZ ★★

**2** Direkt an der B 76 liegt das Torhaus zum ehemaligen Benediktinerinnenkloster und heutigen Damenstift, die Hauptattraktion des Luftkurorts und »Tors zur Holsteinischen Schweiz«. Im Mittelpunkt der idyllischen Klosteranlage steht die großartige Stiftskirche aus dem 14. Jh., umgeben von den Wohngebäuden der Stiftsdamen, darunter Fachwerkhäuser aus dem 16. Jh. Sehenswert ist auch die um 1210 erbaute Stadtkirche St. Lotharius.

### PLÖN ★★★

**3** Das 1633–36 errichtete Schloß ist Wahrzeichen der Stadt, deren herrliche Lage am besten vom hohen Schloßberg aus zu bestaunen ist. Einen guten Überblick erlaubt auch der Parnaß-Aussichtsturm im Norden von Plön. Am Eingang zum Schloßpark steht das Lusthaus der Herzöge, ein Rokokopalais, das den preußischen Prinzen 1896–1910 als Unterkunft diente und seither Prinzenhaus heißt.

### EUTIN ★★

**4** In der »Rosenstadt« lohnt vor allem der Schloßgarten am Großen Eutiner See einen Besuch. Ende des 18. Jh.s wurde der Barockgarten zum Landschaftspark umgestaltet. Am Markt verdienen das stadtälteste Bürgerhaus (1635–38) und die Michaeliskirche (13. Jh.) Beachtung. Am Schloßplatz befindet sich das Ostholstein-Museum, das die große kulturelle Bedeutung Eutins während der Goethezeit dokumentiert.
*Tel. 0 45 21/7 01 80, Mai–Aug. Di–So 10–13 und 14–17 Uhr, Do bis 19 Uhr, Sept.–Jan. und März/Apr. Di–So 15–17 Uhr, Do und So auch 10–12 Uhr*

### BAD MALENTE-GREMSMÜHLEN ★

**5** Herrlich zwischen Keller- und Dieksee gelegen, glänzt der Kurort durch seine wald- und wasserreiche Umgebung. Außer der Feldsteinkirche (13. Jh.) sind auch die reetgedeckten Katen sehenswert. In der Tews-Kate, einer noch aus dem Dreißigjährigen Krieg stammenden Räucherkate, ist ein kleines Museum eingerichtet.
*Sebastian-Kneipp-Straße, 15. Mai–15. Sept. tgl. 10–12 und 14–17 Uhr*

### LÜTJENBURG ★★

**6** Eine ganze Reihe historischer Gebäude zeichnet das Städtchen aus, vor allem am Markt: Aus dem Jahr 1576 stammt das malerische Färberhaus. In der Michaeliskirche (13. Jh.) verdient das Grabmal für Otto von Reventlow von 1608 Beachtung. Vom Bismarckturm aus hat man einen schönen Rundblick.

### PANKER ★★

**7** Um 1700 entstand das prächtige Herrenhaus des Guts Panker mit der Trakehnerzucht; 100 Jahre später wurde es erweitert. Das in einem Barockgarten gelegene Schloß selbst darf man nicht von innen besichtigen (Privatbesitz). In dem 1790 errichteten Torhaus befindet sich eine kleine Galerie. Ein Spaziergang führt zum Aussichtsturm Hessenstein.

### LABOE ★

**8** Neben einem malerischen Hafen und einem Meerwasser-Hallenbad besitzt der Ort einen schönen Sandstrand, der nicht nur Badevergnügen, sondern der vielen Schiffe in der Kieler Förde wegen Kurzweil garantiert. Den allerbesten Überblick hat man vom 72 m hohen Marine-Ehrenmal.
*Strandstr. 92, Tel. 0 43 43/4 27 00, 16. Apr.–15. Okt. tgl. 9.30–18 Uhr, 16. Okt.–15. Apr. tgl. 9.30–16 Uhr*

Baden an der Förde: Falckensteiner Strand in Kiel

## ESSEN & TRINKEN

### PLÖN

**3** Auf der Prinzeninsel steht das »Niedersächsische Bauernhaus«. Besonders lecker ist hier der Gänsebraten, das Fleisch stammt aus hauseigener Zucht. Zu erreichen: zu Fuß (2 km) oder im Sommer per Boot ab Marktbrücke.
*Tel. 0 45 22/36 70, Mitte März–Mitte Jan. tgl. 11.30–14.30 und 17–21 Uhr, im Winter nur bis 19 Uhr, untere–mittlere Preisklasse*

### BAD MALENTE-GREMSMÜHLEN

**5** Die »Gremsmühle« an der Schwentine besaß schon vor Jahrhunderten das Schankrecht. Das Restaurant versteht sich besonders auf die Zubereitung von Fisch- und Wildgerichten. Es gibt einen Garten und einen urigen Mühlenkeller.
*Eutiner Str. 1, Tel. 0 45 23/24 25 und 9 97 50, Juni–Sept. tgl. 10.30–23 Uhr, Okt.–Dez., Feb.–Mai Do–Di 10.30–23 Uhr, mittlere Preisklasse, 19 Zimmer*

## WANDERN UND RADWANDERN

**A** Die **Fahrradtour** von und nach Plön führt einmal rund um den Großen Plöner See. Richtung Osten geht es von der B 76 zum Gut Ruhleben und durch das idyllische Bosau bis Stadtbek. Weiter führt die Strecke über Bredenbek nach Nehmten mit dem klassizistischen Herrenhaus und dem schönen Landschaftspark. In Godau wendet sich der Weg nach Westen. Kurz vor Ascheberg lohnt ein Abstecher zum gleichnamigen Schloß. Vor dem Ziel wird die Landenge zwischen Großem und Kleinem Plöner See überquert, wo man mit etwas Glück Fischreiher beobachten kann.
*Strecke: 35 km, Dauer: ca. 2,5 Std.*

**B** Die etwa vierstündige **Wanderung** mit Start und Ziel in Hohwacht umrundet den Großen Binnensee. Zunächst folgt man der Küste bis zum Abfluß des Sees. Am Nordufer geht es nun bis Seekamp. Um das stolze Gutshaus Waterneversdorf herum gelangt man wieder zum See und, weiter durch das Wäldchen »Alte Burg«, zur Straße nach Hohwacht.

**C** Nicht jeder kann von sich behaupten, im Urlaub Brasilien und Kalifornien durchquert zu haben. Diese Möglichkeit bietet die etwa vierstündige **Wanderung** ab Schönberg. Vor der Jugendherberge aus führt der Baumrader Weg nach Schönberger Strand. Eine reizvolle Abkürzung der Tour ist die Fahrt mit der Museumsbahn dorthin. Nun wandert man immer an der Ostsee entlang durch die Orte mit den exotischen Namen bis zum Haus der Naturfreunde, und von dort geht es landeinwärts an den Salzwiesen vorbei wieder zurück zum Ausgangspunkt Schönberg.

*Ob groß, ob klein: hier müssen sie alle durch. Sämtliche Schiffe, die den Nord-Ostsee-Kanal befahren, passieren die Schleusen in Kiel-Holtenau. Auf*

*der meistfrequentierten künstlichen Wasserstraße der Welt ist immer etwas los. Von einer Plattform an der Neuen Schleuse aus kann man dem geschäftigen Treiben zusehen; die Ausstellung an der Alten Schleuse (mit Schleusenmodell) ist nur von der Nordseite aus und im Rahmen einer Schleusenführung zu besichtigen. Den Transport von einer Schleuse zur anderen besorgt eine Personenfähre*
*Tel. 04 31/3 60 32 93, Führungen tgl. 9, 11, 13 und 15 Uhr*

# Vom Eis geformt

Erdgeschichtlich betrachtet ist Schleswig-Holsteins Osten eine junge Landschaft. Die Ostsee entstand erst vor etwa 14 000 Jahren, als der ganz Nordeuropa bedeckende, mehr als 1000 Meter dicke Eispanzer allmählich abschmolz und das Schmelzwasser sich im Baltischen Becken sammelte. Die zurückweichenden Gletscher schoben den Gesteinsschutt zu Moränen zusammen, die das heutige Hügelland bilden; Gletscherzungen hobelten die Förden aus. Wo sich das Schmelzwasser unter den Eismassen seinen Weg zum Sammelbecken Ostsee bahnte, entstanden Flüsse wie die Trave. Im Binnenland blieben an tieferen Stellen sogenannte Toteisblöcke liegen, die erst sehr viel später abschmolzen; aus ihnen entstand die Holsteinische Seenplatte. Der Meeresspiegel stieg langsam an – vor 6000 Jahren konnte man noch trockenen Fußes nach Fehmarn gelangen. Noch heute steigt der Pegel, wenn auch nur um wenige Millimeter im Jahr.

**Das hügelige Ostholstein, vom Bungsberg aus gesehen**

**Seit etwa 4500 Jahren flankieren tonnenschwere Findlinge das Megalithgrab von Karlsminde nahe der Eckernförder Bucht.**



# Slawen und Germanen

Nach dem Wegzug der Angeln und Sachsen herrschte auf der Cimbrischen Halbinsel ein politisches Vakuum – bis zwischen 600 und 800 n. Chr. slawische Stämme nachrückten und den Osten des Landes besiedelten. Hauptsitz der slawischen Wagrier war eine Fürstenburg namens Starigard, nach deren eingedeutschtem Namen (»alte Burg«) die Stadt Oldenburg benannt wurde. Um das Jahr 800 versuchte Karl der Große, sein Frankenreich auch nach Norden auszuweiten. Der entscheidende Sprung über die Elbe gelang 798, als die mit Karl verbündeten slawischen Obodriten, denen auch die Wagrier angehörten, die Sachsenstämme Holsteins in der Schlacht bei Bornhöved, 18 Kilometer südwestlich von Plön, besiegten. Um ein weiteres Vordringen der Franken nach Norden zu verhindern, ließ der dänische König Göttrik (Godfred) das Danewerk verstärken, einen Grenzwall, der von der Schlei bis nach Hollingstedt reichte und in dessen Schutz allmählich die Wikingersiedlung Haithabu aufblühte. Ähnliche Überlegungen dürften Karl den Großen zur Errichtung des »Limes Saxoniae« bewogen haben: Diese von der Kieler Förde bis zur Elbe bei Boizenburg verlaufende Grenzlinie trennte die Sachsen im Westen von den Slawen im Osten.

**Weithin sichtbar: Der Dom St. Petri in Schleswig**

**Slawisches Bootshaus**

**2500 v. Chr.** In der Jungsteinzeit werden Hünengräber angelegt.

**98 n. Chr.** Der römische Geschichtsschreiber Tacitus erwähnt das nördlich der Elbe lebende Volk der Angeln in seiner »Germania«.

**4. Jh.** Das Nydamboot, das älteste Hochseeschiff des Nordens, wird in einem Moor bei Nydam in der Nähe von Sonderburg als Kriegsbeute geopfert.

**5. Jh.** Angeln und Sachsen wandern nach Britannien aus, wo sie »England« gründen. Nur ein kleiner Teil der Völker bleibt in seiner Heimat.

**600–800** Im Zuge der Völkerwanderung gelangen slawische Stämme in das fast menschenleere Holstein und lassen sich hier nieder. Den Wagriern kommt dabei große Bedeutung zu. Der Schleswiger Raum wird von Dänen besiedelt.

**730** Beginn der Errichtung des Danewerks als dänische Südgrenze.

**798** Schlacht bei Bornhöved. Karl der Große erweitert seine Einflußsphäre auf das Gebiet nördlich der Elbe.

**804** Erste Erwähnung der Wikingersiedlung Haithabu.

**Um 850** Bau einer christlichen Kirche in Haithabu.

**934** Ein Heer Heinrichs I. besiegt den Wikingerkönig Knuba in Haithabu.

**Wilde Gesellen bei den Schleswiger Wikingertagen**

# Ansgar

Im Jahr 831 wurde der etwa 30jährige Ansgar zum Hamburger Erzbischof ernannt. Unerschrocken predigte er den Wikingern das Wort Gottes. Zwar konnte das Kreuz Thors Hammer vorerst noch nicht völlig verdrängen, doch allmählich ging die Saat des »Apostels des Nordens« auf: Um 850 wurde in Haithabu die erste Kirche errichtet. Es dauerte weitere 500 Jahre, bis das Christentum sich durchgesetzt hatte.

**Für die Ewigkeit gebaut: Feldsteinkirche in Ratekau**

**1050–66** Norwegische und slawische Truppen zerstören Haithabu.

**1159** Neugründung Lübecks durch Heinrich den Löwen.

**1226** Friedrich II. verleiht Lübeck die Reichsfreiheit.

**1227** Bei Bornhöved kommt es erneut zur

# Thomas Mann

## *Sein erster Roman brachte die heile Welt des hanseatischen Großbürgertums in Unordnung*

### DER NOBLE NESTBESCHMUTZER

Als Thomas Mann 1929 in Stockholm den Nobelpreis für Literatur entgegennahm, hielt sich in seiner Heimatstadt die Begeisterung in Grenzen. Vielen älteren Lübeckern lag immer noch sein 1901 erschienener Roman »Buddenbrooks« im Magen – man war mißgestimmt und nahm übel. Zu genau hatte der 1875 in der Hansestadt geborene Literat seine Geschichte vom Verfall einer Lübecker Patrizierfamilie der Wirklichkeit entlehnt. Und zu realistisch gerieten seine Schilderungen einiger Zeitgenossen, die, sofern sie noch lebten, mit dem Bekanntwerden ihrer Charakterschwächen klarkommen mußten.

Natürlich hatte der Autor die Namen der Protagonisten geändert, doch die lübische Gesellschaft war Ende des 19. Jahrhunderts so übersichtlich wie die Altstadt vom St.-Petri-Turm aus betrachtet. Wenn die Senatorentochter B. bei der sonntäglichen Messe einmal fehlte, war ihre Befindlichkeit am Montag Stadtgespräch. Gleich nach dem Erscheinen der »Buddenbrooks« erfuhr ganz Lübeck aus speziellen »Entschlüsselungslisten«, wer für welche Romanfigur Pate gestanden hatte. In einem Zeitungsinserat distanzierte sich Friedrich Mann noch zwölf Jahre später von seinem Neffen: »Ein trauriger Vogel, der sein eigenes Nest beschmutzt«, lasen die Hansestädter im Oktober 1913 in den »Lübeckischen Anzeigen«.

**Im Buddenbrookhaus in der Mengstraße ist Thomas und Heinrich Mann eine Dauerausstellung gewidmet. Dieses Porträt der Brüder entstand um 1900.**

Dabei war Thomas Mann alles andere als ein Bürgerschreck, kein Rebell wie Bert Brecht, kein Satiriker wie Kurt Tucholsky. Zeit seines Lebens legte er größten Wert auf die Etikette, seine makellose Garderobe entsprach der eines Großbürgers. Er entstammte einem weltläufigen Kaufmannsgeschlecht. Sein Urgroßvater, den er im Roman Lebrecht Kröger nannte, hatte seinen Wohnsitz einst von der Schweiz an die Ostsee verlegt und 1805 eine Lübeckerin geheiratet. Mutter Julia brachte als gebürtige Brasilianerin kreolisches Blut in die Familie ein; Vater Thomas Johann Heinrich Mann bekleidete ein Senatorenamt und handelte mit Getreide. Die Manns genossen Ansehen: Sie gehörten zu den Leuten, die man zu Gesellschaften einlud und vor denen man auf der Straße den Hut zog. Thomas empfand schon früh tiefe Abneigung gegen den bürgerlichen Mief der Wilhelminischen Ära, in der er mit seinen vier Geschwistern aufwuchs. Heinrich, der ältere Bruder, sollte sich vor allem mit den Romanen »Professor Unrat« und »Der Untertan« einen Namen machen. Wie er lehnte sich Thomas gegen die Enge des hanseatischen Patriziats auf. Nach dem Tod des Vaters zog die Familie im Jahr 1891 nach München. Thomas Mann arbeitete zunächst als Volontär bei der »Süddeutschen Versicherungsbank«, später als Redakteur beim »Simplicissimus«. Während einer Italienreise begann er 1897 mit der Niederschrift der »Buddenbrooks«. Aus der Ferne porträtierte er mit spitzer Feder das Bürgertum seiner Vaterstadt – man mag darüber streiten, ob dem literarischen Debütanten dieses Meisterwerk gelungen wäre, wenn er sich in Lübeck daran versucht hätte.

Im Jahr 1905 heiratete Mann die Professorentochter Katja Pringsheim. Der Ehe entstammte u. a. der hochbegabte Klaus, der sich 1949 das Leben nahm, sowie der geachtete Historiker Golo. 1933 ging die Familie ins amerikanische Exil, 19 Jahre später siedelte sich das Ehepaar Mann in der Schweiz an. Den »Buddenbrooks« waren längst andere Werke gefolgt. Wenige Tage vor seinem 80. Geburtstag 1955 kehrte der nunmehr gefeierte Autor noch einmal nach Lübeck zurück, um dort mit der Ehrenbürgerschaft ausgezeichnet zu werden. Die Stadt hatte ihrem großen Sohn verziehen.

# Nordischer Zankapfel

»Schleswig-Holstein, meerumschlungen« tönte es aus vielen tausend Kehlen auf einem Sängertag im Juli 1844 in Schleswig – es war die erste öffentliche Aufführung der Landeshymne, eine Demonstration derer, die sich den Schwur vom »ungedeelten« Schleswig-Holstein zu eigen gemacht hatten und die dynastischen Verbindungen zu Kopenhagen lösen wollten; weitere sollten folgen. Am 24. März 1848 erklärte Friedrich VII. die Union zwischen Schleswig und Holstein für aufgelöst und Schleswig als fortan dem dänischen Staat zugehörig. Daraufhin kam es zum ersten Deutsch-Dänischen Krieg. Der Konflikt schwelte

Nord-Ostsee-Kanal: Vielbefahrener Wasserweg

weiter: 1849 flog das dänische Kriegsschiff »Christian VIII.« vor Eckernförde in die Luft. Weihnachten 1863 ließ Otto von Bismarck preußische Truppen in Holstein einmarschieren, die im Verbund mit österreichischen Soldaten 1864 Dänemark besiegten. Die Gasteiner Konvention 1865 stellte eine kuriose Vereinbarung dar: Berlin regierte künftig Schleswig, während Holstein von Wien aus verwaltet wurde. Der Preußisch-Österreichische Krieg von 1866 beendete dieses absurde Intermezzo – Schleswig-Holstein wurde preußische Provinz, fünf Jahre später Mitglied im neugegründeten Deutschen Reich.



# Apokalypse

Das Triumphkreuz in der Kieler Nikolaikirche ist allen Kunstführern eine Erwähnung wert. Ein anderes Kreuz im selben Bau findet kaum Beachtung: Es ist aus Nägeln der Kathedrale von Coventry geschmiedet – die heutige englische Partnerstadt war wie Kiel ein Zentrum der Rüstungsindustrie und als solche im Zweiten Weltkrieg das Ziel feindlicher Bombergeschwader. Kiel selbst wurde zwischen 1941 und 1945 90mal angegriffen und zu 80 Prozent zerstört. Lübeck büßte am 29. März 1942 für die Großmachtgelüste der braunen Machthaber: In der Nacht zum Palmsonntag ging ein Fünftel der teilweise seit 700 Jahren unversehrten Bausubstanz im Bombenhagel für immer verloren.

Zerborstene Glocken in der Lübecker Marienkirche

# Militärs und Touristen

Seit 1963 führt die Brücke über den Fehmarnsund

Acht Tote und 29 Verletzte meldete die »Kieler Zeitung« von einer Matrosendemonstration am 3. November 1918. Einen Tag später hißten ehemalige Marinesoldaten auf Kriegsschiffen im Kieler Hafen die rote Fahne – Kiel probte den Aufstand, das Reich folgte. Neun Tage lang wurde Norddeutschland von Arbeiter- und Soldatenräten regiert, bis Gustav Noske kam und die Revolte mit Hilfe von Diplomatie und Waffengewalt beendete. 20 Jahre später liefen in der Fördestadt die U-Boote für den nächsten Krieg vom Stapel. In den fünfziger Jahren erlebte der Fremdenverkehr an der Ostseeküste und in der Holsteinischen Schweiz einen erheblichen Aufschwung; großen Anteil daran hatten der Film »Die Mädels vom Immenhof« (1955) und seine beiden Nachfolgestreifen. Mit der Eröffnung der Vogelfluglinie (A1) und der A7 wurde die Region auch verkehrstechnisch für den Tourismus erschlossen. Das Militär ist ebenfalls wieder da: mit der Marineschule in Flensburg-Mürwik, den Marinestützpunkten Kappeln-Olpenitz und Eckernförde sowie dem Truppenübungsplatz Putlos bei Oldenburg.

Ein kaum mehr einträglicher Beruf: Ostseefischer

fluten 400 Menschen ihr Obdach.

**1908–14** Erste Erweiterung des Kaiser-Wilhelm-Kanals.

Auf seiner Yacht »Hohenzollern« durchfährt Kaiser Wilhelm II. 1895 den neuen Kanal

**1920** In Schleswig stimmen die Bewohner über ihre Staatsangehörigkeit ab: In Nordschleswig votiert man für den Anschluß an Dänemark, während sich die Südschleswiger Deutschland zugehörig fühlen. Die neue Grenze liegt zwischen Flensburg und Sylt.

**1936** Die Kieler Förde ist erstmals Austragungsort der olympischen Segelwettbewerbe.

**1946** Schleswig-Holstein wird nördlichstes Land der Bundesrepublik, Kiel seine Hauptstadt.

**1951** Zum 125. Todestag Carl Maria von Webers werden die ersten Eutiner Sommerspiele veranstaltet. Im Jahr darauf finden erstmals die Segeberger Karl-May-Festspiele statt.

**1963** Mit der Eröffnung der Fehmarnsundbrücke erhält Fehmarn eine Straßenverbindung zum Festland.

**Ab 1960** Mehr als eine Milliarde Mark wird für die Sicherung des Nord-Ostsee-Kanals investiert.

**1978/79** Nach orkanartigen Stürmen versinkt Schleswig-Holstein unter meterhohen Schneewehen. Ganze Regionen sind von der Außenwelt abgeschlossen.

**1986** Der Norden macht mit dem ersten »Schleswig-Holstein Musik Festival« von sich hören.

# Die große Zeit der Hanse

Das germanische Wort »hansa« bedeutet »Kriegs-
char« – der Name des Kaufmannsbunds deutet lie Gefahren an, die mit lem Handel im Hoch-

lachbau einer Hansekogge uf der Kieler Förde

nittelalter verbunden varen. Kaufleute muß-
en wehrhaft sein und ich organisieren, um icht von Räubern und 'iraten um Ware und ,eben gebracht zu wer-
en oder sich der Willür von Landesherren uszuliefern. Was mit em Erfahrungsaustausch in der Fremde begann, setzte sich zu Hause fort: Die Städte bildeten Partnerschaften wie den Rheinischen Bund oder schlossen Verträge wie Lübeck und Hamburg. In ihrer Blütezeit, dem 14. und 15. Jahrhundert, gehörten etwa 200 Städte der Hanse an, ohne je auf ihre Selbständigkeit zu verzichten. Die herausragende Stellung in dieser Organisation, die keine Zentralgewalt kannte. Beschlüsse wurden auf den Hansetagen gefaßt, von denen die meisten in Lübeck stattfanden. Im Lauf der Zeit wurde die Hanse zur Großmacht. Ihre Abgeordneten verhandelten mit in- und ausländischen Regenten wie mit ihresgleichen und drohten, wenn alle Diplomatie nichts mehr half, notfalls auch mit

Lübecks Untertrave mit St. Marien und St. Petri

sem lockeren Bund kam Lübeck zu: Günstig nahe der Ostsee und doch fast mitten im Binnenland gelegen, avancierte der Ort zur heimlichen Hauptstadt einer Orga-

Krieg. Im 16. Jahrhundert sank der Stern der Hanse, die Zeit der Nationalstaaten brach an. 1669 traf man sich in Lübeck zum letzten Hansetag.

ine Kogge und eine Schute achen am Kai fest – dieses chulwandbild veranschau-
cht den Betrieb in einem ansestädtischen Hafen

m 1440 entstanden: Der Criegsstubenbau« des becker Rathauses

chlacht: Adolf IV. von chauenburg besiegt mit inem Heer die Dänen nter Waldemar II. und chert sich dadurch die acht über Holstein.

**356** Lübeck beruft den sten Hansetag ein.

**1370** Friede von Stralsund: Die Hanse besiegt Dänemark und wird zur unangefochtenen Macht im Ostseeraum.

**1460** Der dänische König Christian I. wird zum Herzog von Schleswig und Grafen von Holstein gewählt. Damit sind die beiden Länder erstmals vereint. Bereits 1490 kommt es jedoch erneut zur Landesteilung.

**1534–36** Lübeck büßt nach erfolglosen Kriegen gegen Schweden, Dänemark und Holland seine Vormachtstellung innerhalb der Hanse ein.

**16. Jh.** Flensburg zählt 5000 Einwohner und besitzt mit 200 Schiffen die größte Flotte unter der dänischen Krone.

**1665** Herzog Christian Albrecht von Gottorf gründet die Kieler Universität.

**1669** Am letzten Hansetag in Lübeck nehmen nur noch neun Städte teil – der Kaufmannsbund löst sich auf.

**1721** Nach dem Verlust Schleswigs im Nordischen Krieg residieren die Gottorfer Herzöge in Kiel.

Am Flensburger Museumshafen erinnern Rumfässer an die Zeit der Westindienfahrt

# »Tosamende ungedeelt«

Anno 1460 hatte der Dänenkönig Christian I. noch geschworen, Schleswig

Bis 1721 Residenz: Schloß Gottorf bei Schleswig

und Holstein blieben »ewich tosamende ungedeelt« – auf ewig ungeteilt. Das konnte natürlich nicht gutgehen, denn ihre Lage zwischen Kontinent und Skandinavien machte die Länder zwangsläufig zum Spielball der nordeuropäischen Politik. Nach 1581 wurde die Region sogar dreigeteilt: in ein königlich-dänisches, ein herzoglich-gottorfisches und ein gemeinsam verwaltetes Gebiet. 1658 traten die im Krieg gegen Schweden unterlegenen Dänen die Souveränität über Schleswig vorübergehend an Herzog Friedrich III. von Holstein-Gottorf ab. Als sich im Nordischen Krieg das Blatt wendete, mußten die Holsteiner ab 1720 jedoch wieder zugunsten Dänemarks auf Schleswig verzichten – die Eider wurde zur Nordgrenze des Heiligen Römischen Reichs Deutscher Nation. Eine völlig neue Konstellation ergab sich im Jahr 1762, als mit dem gebürtigen Kieler Peter III. ein Holstein-Gottorfer den russischen Zarenthron bestieg. 1773 überließ Rußland das Herzogtum Holstein der dänischen Krone, während es das mittlerweile weltliche Fürstbistum Lübeck im Gegenzug mit der Grafschaft Oldenburg entschädigte.

**1784** Der Eiderkanal von Kiel-Holtenau nach Rendsburg wird als erste Wasserstraße zwischen Nord- und Ostsee fertiggestellt.

**1795** Die Flensburger Handelsflotte besitzt 295 Schiffe. Viele davon fahren in die Karibik und importieren Tabak, Rohrzucker und Rum.

**1802** Das Seebad Travemünde wird gegründet. Es ist das dritte in Deutschland nach Heiligendamm und Norderney.

Torhaus von Schloß Ludwigsburg

**1871** Mit der Gründung des Deutschen Reichs wird Kiel vom preußischen zum Reichskriegshafen.

**1872** In Eckernförde verlieren bei einer der seltenen Ostseesturm-

Ein beliebter Spazierweg der Badegäste von Damp ist der Trampelpfad am Abgrund der Steilküste. Vor langer Zeit branden die Ostseewellen derart gewaltig gegen die Küste, daß sich allmählich ein Kliff bildete.

# Rund um die Eckernförder Bucht

Damp kennt jeder, Eckernförde auch. Aber Dänisch Nienhof, Surendorf, Waabs, Schönhagen? An der Eckernförder Bucht liegen viele ruhige Bäder, denen jeglicher Rummel fremd ist. Auch im Hinterland geht es still zu. Der Dänische Wohld lädt zu einsamen Spaziergängen ein, der Naturpark Hüttener Berge belohnt den Wanderer mit schönen Ausblicken, und auf der Halbinsel Schwansen, wo die Orte Gammelby, Pommerby oder Sieseby heißen, kann man herrliche Radtouren unternehmen. Bei einem Bummel durch Eckernförde, das gleichzeitig Ostseebad, Fischerort und Marinestützpunkt ist, gibt es viel Historisches zu entdecken, ebenso in Rendsburg, dem Seehafen mitten im Land. Auf dem Nord-Ostsee-Kanal tragen Ozeanriesen die weite Welt durch Schleswig-Holstein und garantieren spannende Unterhaltung.

*Hamburg und Eckernförde haben einiges gemeinsam: In beiden Städten gibt es einen Hafen, einen Binnensee, Straßen namens Reeperbahn und Jungfernstieg – und einen Fischmarkt. In Eckernförde muß man nicht ganz so früh aufstehen, um das bunte Treiben*

*an der Hafenmeile zu erleben. Auch wer am späten Vormittag kommt, hat noch nicht viel verpaßt vom Angebot der Trödel- und Imbißstände, der Spezialitätenhöker und Kunsthandwerker. Fisch gibt's übrigens auch. Hafengelände, jeden 1. So im Monat 9–18 Uhr, Kinderbetreuung 11–17 Uhr*

Ein Schiff gleitet durch die Wiesen – an einer schmalen Stelle des Nord-Ostsee-Kanals

Wildromantischer Platz: Die Steilküste bei Schwedeneck

**EXTRA-TIP**

*Mit seinen reetgedeckten, weißgetünchten Häuschen könnte man das idyllisch an der Schlei gelegene Dorf Sieseby glatt für ein Freilichtmuseum halten. Die hiesigen Katen standen jedoch schon immer an ihrem Platz bei der romanischen Kirche, außerdem sind sie bewohnt. Und in einem der schönsten Häuser befindet sich ein über die Landes-*

*grenzen hinaus bekanntes Restaurant: Im »Schlie-Krog« war schon Dänenkönigin Margarete zu Gast. Dorfstr. 19, Tel. 0 43 52/25 31, Apr.–Okt. Di–So ab 12 Uhr, Nov./Dez. und Feb./März auch Di geschl., obere Preisklasse, 2 Apartments*

Ausflugsziel Eckernförder Bucht – zu Lande und zu Wasser

Knapp daneben, Teufel! Fünf Kilometer weit hatte der Satan einen Felsblock vom heidnischen Schwansen aus quer über die Eckernförder Bucht geschleudert – gottlob nicht weit genug, um sein Ziel, die Jellenbeker Kirche, zu treffen. Die ist später auch ohne Zutun des Bösen verschwunden, denn im 18. Jahrhundert zog die Gemeinde vom Steilufer ins Hinterland nach Krusendorf um. Des Satans Wurfgeschoß jedoch liegt noch immer 100 Meter vom Strand entfernt in der Ostsee. »Düvelsteen« nennen die Einheimischen den Brocken, der Badenden bis heute nicht geheuer ist.

## Der dänische Wald

Urlaubsgäste sollte diese Geschichte nicht abschrecken. Abgesehen von dem geheimnisvollen Stein ist der Strand von Krusendorf ebenso sicher wie die

Emkendorf: Abstecher in den Naturpark Westensee

anderen an der Eckernförder Bucht. Krusendorf gehört zur Großgemeinde Schwedeneck, deren Name an den Dreißigjährigen Krieg erinnert, und die wiederum liegt im Dänischen Wohld, was nichts anderes als »dänischer Wald« bedeutet. Bis ins Mittelalter war dieser Wald eine undurchdringliche grüne Wand. Die Bäume sollen so dicht gestanden haben, daß ein Eichhörnchen von Kiel nach Eckernförde gelangen konnte, ohne auch nur einmal den Boden zu berühren. Uralte Eichen sind ebenso typisch für die Land-

Seltenheit: Die Rendsburger Schwebefähre unter der Eisenbahnhochbrücke

Das Rendsburger Rathaus mit dem Heimatmuseum

schaft zwischen Eckernförder Bucht und Kieler Förde wie die Steilküste, auf der man herrliche Spaziergänge unternehmen kann. Der Tourismus entdeckte den Dänischen Wohld erst nach dem Zweiten Weltkrieg. Verändert hat er ihn nicht, von überlaufenen Stränden kann hier keine Rede sein.

## Weite Welt im Binnenland

Da ist man weitab von der Küste mitten im Land unterwegs und sieht plötzlich ein riesiges Schiff durch die Felder gleiten. Eine Fata Morgana? Nicht am Nord-Ostsee-Kanal, der meistbefahrenen künstlichen Wasserstraße der Welt, an der solche Begegnungen alltäglich sind. Im Schnitt nutzen 100 Schiffe am Tag die 99 Kilometer lange Strecke von Meer zu Meer, Sportboote nicht mit eingerechnet. Wie auf anderen Straßen gibt es auch im Kanal ein Tempolimit: Je nach Größe und Tiefgang dürfen die Schiffe höchstens 15 Kilometer in der Stunde zurücklegen. Jeder Radfahrer kann also bequem mithalten und sein Lieblingsgefährt eskortieren. Unterwegs wird er auf Angler treffen. Der Kanal hat nämlich Trinkwasserqualität, und hier laichen Heringe und Aale. Und wenn der Radler das Ufer wechseln möchte, kann er eine der Kanalfähren nehmen.

Nach achtjähriger Bauzeit wurde anno 1895 der damalige »Kaiser-Wilhelm-Kanal« eröffnet. Es war nicht der erste Anlauf, Schiffen den weiten Weg um Skagen herum zu ersparen: Während die Wikinger ihre Boote von Haithabu aus noch ein Stück über Land schleppten, um auf Flüssen in die Nordsee zu gelangen, wurde 1784 der Eiderkanal fertiggestellt. Die Wasserstraße führte von Kiel-Holtenau nach Rendsburg, wo die Eider den Weitertransport übernahm. Teilstücke des alten Kanals sind noch erhalten. Die Eider ist ein merkwürdiger Fluß. Sie entspringt südlich von Kiel, läuft der Landeshauptstadt zunächst davon und kehrt nach einer Schleife über Bordesholm wieder zurück. Keine zwei Kilometer vor der Förde aber erfolgt eine abrupte Kursänderung. Statt in die nahe Ostsee zu plätschern, wendet sie sich nach Westen, durchquert das ganze Land und mündet in die Nordsee. Was beinahe als Kieler Vorortbach geendet hätte, wurde zum Grenzfluß zwischen Schleswig und Holstein.

## Vom Grenzort zum Mittelpunkt

Wäre die Eider in der Ostsee gelandet, gäbe es Rendsburg nicht, denn einer Eiderinsel verdankt der Ort seine Existenz. Ein Mann namens Reinhold baute an der holsteinisch-dänischen Grenze eine Burg, bei

**EXTRA-TIP**

*Auf dem Gelände einer Kiesgrube in Gettorf – zwischen Kiel und Eckernförde gelegen – erfüllte*

*sich der Landwirt Karl-Heinz Bumann vor 30 Jahren einen langgehegten Traum: Er eröffnete einen Tier- und Blumenpark, der auf Huftier-, Tropenvögel- und Affenhaltung spezialisiert ist. Publikumslieblinge sind heute die quirligen Kleinaffen wie die Kaiserschnurrbarttamarine (Bild oben).*
*Süderstr. 33, Tel. 0 43 46/4 16 00, März–Okt. tgl. 9–18 Uhr, Nov.–Feb. 10 Uhr bis Sonnenuntergang*

**Ostseebad Eckernförde: 4 km feiner Sandstrand laden zum Sonnen ein**

**Der Hafen von Eckernförde mit dem Rundspeicher von 1931**

**St.-Nicolai-Straße: Hier wohnte einst der Eckernförder Adel**

**Ausflugsdampfer in der Eckernförder Bucht**

**EXTRA-TIP**

*Wenn die Herbstwinde blasen, steigen auch an der Ostsee die Drachen. Am letzten Wochenende im Sept. findet das Internationale Damper Drachenfest statt, das regel-*

*mäßig mehr als 100 000 Zuschauer mobilisiert. Dabei sind der Phantasie keine Grenzen gesetzt: Himmelsstürmer in allen Formen und Größen flattern im Wind, vom kleinen Papierdrachen bis zum grundstücksgroßen Ungeheuer, das von vielen Helfern gehalten und gelenkt werden muß.*

der eine Siedlung entstand, die um 1250 das Stadtrecht erhielt. Für die Rendsburger ist heute jedoch die erste Erwähnung ihrer Stadt im Jahr 1199 ausschlaggebend, und so begehen sie kurz vor der Jahrtausendwende ihre 800-Jahr-Feier. Aus Reinholdsburg wurde Rendsburg und, im späten 17. Jahrhundert, die nach Kopenhagen stärkste dänische Festung. Heute liegt der ehemalige Grenzort genau in Schleswig-Holsteins Mitte und ist mit seinem Hafen am Nord-Ostsee-Kanal, dem Kanaltunnel, dem Autobahnkreuz sowie der spektakulären Eisenbahnhochbrücke ein wichtiger Knotenpunkt.

## Bismarck in den Bergen

Zwischen Rendsburg und Schleswig gibt es eine Autobahnraststätte namens Hüttener Berge. Mancher Ortsfremde fragt sich, wo denn nun die Berge sind, denn er sieht weder nennenswerte Gipfel, noch muß sein Wagen spürbare Steigungen überwinden. Er sollte die Autobahn bei der Abfahrt Owschlag verlassen und Richtung Eckernförde fahren. Nach wenigen Kilometern weist ein Schild den Weg zum Aschberg. Oben angekommen, liegt dem Fahrer das Land zu Füßen: von Bäumen eingerahmte Felder, in der Ferne der Wittensee und die Eckernförder Bucht. Angesichts dieses wunderschönen Panoramas wird er sich eingestehen, daß man eine 98 Meter hohe Erhebung durchaus als Berg bezeichnen kann. Vom Aschberg blickt auch der »Eiserne Kanzler« in die Ferne. Ursprünglich stand die Bismarck-Statue nahe der nordschleswigschen Stadt Apenrade, die nach dem Ersten Weltkrieg Dänemark zufiel und auf dänisch Åbenrå heißt. Nach dem Nationalitätenwechsel demontierten deutsche Bismarck-Fans das Denkmal bei Nacht und Nebel und entführten es in einem Eisenbahnwaggon – wobei sie ihr Idol wegen

Der Naturpark Hüttener Berge im Städtedreieck Rendsburg-Eckernförde-Schleswig

Platzmangels enthaupten mußten. Jahrelang diente eine Scheune in Ascheffel als Zwischenlager, bis der wieder mit Kopf und Pickelhaube versehene Kanzler im Jahr 1930 an seinem heutigen Platz aufgestellt wurde.

## Förde oder Bucht?

Der Name verwirrt: Die Eckernförder Bucht ist keine geschwungene Rundung wie die Hohwachter Bucht, aber auch kein gewundener Meeresarm wie die Flensburger Förde. Sie ist ein trichterförmiges Zwischending, das der Stadt einen leichten Zugang zur offenen See ermöglicht. Umgekehrt kann das Meer durch diese Einfahrt auch schon einmal über den Ort hereinbrechen wie 1872, als eine der seltenen Ostseefluten 400 Menschen obdachlos machte. Auf einem kurzen Spaziergang kann man bequem vom Strand durch die malerische Altstadt zum Hafen schlendern. Dort führt eine Holzbrücke über das Wasser zum Stadtteil Borby. Als Provisorium nach der Flut von 1872 gezimmert, ist die mehrmals erneuerte Konstruktion längst zum Wahrzeichen geworden.

## Düne mit Seltenheitswert

Anders als an der Nordsee kann der Westwind an der Ostsee keinen Sand zusammenfegen, da er ja ablandig weht. Allenfalls der Nordwest betätigt sich als Dünenbildner. Das jedoch geht nur an ganz wenigen Stellen wie bei Noer östlich von Eckernförde, wo es sogar eine bewaldete Düne gibt. Während sich andernorts lediglich Gräser in den Sand klammern, wächst auf dieser Düne ein Buchen- und Eichenwald, angepflanzt allein von der Natur. Vom Strand aus kann man die einzelnen Entwicklungsstadien der Dünenvegetation vom Strandhafer bis zum Baum sehr gut erkennen.

Gut Damp: Sitz der Grafen von Reventlow aus dem 16. Jh.

## Der Prinz mit der Mütze

Herrenhäuser gibt es auf der Halbinsel Schwansen fast wie Sand am nahen Meer. Einige liegen an der Straße von Eckernförde nach Waabs, wie Hemmelmark, gleich hinter Borby. Das Landgut am gleichnamigen See wurde 1897 vom Preußenprinzen Heinrich erworben, dem Bruder Kaiser Wilhelms II. Er ließ das barocke Herrenhaus abreißen und einen Neubau im englischen Cottagestil errichten. An der Scheune sieht man noch sein königliches Monogramm: ein »H« unter der Krone. Statt der Krone hätte es auch eine Mütze sein können, denn der 1929 auf Hemmelmark verstorbene Großadmiral blieb vor allem wegen seiner Kopfbedeckung, der Prinz-Heinrich-Mütze, in Erinnerung.

**EXTRA-TIP**

*Nach 600 Jahren Abstinenz kommen nun die Piraten wieder regelmäßig nach Eckernförde, aber sie führen*

*nichts Böses im Schilde. Im Gegenteil – am besten legt man dann selber ein Korsarenkostüm an, um so, unauffällig getarnt, an den vielen bunten Vergnügungen mit ihnen teilnehmen zu können. An jenen »Piratentagen« im Aug. unterhalten die Seeräuber mit einem maritimen Programm aus Shantymusik, Piratenmusical, Strandgut- und Schatzsuche, Burgbauen und Rumfässerrollen. Das Fernsehen ist auch dabei. Kurverwaltung, Tel. 0 43 51/7 17 90*

Angeln
OSTSEE
KAPPELN
SCHLESWIG
ECKERNFÖRDE
Eckernförder Bucht
Schwansen
Dänischer Wohld
Naturpark Hüttener Berge
Nord-Ostsee-Kanal
KIEL
Kronshagen
RENDSBURG
Westensee
Naturpark Westensee
Flintbek
Molfsee
Bordesholm
Büdelsdorf
Schlei
Vogelschutzgebiet Lotsen Insel
Ostseebäder Nordstraße
Ostseebad Damp
Strande
Dänischenhagen
Gettorf
Holtenau
Suchsdorf
Kropp
Jevenstedt
Nortorf
1
2
3
4
5
6
A
B
C

## SEHENSWERTES

Die **Autotagestour** startet in Strande. Durch den Dänischen Wohld geht es über Schwedeneck und Gettorf zum Nord-Ostsee-Kanal und von Rendsburg durch den Naturpark Hüttener Berge nach Eckernförde. Entlang der Küste Schwansens führt der Weg bis nach Damp.

### STRANDE ★

**1** Aus dem alten Fischerdorf – einer kleinen Siedlung »uppe dem Strande« – am Ausgang der Kieler Förde wurde ein schmuckes Seebad. Es besitzt einen Yachthafen, den allerdings der direkt benachbarte Olympiahafen Kiel-Schilksee noch an Größe übertrifft.

### GETTORF ★

**2** Im Hauptort des Dänischen Wohlds befindet sich außer einer schön restaurierten Holländer-Windmühle die größte Landkirche Schleswigs: St. Jürgen, einst eine überregional bedeutende Wehr- und Wallfahrtskirche mit 2,25 m dicken Mauern, entstand im 13. Jh. Glanzstücke sind der Marienaltar (um 1500) und die schönste Schnitzkanzel weit und breit. Das Meisterwerk von Hans Gudewerdt d. Ä. stammt aus dem Jahr 1598.

### RENDSBURG ★★

**3** Die beste und einfachste Möglichkeit, die Stadt am Nord-Ostsee-Kanal kennenzulernen, bietet die »blue line«: Eine 3,2 km lange blaue Linie auf dem Straßenpflaster berührt 30 Sehenswürdigkeiten, ein erklärendes Begleitheft ist in der Stadtinformation im Alten Rathaus erhältlich. Bei dem im 16. Jh. errichteten Bau am Altstädter Markt beginnt und endet die Tour. Sie führt u. a. zu der ab 1287 erbauten Marienkirche mit ihrem Hochaltar von 1649, zum Pelli-Hof (1722), zu dem im Jahr 1901 eingeweihten Stadttheater sowie nach Neuwerk, einem Stadtteil, der, 1690–95 als Festung angelegt, sein barockes Gesicht bewahrt hat. Rendsburgs Wahrzeichen ist die Eisenbahnhochbrücke, ein technisches Wunderwerk aus der Zeit um die Jahrhundertwende, die den Nord-Ostsee-Kanal überspannt – heute hängt eine Schwebefähre daran. Eine interessante Sammlung zur jüdischen Kultur und Geschichte zeigt das Jüdische Museum.
*Prinzessinstr. 8, Tel. 0 43 31/ 2 52 62, Di–Sa 11–13 und 16–18 Uhr, So 15–18 Uhr*

### ECKERNFÖRDE ★★

**5** Der Ort am Ende der gleichnamigen Bucht ist Kleinstadt und Seebad zugleich. Direkt hinter dem 4 km langen Sandstrand liegt die Altstadt mit der Nikolaikirche, die bedeutende Werke der Eckernförder Künstlerfamilie Gudewerdt besitzt: Den Hochaltar von 1640 schnitzte Hans d. J., von seinem Vater stammt die Kanzel (1605). Bei einem Bummel zwischen Junfernstieg und Reeperbahn (!) entdeckt man schöne Bürgerhäuser wie die Gebäude an der Ecke Kieler Straße/Langebrückstraße. Im Stadtteil Borby ist die um 1200 erbaute romanische Feldsteinkirche sehenswert, südöstlich der Stadt lohnt das barocke Herrenhaus Altenhof (1722–28) einen Abstecher. Ein liebevoll gestaltetes Heimatmuseum ist im Alten Rathaus untergebracht.
*Rathausmarkt 8, Tel. 0 43 51/ 71 25 47, Sept.–Juni Di–Sa 15–17 Uhr, So 10–17 Uhr, Juli/Aug. Mo 15–17 Uhr, Di–So 10–17 Uhr*

**Eckernförde: Die alte Holzbrücke führt nach Borby**

### DAMP ★

**6** Unter dem Namen »Damp 2000« wurde 1973 der Ferienpark eröffnet, eine weithin sichtbare Bettenburg. Hinter einem 3 km langen Strand lassen alle erdenklichen Freizeiteinrichtungen, darunter das Badeparadies »Aqua Tropicana«, auch im Winter keine Langeweile aufkommen. Gut Damp mit seinem Herrenhaus aus dem 16. Jh. liegt nahe der Zufahrtsstraße, ebenso das Armenstift St. Johannis, ein malerisches Gebäudeensemble von 1742.

## ESSEN & TRINKEN

### STRANDE

**1** In der gemütlichen Atmosphäre des maritim geprägten »Strandhotels« hat der Gast eine Vielzahl an Speisen zur Auswahl – allein die Fischkarte ist drei Seiten lang. Wer sich da schwer entscheiden kann, sollte einen »Strander Butt« – wahlweise im Speckwickel oder mit Krabben gefüllt – bestellen.
*Strandstr. 21, Tel. 0 43 49/ 9 17 92 10, tgl. 7–24 Uhr, Ende Okt.–Anfang März So ab 17 Uhr geschl., mittlere Preisklasse, 23 Zimmer*

### AHLEFELD

**4** Mitten im Naturpark Hüttener Berge lädt das Hotel-Restaurant »Katerberg« zum Schmaus. Die Spezialitäten haben kurze Wege hinter sich: Der Aal stammt aus den nahen Seen, das Lamm aus eigener Zucht.
*Hauptstr. 8, Tel. 0 43 53/ 9 97 00, März–Jan. Di, Do–So 12–13.30 und 18–21.30 Uhr, Mi 18–21.30 Uhr, mittlere Preisklasse, 8 Zimmer*

### ECKERNFÖRDE

**5** Frische Kost der Jahreszeit entsprechend, vom Spargel über Scholle bis zum Geflügel, wird im »Kiekut« zubereitet. Das heimelige reetgedeckte Haus steht direkt an der Eckernförder Bucht, an der B 76 in Richtung Kiel.
*Kiekut 1, Tel. 0 43 51/4 13 10, März–Jan. Do–Mo 11.30–23 Uhr, Mi 17–23 Uhr, mittlere Preisklasse*

## WANDERN UND RADWANDERN

**A** Den Norden der Halbinsel Schwansen umrundet die **Fahrradtour** von und nach Damp. Über Vogelsang-Grünholz, Pommerby und Hülsenhain führt der Weg nach Holzdorf und Winnemark. Weiter geht's über Brodersby, Olpenitz, Schönhagen, Karby und Schuby zum Ausgangspunkt zurück.
*Strecke: 40 km, Dauer: ca. 3 Std.*

**B** Nord-Ostsee-Kanal und Wittensee kombiniert eine dreistündige **Wanderung.** Von Sehestedt folgt man dem Kanal bis Schirnau, quert dort die Felder und erreicht den Wittensee. Nun geht es von Bünsdorf bis Wentorf und von dort in Richtung Süden wieder hinüber zum Kanal.

**C** An der Straße von Owschlag in Richtung Eckernförde, kurz hinter der Abzweigung nach Ahlefeld, liegt auf der linken Seite ein Parkplatz. Von hier folgt die eineinhalbstündige **Wanderung** zunächst dem Waldlehrpfad, biegt aber nicht wie dieser nach rechts ab, sondern geht geradeaus weiter und nordöstlich um den Berg herum. Kurz vor Ascheffel geht es über das Sträßchen zur Jugendherberge und zum Aschberg. Auf dem Fernwanderweg gelangt man zum Waldlehrpfad und zum Parkplatz zurück.

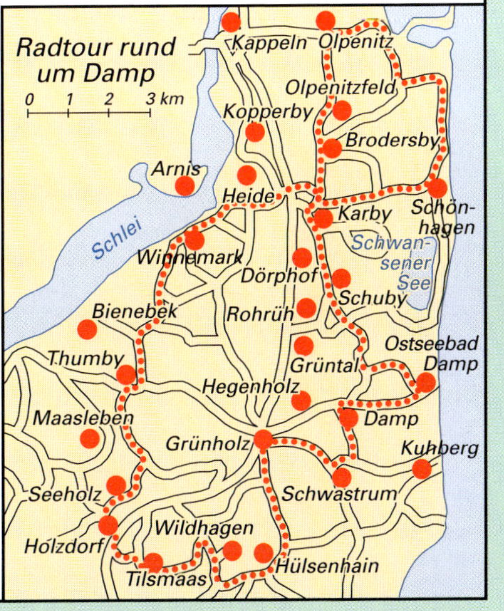


Maßstab 1:200.000 (0 2 4 6 8 10 km)

*Schiffe gucken« ist der beliebteste Zeitvertreib entlang des Nord-Ostsee-Kanals, und so mancher träumt davon, einmal aus der Schiffsperspektive auf die Ufer zu blicken. Diesen Rollentausch ermöglicht eine Kanalfahrt von Rendsburg nach Kiel. Mit der Bahn*

*geht's zurück nach Rendsburg (Ostsee-Reederei, Tel. 04 61/ 1 45 00, Fahrten Mai–Mitte Sept. Di–So 14–17.30 Uhr). So alt wie die berühmte Eisenbahnbrücke in Rendsburg, die vor mehr als 80 Jahren über den Nord-Ostsee-Kanal gebaut wurde, so lange verrichtet auch die daran befestigte Schwebefähre ihren Dienst. Wer möchte, kann die Überfahrt beliebig oft wiederholen, denn sie ist kostenlos – auch für PKW.*

1
2
3
5
6

4

7

8

SPECIAL

# Musikfeste in Gutshäusern und Scheunen

**Mit der Aufführung von Joseph Haydns »Schöpfung«, dirigiert von Leonard Bernstein, begann am 2. Juli 1986 in der Kieler Ostseehalle das erste »Schleswig-Holstein Musik Festival«. Inzwischen hat fast die gesamte internationale Klassikprominenz im nördlichsten Bundesland Station gemacht, viele Stars sind zu Stammgästen geworden. Die Konzerte finden im Juli und August in Schlössern und Kirchen, Festsälen und Scheunen statt, man trägt Abendgarderobe oder T-Shirts. Doch wichtiger als die Kleiderordnung ist die Nachwuchsförderung: In der Orchesterakademie Salzau und der Musikhochschule Lübeck unterrichten die Genies von heute ihre möglichen Nachfolger. All dies geschieht in einer Atmosphäre, die so heiter ist wie ein Sommertag an der Ostsee.**

**1** Justus Frantz ist der Initiator des Festivals. Für seine Idee eines sommerlichen Musikereignisses gewann er Leonard Bernstein, der bis zu seinem Tod 1990 jedes Jahr junge Künstler unterrichtete.

**2** Die Nordscheune von Gut Hasselburg ist einer der beliebtesten Spielorte. Unter Eichenbalken aus dem Jahr 1761 lauschen die Besucher auf Klappstühlen den Konzerten.

**3** Das Rauschen der Ostsee untermalt die Klänge des Streichquintetts, das am Strand bei Schönberg konzertiert.

**4** Viel Ahnung von Tuten und Blasen haben diese beiden Posaunisten. Sie üben auf dem Gelände von Schloß Salzau beim Selenter See, dem Sitz der Orchesterakademie.

**5** Vollen Einsatz zeigt Lorin Maazel bei einem Konzert in Neumünster. Der ehemalige Dirigent des Cleveland Orchestra gehört seit Jahren zu den Stars des Festivals.

**6** Picknick vor dem Herrenhaus Emkendorf. Jedes Jahr zieht es Festivalbesucher in den Naturpark Westensee, wo das klassizistische Gutshaus den Konzerten einen wunderschönen Rahmen verleiht.

**7** Der israelische Klarinettist Giora Feidman bei einem Klezmer-Picknick in Salzau. Häufig verwischen beim Festival die Grenzen zwischen Klassik und Jazz.

**8** Begeisterung löst die berühmte Geigenvirtuosin Anne-Sophie Mutter auch bei ihren kleinen Fans aus, wie hier nach einem Konzert in Flensburg.

In Deutschlands nördlichster Stadt geht es gemütlich zu: Schaukelnde Fischerboote, edle Segelyachten und ein Schwarm von Möwen lassen die Flensburger Stadtsilhouette zu einem stimmungsvollen Bild werden.

# Schlei und Flensburger Förde

*Viel Zeit sollte man sich für die Landesmuseen Schloß Gottorf in Schleswig nehmen, denn im ehemaligen Residenzschloß der Herzöge ist die umfangreichste Sammlung schleswig-holsteinischer Kunst- und Kulturgeschichte untergebracht. Hier kommen nicht nur kunsthistorisch Interessierte auf ihre Kosten, sondern auch jene, die sich über den Alltag der Bevölkerung von einst informieren möchten. Hauptattraktionen des Archäologischen Landesmuseums sind das Nydamschiff, ein gotisches Ruderboot aus dem 4. Jh., und die berühmten Moorleichen (erst ab 1999 wieder zu sehen). Tel. 0 46 21/81 32 22, März.–Okt. tgl. 9–17 Uhr, Nov.–Feb. Di–So 9.30–16.30 Uhr*

Nach Norden und immer geradeaus bis nach Schleswig. Dort wartet die erste von vielen Überraschungen: eine charmante kleine Stadt mit großer Vergangenheit und einem Überangebot an Sehenswertem. Das Land an der Schlei, die wie ein endloser See zwischen Angeln und Schwansen liegt, ist Balsam für die Seele und nicht umsonst Kulisse einer Fernsehserie, in der ein Landarzt Hausbesuche unter reetgedeckten Dächern macht. Nach Fisch riecht es in Maasholm, dem urigen Bilderbuchort an der Schleimündung. Die Flensburger Förde schlängelt sich zwischen Deutschland und Dänemark hindurch. Flensburg selbst versetzt mit seiner freundlichen Atmosphäre all jene in Erstaunen, denen beim Gedanken an Deutschlands nördlichste Stadt bislang nur ihre Verkehrssünden einfielen.

Idylle an der Schlei: Reetgedecktes Haus bei Sieseby

Zusammenspiel von Wasser, Land und Himmel: An der Schlei ka

Sitz der Landesmuseen: Schloß Gottorf in Schleswig

Schleiüberquerung mit der Fähre in Missunde

**EXTRA-TIP**

*Aus den einst kleindimensionierten »Jazztagen« in der Schleistadt hat sich eine überregional bekannte Veranstaltung, der »Schleswiger Jazzherbst«, entwickelt. Alljährlich Ende Sept.–Anfang Dez. sind in rund 8 Konzerten an verschiedenen Veranstaltungsorten namhafte Musiker*

*mit Jazz und Blues aus aller Welt zu hören.*
*Info und Karten: Buchhandlung »Die Eule«, Tel. 0 46 21/2 40 72, und Karl Liesegang GmbH, Tel. 0 46 21/2 82 18*

Sörup, Satrup, Süderbrarup. Das ist kein dänischer Abzählreim – so heißen die drei größten Orte im Binnenland von Angeln. Doch da bereits die wenigsten Hamburger wissen, daß Angeln mehr bedeuten kann als Fische zu fangen, tendiert ihr Bekanntheitsgrad gegen Null, jedenfalls südlich der Elbe. Wenn man dagegen nach »Deekelsen« fragt, weiß die Nation sofort Bescheid: Dort praktiziert der »Landarzt«, der sympathische Weißkittel in Diensten des ZDF. Auch »Deekelsen«, das im richtigen Leben Kappeln heißt, liegt in Angeln.

## Ein Fluß, der keiner ist

Südlich der Flensburger Förde erstreckt sich ein Land, wie man es sich schöner nicht denken kann: satte Weiden, Knicks, kleine Gehölze und weite Felder, auf denen der Raps gelb und die Phacelia, auch Büschelschön genannt, lila blüht. Den landschaftlichen Höhepunkt aber bildet die Schlei, die Grenze zwischen Angeln und Schwansen.

Was auf der Landkarte aussieht wie ein Fluß, der bei Schleswig gleich als breiter Strom entspringt, statt, wie es sich gehört, zunächst als Bach durch die Lande zu plätschern, und was in natura an einen langgestreckten See erinnert, ist eine Förde. Ungefähr 40 Kilometer reicht der Ostseearm ins Binnenland, hat Breiten, Engen und Noore, wie die Ausbuchtungen am Rand des Gewässers heißen. Die Ufer der durchschnittlich nur vier Meter tiefen Schlei sind meist flach und mit Schilf bewachsen, in den Dörfern stehen reetgedeckte Katen, und auf dem Wasser ziehen weiße Segel ihre Bahnen – eine ideale Landschaft also, um die Seele baumeln zu lassen. Oder um eine Vorabendserie zu drehen.

nan die Seele baumeln lassen

Der Dom bestimmt das Bild von Schleswig: Blick von der Schlei auf die Altstadt

Meisterwerk der Schnitzkunst: Bordesholmer Altar im Schleswiger Dom

Gemütliches Verweilen am Rathausmarkt in Schleswig

## Die Großstadt am Noor

Ganz sicher weniger romantisch sahen die Wikinger die Schlei. Sie nutzten sie als Wasserstraße nach Haithabu. Anfang des 9. Jahrhunderts begann der Aufstieg des Hafens am Haddebyer Noor zur Handelsmetropole Nordeuropas. Der Ort bot sich als Drehscheibe geradezu an: Er besaß einen Zugang zur Ostsee, war durch das Danewerk, die befestigte dänische Südgrenze, geschützt, und im Westen war es nicht weit bis zur Treene, einem schiffbaren Fluß, über den man die Eider und von dort die Nordsee erreichen konnte. Etwa 1000 Einwohner hatte Haithabu in seiner Blütezeit, was bei der damaligen Siedlungsdichte mit einer Großstadt unserer Tage vergleichbar ist. Darunter mögen rauhe Gesellen gewesen sein, doch die weitaus meisten Wikinger waren friedliche Händler – das Bild von den Rabauken mit Hörnerhelmen, die Blut aus den Schädeln frommer Christenmenschen tranken, ist ein übles Klischee. Von Haithabu, das bereits 848 Bistum wurde, nahm die Christianisierung Nordeuropas ihren Ausgang. Mitte des 11. Jahrhunderts war Haithabus Zeit vorbei; der Ort wurde mehrmals zerstört und schließlich aufgegeben. Doch die Siedlungsgeschichte am Ende der Schlei ging nahtlos weiter, denn am gegenüberliegenden Ufer entstand gerade die Keimzelle der Stadt Schleswig.

## Kleine Stadt mit großem Namen

Großes erwartet man von der Stadt, der das Bundesland die erste Hälfte seines Namens verdankt, und tatsächlich hat Schleswig Bemerkenswertes zu bieten: eine Museumslandschaft, die ihresgleichen sucht, ein prachtvolles Schloß, einen Dom und jede Menge Geschichte. Doch bei all ihrer Bedeutung ist die Stadt nicht über sich hinausgewuchert, sondern klein und überschaubar geblieben. Dazu hat nicht zuletzt die Schlei beigetragen, ausgerechnet jenes Gewässer, das Haithabu und Schleswig entstehen ließ. Wikingerboote konnten noch gut auf ihr fahren, doch für Schiffe mit größerem Tiefgang war die flache Förde nicht mehr geeignet. So verlor Schleswig noch im Mittelalter seine Rolle als Seehandelsplatz zugunsten von Lübeck. Die Stadt blieb Bischofssitz und wurde im 16. Jahrhundert Residenz der Herzöge von Schleswig-Holstein-Gottorf, die

**EXTRA-TIP**

*Jeden Dienstag im Sommer startet in Schleswig um 9.15 Uhr die »Wappen*

*von Schleswig« nach Kappeln, Maasholm und Schleimünde. Bis Ulsnis verkehren auch an anderen Tagen sowie im Frühjahr und Herbst Schiffe. A. Bischoff GmbH, Gottorfer Damm 1, Tel. 0 46 21/2 33 19 und 5 16 84*

**Der Holm: Schleswigs idyllische Fischersiedlung neben der Altstadt**

**Schleswig: Holmer Fischer beim Klönen an seiner »Klöndör«**

**EXTRA-TIP**

*Jedes Jahr um Christi Himmelfahrt werden in Kappeln die »Heringstage« gefeiert. Wenn die beliebten Schwarm-*

*fische schleiaufwärts ziehen und sich in den Heringszäunen verfangen, geht das Wetten los: Welches Gewicht hat die Beute? – Darüber streiten geladene Prominente. Nachdem das Ergebnis bekannt und der »Heringskönig« gekürt ist, dürfen die Kappelner Bürger zur Wette über die Stückzahl antreten. Tourist-Information, Tel. 0 46 42/40 27*

**Festlich: Die Holmer feiern ihre »Beliebung«**

das bereits im 12. Jahrhundert erwähnte Schloß Gottorf auf der Burginsel aus den Händen früherer Besitzer übernommen hatten und nach und nach zu einer glanzvollen Residenz ausbauten. Als die dänische Krone 1713, zehn Jahre nach Fertigstellung des majestätischen Südflügels, das Herzogtum übernahm, hatte die herzogliche Pracht an der Schlei ein Ende. Das Schloß, inzwischen Sitz des dänischen Statthalters, verfiel, und das Inventar wurde nach Kopenhagen befördert. Heute zählt Schleswig weniger als 30 000 Einwohner, ist aber Sitz des Oberlandes- und Oberverwaltungsgerichts sowie der Landesmuseen.

## Die Insel der Fischer

Schleswig ist ein Ort für Flaneure und sein altes Pflaster der Feind aller Stöckelabsätze. Entsprechendes Schuhwerk braucht man hier also schon, viel Kondition wird jedoch nicht benötigt, denn alles liegt eng beieinander: Dom, Rathaus, Graukloster, Hafen und die alte Fischersiedlung Holm. Letzteres bedeutet »Insel«. Das war der Holm noch bis 1933, als der Stadtgraben zugeschüttet wurde. In gewisser Hinsicht ist die Siedlung bis heute Insel geblieben; so scheinen hier die Uhren langsamer zu ticken als am Turm von St. Petri. Dicht an dicht stehen die kleinen

**Wahrzeichen von Kappeln: Holländer-Windmühle »Amanda«**

alten Häuser mit den blumengeschmückten Fenstern und den horizontal geteilten »Klöndören«. Die Fischer jedoch sind rar geworden. Während vor rund 50 Jahren noch etwa hundert regelmäßig hinaus auf die Schlei fuhren, ist es heute nur noch ein Dutzend. Merkwürdig und doch einleuchtend ist die Lage des Friedhofs, den ein Häuserring umgibt. Die Toten ruhen nicht irgendwo abseits, sondern inmitten ihrer Nachfahren, und spätestens hier begreift man das Geheimnis des Holms: Es liegt im Zusammenhalt seiner Bewohner. Zwei Wochen nach Pfingsten marschieren sie auf mit Blasmusik und Blumenschmuck und feiern die »Beliebung«, wie die 1650 gegründete Totengilde heißt, die ihren Mitgliedern

Das »Landarzt«-Städtchen von oben: Schleibrücke in Kappeln mit Kaianlage und Schiffen

Drehbrücke und historischer Heringszaun in Kappeln

Wie vor hundert Jahren: Fischernetze im Holm

eine kostenlose Grabstelle unter den Lebenden garantiert. Wer den Holm besucht, darf keineswegs das ehemalige, 1250 erstmals erwähnte Kloster St. Johannis auslassen, ein an der Schlei gelegenes, malerisches Gebäudeensemble, das nach der Reformation von adligen Stiftsdamen bewohnt wurde.

## Kurioses an der Schlei

Für Fußgänger, Rad- und Autofahrer gibt es vier Möglichkeiten, die Schlei zu überqueren: die beiden Fähren bei Missunde und Arnis, die Kappelner Drehbrücke sowie die Klappbrücke von Lindaunis. Letztere ist ein verkehrstechnisches Kuriosum, denn auf ihr fährt auch die Eisenbahn. Dabei benutzen Züge und Autos ein und dieselbe Fahrbahn, in deren Mitte eine Schiene versenkt ist. Die Brücke funktioniert nach folgendem Prinzip: Normalerweise wird der Straßenverkehr wechselseitig über die Schlei geführt, wie an einer Baustelle. Rechtzeitig vor Ankunft der Bahn stehen beide Ampeln auf Rot – der Zug hat natürlich Vorfahrt. Steht der Minutenzeiger auf neun, also immer um Viertel vor, wird die Brücke hochgeklappt, nun dürfen Segelboote und Ausflugsschiffe passieren.

Ganz in der Nähe der Schleibrücke praktiziert übrigens der »Landarzt«: Das Haus Lindauhof dient der Serie als Kulisse für Wohnung und Praxis. Wenn der Doktor zu einem Hausbesuch nach Deekelsen gerufen wird, nach Kappeln also, kommt er an Arnis vorbei. Auch dieser Ort ist ein Kuriosum: Arnis ist Deutschlands kleinste Stadt. Sie hat etwa 370 Einwohner und eine einzige richtige Straße. Gegründet wurde der Ort im Jahr 1667, als Detlef von Rumohr,

**EXTRA-TIP**

*Kappeln–Scheggerott–Wagersrott–Süderbrarup sind die Stationen der Angelner Dampfeisenbahn. In 40 Min.*

*ziehen die einst in Dänemark und Schweden eingesetzten Lokveteranen keuchend ihre betagten Waggons durch eine Landschaft, die mit ihrer Ursprünglichkeit viel dazu beiträgt, daß man sich um Jahrzehnte zurückversetzt glaubt. Möglich werden diese Nostalgietrips zwischen Ostern und Okt., leider nur an wenigen Betriebstagen. Man sollte daher rechtzeitig einen Jahresfahrplan anfordern. »Freunde des Schienenverkehrs Flensburg e.V., Angeln-Bahn GmbH«, Postfach 1617, 24906 Flensburg, Tel./Fax 04 61/ 1 31 12*

Wohnen wie im Märchenland: Reetgedecktes Haus in Maasholm

Auch nach dem Fang ist für Maasholms Fischer viel zu tun

Stilleben mit Segelbooten: Ruhig schaukeln die kleinen Schiffe unter dem blauen Himmel des Maasholmer Hafens

**EXTRA-TIP**

*Wer Heimatgeschichte gerne hautnah erlebt, darf einen Besuch des Landschaftsmuseums Angeln in Une-*

*watt bei Langballig auf keinen Fall versäumen. Auf vier über den Ort verteilten »Museumsinseln« wurden historische Gebäude aus dem 17.–19. Jh. (eine Fachwerkhofanlage, eine Meierei, eine Kornwindmühle und eine Stallscheune) wieder-aufgebaut oder rekonstruiert. Tel. 0 46 36/10 21, Apr. und Okt. Fr–So 10–17 Uhr, Mai–Sept. Di–So 10–17 Uhr*

Herr auf dem nahen Gut Roest, den Kappelnern einen Eid abverlangte, der sie zu Leibeigenen machen sollte. Daraufhin wanderten 64 Familien aus und besiedelten die damalige Schleiinsel. Arnis brachte es zu einigem Wohlstand: Im Jahr 1860 lebten hier 1054 Menschen, 88 Handelsschiffe fuhren unter Arnisser Flagge. Die Stadtrechte erhielt der Ort 1934, bis dahin war die Einwohnerzahl allerdings erheblich geschrumpft.

## Wo Heringe in die Falle gehen

Noch dreht sich die 1927 fertiggestellte Kappelner Schleibrücke jede volle Stunde zur Seite, um Schiffen die Durchfahrt freizugeben. Bis zum Jahr 2002 soll jedoch eine neue, vierspurige Klappbrücke ihren Dienst übernehmen. Von hier oben hat man den besten Blick auf den letzten mittelalterlichen Heringszaun Europas. In den Reusen der 1482 erstmals erwähnten Konstruktion verfangen sich Fische, die zum Ablaichen in die Schlei unterwegs sind. Einst warteten Dutzende dieser tückischen Barrieren auf die Heringe, doch mit dem Ausbleiben der Schwärme wurden die Zäune unrentabel und einer nach dem anderen demontiert – bis auf diesen letzten, der als Denkmal erhalten bleiben soll.

Kappelns eigentliches Wahrzeichen heißt »Amanda« und ist mit stolzen 30 Metern Schleswig-Holsteins höchste Holländer-Windmühle. Ende des 19. Jahrhunderts wurde sie gebaut, bis 1964 war sie in Betrieb.

**Komposition aus Weiß und Grün: Wasserschloß Glücksburg**

**Naturschutzgebiet Holnisser Halbinsel**

**Besinnlicher Ausklang eines Strandtages in Glücksburg**

Heute beherbergt »Amanda« die Touristeninformation, das Trauzimmer des Standesamtes und einen Ausstellungsraum. Platz ist reichlich vorhanden, denn die Mühle hat nicht weniger als neun Stockwerke. Von der Galerie kann man das »Landarzt«-Städtchen aus luftiger Höhe betrachten.

## Am Nadelöhr der Schlei

Wem die Schlei zu sehr nach Süßwasser schmeckt und die Luft für eine Ostseeförde nicht würzig genug riecht, der muß nach Maasholm fahren. Obwohl längst kein Geheimtip mehr, gehört der Ort nahe der Schleimündung noch zu den ursprünglichsten Fischerdörfern an der Küste. Vor allem bei Seglern ist Maasholm ungemein beliebt, und so tut sich immer etwas am Hafen, den weit draußen eine Landzunge von der Ostsee abschirmt. Ließe man der Natur freien Lauf, dann würde diese Landzunge immer länger, und die Schlei hätte in absehbarer Zeit keine Mündung mehr. So hält man wenigstens ein Nadelöhr von 150 Metern offen und sorgt dafür, daß die Schlei eine Förde und Maasholm ein uriges Fischerdorf bleibt.

## Bei Charlotte und Seneca

Wie das Horn eines Rhinozeros ragt die Geltinger Birk in die Ostsee. Das Naturschutzgebiet ist mit seinen Salzwiesen und den vom Wind gebeugten Bäumen ein herrliches Wanderrevier. Wer sich nicht sofort an die Umrundung der Halbinsel machen möchte, sollte wenigstens »Charlotte« einen Besuch abstatten. So heißt eine der schönsten Windmühlen an der gesamten Ostseeküste. Einst entwässerte die 1824 gebaute, reetgedeckte Schöpfmühle das Land hinter dem Deich. Heute ist die gute alte Dame in Privatbesitz und leider nur von außen zu bewundern. Gleiches gilt für das Geltinger Herrenhaus. Das Anwesen wurde im Jahr 1758 von einem gewissen Sönke Ingwersen erworben und in der Folgezeit ausgebaut. Ingwersen war ein Selfmademan des 18. Jahrhunderts. Der Bauernsohn aus dem nordfriesischen Langenhorn hatte bei der Niederländischen Ostindienkompanie angeheuert und es bis zum Gouverneur von Java gebracht. Als gemachter Mann kehrte er nach Europa zurück und kaufte das Geltinger Gut. Jetzt fehlte nur noch ein Adelstitel, um sein Glück zu vervollständigen. Dazu verhalf ihm der dänische König, der ihn zum Baron von Gelting machte. Einen standesgemäßen Vornamen suchte sich Ingwersen selbst aus: Aus dem friesischen Sönke wurde ein römischer Seneca.

**EXTRA-TIP**

*2 Std. dauert die Überfahrt mit der Autofähre von Gelting nach Faaborg. Dabei geht es durch die »dänische Süd-*

*see«, wie das Archipel südlich von Fünen genannt wird. Die Tarife sind sehr günstig, so daß man auch das Auto mitnehmen kann. Die Linie verkehrt Mitte Jan.–Dez. mit 1–3 Fahrten pro Tag. Fahrpläne: alle Verkehrsämter der Region und »Faaborg-Gelting Linien«, 24395 Gelting-Mole, Tel. 0 46 43/7 93*

**Flensburg-Panorama mit St. Marien und dem Uhrenturm des Alten Gymnasiums**

**Blick auf die Marineschule in Mürwik und die Flensburger Förde**

**Buddelschiffbauer am Museumshafen**

**EXTRA-TIP**

*Auf eine knapp 500jährige Tradition kann das Romantik-Hotel &*

*Restaurant »Historischer Krug« in Oeversee südlich von Flensburg zurückblicken. Landestypische Gemütlichkeit und moderner Komfort werden hier auf ideale Weise kombiniert. Wer nicht nur den kulinarischen Genüssen zugeneigt ist, kann sich in der Ayurveda-Farm auch ganzheitlich verwöhnen lassen. An der B 76, 24988 Oeversee, Tel. 0 46 30/94 00, Fax 7 80, 50 Zimmer, obere Preisklasse*

**Alter Kaufmannshof in der Flensburger Altstadt**

## Superlative an der Förde

Westlich von Gelting rückt Dänemark immer näher, die Ostsee verengt sich zur Flensburger Förde. Im Norden ist die Insel Als zu sehen und im Nordwesten das Broager Land. Bei Glücksburg schiebt sich die Halbinsel Holnis, ein 400 Hektar großes Naturschutzgebiet, weit nach Norden. Im Laufe eines Jahres werden hier 130 verschiedene Vogelarten registriert. Durch ihre Keilform teilt die Halbinsel Innen- und Außenförde und läßt den Meeresarm einen eleganten Bogen beschreiben.

An der Innenförde liegt Glücksburg, »Deutschlands nördlichstes Ostseebad«, wie man hier stolz verkündet. Angesichts des geographischen Breitengrads ist das auch nicht zu bestreiten. Schwieriger wird es da schon mit den ästhetischen Superlativen. So nimmt Glücksburg auch gleich das Attribut »schönstes Wasserschloß Deutschlands« für sich in Anspruch. Doch auch das ist nicht übertrieben. Erhaben steht der weiße Renaissancebau in seinem See, flankiert von den markanten Türmen; und es sind diese vier eckigen Türme, die der Anlage etwas Leichtes, Wohlproportioniertes verleihen. Bauherr war Ende des 16. Jahrhunderts Herzog Johann d. J. von Schleswig-Holstein-Sonderburg. Auf seinen Wahlspruch »Gott gebe Glück mit Frieden« geht der Name des Schlosses zurück.

## Punkte, Bier und Beate Uhse

Wer von Glücksburg entlang der Förde nach Flensburg fährt, kommt im Stadtteil Mürwik am Kraftfahrt-Bundesamt vorbei. Mehr als alles andere hat diese Behörde dazu beigetragen, daß jedem der Name der Stadt geläufig ist. Zu den Verkehrssünderpunkten kommen Flensburger Bier und Rum, Beate Uhse,

Flensburgs Nordermarkt lädt zum Verweilen ein

Oldtimer im Flensburger Museumshafen

Prachtvolle Jugendstilhäuser in der Toosbüystraße

die Grande Dame der Erotikindustrie, sowie die Vorstellung von einem Ort irgendwo am Ende von Deutschland. Diese merkwürdige Mischung ergibt ein ziemlich abstraktes Bild. Daß Flensburg zu den schönsten Städten Norddeutschlands zählt, wissen die allerwenigsten.

## Behagliches altes Flensburg

Manch einer erinnert sich noch an das Stadttor mit dem Staffelgiebel; sein Konterfei zierte nämlich eine Briefmarke. 30 Pfennig war das Nordertor wert, immerhin dreimal soviel wie Schloß Glücksburg. Bis ins 18. Jahrhundert stand das Tor an der nördlichen Stadtgrenze. Hier endet die Norderstraße, die zusammen mit der Großen Straße und dem Holm die Hauptachse des alten Flensburg bildet. Zwei Drittel dieses Straßenzugs sind Fußgängerzone. Es macht Spaß, hier zu bummeln und sich in jene Zeit zurückzuversetzen, als Flensburg nicht am Rand, sondern mitten in Schleswig lag und die Handelsschiffe Waren aus aller Welt heranbrachten. Die sorgfältig restaurierten historischen Fassaden verleihen der Fantasie Flügel. Und dann erst die Kaufmannshöfe! Mit der Hausfassade an der Straßenseite zeigten die Händler, wie gut es ihnen ging: Zur Förde hin lagerten die Waren, und dazwischen lag ein kleiner Hof. Mehr als ein Dutzend Kaufmannshöfe gibt es in der Altstadt. In einigen haben sich Galerien, Werkstätten und kleine Läden eingerichtet, andere beherbergen Restaurants, Weinstuben und Cafés. Zwischen Blumenkübeln sitzt man draußen in gemütlicher Umgebung, fast wie auf dem Land und doch mitten in der Stadt. Besonders heimelig sind die vier kleinen Höfe an der Roten Straße, die etwas versetzt von der Nord-Süd-Achse zwischen Südermarkt und Neumarkt liegt und deshalb von vielen Flensburg-Besuchern übersehen wird.

Wer mit offenen Ohren durch die Stadt schlendert, hört immer wieder das kehlige Idiom der Dänen. Die Sprecher müssen nicht unbedingt Touristen sein – etwa jeder fünfte Flensburger bekennt sich zur dänischen Minderheit. Es gibt eine dänische Gemeinde und eine dänische Zeitung, und selbstverständlich bekommt man in der Fußgängerzone original dänische Hot dogs. Wenn sich Dänen irgendwo besonders wohl fühlen, dann ist es dort »hyggelig«. Man kann dieses Wort nicht übersetzen, man muß die Behaglichkeit fühlen, die es meint. Das geht eigentlich nur in Dänemark. Und in Flensburg.

**EXTRA-TIP**

*Im Flensburger Museumshafen liegt »Alexandra« vertäut, Deutschlands ältester seegehender Salondampfer, Bau-*

*jahr 1908. Noch heute dampft die rüstige 90jährige mehrmals in der Saison durch die Förde und erinnert die Flensburger an die Zeit der »Petuh-Tanten«. Diese meist älteren Damen verdankten ihren Namen dem »Partout«-Billett, einer Netzkarte, die ihnen ermöglichte, den ganzen Tag hin- und herzufahren. »Förderverein Salondampfer Alexandra e.V.«, Tel. 04 61/ 2 12 32 und 1 71 90 Pfingsten–Sept., 1–2 Fahrten jeden So*

SØNDERBORG
ALS
Kegnæs
Broager
Gråsten
Harrislee
FLENSBURG
GLÜCKSBURG (Ostsee)
Langballig
Gelting
KAPPELN
SCHLESWIG
ECKERNFÖRDE
Naturpark
Hüttener Berge
Sonderborg Bugt
Geltinger Bucht
Vogelschutzgebiet
Ostseebäder-Nordstraße
Schlei
Angeln
Schwansen
Eckernförder Bucht
Dänischer Wohld
Kalkgrund
1
2
3
4
5
6
7
8
A
B
C

## SEHENSWERTES

Die **Autotagestour** beginnt in Schleswig und folgt von dort der Schlei nach Arnis, Kappeln und Maasholm. Weiter geht es über Gelting, Steinbergkirche, Westerholz und Glücksburg nach Flensburg. Über die B 76 kommt man zurück nach Schleswig.

### SCHLESWIG ★★★

**1** Die Stadt an der Schlei zeigt sich in der Altstadt und der alten Fischersiedlung Holm von ihrer schönsten Seite. Wahrzeichen des historischen Schleswig ist der ab 1100 errichtete Dom St. Petri. Erst 1888–94 erhielt die Bischofskirche ihren markanten, 112 m hohen Turm, von dem man heute eine herrliche Aussicht genießen kann. Das Dominnere besticht vor allem mit dem berühmten Bordesholmer Altar: Knapp 400 Figuren sind auf den Passionsszenen dieses 1514–21 von Hans Brüggemann geschnitzten Meisterwerks zu sehen. Im Graukloster, einer ehemaligen Franziskanerabtei aus dem 13./14. Jh., residiert heute die Stadtverwaltung; das angrenzende Rathaus entstand 1794/95. Über Geschichte und Brauchtum der Fischersiedlung Holm östlich der Altstadt informiert das Holm-Museum.
*Süderholmstr. 2, Tel. 0 46 21/ 9 36 80, tgl. 10–18 Uhr*

### ARNIS ★

**2** In Deutschlands kleinster Stadt kann man sich nicht verlaufen – es gibt nur eine Straße. An ihr stehen schöne alte Häuser, viele mit »Utluchten«, kleinen Vorbauten, die den Bewohnern einen besseren Blick nach draußen verschaffen. Die 1673 als Fachwerkbau errichtete Schifferkirche besitzt neben einer Renaissancekanzel vier Votivschiffe aus dem 18. und 19. Jh.

### KAPPELN ★

**3** Durch die TV-Serie »Der Landarzt« wurde das charmante Städtchen bundesweit bekannt. Zu den Sehenswürdigkeiten gehört die 1789–93 errichtete Nikolaikirche mit ihrer prachtvollen spätbarocken Ausstattung. Der Altaraufsatz, ein Meisterwerk von Hans Gudewerdt d. J. von 1641, stammt noch aus dem Vorgängerbau. Über Stadt- und Regionalgeschichte kann man sich im Schlei-Museum informieren.
*Mittelstr. 7, Tel. 0 46 42/14 28, 16. März–Okt. Mi und Fr/Sa 14–17 Uhr*

**Deutschlands kleinste Stadt: Arnis an der Schlei**

### MAASHOLM ★★

**4** Anfang des 18. Jh.s wurde der Hafen am Ausgang der Schlei gegründet. Auf einem Spaziergang durch den malerischen Ort sieht man alte Fischer- und Schifferhäuser aus dem 18. und 19. Jh. Startbereit im Hafen liegt der Rettungskreuzer »Nis Randers«. An Bord sind rund um die Uhr vier Mann und 2000 PS zum Einsatz bereit.

### STEINBERGKIRCHE ★

**5** Angeln ist das Land der romanischen Feldsteinkirchen. Ein schönes Beispiel aus dem 12. Jh. (St. Martin) gibt es an der B 199 in Steinbergkirche zu besichtigen. Im Innern verdient besonders der um 1480 geschnitzte Altar mit seiner detailreichen Kreuzigungsszene Beachtung. Vom Bismarckturm auf dem Scheersberg, 3 km weiter westlich, bietet sich ein phantastischer Ausblick.

### GLÜCKSBURG ★★★

**7** Hauptattraktion des Orts ist Schloß Glücksburg, ein Meisterwerk der Renaissance. Erbaut wurde das Wasserschloß 1582–87 nach Plänen von Nikolaus Karies an der Stelle eines aufgelösten Klosters. Im Innern sind u. a. die Schloßkapelle und einige Repräsentationsräume zu sehen.
*Tel. 0 46 31/22 43 und 22 13, Apr., Okt. Di–So 10–16.30 Uhr, Mai–Sept. tgl. 10–17 Uhr, Nov.–März Sa/So 10.30–16 Uhr*

### FLENSBURG ★★

**8** Von der maritimen Vergangenheit der Stadt zeugt noch heute der Museumshafen, wo viele alte Segelschiffe und der Nachbau eines hölzernen Krans von 1726 zu sehen sind. An der Norderstraße ganz in der Nähe liegen das 1595 errichtete Nordertor, der Handelshof aus dem 18. Jh. (Nr. 86) und die 1284 begonnene Marienkirche. Ab 1386 entstand die Heilig-Geist-Kirche, die seit 1588 als dänische Gemeindekirche diente. Flensburgs ältester Handelshof liegt am Holm Nr. 19–21 und stammt aus dem 16. Jh. St. Nikolai am Südermarkt wurde 1390–1480 errichtet. Berühmt ist das prachtvolle Renaissancegehäuse ihrer Orgel (1604–09), ein Werk Hinrich Ringeringks. Zur Zeit wird die Orgel restauriert. Sie ist erst ab 2000 wieder zu sehen und zu hören. Der Museumsberg bietet neben einer schönen Aussicht bedeutende kulturhistorische Sammlungen und eine Ausstellung norddeutscher Malerei.

## ESSEN & TRINKEN

### ARNIS

**2** Fangfrischen Fisch vom Fährmann gibt es im »Fährhaus Arnis«, das natürlich direkt an der Schlei liegt. Klein wie die Stadt ist auch die Speisekarte, was keineswegs auf die Portionen zutrifft. Preiswerter kann man in Arnis nicht satt werden.
*Lange Str. 21, Tel. 0 46 42/ 30 50, März–Okt. Fr–Mi 11.30–23 Uhr, Nov.–Feb. Sa/So 14–18 Uhr (Okt. 1998 geschl.), untere Preisklasse*

### WESTERHOLZ

**6** In der »Ostseewindmühle Steinadler« wird serviert, im Anbau gibt es ein Hotel. Die gutbürgerliche Kost hätte auch dem Müller geschmeckt. »Landarzt«-Fans kennen die Mühle aus dem Fernsehen.
*Haffstr. 12, Tel. 0 46 36/5 42, März–Jan. Di–So 12–22 Uhr, mittlere Preisklasse, 14 Zimmer*

## WANDERN UND RADWANDERN

**A** Bei der deutsch-dänischen **Fahrradtour** kann man die körperliche Ertüchtigung mit der Besichtigung zweier Schlösser verbinden. Gestartet wird bei Schloß Glücksburg, von hier geht es über Rüde und Siegum nach Langballigau, wo die Fähre nach Sonderburg ablegt (Ausweise nicht vergessen!). Dort sind neben dem Schloß auch die Düppeler Schanzen sehenswert. Weiter führt der Radweg DK 8 über Broager und Alnor nach Bækken und dann an der Flensburger Förde entlang zum Grenzübergang Kupfermühle. Hier übernimmt der Ostsee-Radwanderweg das weitere Geleit zurück nach Glücksburg.
*Strecke: 50 km, Dauer: ca. 3,5 Std.*

**B** Der Parkplatz in der Nähe der Windmühle »Charlotte« nördlich von Gelting ist Ausgangspunkt einer landschaftlich besonders reizvollen, etwa dreistündigen **Wanderung** um die Halbinsel Geltinger Birk. Mit der Ostsee zur Linken wird die Landzunge umrundet, bis man den Leuchtturm Falshöft erreicht. Von dort geht es über das Land und den kleinen Ort Nieby zurück zum Ausgangspunkt.

**C** Vom Parkplatz Haddeby führt ein eineinhalbstündiger **Spaziergang** rund um das Haddebyer Noor im Süden Schleswigs. Am besten beginnt man den Marsch mit einem Besuch des Wikingermuseums Haithabu, das man nach kurzer Zeit erreicht. Von hier geht es weiter nach Wedelspang und, nachdem man den südlichsten Punkt des Noors erreicht hat, über das Ostufer in Richtung Schlei. Das letzte Stück zurück zum Ausgangspunkt muß leider an der B 76 entlang zurückgelegt werden.

Maßstab 1:200.000 — 0 2 4 6 8 10 km

*Flensburgs maritimer Vergangenheit widmet sich das Schiffahrtsmuseum, dem ein ehemaliges Zollpackhaus am Hafen einen passenden Rahmen verleiht. Zu sehen sind u. a. Schiffsmodelle, alte Seekarten sowie Navigationsinstrumente aus einer Zeit, als Flensburger Frachter die Weltmeere befuhren.*

*Der Clou des Hauses aber ist das 1993 eingerichtete Rum-Museum. Auf 190 m² gewinnt der Besucher einen Eindruck von der Herkunft des Rums und von der Wandlung der im ursprünglichen Zustand ungenießbaren Spirituose zum Grundstoff eines steifen Grogs. Schiffbrücke 39, Tel. 04 61/85 29 70, Apr.–Okt. Di–So 10–17 Uhr, Nov.–März 10–16 Uhr*

1

2

4

5

6

3

7

SPECIAL

# Haithabu – Metropole der Wikinger

**Noch heute genießen die Wikinger einen zweifelhaften Ruf: Sie gelten als Rabauken aus dem hohen Norden, die plündernd und brandschatzend eine Blutspur durch halb Europa zogen. Natürlich lassen sich die historisch nachweisbaren Raubzüge nicht leugnen – mit ihren wendigen Booten tauchten die Nordmänner urplötzlich auf, nahmen, was sie kriegen konnten, und verschwanden so schnell, wie sie gekommen waren. Doch das ist nur die halbe Wahrheit: Die Wikinger waren auch ein friedfertiges Volk, das Handelsbeziehungen mit einem Großteil der Alten Welt unterhielt und um die Jahrtausendwende die Neue entdeckte. Ihre Siedlung Haithabu gehörte im 9. und 10. Jahrhundert sogar zu den größten Städten Europas.**

**1** Im Museum Haithabu steht dieser Nachbau eines vermutlich im 10. Jh. konstruierten Schiffes, das 1979 aus dem Haddebyer Noor geborgen wurde. Mit seiner 50 Mann starken Besatzung konnte das Gefährt bis zu 20 Knoten schnell segeln.

**2** Die ersten systematischen Grabungen auf dem Gelände der ehemaligen Wikingerstadt begannen bereits um 1900, das Museum selbst gibt es seit 1985.

**3** Harm Paulsen von »Opinn Skjold« verkörpert den »Wikingerkönig«. Die Mitglieder der Schleswiger Gruppe leben in ihrer Freizeit wie ihre Vorfahren vor tausend Jahren.

**4** Eine Attraktion an allen geraden Jahren im August: die Schleswiger Wikingertage.

**5** Ein halbkreisförmiger Wall begrenzt das Siedlungsgebiet von Haithabu am Haddebyer Noor. 24 ha ist das Gelände in der Nähe von Schleswig groß, auf dem einst bis zu 1000 Menschen lebten.

**6** Diesen bei Busdorf gefundenen und heute in Haithabu ausgestellten Runenstein hat König Sven im 10. Jh. seinem Gefolgsmann Skarthi setzen lassen.

**7** Die sieben Hallen des Wikinger-Museums Haithabu ähneln kieloben liegenden Schiffsrümpfen und fügen sich harmonisch in die umgebende Landschaft ein.

*Tel. 0 46 21/81 32 22, Apr.–Okt. tgl. 9–17 Uhr, Nov.–März Di–So 10–16 Uhr*

# Kunst Kultur Brauchtum

**BÜDELSDORF**
**EISENKUNSTGUSS-MUSEUM**

Im Mittelpunkt der Sammlung stehen die Erzeugnisse der 1827 gegründeten Carlshütte: Öfen, Kaminplatten, gußeisernes Mobiliar und Plastiken.
*Glück-Auf-Allee 4, Tel. 0 43 31/3 87 11, Di–Sa 15–18 Uhr, Mi 9–12 und 15–18 Uhr, So 10–12 Uhr*

**BURG**
**Kirchner-Dokumentation**

Zahlreiche Bilder Ernst Ludwig Kirchners sind auf Fehmarn entstanden. Eine kleine Ausstellung in der Stadtbücherei dokumentiert die Inselaufenthalte des berühmten Expressionisten.

**Fehmarn: Museum Katharinenhof**

**Schleswig: Städtisches Museum**

*Bahnhofstr. 47, Tel. 0 43 71/5 06 44, Mo/Di und Do/Fr 9.30–12 und 14.30–18.30 Uhr, Mi 9.30–12 Uhr*

**Kunsttage, Abendkonzerte**

Das »Senator-Thomsen-Haus« ist Sitz der Insel-Information und Veranstaltungsort der Burger Kunsttage. Hier finden von Mai bis Juli Ausstellungen, Lesungen und Konzerte statt. Geistliche Abendmusik erklingt in den Monaten Juli/August in den Kirchen von Burg, Bahnesdorf und Petersdorf.
*Fehmarn Insel-Information, Tel. 0 43 71/86 86 86,*

**EUTIN**
**Sommerspiele**

Opern unter freiem Himmel haben Seltenheitswert – nicht so in Eutin, wo seit fast 50 Jahren von Anfang Juli bis Anfang August auf der Freilichtbühne im Schloßpark gespielt wird.
*Kartenvorverkauf: Eutiner Sommerspiele GmbH, Am Jungfernstieg, Tel. 0 45 21/21 61*

**GRÖMITZ-CISMAR**
**Klosterfest**

Am zweiten Augustwochenende treffen sich im Innenhof der ehemaligen Benediktinerabtei Kunsthandwerker, Musiker und Besucher zu einem bunten Fest mit historischem Markt. Die Kinder werden mit Spielen bei Laune gehalten.
*Kurverwaltung Grömitz, Tel. 0 45 62/ 25 62 56*

sind bäuerliche Gerätschaften, mechanisches Spielzeug und Musikspielgeräte. Zum Hof gehören außerdem ein Backhaus und eine alte Räucherkate.
*Tel. 0 43 71/12 30, Ostern–Okt. tgl. 11–17 Uhr*

**KIEL**
**Kunsthalle**

In der Gemäldegalerie hängen vor allem Werke deutscher und nordeuropäischer Maler des 19. und 20. Jh.s. Außerdem besitzt das Haus eine graphische Abteilung und eine Antikensammlung.
*Düsternbrooker Weg 1, Tel. 04 31/ 5 97 37 56, Di und Do–So 10.30–18 Uhr, Mi 10.30–20 Uhr*

**Stadtmuseum**

Nach den Kriegszerstörungen sind Kiel nur wenige historische Bauwerke ge-

**Museales »Gesamtkunstwerk«: Wohnraum im Lübecker Behnhaus**

**HEILIGENHAFEN**
**Heimatmuseum**

In einem restaurierten Jugendstilgebäude stellt das Heimatmuseum seine Sammlungen zur Geschichte, zur Seefahrt und zum Fischereiwesen aus.
*Thulboden 11a, Tel. 0 43 62/38 76, Apr.–15. Juni und 15. Sept.–Okt. Di–Fr und So/Fei 14–17 Uhr, 16. Juni–14. Sept. Di–Fr 10–12 und 14–17 Uhr, So/Fei 14–17 Uhr*

**KATHARINENHOF**
**Museum Katharinenhof**

Winziges Dorf im Osten von Fehmarn mit einem eigenen Museum. Zu sehen

blieben. Dazu zählt auch der Warleberger Hof, ein Adelspalais aus dem 17. Jh., der seit 1970 vom Stadtmuseum genutzt wird. Auf die Besucher warten alte Stadtansichten, kunstgewerbliche und graphische Exponate.
*Dänische Str. 19, Tel. 04 31/9 01 34 25, 15. Apr.–14. Okt. tgl. 10–18 Uhr,*

**LÜBECK**
**Behnhaus/Drägerhaus**

Zwei Patrizierhäuser, deren glanzvolle Inneneinrichtung eine Vorstellung von großbürgerlichem Wohnen um 1800 vermittelt. An den Wänden hängen Ge-

*Was die Kieler Woche für den Sommer ist, das ist der »Kieler Umschlag« für den Winter: Vier tolle Tage lang steht die Stadt kopf: 600 000 Besucher drängen sich am letzten Februar-*

*wochenende auf den Straßen und Plätzen, in Zelten und Lokalen; überall riecht es nach Punsch und Fischbrötchen, Holsteiner Katenschinken und Gebäck. 140 verschiedene Veranstaltungen sorgen dafür, daß sich niemand langweilen muß; selbstverständlich gehört auch eine Segelregatta dazu. Tourist Information Kiel e. V., Tel. 04 31/ 6 79 10 18*

mälde von Caspar David Friedrich, Edvard Munch und Max Liebermann.
*Königstr. 9–11, Tel. 04 51/1 22 41 48, Apr.–Sept. Di–So 10–17 Uhr, Okt.–März Di–So 10–16 Uhr*

### Geschichtswerkstatt Herrenwyk

Im Mittelpunkt der industrie- und sozialgeschichtlichen Ausstellung steht die Geschichte eines 1981 geschlossenen Hochofenwerks.
*Kokerstr. 1–3, Tel. 04 51/30 11 52, Fr 14–17 Uhr, Sa/So 10–17 Uhr*

### Holstentor-Museum

Schiffs- und Stadtmodelle, archäologische Fundstücke, Waffen, Rüstungen und mittelalterliche Folterinstrumente zeichnen ein lebendiges Bild der wechselvollen Lübecker Stadtgeschichte.

*Tel. 04 51/1 22 41 29, Apr.–Sept. Di–So 10–17 Uhr, Okt.–März 10–16 Uhr*

### Markt »Anno dazumal«

Einkaufen so wie früher kann man im Mai auf dem Markt »Anno dazumal« vor dem Lübecker Rathaus. Marktfrauen, Handwerker und Gaukler tragen alte Kostüme, eine Polizeitruppe in historischen Uniformen sorgt für Ordnung.
*Lübeck-Management e.V., Sandstr. 17–23, Tel. 04 51/7 50 45*

### Naturhistorisches Museum

Hier erfährt man, wie Ost- und Nordsee entstanden sind und was es in den Wäldern und Fluren Schleswig-Holsteins so alles zu entdecken gibt.
*Mühlendamm 1–3, Tel. 04 51/1 22 41 22, Apr.–Sept. Di–So 10–17 Uhr, Okt.–März Di–So 10–16 Uhr*

### St.-Annen-Museum

Das 1515 fertiggestellte und kurz darauf geschlossene Kloster birgt sakrale Meisterwerke und schöne Fayencen.
*St.-Annen-Str. 15, Tel. 04 51/1 22 41 37, Apr.–Sept. Di–So 10–17 Uhr, Okt.–März Di–So 10–16 Uhr*

## PLÖN
### Jazztage

Unter dem Motto »Jazz am Plöner See« swingt die Kreisstadt im Rhythmus von Dixieland, Boogie-Woogie und Gospelsongs. Namhafte Solisten und Bands geben sich Ende Mai ein Stelldichein.

**Lübecker Traditionspflege: Historischer Markt »Anno dazumal«**

**Kieler Kunsthalle: Antikensammlung**

*Gesellschaft zur Förderung des traditionellen Jazz e. V., Rodomstorstr. 9, Tel. 0 45 22/36 27*

### Museum des Kreises

Die alte Hofapotheke der ehemaligen Residenzstadt beherbergt neben Funden aus der Steinzeit eine umfangreiche Sammlung von holsteinischem Glas. Dokumente erinnern an die Zeit, als im Plöner Schloß preußische Kadetten ausgebildet wurden.
*Johannisstr. 1, Tel. 0 45 22/74 32 69, 15. Mai–Sept. Di–Sa 10–12 und 15–18 Uhr, So 15–18 Uhr, Okt.–14. Mai Di–Sa 10–12 Uhr*

## PREETZ
### Heimatmuseum

Zu sehen sind Keramikfunde aus den Seen der Umgebung sowie historische Erzeugnisse der einheimischen Goldschmiede und Töpfer. Natürlich kommt in der »Schusterstadt« auch das Schusterhandwerk nicht zu kurz.
*Mühlenstr. 14, Tel. 0 43 42/18 88, Mi 15–17.30 und Sa 15–18 Uhr, So 10–12 und 15–18 Uhr*

### Schusterfest

Höhepunkt des Preetzer Veranstaltungskalenders ist das Schusterfest am letzten Maisamstag. In den Straßen wird musiziert, Theater gespielt und gefeiert – bis spät in die Nacht hinein.
*Tourist-Information, Tel. 0 43 42/22 07*

## RENDSBURG
### Museen im Kulturzentrum

Zwei sehenswerte Sammlungen teilen sich das ehemalige Rendsburger Arsenal: das Historische Museum mit Exponaten zur Geschichte von Stadt und Nord-Ostsee-Kanal sowie das Druckmuseum, das für seine regelmäßigen Druckvorführungen bekannt ist.
*Arsenalstr. 2–10, Tel. 0 43 31/20 66 32, Di–Fr 10–12 und 15–18 Uhr, Sa/So 10–13 und 14–17 Uhr*

## SCHLESWIG
### Städtisches Museum

Zu den Besonderheiten des Museums zählen die historische Setzerei und Druckerei, eine umfangreiche Bibliothek und die Spielzeugsammlung.
*Friedrichstr. 9–11, Tel. 0 46 21/93 68 20, Di–So 10–17 Uhr*

## SCHÖNBERG
### Kindheitsmuseum

Spielzeug, Fotos, Bücher, Kleidung und Möbel – das Museum in Schönberg rekonstruiert »Kindheitserinnerungen«.
*Knüllgasse 16, Tel. 0 43 44/68 85, Mitte Juni–Sept. Di/Mi und Fr–So 14–18 Uhr, Do 10–12 und 14–18 Uhr*

*Der Flensburger Museumsberg zählt zu den attraktivsten Museumsstandorten in Schleswig-Holstein – nicht zuletzt der schönen Aussicht wegen, die man von hier oben über Altstadt und Förde genießt. Im Heinrich-Sauermann-Haus lädt eine der bedeutendsten deutschen Möbelsammlungen zum Rundgang ein; u. a. sind originalgetreu rekonstruierte*

*Bauernstuben des 17. und 18. Jh.s zu sehen. Das Hans-Christiansen-Haus zeigt neben Arbeiten aus dem Nachlaß des in Flensburg geborenen namengebenden Jugendstilkünstlers vor allem Werke norddeutscher Maler des 19. und 20 Jh.s.*
*Museumsberg, Tel. 0 46 1/85 29 56, Apr.–Okt. Di–So 10–17 Uhr, Nov.–März Di–So 10–16 Uhr*

# Essen und Trinken

## ALT DUVENSTEDT
### Resort-Hotel Töpferhaus am Bistensee

Die exzellente Küche hat das Haus ebenso beliebt gemacht wie seine ruhige Lage am Bistensee mitten in den Hüttener Bergen.
*Tel. 0 43 38/4 02, tgl. 12–14 und 18–22 Uhr, obere Preisklasse, 46 Zimmer*

## BOSAU
### Strauers Hotel am See

Restaurantbetreiber und Kochbuchautor Hartmut Boll ist umgezogen. Die eins-a-Küche hat er mitgebracht.

Lübeck: Restaurant »Wullenwever«

Flensburg: Der »Fährkrog«

*Gerold-Damm 2–4, Tel. 0 45 27/99 40, Di–So 11–23 Uhr, Mo 11–18 Uhr, mittlere Preisklasse, 40 Zimmer*

## BURG
### Der Lachs

Nomen est omen: Hier gibt es Lachs in allen Variationen. Die Karte ist so einfallsreich wie der Inhaber und Küchenchef Bernd Asbahr.
*Landkirchener Weg 1a, Tel. 0 43 71/8 72 00, Mai–Sept. Mi–Mo 18–23 Uhr, So auch 12–15 Uhr, Okt.–Apr. Fr–So 18–23 Uhr, So auch 12–15 Uhr, mittlere Preisklasse*

## ECKERNFÖRDE
### Ratskeller

Die leckeren Fisch- und Fleischgerichte kann man sich entweder im Alten Rathaus aus dem 15. Jh. oder draußen unter alten Linden schmecken lassen.
*Rathausmarkt 8, 0 43 51/24 12, Apr.–Okt. tgl. 10–15 und 17.30–23 Uhr, Nov.–März Di–So 10–15 und 17.30–23 Uhr, mittlere Preisklasse*

## FIEFBERGEN
### Sommerhof

Das mit einem Michelin-Stern ausgezeichnete Restaurant auf dem Bauernhof bietet eine überaus phantasievolle regionale Küche mit europäischen Einflüssen und täglich wechselnde Menüs.
*Am Dorfteich 11, 0 43 44/66 85, Mi–So 18–24 Uhr, obere Preisklasse*

Entspannen und genießen: Restaurant »Seelord« in Timmendorfer Strand

## FLENSBURG
### Eckener Haus

Das Haus, in dem der Luftschiffpionier Hugo Eckener aufwuchs, serviert Norddeutsches in dezenter Umgebung, gelegentlich mit Klavierbegleitung. Zu empfehlen: Ostseeplatte für zwei Personen.
*Norderstr. 8, Tel. 04 61/18 00 26, Dez.–Apr. tgl. ab 17.30, Sa/So auch 11–15 Uhr, Mai–Nov. tgl. 11–15 und ab 17.30 Uhr, mittlere Preisklasse*

### Fährkrog

Direkt am alten Hafen an der »Goldküste« kann der »Fährkrog« mit Fischspezialitäten und einem maritim ausgestatteten Inneren aufwarten.
*Schiffbrücke 37, Tel. 04 61/2 42 12, Di–So 11–23 Uhr, mittlere Preisklasse*

### Piet Henningsen

Zum maritimen Kolorit des urigen Hafenrestaurants schmeckt der Fisch noch einmal so gut! Gründer (1886) und Namensgeber der Institution war ein Schiffsmaschinist.
*Schiffbrücke 20, Tel. 04 61/2 45 76, tgl. 12–23.30 Uhr, mittlere Preisklasse*

## HEILIGENHAFEN
### Restaurant Weberhaus

Zwischen den 350 Jahre alten, restaurierten Mauern finden 32 Personen Platz. Frische regionale Küche erwartet hier die Gäste.
*Kirchenstr. 4, Tel. 0 43 62/28 40, Di–So 18–22 Uhr, Fr–So auch 12–14 Uhr*

## HOHWACHT
### Genueser Schiff

Direkt an der Hohwachter Bucht kann man im Strandkorb sitzen und verspeisen, was das Meer an Delikatessen hergibt. Sehr beliebt sind die wechselnden »Regenbogenmenüs«. Auch für Vegetarier ist gesorgt.
*Seestr. 18, Tel. 0 43 81/75 33, März–Okt. und Dez. Do–Mo ab 18 Uhr, So auch 12.30–15 Uhr, mittlere–obere Preisklasse, 20 Zimmer*

*Die Forstbaumschule in Kiel gilt vor allem im Sommer als beliebter Treffpunkt. Im lauschigen Biergarten munden besonders die Spezialitäten der regionalen Küche. In der kalten Jahreszeit ist's aber auch*

*drinnen durchaus gemütlich: Die unter Denkmalschutz stehende ehemalige Forstlehranstalt von 1905 ist ganz mit Holz verkleidet. Wochentags gibt's preiswerte Stammessen, auch für Vegetarier! Düvelsbeker Weg 46, Tel. 04 31/33 34 96, Mai–Sept. tgl. 10–1 Uhr, Okt.–Apr. 11–1 Uhr, untere Preisklasse*

## KAPPELN
### Hotel Aurora

In vielen »Landarzt«-Folgen tagen die Honoratioren von »Deekelsen« in der Gaststube des »Aurora«. Trotzdem sind die Preise hier noch vernünftig.
*Rathausmarkt 1, Tel. 0 46 42/40 88, tgl. 7–23 Uhr, Sa/So ab 8 Uhr, mittlere Preisklasse, 25 Zimmer*

## KIEL
### Kieler Ansichten

Der Name ist wörtlich zu nehmen, denn einen schöneren Blick auf die Landeshauptstadt kann man sich kaum vorstellen. Großer Beliebtheit erfreut sich das Frühstücksbüfett am Sonntag.
*Hasselfeld 20, Tel. 04 31/23 97 30, März–Dez. Mo–Sa 12–1 Uhr, So 10–1 Uhr, mittlere Preisklasse*

### Restaurant Zum Hirschen

Das Bistro-Restaurant in der Fußgängerzone eignet sich gut zur Stärkung während eines Stadtbummels. Das Angebot reicht vom preiswerten Stammessen bis zum Drei-Gänge-Menü.
*Dänische Str. 22, Tel. 04 31/9 23 27, tgl. 12–1 Uhr, untere–mittlere Preisklasse*

## LÜBECK
### Buddenbrook

In der gediegenen Umgebung der »Gemeinnützigen«, wie das 1789 errichtete Haus allgemein heißt, wird vor allem Bodenständiges wie Labskaus, Lübecker Fischsuppe und rote Grütze serviert.
*Königstr. 5–7, Tel. 04 51/7 38 12, Di–Sa 11–22 Uhr, So 11–15 Uhr,*

### Lachswehr

Das klassizistische Haus mit Biergarten liegt an einem Travearm außerhalb der Altstadt. Wie der Name es verspricht, gibt es hier raffinierte Lachsgerichte.
*Lachswehrallee 38, Tel. 04 51/8 41 14, Mi–Mo 12–15 und 18–24 Uhr, mittlere–obere Preisklasse*

### Wullenwever

Gaumenfreuden auf höchstem Niveau erwarten den Gast im 1758 errichteten Patrizierhaus. Die frische, von Gourmetführern ausgezeichnete Küche ist für Feinschmecker die Nummer 1 in Lübeck.
*Beckergrube 71, Tel. 04 51/70 43 33, Mitte März–Sept. und Nov.–Mitte Feb. Di–Fr 12–14 und 19–23 Uhr, Sa 19–23 Uhr, obere Preisklasse*

## MOLFSEE
### Drathenhof

Ebenso museal wie das Freilichtmuseum nebenan ist das Interieur des Dra-

**Klein und gemütlich: Restaurant »Weberhaus« in Heiligenhafen**

**Panker: »Forsthaus Hessenstein«**

thenhofs. Das Brot wird nach alter Art im Museum gebacken.
*Hamburger Landstr. 99, Tel. 04 31/ 65 08 89, Feb.–Dez. Di–Sa 10–24 Uhr, So/Fei 10–18 Uhr, mittlere Preisklasse*

## NEUSTADT-PELZERHAKEN
### Landhaus Lass

Das gemütliche Haus in Strandnähe bietet für jeden Gaumen etwas: frische Fisch- und Wildgerichte und mehr als 20 Gerichte für Vegetarier.
*Pelzerhakener Str. 1–3, Tel. 0 45 61/73 14, Apr.–Dez. Do–Di 11.30–14 und 17.30–23 Uhr, Jan.–März Fr–Di 17.30–23 Uhr, Sa/So auch 11.30–14 Uhr, mittlere Preisklasse*

## PANKER
### Forsthaus Hessenstein

Auf dem Pilsberg lockt das »Forsthaus Hessenstein« seine Gäste mit Wildbret aus den Wäldern des Landgrafen und Fisch aus der Hohwachter Bucht. Die Karte wechselt wöchentlich, der herrliche Blick vom benachbarten Aussichtsturm »Hessenstein« bleibt.
*Tel. 0 43 81/94 16, Mai–Okt. Di–Sa ab 14 Uhr, So ab 12 Uhr, Nov.–Apr. Di–Fr ab 17 Uhr, Sa ab 14 Uhr, So ab 12 Uhr, mittlere Preisklasse*

## SIELBECK
### Uklei Fährhaus

Das Haus zwischen Keller- und Ukleisee ist ein Ausflugslokal guter alter Schule: Terrasse riesig, Bedienung höflich, Kuchen schmackhaft, Portionen reichlich, Karte umfangreich.
*Eutiner Str. 7–9, Tel. 0 45 21/24 58, Feb.–Nov. tgl. 7–23 Uhr, untere–mittlere Preisklasse, 25 Zimmer*

## TIMMENDORFER STRAND
### Fuchsbau

Das Haus liegt in Groß-Timmendorf, abseits vom lärmigen Strandrummel: Hier hat man auch im Garten seine Ruhe. Die Küche bietet Regionales à la saison in sehr guter Qualität.
*Dorfstr. 11, Tel. 0 45 03/80 20, tgl. 7–23 Uhr, mittlere Preisklasse*

### Seelord

Schon die Einrichtung des Restaurants – alles alt und original – lohnt einen Besuch, erst recht die gutbürgerliche Küche. Zwar schmeckt hier auch ein Steak, doch viel stilechter sättigt man sich mit Matjes oder Labskaus.
*Timmendorfer Platz 7, Tel. 0 45 03/13 68, tgl. 11.30–23 Uhr, mittlere Preisklasse*

*Langeweile kommt in der Villa Hoheneck am Nordufer des Nord-Ostsee-Kanals nie auf, denn von der Terrasse aus kann man den Betrieb in den Holtenauer Schleusen beobachten. Drinnen empfangen Kamin- und*

*Erkerzimmer den Gast mit der Behaglichkeit einer mehr als 100 Jahre alten Villa. Man serviert gleichermaßen Fleisch und Fisch, letzterer findet sich auch auf dem beliebten »Kaiser-Wilhelm-Teller«. Friedrich-Voß-Ufer 57, Tel. 04 31/ 36 11 51, Mai–Sept. tgl. 12–24 Uhr, Okt.–Apr. Mo–Fr 17–24 Uhr, Sa/So 12–24 Uhr, mittlere Preisklasse*

*Billund in Dänemark ist das Mekka der Legofans. Im Jahr 1953 wurde hier der erste Legostein gegossen und 15 Jahre später der Freizeitpark eröffnet. Was man mit den kleinen Plastikdingern alles*

*machen kann, läßt alljährlich eine Millionenschar Kinder und Erwachsene Bauklötze staunen: Unzählige Gebäude, eine Westernstadt, ein Piratenland, ein Safaripark – alles aus Legosteinen. Legoland liegt etwa 150 km von Flensburg entfernt. Anfahrt: E 45 bis Vejle und über die N 28 nach Billund, Tel. 00 45 75/ 33 13 33, Apr.–Okt. tgl. 10–20 Uhr, Juli/Aug. bis 21 Uhr*

# Freizeit

## BURG
### Gäste-Segeln

Auch wer Steuerbord nicht von Backbord und Luv nicht von Lee unterscheiden kann, darf bei »Onkel Charly« an Bord. Der von einem Verein betriebene Holzsegler ist groß genug, um etwa 20 seemännisch Unerfahrene auf Zwei-Stunden-Törns mitzunehmen.
*Hafen Burgstaaken, Tel. 0 43 71/49 93, Mai–Sept.*

## DAMP
### Aqua Tropicana

In dem Planschparadies herrschen jahraus, jahrein 31 Grad Luft- und 29 Grad

Kieler Woche: Die »Spiellinie«

Der »Eselpark« in Nessendorf

Wassertemperatur. Die anhaltende Wärme läßt sogar Bananen reifen. Die Allerjüngsten werden in einem eigenen Bereich fachkundig an das feuchte Element herangeführt.
*Ferienpark, Tel. 0 43 52/80 85 80, tgl. geöffnet*

## EUTIN
### Kutschfahrten

Ausspannen, indem man anspannen läßt – eine Kutschfahrt macht's möglich. Auf einer Tour durch die Eutiner Umgebung genießt man die herrliche Landschaft in beheizbaren Wagen.
*Eduard Moser, Braaker Str. 18, Tel. 0 45 21/26 92*

## GLÜCKSBURG
### Menke-Planetarium

Wer die Sternbilder erkennen und mehr über das aktuelle Geschehen am Firmament wissen möchte, sollte sich im Planetarium informieren.
*Fördestr. 35, Tel. 0 46 31/25 69 (Programmauskunft), Vorträge Di und jeden 2. Fr 19.30 Uhr, Astronomie für Kinder und Erwachsene jeden 2. Di 16 Uhr*

### Rosarium

Im Schloßpark gibt es weit mehr als 400 historische und englische Rosensorten. Besonders lohnend ist der Besuch zur Hochblüte um den 20. Juni, wenn die Blumen in allen erdenklichen Farben leuchten und betörend duften.
*Tel. 0 46 31/6 01 00, Mitte Mai–Sept. tgl. 10–18 Uhr*

Ein idealer Wasserspielplatz: Die flachen Küstenstreifen der Ostsee

## GROSSENASPE
### Wildpark Eekholt

20 km südlich von Neumünster, am Rand des Segeberger Forstes, bevölkern heimische Wildtiere und Wölfe ein 65 ha großes Gelände. Mit seinen interessanten umweltpädagogischen Lehrschauen versteht sich der Park auch als Naturbildungsstätte.
*Tel. 0 43 27/9 92 30, tgl. 9–20 Uhr, Okt.–März bis Sonnenuntergang geöffnet*

## HEILIGENHAFEN
### Natureum Steinwarder

Auf der Halbinsel Steinwarder vor Heiligenhafen lädt ein ökologisch orientierter Erlebnispark dazu ein, spielerisch die Natur zu entdecken. Es gibt einen Lehrpfad zum Thema »Lebensraum Küste«, und im »grünen Klassenzimmer« lernt man gern dazu. Dabei kommt auch der Spaß nicht zu kurz – Kinder können auf Ponys reiten.
*Natur Pur – Umweltberatung Kai Sievers, Wildkoppelweg 13, Tel. 0 43 62/ 88 45, Apr.–Okt. Mo–Do 14–18 Uhr, Fr–So 10–20 Uhr*

## KAPPELN
### Ausflugsfahrten nach Dänemark

Die Strecke Kappeln–Sonderburg gehört zu den Klassikern unter den Ausflugstouren. Sie wird ganzjährig angeboten. Auf der Überfahrt kann zollfrei eingekauft werden.
*Fahrplan: FRS Förde Reederei Seetouristik, Tel. 04 61/86 40*

## KIEL
### Ballonfahrten

Abheben und sich treiben lassen kann man ab Kiel, Rendsburg, Flensburg, Lübeck und Neumünster. Die Route bestimmt der Wind, und auch den Landeplatz kennt man nicht so genau.
*Ballonwerbung Hamburg GmbH, Tel. 04 31/90 62 80, Apr.–Okt.*

## LÜBECK
### Wakenitzfahrt

Über das romantische Flüßchen, das vom Ratzeburger See nach Lübeck in die Trave strömt, führt eine zauberhafte Schiffstour ab dem Anleger Moltkebrücke. Die einfache Fahrt nach Rothenhusen am Nordende des Ratzeburger Sees dauert etwa anderthalb Stunden.

*Personenschiffahrt Maiworm, Tel. 04 51/ 3 54 55, Fahrtzeiten Ostern–Mitte Okt. tgl., Bürozeiten Mo–Fr 8–11 Uhr*

### LÜBECK-TRAVEMÜNDE
**Erlebnisbad »Aqua Top«**

Das Bad verfügt über eine Wasserrutsche, ein Brandungsbecken und eine Softsauna, die für besonderes Wohlempfinden sorgt. Man kann auch ins Freie schwimmen – besonders in der kühleren Jahreszeit eine reizvolle Alternative zu anderen Hallenbädern. *Strandpromenade 1b, Tel. 0 45 02/ 8 04 44, tgl. 10–21 Uhr*

### NESSENDORF
**Eselpark**

In dem 15 km südwestlich von Oldenburg gelegenen Park tummeln sich

mehr als 100 Grautiere aller Rassen, darunter auch die hier gezüchteten Holsteiner Riesenesel. Man kann sich von »seinem« Esel gemütlich durch die Lande kutschieren lassen, und Kinder dürfen sogar auf ihm reiten. *Wiesengrund 3, Tel. 01 80/2 21 46 46, 15. März–Okt. tgl. 10–18 Uhr*

### OWSCHLAG
**Mini-Born**

An der A 7 zwischen Rendsburg und Schleswig steht eine Welt im Kleinformat. Etwa 100 bekannte Gebäude wurden hier im Maßstab 1:25 nachgebildet. Aus der Region trifft man u. a. das Lübecker Holstentor, die Rendsburger Hochbrücke sowie die Schlösser Gettorf und Glücksburg in verblüffender Detailtreue wieder.

*Beekstr. 41, Tel. 0 43 36/9 97 70, Apr.–Okt. 10–19 Uhr*

### PLÖN
**Große Plöner Seerundfahrt**

Ab Anlegestelle Fegetasche über die »Perle der Holsteinischen Schweiz«, den Großen Plöner See: Moderne Schiffe mit verglasten Salons und Sonnendecks fahren unmittelbar am Plöner Schloß und der Prinzeninsel vorbei. Die Tour entlang waldreicher Ufer sowie interessanter Natur- und Vogelschutzgebiete dauert 2 Std.

**Fehmarn: Segeln mit »Onkel Charly«**

**Mit der Kutsche das Eutiner Umland erkunden – Eduard Moser macht's möglich**

*Plöner Motorschiffahrt, Tel. 0 45 22/ 67 66, Mai–15. Sept. tgl. ab 10 Uhr, 16. Sept.–5. Okt. tgl. ab 11 Uhr*

### PREETZ
**Stadtökopfad**

Der ökologische Rundweg der Schusterstadt führt zu Feuchtwiesen sowie zu Nistkästen für Fledermäuse und folgt einem »Insektenpfad«. Eine vom BUND herausgegebene Broschüre mit Erläuterungen ist beim Fremdenverkehrsverein erhältlich. *An der Mühlenau 5, Tel. 0 43 42/22 07*

### PUTTGARDEN
**Fähre nach Rødby**

Tag und Nacht pendeln die Fähren zwischen Fehmarn und Lolland, überwiegend im Halbstundentakt. Man kann für wenig Geld als Fußgänger mitfahren. Wer nicht gleich wieder zurück möchte, nimmt eines der zahlreichen Tourenangebote wahr oder vertreibt sich einfach am Strand von Rødby in den Dünen (!) die Zeit . *DFO Vogelfluglinie, Tel. 01 80/5 34 34 41*

### TINGLEV/DÄNEMARK
**Sommerland Syd**

Südjütlands größter Freizeitpark liegt 25 km jenseits der Grenze. Insgesamt bietet das Sommerland weit mehr als 70 Attraktionen, deren Benutzung im Eintrittspreis enthalten ist. *Autobahn in Richtung Apenrade, Abfahrt Nr. 27, Tel. 00 45/74/64 22 00, Mitte Mai–Anfang Sept. tgl. 10–17 Uhr*

### TOLK
**Tolk-Schau**

Der Freizeitpark in dem Ort nordöstlich von Schleswig bietet von der Achterbahn bis zur Trampolinanlage die verschiedensten Anziehungspunkte. Alles ist eine Nummer kleiner und familiärer als z. B. im Sierksdorfer Hansapark. *Anfahrt über die B 201, Tel. 0 46 22/ 9 22, Ostern–Ende Okt. tgl. 10–18 Uhr*

### WARDER
**Tierpark**

Der 40 ha große Zoo südwestlich von Kiel ist eine Arche Noah für seltene und vom Aussterben bedrohte Haus- und Nutztiere. Etwa 120 Rassen sind vertreten, darunter solche Exoten wie Lockengänse, rotbunte Husumer Schweine und skandinavische Fjällrinder. In einem Streichelhof begegnen die Kinder Ziegen und Ferkeln. *Anfahrt über die A 7, Langwedeler Weg 11, Tel. 0 43 29/12 80, tgl. 9–18 Uhr*

### WEISSENHÄUSER STRAND
**Subtropisches Badeparadies**

In dem Erlebnisbad mit Südseeambiente kann man an Piranhas vorbeischwimmen – völlig gefahrlos, denn die Fische sind hinter Glas. Zur Anlage gehört auch eine Freizeithalle für verschiedene Indoor-Aktivitäten. *Seestr. 1, Tel. 0 43 61/5 50, Mo–Fr 9.30–20.30 Uhr, Sa/So ab 9 Uhr*

*Von Lübeck sind es knapp 30 km in den Wilden Westen nach Bad Segeberg. Dort dient eine ehemalige Kalkgrube bereits seit 1952 als Kulisse für die Karl-May-Festspiele. Was damals ganz klein begann, ist heute ein aufwendiges Spektakel mit atemberaubenden Stunts*

*und pyrotechnischen Effekten. Jedes Jahr steht ein anderes Abenteuer auf dem Programm – Winnetou ist natürlich jedesmal dabei. Infos und Karten: Kalkberg GmbH, Karl-May-Platz, 23795 Bad Segeberg, Tel. 0 45 51/ 9 52 10, Fax 10 30, Spielzeit: Ende Juni–Ende Aug. Do–So*

# Sport

## BURG
### Insel-Radeln

Da sich auf Fehmarn der Verkehr weitgehend auf die E 47 konzentriert, die kreuzungsfrei über- oder unterquert wird, und die Insel dazu noch platt wie eine Flunder ist, läßt es sich hier besonders gut radeln. Außerdem verkehrt zwischen Mai und Sept. ein Inselbus mit Fahrradanhänger, der müde Radler aufnimmt und heimfährt. Räder, auch mit Kinderanhängern, vermietet *Conny's Zweiradladen, Breite Str. 46, Tel. 0 43 71/13 03, auch So 10–12 und 17–18 Uhr*

**Reiterferien bei »Lütt Piergorn«: Ausritt durch das große Waldgebiet bei Dahme**

### Surfen

Ein beliebtes Surferparadies liegt am Südstrand von Burg. Der Wulfener Hals schirmt den Binnensee vom Fehmarnsund ab, doch es bleibt eine schmale Öffnung. So kann man im ruhigen Binnenwasser starten und sich nach etwas Übung auf das offene Meer wagen. Das Know-how vermittelt die *Surfschule Charchulla, Südstrand, Tel. 0 43 71/34 00, Apr.–Okt. tgl. ab 9 Uhr*

## DAHME
### Reiten

Vom Tagesaufenthalt über Unterricht bis hin zu Reiterferien für Kinder reicht die Angebotspalette der »Ostseereitschule Lütt Piergorn«.
*Gruberhagen, Tel. 0 43 64/5 25, Bürozeiten Mo–Mi und Fr/Sa 16–18 Uhr, So 10–12 Uhr*

## DERSAU
### Laufsport

Falsches Joggen kann gesundheitsschädlich sein. Wie man es vernünftig macht erfährt, man in den mehrtägigen Seminaren der »Laufsportschule Andreas« am Großen Plöner See. Als Gast des schönen, komfortablen Hauses mit Whirlpool nimmt man an individuell abgestimmten Laufeinheiten teil und wird in Ernährungsfragen beraten.
*Am Eichholz 7, Tel. 0 45 26/15 11*

## EUTIN
### Paddeln

Die Stadt ist ein idealer Ausgangsort für Kanufahrten durch die Holsteinische Schweiz und Startpunkt der großen Schwentine-Wasserwanderung nach Kiel. Die Boote können tage- und wochenweise beim »Kanuverleih Keusen« gemietet werden – inklusive Einweisung und Rückholservice.
*Sielbecker Landstr. 17, Tel. 0 45 21/42 01, Mo–Sa außer Fei ab 9 Uhr*

## HEILIGENHAFEN
### Segeln und Surfen

Die Lage der Stadt an einem Binnensee und an der Ostsee ermöglicht es Seglern und Surfern oder solchen, die es werden wollen, ihren Wassersport auf den beiden grundverschiedenen Revieren zu erlernen und auszuüben.
*Segel- und Surfschulen:*
*Axel Malicke, Lütjenburger Weg 71, Tel. 0 43 62/14 41, Mai–Okt.; Ralph Bennewitz, Kapitän-Nissen-Str. 3, Tel. 0 43 62/22 44, Ostern–Sept.*

**Surfrevier Fehmarn: Die Orther Bucht**

## HOHWACHT
### Golf

Auf der 18-Loch-Anlage des »Golf & Country Club Hohwachter Bucht« tummeln sich Spieler jeder Handicapstärke. Auch wer erstmals den Schläger schwingt, ist willkommen. Clou des Platzes ist das »Golfodrom«, ein weitläufiges Gelände, auf dem man alle möglichen Spielsituationen üben kann. Es werden Schnupper-, Einsteiger- und Fortgeschrittenenkurse angeboten.
*Ortsteil Neudorf, Tel. 0 43 81/96 90, Apr.–Okt. ab 9 Uhr, Nov.–März ab 10 Uhr*

## KATHARINENHOF
### Tauchen

Wem das Schnorcheln an der Wasseroberfläche nicht mehr reicht, der kann im Westen Fehmarns das Tauchen erlernen. Die »Tauch-Basis« verleiht zudem die komplette Ausrüstung und bildet Tauchlehrer aus.
*Dorfstr. 27, Tel. 0 43 71/54 93*

**Beach-Volleyball wurde schon vor 75 Jahre**

## MAASHOLM
### Hochseeangeln

Wer einmal in der Ostsee sein Anglerglück versuchen möchte, kann in den Küstenorten zu Hochsee-Angelfahrten starten. Eine bewährte Veranstalterin von Tages- oder Mehrtagestörns ist Fredi Bruhn im Fischerdorf Maasholm.
*Am Hafen, Tel. 0 46 42/60 62 und 66 62, März–Dez. Tagesfahrten tgl. 7.30–16 Uhr*

## PLÖN
### Segeln

Zu den schönsten Segelrevieren im schleswig-holsteinischen Binnenland zählt der Große Plöner See. In Plön kann man die Prüfung zum Sportbootsführerschein »Binnen« ablegen.
*Segelschule Plön, Ascheberger Str. 70, Tel. 0 45 22/41 11, Apr.–Anfang Okt. ab 8 Uhr*

*Von Flensburg nach Travemünde, immer an der Küste entlang – auf dem Ostseeküsten-Radweg sind das genau 452 km. In einer Woche ist die Strecke gut zu schaffen, und es bleibt unterwegs immer noch genug Zeit zum Verweilen. Natürlich kann man auch Teilstrecken*

*absolvieren; die Bahn macht Radfahrern spezielle Netzkartenangebote. Als Planungshilfe empfiehlt sich der Radwanderführer »Ostseeküsten-Radweg« vom Haupka-Verlag. Er enthält Hinweise zu Sehenswürdigkeiten, wichtige Adressen und ein Unterkunftsverzeichnis. Das praktische Ringbuch mit Kartenmaterial ist im Buchhandel erhältlich.*

# Einkaufen

### BAD MALENTE
### Glasgalerie Malente

Beim Bootsanleger am Kellersee kann man zusehen, wie Gläser geblasen werden, und die fragilen Gefäße erwerben, auf Wunsch auch mit Gravur.
*Janusallee 18, Tel. 0 45 23/49 55, Apr.–Sept. Mo–Sa 9–13 und 14–18 Uhr, So und Fei 10–17 Uhr, Okt.–März Mo–Fr 9–13 und 14–18 Uhr, Sa 9–13 Uhr*

### BURG
### Inseltöpferei Fehmarn

Handgearbeitete Keramik nach eigenen Entwürfen stellt die Designerin Christa Bänfer her. Alle Stücke sind entweder in Kleinserien produziert oder Unikate.
*Niendorfer Str. 12, Tel. 0 43 71/67 75, Mo–Fr 10–12 und 14.30–18 Uhr, Sa 10–12.30 Uhr*

n Kalifornien gespielt – an der Ostseeküste boomt der Sport erst seit kurzem

### HEILIGENHAFEN
### Schwedische Töpferei Lilo Jansson

Die Kunsthandwerkerin lebte viele Jahre in Schweden, wo sie ihre unverwechselbare Technik entwickelte. Auffällig ist die rauhe Oberfläche der Werke.
*Achterstr. 5, Tel. 0 43 62/89 25, Mi–Sa 10–12 Uhr und nach Anmeldung*

### KAPPELN
### Aalräucherei Föh

Sie gehören zum Stadtbild wie die Mühle und die Kirche: die drei Schornsteine mit den Buchstaben A-A-L. Im Laden werden viele Arten von Fisch in frischem, geräuchertem oder tiefgekühltem Zustand verkauft, außerdem leckere Salate und Fischbrötchen.
*Dehnthof 26–28, Tel. 0 46 42/22 74, Mo–Fr 8.30–12 und 14.30–18 Uhr, Sa 8.30–12 Uhr*

### KIEL
### Delikatessenhaus Hohwü

Für Feinschmecker ist der äußerlich eher unscheinbare Laden in der Fußgängerzone die erste Adresse in ganz Schleswig-Holstein. Hier bekommt man nahezu alles, was lecker und rar ist. Allein das Weinangebot umfaßt einige hundert Sorten.
*Holstenstr. 80, Tel. 04 31/9 10 38, Mo–Fr 9.15–18 Uhr, Sa 9–13 Uhr*

### Yacht- und Bootszubehör A. W. Niemeyer

Beim Sartorikai bringen die Segler ihre Ausrüstung auf den neusten Stand. Maritime Laien können sich hier mit garantiert wetterfester Kleidung eindecken; ein zünftiger Südwester macht aus jeder Landratte zumindest optisch einen Seebären. Außerdem ist die Kopfbedeckung ein originelles Mitbringsel.
*Wall 42, Tel. 04 31/97 41 70, Mo–Fr 9.30–19 Uhr, Sa 9–14 Uhr*

### KROKAU
### Probsteier Imker

Bei Schönberg gibt es Honig, Met und Bienenwachskerzen direkt vom Erzeuger. Und wer sich näher für die Imkerei interessiert, erfährt im Rahmen einer kleinen Führung alles über Bienen und ihre Produkte.
*Gerhard Heide, Dorfstr. 1b, Tel. 0 43 44/14 14, Mi ab 15 Uhr, Sa 9–13 Uhr und nach Anmeldung*

### LÜBECK
### Weinhandel H. F. von Melle

Tradtionsreiches Weinhandelshaus (seit 1853) mit hervorragender Beratung. Neben dem berühmten Lübecker Rotspon gibt es auch Althäuser Sekt.
*Beckergrube 86, Tel. 04 51/7 10 59, Mo–Fr 9–18 Uhr, Sa 9–13 Uhr*

### NEUSTADT
### Blaudruckerei J. H. Koch

Bei den Kochs wird noch das selten gewordene Handwerk des Blaudrucks ausgeübt. Auch färbt man hier das Leinen nach alter Technik. Heraus kommen traumhafte Stücke mit weißen Motiven auf blauem Grund.
*Vor dem Kremper Tor 11, Tel. 0 45 61/62 04, Mo–Fr 8.30–12 und 14–18 Uhr, Sa 8.30–12 Uhr*

Neustadt: »Blaudruckerei J. H. Koch«

»Aalräucherei Föh« in Kappeln

### PREETZ
### Holzschuhmacherei

In seiner Freizeit hält Lorenz Hamann die Tradition der Schusterstadt lebendig. Samstags kann man ihm bei der Arbeit über die Schulter schauen und sich Clogs nach Maß anfertigen lassen.
*Wakendorfer Str. 17, Tel. 0 43 42/8 12 17, Mo–Sa 9–12 Uhr*

### RENDSBURG
### Krügers Whiskygalerie

Beim Anblick der Sammlung läuft Kennern das Wasser im Mund zusammen: Sie umfaßt annähernd 3300 kleine und 1500 große Whiskyflaschen verschiedener Sorten und Reifegrade. 150 Sorten können probiert werden.
*Holsteiner Str. 18–20, 1. Stock, Tel. 0 43 31/5 65 64, Sa 10–13 Uhr und nach Anmeldung*

*Urlauber in Ostholstein müssen nicht gleich nach Lübeck oder Kiel fahren, wenn sie Lust auf Shopping bekommen. Im hübschen Städtchen Oldenburg mit seinen alten Gassen und Plätzen kann man in aller Ruhe aus einer breiten Warenpalette auswählen. Gemütliche Straßencafés laden zum Verschnaufen ein, und mittwochs*

*und samstags findet ein bunter Wochenmarkt statt. Besonderes Souvenir: das »Oldenburger Königsspiel«, ein jahrhundertealter Freizeitspaß. Die Originalsteine des Brettspiels wurden vor Ort in einem Fürstengrab gefunden. Erhältlich ist es im Wallmuseum.*

**Nördlichster Punkt der größten deutschen Insel: Kap Arkona auf Rügen** ★★★

**Vom Feinsten: Sandstrand in Heringsdorf** ★★

**Mächtig und stolz: Marienkirche in Stralsund** ★★★

**Wasserkunst in Wismar** ★★

## DIE TOP TEN DER REGION:

### Nationalpark Jasmund
An der Kreideküste Rügens, wo Wind und Wetter bizarrste Formen entstehen ließen, finden Wanderer und Naturfreunde eine Landschaft von einmaligem Reiz.

### Halbinsel Zudar
Unwirklich erscheinen die Kormorankolonien, die die Bäume der Halbinsel bevölkern.

### Ahlbeck
Das Wahrzeichen des Seebades auf der Insel Usedom ist die Seebrücke mit ihrem türmchenbekrönten Pavillon.

### Greifswald
Ein romantisches Motiv nicht nur für Freunde der Malerei: die Klosterruine Eldena.

### Prerow
Fast nahtlos ist der Übergang vom »Urwald« zum Strand.

### Klockenhagen
Im Freilichtmuseum findet man zahlreiche historische Bauernhöfe.

### Zingst
Die Kräfte der Natur walten ungestört im Nationalpark Vorpommersche Boddenlandschaft.

### Kap Arkona
Die 50 m hohe Steilküste krönen gleich zwei Leuchttürme.

### Heringsdorf
Der einst bekannteste Badeort der Ostsee ist wieder im Kommen.

### Stralsund
Die Stadt ist eine Insel: Reichtum und Pracht rotleuchtender Backsteinarchitektur.

★★★ **einzigartig**
★★ **außergewöhnlich**
★ **sehenswert**

# Wo liegt das Paradies?

Fritz Reuter, Mecklenburgs berühmtester Dichter, hat keinen Zweifel aufkommen lassen: Dies ist das Paradies. Und Bismarck höhnte, wenn die Welt unterginge, würde er sich nach Mecklenburg begeben, weil dort alles hundert Jahre später stattfände. Das ist kein Widerspruch.

Tausende aus den neuen Bundesländern wußten es ohnehin. Sie haben sich mittlerweile unter Palmen und an fremden Stränden umgesehen und sind zurückgekehrt an Deutschlands schönste Küste. Tausende aus den alten Bundesländern haben sie neu entdeckt. Haben zum erstenmal in ihrem Leben Seeadler gesehen, sind über Hügel gestolpert, die sich als vorzeitliche Gräber erwiesen, haben verfallene Schlösser gesucht und elegante Hotels gefunden, Inseln entdeckt, die auf keiner Landkarte verzeichnet waren, und Kraniche über ein einsames Land ziehen sehen.

Überhaupt – die Inseln: Usedom, das wie ein Känguruh auf der Landkarte liegt, dem die Ostsee bis nach Polen den Buckel hinunterläuft, das stille Achterwasser im Beutel. Das Seepferdchen Hiddensee, exklusiver Osturlaubstraum seit Jahrzehnten. Und Rügen, die Schönste, natürlich. Nicht zu vergessen die Hansestädte, die mit unterschiedlichem Erfolg vergangenen Glanz und Stolz zurückerobern.

Ja, und wo gibt es so lange, schöne Alleen? Wo biegen sich die Bäume wie Gespenster am Meer? Wo kann man von der Haustür aus mit dem Boot aufs Festland fahren? Wo kann man stundenlang im feinen Sand spazieren und keinen Menschen treffen? Im Paradies – an der Mecklenburg-Vorpommerschen Ostseeküste.

# INHALT

*Mondäne Villen mit filigran geschnitzten Holzveranden, verspielten Türmchen, Engelchen und eleganten Säulen, die scheinbar mühelos ihre weißen Dächer tragen: das ist Bäderarchitektur, wie sie nur einmal auf der Welt zu finden ist, nämlich an der Ostseeküste Mecklenburg-Vorpommerns. Von*

*Boltenhagen bis Usedom zieht ihr Charme Besucher wieder aufs Neue in ihren Bann, läßt an Zeiten denken, als Baden ein Mittelpunkt kuturellen Lebens war.*

*»Die Wellen aber rauschen unaufhörlich an das Ufer, und ist es auch nicht der köstliche Bernstein, den sie an das Land spülen, so ist es doch die Sage, das geheimnisvolle Leben und Weben der Geister, was der Wanderer aus dem Gemurmel der Wellenstimmen vernimmt.«*

**Louis Passarge**

## 4 Rügen und Hiddensee

Deutschlands größte Insel ist für viele die schönste. Das Eiland der Superlative hat am Königsstuhl die höchste und bei Kap Arkona die am nördlichsten gelegene Küste. Putbus ist die letzte planmäßig erbaute Residenzstadt Europas. Mit Binz, dem »Nizza der Ostsee«, besitzt Rügen einen der begehrtesten Immobilienstandorte. Ideal zum Wandern und Radfahren ist das kleine, autofreie Hiddensee. **Seite 240**

**SPECIAL**

**Caspar David Friedrich**
Der deutsche Romantiker fand die Vorbilder für seine symbolträchtigen Gemälde in der Landschaft Mecklenburg-Vorpommerns: allen voran die Kreidefelsen auf Rügen und die Ruine Eldena. **Seite 250**

## 5 Usedom und seine Seebäder

An der zehn Kilometer langen Strandpromenade haben Bansin, Heringsdorf und Ahlbeck die Kaiserzeit wieder aufleben lassen: Türmchen und filigran geschnitzte Holzveranden, silbern glitzernde Dachpyramiden und dazu unvergleichliche Seebrücken, auf denen Pavillons stehen, als ob es nie Krieg und Sozialismus gegeben hätte. Im Lieper Winkel am ländlichen Achterwasser und in Peenemünde scheint die Zeit schon lange stehengeblieben zu sein. **Seite 252**

**SPECIAL**

**Seebäder**
Das deutsche Badeleben begann in der Mecklenburger Bucht: Hochgeschlossen wagte man sich in die Fluten, und an der Ostseeküste entstand eine Architektur von einzigartigem Reiz. **Seite 262**

## SUPERSPECIAL

### Hansestolz und Badefreuden

Schon seit der Jungsteinzeit ist die Ostseeküste ein besiedeltes Gebiet. Slawische Stämme bauten hier ihre Burgen und verehrten mehrköpfige Götter, bis sich ihr Fürst Jaromar 1160 taufen lassen mußte. Im Mittelalter wurden die Städte an der Küste reich, mit ihren Schiffen durchquerten sie die Weltmeere. Sie kannten nur einen Feind: die Seeräuber. Mit dem Dreißigjährigen Krieg kam Armut und Zerstörung über das Land. Die Gründerzeit brachte dann Kaiser und Könige an die Küste. In Heiligendamm lernte Deutschland im Meer zu baden.

**Seite 234**

*Edelmann und Held der Armen: Klaus Störtebeker*

## SERVICE

**Bizarre Skulpturen aus Kreide: Nirgends sind sie so aufregend wie bei den Wissower Klinken auf Rügen. Zackige Zinnen, weiße Kegel und geheimnisvolle Pyramiden sind das Werk der Jahrhunderte und verändern sich weiter: Erosion heißt das Zauberwort.**

Wie eine Glucke hockt die wuchtige Marienkirche über den Rostocker Altstadthäusern. Und wenn zu ihren Füßen vor historischen und modernen Giebeln Marktstände aufgebaut werden und die Shanty-Chöre sich gegenseitig übertönen, wenn die Segelschiffe im Stadthafen vor Anker gehen, dann ist Rostocker Sommer.

Netzeflicken gehört immer noch zur Arbeit der Fischer in Neuendorf auf Hiddensee. Vom Tourismus allein hat man hier nie gelebt, die vielen Tagesgäste stören eher. Aber ins denkmalgeschützte Neuendorf gelangen ohnehin die wenigsten – sie müßten zu Fuß oder mit dem Fahrrad kommen, denn Hiddensee ist autofrei.

Ländliche Idylle auf Rügen: Doch beschwerlich ist der Weg hierher, denn nur auf Kopfsteinpflasterwegen erreicht man so beschauliche Dörfer wie Vilmnitz östlich von Putbus.

Grüne Haine des Reisens: So nannte Theodor Fontane die grünen Blättertunnel wie diese lichtdurchflutete Allee zwischen Putbus und Garz.

Unheimlich: In Massen lassen sich die storchengroßen Kormorane in den von ihrem Kot verätzten Bäumen nieder.

Urwald: Auf der unter Schutz gestellten Insel Vilm darf jeder Baum wachsen wie er will.

Morgenstunde: Jeden Tag fahren die Fischer von Mönchgut aus. Das wenige, was sie noch fangen, landet zumeist auf den Tellern der Feriengäste.

Baumgeflüster: Wie graue Skelette ragen die Buchen im Gespensterwald von Nienhagen in die Höhe.

Inselzierde: Die Ahlbecker Seebrücke von 1898 hat Usedom bekannt gemacht. Hier badete man schon zu Kaisers Zeiten, hier drehte Loriot einige Szenen aus »Pappa ante portas«, und hier stritt man landesweit, ob ein Amerikaner ein pommersches Haus bewirtschaften dürfe.

Im Rostocker Stadthafen ist immer etwas los: Von Juni bis September wird jedes Jahr mit Konzerten, Kunstausstellungen, Theateraufführungen und Folklore gefeiert. Das »Tor zur Welt« ist wieder offen, und Windjammer sind im Rostocker Hafen keine Seltenheit. Mit welchem Erfolg sich die Kräne drehen, wird die Zukunft zeigen.

# Rostock und die Mecklenburger Bucht

Leise und bescheiden wäre die Mecklenburger Bucht mit ihren reizvollen kleinen Badeorten und der Insel Poel, wenn mit Wismar und Rostock nicht auch zwei bedeutende Städte an diesem Teil der Ostseeküste lägen. Und wenn nicht Warnemünde, das die Rostocker 1323 gekauft hatten, mit einer Quirligkeit und Hafenromantik lockte, die an der Ostseeküste einzigartig ist. Keine Stunde braucht man zudem vom mittelalterlichen Wismar zur Landeshauptstadt Schwerin. Kurz ist der Weg auch in den Klützer Winkel zum Barockschloß Bothmer und zum Dorf Mecklenburg, das jahrzehntelang Anlaß zur Vermutung gab, das Dorf sei als »sozialistisches Musterdorf« mit diesem Namen ausgezeichnet worden.

*In Kühlungsborn baute der Rostocker Hofkorbmacher Wilhelm Bartelmann 1882 auf Wunsch einer rheumakranken Dame einen Windschutz für den Strand. Der sah aus wie ein Wäschekorb mit Markise, und die Leute machten sich darüber lustig.*

*Bartelmanns geschäftstüchtige Ehefrau kam dann auf die Idee, solche Körbe am Strand von Warnemünde zu vermieten. Anfänglich spöttelten die Leute, doch schon bald standen sie Schlange.*

Blättertunnel: Alleen laden zum Spaziergang ein

Das Doberaner Münster: Fast wie eine französische Kathedrale

China-Mode: Der Weiße Pavillon in Bad Doberan

Der Hafen Timmendorf ist der lebendigste Ort auf der Insel Poel

**EXTRA-TIP**

*Noch ist es leider die Ausnahme, doch wird bei öffentlichen Einrichtungen immer häufiger behindertengerecht geplant und gebaut. So gibt es beim Konzertgarten-Ost in Kühlungsborn einen Badesteg für Behinderte, der mit dem Rollstuhl befahren werden kann. An seinem Ende sind Spezialgriffe und eine Rutsche angebracht. Vom großen Parkplatz in der Nähe führt ein gepflasterter Weg direkt zum Steg.*

Es ist wie im Film: Die Sonne spielt im endlosen Blättertunnel von Bad Doberan nach Heiligendamm, schnurstracks führt die Straße ans Meer, und dort überfällt den Reisenden eine unglaubliche Helligkeit – alles scheint weiß und wirkt an trüben Tagen fast unwirklich. Es ist Mittag, und wenige Menschen bewegen sich in der klassizistischen Kühle der weißen Gebäude in Deutschlands ältestem Seebad.

1793 hatte der Rostocker Arzt Samuel Gottlieb Vogel dem Herzog von Mecklenburg-Schwerin zum Bau eines Badehauses geraten, da das Baden im Meer bei Kränklichkeiten des Körpers helfe. Der Herzog war nicht krank, sondern versprach sich Unterhaltung von solchem Unternehmen. Er beauftragte den angesehenen Architekten Carl Theodor Severin, und dieser baute aus einem Dorf die »Weiße Stadt am Meer«. Kur- und Erholungsstätte ist Heiligendamm geblieben, aber das Grandhotel wurde zum Sanatorium. Aus Maxim-Gorki- und Rosa-Luxemburg-Haus wurden »Möwe« und »Seestern«, und nach den Werktätigen kommen jetzt die Kassenpatienten.

## Ein Ort für feine Leute

Wie aus einem Guß und in der Handschrift des Architekten Severin präsentiert sich das Zentrum Bad Doberans. Alexandrinenplatz heißt es, und zur

Um die Jahrhundertwende legten an der Seebrücke in Kühlungsborn die Dampfer »Fürst Blücher« und »Hohenzollern« an

hier macht Urlaub, wer Ruhe und Einsamkeit sucht

Makelloses Weiß: Architektur in Kühlungsborn

Zeit des badelustigen Herzogs war es bevorzugter Wohnsitz von Adel und Beamten. Severin selbst hatte zuerst das großzügige Prinzenpalais bewohnt, sich dann aber gegenüber das Haus Gottesfrieden gebaut. Am Kamp entstand eine hübsche Parkanlage, und nach der damaligen China-Mode wurden die beiden Pavillons, der Rote und der Weiße, gebaut, heute Galerie und Café.
Das Doberaner Münster gehört zu den schönsten und bedeutendsten Baudenkmälern der norddeutschen Backsteingotik. Man staunt über den imposanten geschnitzten Hochaltar und über die Glasfenster. Aber was macht der Schwan in der Kirche? Und warum hängt ein Hirschgeweih dort, wo das Querschiff das Längsschiff kreuzt?
Fürst Heinrich Borwin wollte ein zerstörtes Kloster durch einen Neubau ersetzen. Und weil er nicht wußte, wohin damit, sollte ein Hirsch ihm helfen, den rechten Bauplatz zu finden: nämlich dort, wo das Tier bei der Jagd erlegt würde. Der Fürst schoß, der Hirsch fiel – in sumpfiges Gelände. Dem Fürsten kam ein Schwan zu Hilfe, der krächzte »dober, dober«, das slawische Wort für »gut«, denn seinerzeit sprach man hier Slawisch. Und so sind beide Tiere in der Kirche und im Doberaner Wappen zu finden.

## Anglerparadies Kühlungsborn

Sprühende Lebensfreude offenbart das zu DDR-Zeiten größte Ostseebad Kühlungsborn. Bis zu

**EXTRA-TIP**

*Seit über 100 Jahren dampft die Schmalspurbahn »Molli« von Doberan zu den Seebädern Heiligendamm und Kühlungsborn. Es geht das Gerücht um, sie sei nach dem Mops der ersten Bahnbenut-*

*zerin benannt worden. Stündlich zuckelt die Bahn durch die Straßen von Bad Doberan, parallel zur Lindenallee, am Rennplatz vorbei, auf dem heute sogar Windhunde um einen Preis rennen, und zur Ostsee, durch Heiligendamm nach Kühlungsborn. An den Bahnhöfen stehen die Menschen mit Fotoapparaten vor den Gesichtern, um festzuhalten, wie das Stahlroß schwarzen Dampf schnaubt.*
*Mecklenburgische Bäderbahn Molli GmbH&Co., Am Bahnhof, 18209 Bad Doberan, Tel. 03 82 03/41 50, Fax 41 51 2*

**Blick auf große Pötte: Leuchtturm an der Warnemünder Mole**

**Wenn der Mond über der Rostocker Altstadt steht, wird in den**

**EXTRA-TIP**

*Nein, die »Feuchte Geige« ist kein Touristentreff. Das*

*Haus im Rostocker Hafenviertel ist außen so schlicht, daß man achtlos an ihm vorübergehen würde, doch innen entdeckt man eine Kneipe von unübertroffenem Lokalkolorit. Ihre originelle und behagliche Einrichtung zeigt, daß hier ein Sammlerherz seine Heimat hat. Eigentlich heißt sie »Zur Gemütlichkeit«. Faule Str. 7, Tel. 03 81/ 4 92 23 88, untere Preisklasse*

**Fischereihafen: Der Alte Strom war früher Rostocks einziger Zugang zur Ostsee**

130 000 Menschen nutzten im Urlaub den vier Kilometer langen weißen Strand entlang den drei vereinigten Orten Fulgen, Brunshaupten und Arendsee. An der offenen See und der nördlichsten Spitze Mecklenburgs gelegen, ist Kühlungsborn ein Anglerparadies, das seine großen Dorsche preist. Etwa 150 Familien haben hier 1953 bei Zwangsenteignungen, bekannt als »Aktion Rose«, ihre privaten Hotels und Pensionen verloren. Nun steht die Bäderarchitektur der Jahrhundertwende wieder in neuem Glanz am Strand zwischen Praktischem und Modernem, und manches Haus riecht noch nach frischer Farbe. Gleich hinter der Küste beginnt der Stadtwald, und man kann unter Bäumen oder am Strand vom feinen Kühlungsborn-West zum dörflichen Kühlungsborn-Ost wandern, an Konzertgärten, Tennis- und Gymnastikplätzen und kleinen Restaurants vorbei.

## Am Alten Strom

Noch größer wird das Unterhaltungsangebot in Warnemünde. Dort, wo in den Anfängen des Badelebens »Warnemünder Glaskästen« den Wohnraum für Feriengäste erweiterten, locken Buddelschiffe, nautische Raritäten und vielversprechende Speisekarten neben Butzenscheiben von Cafés, Gasthäusern, Boutiquen und Pensionen. An Fisch-, Bernstein- und Ausflugskuttern auf dem Alten Strom vorbei gelangt man zum Strand, zum Leuchtturm

alten Speichern am Strom getanzt

Ein Ort für Fernweh: Der breite Dünenstrand des einstigen Fischerdorfes Warnemünde

Sensenmann: Grabkapelle in der Marienkirche

und zu den wirklich feinen Restaurants. Im 19. Stock des Hotels Neptun, das schon 1971 die ersehnten Devisen bringen sollte, tanzen die Gäste unter Sternen in der Skybar, wenn sie nicht Fitneßcenter, Swimmingpool oder Naturheilzentrum im teuersten Haus am Platze bevorzugen. Und vom Strand aus kann man mit den Augen den großen Pötten folgen, die von Rostock aus in die weite Welt fahren.

## Neue Altstadt und Shantymeile

Bis zur Mitte des Jahrhunderts erreichte man die Innenstadt Rostocks noch durch einen Grüngürtel. Aber schnell wuchs das »Tor zur Welt« der DDR. Die aktive, »junge« Universitätsstadt und Schiffsbaumetropole des Ostens legte sich einen Betonring um. Nur am nördlichen Dorfrand von Lichtenhagen stehen noch zwei alte Windmühlen unter Denkmalschutz, Mühlenmuseum die eine, Maleratelier die andere.

Liegeplatz Schmarl heißt der Ort auf dem Weg in die Stadt, wo das Schiffsbaumuseum im Traditionsschiff zu finden ist. 21 Seezeichen zeigen dem Besucher den Weg zur Unterwarnow, gegenüber dem Überseehafen, wo das ehemalige Motorschiff »Dresden«, Typ »Frieden«, vor Anker liegt. Der 10 000-Tonner wurde auf der Warnemünder Warnow-Werft gebaut.

Die nördliche Altstadt, dem Fluß gegenüber, hat mit sorgfältig restaurierten Speichern und neuen Wohnhäusern im hanseatischen Stil einen ganz eigenen Charakter gewonnen. In der Wokrenter Straße sind 15 historische Giebel zu bewundern, aber nur eines der Häuser hat schon immer hier gestanden. Alle übrigen wurden aus anderen Stadtteilen hierher umgesetzt oder nach alten Plänen neu aufgebaut. Das »Haus der Architekten«, Nummer 40, ist das einzige vollständig erhaltene Kaufmannshaus aus der Hansezeit und eines der letzten Hausbaumhäuser, herumgebaut um einen stützenden Eichenmast. Auch in der Lagerstraße 26 ist noch ein echtes Hausbaumhaus zu finden. Hübsche

**EXTRA-TIP**

*Nur fünf Minuten vom Strand entfernt steht die Pfarrkirche von Warnemünde. Gleich nebenan befindet sich die Pension Lange. Eine freundliche Unterkunft, abseits vom Trubel, mit neun Ferienappartements und ausgezeichnetem Frühstück im Wintergarten. Alexandrinenstraße 128, 18119 Warnemünde, Tel. 03 81/ 5 12 63, Fax 03 81/ 5 13 05, 9 Appartements, mittlere Preisklasse*

Universität Rostock von 1419: Die erste in Norddeutschland

Im Frühsommer, wenn die Rapsfelder um Bergen herum blühen,

**EXTRA-TIP**

*Der »Alte Schwede«, Wismars ältestes Bürgerhaus, entstand bereits 1380. Seinen Namen erhielt er vor über einhundert Jahren, als man an die Zeit der Schwedenherrschaft nach dem*

*Dreißigjährigen Krieg erinnern wollte. Heute erinnert man sich lieber an Geflügelleber mit Zwiebeln und Apfelringen. Am Markt 19, Tel. 0 38 41/ 28 35 52, tgl. 11–24 Uhr, mittlere Preisklasse*

Romantisch: Das ehemalige Kloster zum Heiligen Kreuz

Gasthäuser säumen den Weg dorthin. Im August, wenn die Besucher auf dem Wasser zu den Hafentagen kommen und im Stadthafen vor Anker gehen, Segelschiffe Wettfahrten austragen, das Markttreiben beginnt und Shantychöre sich gegenseitig übertönen, dann ist nicht nur die 2,5 Kilometer lange Unterhaltungsmeile gut besucht – dann sind auch Plätze in den Altstadtkneipen rar.

In der Fußgängerzone, auf der anderen Seite der Langen Straße, zeigt sich die Schnellebigkeit der neuen Zeit. Haus für Haus wird neu geplant, nur am Universitätsplatz, um den Brunnen der Lebensfreude herum, widersetzen sich Traditionsinseln wie die Universität und das ehemalige Zisterzienserinnenkloster zum Heiligen Kreuz mit dem Kulturhistorischen Museum dem Zeitgeist. Stadtmauerreste führen die Wallanlagen entlang, und hinter den Klostermauern an der Universitätskirche erklingt an Sommerabenden Musik.

Schöne Giebel und die Wasserkunst zieren den Markt in Wismar

## Große Namen

Marschall Blücher blickt am Universitätsplatz vom Granitsockel in die Vergangenheit. Ein volkstümlicher Held ist der »General Vorwärts« in seiner Geburtsstadt – schließlich gilt er als Befreier von Napoleons Herrschaft. Der Geheimrat Johann

**wird auch die Mitte Rügens schön**

**Mystisches Dunkel, bizarre Formen: Der Gespensterwald bei Diedrichshagen**

**Wasserlust: Den Brunnen der Lebensfreude schufen Jo Jastram und Reinhard Dietrich**

Wolfgang von Goethe hatte diesen Platz für das Denkmal empfohlen und sich auch gleich eine Inschrift für den Sockel ausgedacht. Berühmte Persönlichkeiten schmücken die Geschichte der 1419 gegründeten und damit ältesten norddeutschen Universität: Albert Einstein, Max Planck, Ulrich von Hutten. In einem der Professorenhäuschen hat aber auch einer Platz gefunden, dessen Name nicht der Vergangenheit angehört: Es gibt seit einiger Zeit ein Kempowski-Archiv.

Das Fünfgiebelhaus an der Ecke zur Breiten Straße, in der Nähe des Universitätsplatzes, sollte man sich genau ansehen: So schön kann Plattenbau sein. Die »historische Fassade« entstand 1986. Wer Freude an Details hat, wird an den Türgriffen Gefallen finden.

Die Marienkirche, ein riesiger Backsteinbau, der am Neuen Markt wie eine Glucke über den Häusern hockt, birgt ein künstlerisches und technisches Denkmal: eine astronomische Uhr von 1472. Jeden Mittag pünktlich um zwölf marschieren die zwölf Apostel auf dem Zifferblatt vorbei. Wer Gelegenheit zu einer Führung hat, sollte sie wahrnehmen und sich den Zeitmesser erklären lassen. Bis zum Jahr 2017 kann man mit dieser Uhr noch rechnen.

## An den Strand

Nienhagen heißt das beliebteste Ausflugsziel der Rostocker, ein schmucker Badeort mit hübschen kleinen Villen, ohne Seebrücke und mit schmalem Strand, der nur über eine Steintreppe zu erreichen ist. Bekannt gemacht hat diese Steilküste der Gespensterwald, der eigentlich Nienhagener Holz heißt. Wer dort wandert, versteht schnell, daß die vom Wind bizarr geformten Buchen schon immer die Phantasie herausforderten.

## Wie aus dem Bilderbuch

Im Vergleich zu Rostock ist Wismar eine Kleinstadt, aber Ostler wie Westler ahnen, daß hier ein Bilderbuchstädtchen um den großen Marktplatz wachsen könnte, der leider meistens Parkplatz ist. So lenkt buntes Blech das Auge von den Schönheiten ab: von der Wasserkunst, einem Renaissancepavillon, von dem aus bis 1897 die Trinkwasserversorgung der Bewohner geregelt wurde, von der schönen alten Schifferwirtschaft »Alter Schwede«, einem dunkelroten Backsteinbau, und vom Hotel »Stadt Hamburg«. Nah liegt der Alte Hafen mit dem Baumhaus und den buntbemalten »Schwedenköpfen«, Bühne für den Fischmarkt. Schön für Streifzüge an der Grube, einem steingefaßten Wasserlauf zwischen einer ehemaligen Mühle und einer Fischräucherei, ist die Gegend um den Ziegenmarkt, um Nikolaikirche und Wehr. Wie ein Backsteinberg recken sich die roten Steine der Ruine der Georgenkirche in den Himmel.

**EXTRA-TIP**

*Im »Restaurant Volkskammer« gibt es auch Kaffee und Kuchen, doch es ist kein Café sondern eine gemütliche Kneipe mit Bierausschank. Die Innenausstattung stammt aus DDR-Zeiten.*
*Restaurant Volkskammer, Tel. 0 38 41/28 20 06, Mo–Fr. 19–4 Uhr und Sa/So 20–4 Uhr*

Trelleborg, Helsinki
ROSTOCK
BAD DOBERAN
KÜHLUNGSBORN
RERIK
KRÖPELIN
NEUBUKOW
WISMAR
NEUKLOSTER
GREVESMÜHLEN
KLÜTZ
BÜTZOW
Dorf Mecklenburg
Insel Poel
Boltenhagen
Tarnewitz
Salzhaff
Wismarbucht
Wohlenberger Wiek
Boltenhagener Bucht
Hannibal
Trollegrund
Kieler Ort
Langenwerder
Satow
Schwaan
Heiligendamm
Reinstorf
Lübow
Blowatz
E 22
105
A20
192
52
30

## SEHENSWERTES

Die **Autotour** führt vom Ostseebad Boltenhagen nach Klütz. Von dort es geht auf der B 105 nach Wismar. Die Bundesstraße, die von der ehemaligen deutsch-deutschen Grenze über Wismar und Bad Doberan nach Rostock führt, ist im Sommer und an den Wochenenden eine verkehrsreiche Strecke, denn an ihr liegen Badeorte wie Kühlungsborn und Heiligendamm.

### BOLTENHAGEN ★

**1** Das zweitälteste Ostseebad ist ein familienfreundlicher Ferienort. Ein bißchen Bäderarchitektur der Gründerzeit ist dort immer noch zu sehen. Für Kinder ist der Ort ideal: Das Wasser am 4 km breiten Sandstrand ist bis weit ins Meer hinaus sehr flach. Zwei Promenaden und dazwischen ein Grünstreifen sorgen dafür, daß Kinder vom Autoverkehr ungefährdet spielen können.

### KLÜTZ ★★

**2** Das Herz des Ur-Mecklenburger Landes ist Klütz. Kleine Landstraßen führen hierher, durch Felder und über bewaldete Hügel, an Seen vorbei, an gotischen Kirchen und verfallenen Schlössern. Klütz war Sitz des Grafen Johann Caspar von Bothmer. Er ließ sich hier eines der schönsten Barockschlösser Norddeutschlands errichten. Eine

**Wismar: St. Nikolai**

girlandenartige Lindenallee führt zur gräflichen Residenz, die zwar nur von außen zu besichtigen ist, dafür aber von einem herrlichen Park umgeben wird.

### WISMAR ★★

**3** Bereits seit 1229 gibt es »Aqua Wissemara«, wie Wismar früher hieß. Der mittelalterliche Stadtkern ist noch heute erhalten. Die Häuser am Marktplatz, der Fürstenhof, und die Krämerstraße als Einkaufszentrum sind schöne Beispiele behutsamer Restaurierung, nachdem der Bausubstanz im Krieg deutliche Schäden zugefügt worden waren. Mit einer unglaublichen Weite überrascht der Marktplatz, umgeben von schönen alten und restaurierten Fassaden. Schmuckstück des Platzes ist die Wasserkunst, ein zwölfseitiger Pavillon aus der Renaissancezeit, der bis zum Ende des vorigen Jh.s die Stadt mit Wasser versorgte. Das älteste Bürgerhaus, der »Alte Schwede« von 1380, dominiert die Ostseite des Ensembles. Im Schabbell-Haus befindet sich das stadtgeschichtliche Museum. Es ist das schönste Haus am Platz und wurde im niederländischen Renaissancestil erbaut. *Schweinsbrücke 8, Tel. 0 38 41/28 23 50, geöffnet Di–So, Mai–Okt. 10–20 Uhr, Nov.–Apr. 10-17 Uhr*

**Urgemütliches Ambiente: Restaurant »Klützer Mühle«**

### HEILIGENDAMM ★

**4** In der faszinierenden »Weißen Stadt« hat das Badeleben in Deutschland seinen Ursprung. Inspiriert von den großen englischen Seebädern, hat man Heiligendamm 1793 als öffentliche und gesundheitsfördernde Einrichtung gegründet. Von der Kurhausterrasse aus genießt man den Blick auf das Meer. David Gilly heißt der Baumeister dieses Lehrstücks des Klassizismus. Die weiße, elegant wirkende Architektur des strengen Stils ist es auch, die das Bild des Ortes prägt. Zwischen Casino, Tanz- und Speisehäusern flanierte einst die feine Gesellschaft, denn die Badeärzte legten großen Wert darauf, daß für das Wohlbefinden ihrer Patienten gesorgt war.

### ROSTOCK ★★

**5** 1323 konnte es sich das reiche Rostock leisten, einen Zugang zum Meer zu kaufen, und der hieß Warnemünde: eine angenehme Mischung aus Kleinstadt und Ferienort mit Hafenatmosphäre. Doch auch Rostocks historisches Zentrum hat einiges zu bieten. So ist es zwischen Langer Straße und Stadthafen wie es früher einmal war, als die Hanse Ruhm und Wohlstand brachte. Rund um die Fußgängerzone entfalten sich Geschäfte und Läden. Nirgends ist Rostock so lebendig wie hier, zwischen Altem Markt und Universitätsplatz. Dort steht auch der »Brunnen der Lebensfreude« mit seinen Bronzefiguren. Freunde der Moderne lockt die Kunsthalle. Werke deutscher Maler und Bildhauer des 20. Jh.s werden dort ausgestellt. *Hamburger Str. 40, Tel. 03 81/8 23 36, Mi–So 10–18 Uhr*

*Einen interessanten Einblick in die Geschichte Warnemündes und die Lebensweise seiner Bewohner*

*erhält man im Heimatmuseum: Historisches Mobiliar sowie Geräte aus Fischfang- und Rettungswesen sind dort zu sehen. Es ist in einer typischen Warnemünder Fischerkate untergebracht. Alexandrinenstr. 3, Tel. 03 81/5 26 67, Mi–So 10–18 Uhr*

## ESSEN & TRINKEN

### KLÜTZ

**2** Schon von weitem sieht man im Norden des Städtchens die Flügel einer holländischen Galerie-Windmühle, restauriert und als Restaurant »Klützer Mühle« eingerichtet. Die Küche bereitet Hausmannskost zu. *An der Mühle, Tel. 03 88 25/ 2 21 02, März–Okt. tgl. 11–22 Uhr, 1. Nov.–28. Feb. nur Sa/So 11–22 Uhr, mittlere Preisklasse*

## WANDERN UND RADWANDERN

**A** Diese **Fahrradtour** beginnt im Ostseebad Boltenhagen und führt durch Wälder und Alleen nach Klütz zum Schloß Bothmer. Die Tour verläuft zunächst an der Boltenhagener Bucht entlang in Richtung Redewisch und weiter nach Klütz. Im Ort fährt man in Richtung Grevesmühlen zum Schloß. Weiter geht es über Goldbeck nach Stellshagen. Am Dorfteich folgt man dem Weg Richtung Damshagen und dann weiter nach Großenhof. Über Tarnewitz und den Tarnewitzer Bach erreicht man wieder das Ostseebad Boltenhagen.
*Strecke: 25 km, Dauer: 2 Std.*

**B** Fünf Kilometer südlich von Wismar liegt das Dorf Mecklenburg, das man allein schon wegen seiner schönen Bauernhäuser, der Windmühlen und wegen des Agrarmuseums *(Apr.–Okt. tgl. 10–16 Uhr, Nov.–März Mo–Fr 10–16 Uhr)* besuchen sollte. Die **Wanderung** führt auf einem markierten Weg vom Viereggenhöfer Teich bei Wismar direkt zum Dorf.

**C** Einen **Spaziergang** durch Wismar beginnt man am Marktplatz. Vorbei am Rathaus, gelangt man in die Krämerstraße, zu Marienkirche, Fürstenhof und Georgenkirche. Dann folgt man der Bohrstraße und erreicht bald den Hafen.

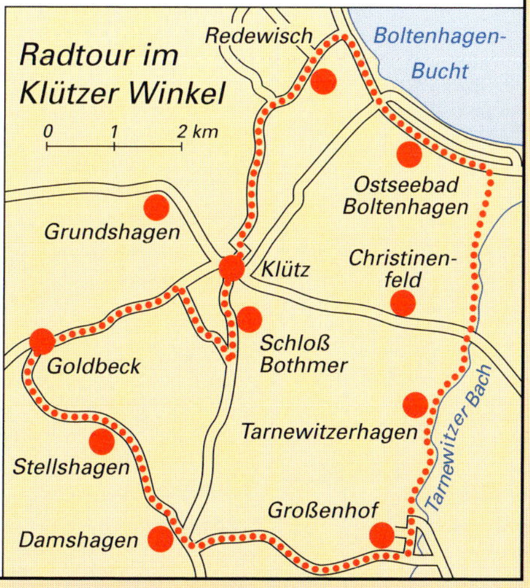

1

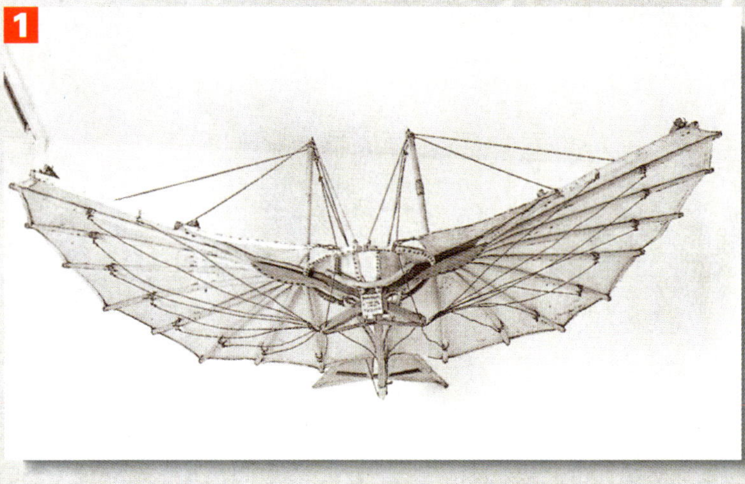

2

4

5

SPECIAL

# Der Traum vom Fliegen

3

6

**Otto Lilienthal, 1848 als Sohn eines Tuchhändlers in Anklam geboren, hat einen Menschheitstraum Wirklichkeit werden lassen, den 300 Jahre zuvor Leonardo da Vinci prophezeit hatte: Er konstruierte den ersten funktionsfähigen Flugapparat. Jedoch ist der Erfinder nie zu wirklichem Ruhm gelangt. Erst seit 1991 ehrt ihn seine Geburtsstadt.**
**Schon als Jugendlicher experimentierte er mit Gänsefedern und Flügelschlagapparaten. Später entwickelte er neue Methoden zum Messen des Luftwiderstandes und neue Flugapparate. 1893 erhielt er schließlich sein erstes Patent. Doch kurz nachdem der Kaiser persönlich seinen Besuch abgestattet hatte, stürzte Lilienthal im Jahre 1896 bei einem weiteren Flugversuch aus 15 Meter Höhe ab und verunglückte dabei tödlich.**

1 Dieses Fluggerät hatte eine Spannweite von bis zu 7 m und eine Flächentiefe von 2,5 m. Da es am leichtesten zu handhaben war, wurde es standardisiert und bekam demzufolge den Namen »Normal-Segelapparat«.

2 Lilienthal bei einem Test mit dem »Derwitz-Apparat«, dem ersten manntragenden Flugzeug. Nach unzähligen Versuchen im eigenen Garten startete er 1891 zum erstenmal von einem Hügel zwischen Derwitz und Krielow, wo ihm Flüge über eine Strecke von bis zu 25 Metern gelangen.

3 Der »Gelenkflügelapparat« ist die letzte Konstruktion Lilienthals. Im Vergleich zu früheren Modellen konnte die Stellung der Flügel so verändert werden, daß nicht mehr der Körper das wichtigste Element zur Erhaltung des Gleichgewichts war, sondern die beweglichen Flügel.

4 Mit dem »Doppeldecker« erzielte er 1895 die eindrucksvollsten Erfolge. Durch die beiden Tragflächen waren selbst bei stärkerem Wind relativ ruhige Flüge möglich.

5 Die Ähnlichkeit des »Derwitz-Apparats« mit der Form einer Möwe war beabsichtigt. Otto Lilienthal bezog sich für seine Konstruktionen auch auf direkte Vorbilder aus der Natur.

6 In Steglitz ließ Lilienthal auf der Maihöhe einen Schuppen für seine Instrumente errichten. Dessen Dach nutzte er als Startbahn für Flüge mit dem »Maihöhe-Rhinow-Apparat«.

In Klockenhagen wachsen Einzelgebäude zu einem hübschen Museumsdorf aus der Zeit des 18. und 19. Jahrhunderts zusammen. Mittelpunkt ist eine der ältesten erhaltenen Bockwindmühlen der Ostseeküste. Hinter der Mühle schnattern wie eh und je Pommerngänse, suhlen sich Sattelschweine und grasen rauhwollige Landschafe.

Die schönste Wüste im Meer

# Fischland, Darß, Zingst

Drei Inseln und eine Straße – das heißt, das mit den drei Inseln ist schon lange her. Mit einer Länge von nahezu 55 Kilometern ragt die Halbinsel an der Boddenkette ins Meer, und zur Halbinsel soll sie geworden sein, weil die Hansestädter nicht wollten, daß ihnen Konkurrenz erwuchs: Sie verstopften die Recknitzmündungen zwischen dem Festland und den Inseln Fischland und Darß mit versenkten Segelschiffen. Da gab es keine Chance mehr für Ahrenshoop und Ribnitz, zu Hafenstädten zu werden. Die Flußmündungen versandeten, und schließlich stopfte eine Sturmflut 1872 auch noch das letzte Loch zwischen Darß und Zingst. Aber wer wollte heute bedauern, daß hier im Herzen des Nationalparks Vorpommersche Boddenlandschaft eine Vielfalt von Naturräumen erwachsen ist, die ihresgleichen sucht?

*Die Boddenlandschaft ist ein wahres Paradies für Vogelfreunde. Wer auf dem Deich oder am Strand in Richtung Darßer Ort spaziert, kann im Frühjahr und Herbst Zugvögel beobachten. Mit etwas Glück trifft man im Winterhalbjahr, bei Boddenwiesenwanderungen*

*nach Wiek, auf Wanderfalken, Bussarde, Kornweihen, auf jeden Fall aber auf Zwergschwäne, Bleß- und Weißwangengänse. Auf den feuchten Wiesenflächen versammeln sich Uferschnepfen, Säbelschnäbler und Enten.*

Die Bockwindmühle von Klockenhagen: Eine von zwei erhaltenen an der Ostseeküste

Urlaubsort ehemaliger Politprominenz: Beim Ostseebad Dierhagen

Niehagener Häuser: Refugien für Künstler

Saisonbeginn: Strandkorbtransport auf dem Darß

**EXTRA-TIP**

*Wertvolle Schmuckstücke, fein ziselierte, handgeschnittene Kunst-*

*werke wurden aus dem honiggelben Stein gearbeitet. Im Bernstein-Museum in Ribnitz-Damgarten werden sie liebevoll präsentiert. Im Kloster 1–2, Tel. 0 38 21/46 22 oder 29 31, Apr.–Okt. tgl. 9.30–18 Uhr, Nov.–März, Mi–So, 9.30–17 Uhr*

Im Fischerdorf Ahrenshoop siedelten sich Künstler an, und am endlosen Strand von Prerow genossen DDR-Bürger schon vor 40 Jahren zumindest Textil-Freiheit. Die Abgeschiedenheit dieser Gegend bedeutete auch Schutz, seit 1990 festgeschrieben als »Nationalpark Vorpommersche Boddenlandschaft«.

Sie kommen im Herbst, sind warm angezogen und schleichen gebeugt am Spülsaum entlang, als ob sie etwas Wertvolles verloren hätten. Manchmal bücken sie sich, krümeln den Sand von einem Steinchen, reiben es am Pullover oder Wollschal – und werfen es wieder weg. Manchmal stecken sie es aber auch in die Tasche. Sie haben ein Stückchen Bernstein gefunden. Sonnenstein, sagten die Griechen, weil sie ihn für verdichtete Sonnenstrahlen hielten. In Ribnitz-Damgarten, im Bernstein-Museum, kann man den kostbaren Fund auch polieren lassen. Denn so, wie man ihn gefunden hat, sieht man ihm das Schmuckstück, das aus ihm werden kann, noch nicht an.

Auf dem Weg ins Fischland, auf der Bundesstraße 105, kommt man durch die Stadt mit dem Doppelnamen: Ribnitz in Mecklenburg und Damgarten schon in Vorpommern, 1950 zu einem Ort zusammengelegt. Unzählige Parkplatzhinweise in Ribnitz-Damgarten schildern die Fahrt zur Altstadt aus. Hinter dem mittelalterlichen Tor eröffnet sich der Marktplatz.

## Geblieben sind nur die Steine

Weiße Nixen locken in die kleine Einkaufspassage Fischergasse und danach zum idyllischen Hafen am Saaler Bodden, der hier Ribnitzer See heißt. Doch die Idylle trügt – trog immer schon. Während der Blütezeit der Seeschiffahrt im 19. Jahrhundert

Das Boddendorf Althagen gehört zu Ahrenshoop – nur ruhiger ist es hier

eginnt das Fischländer Vorland

hatten beide Orte, wie andere Ostseestädte auch, wirtschaftliche Bedeutung. Der VEB Fischlandschmuck und ab 1955 ein Faserplattenwerk brachten nach dem Zweiten Weltkrieg Arbeitsplätze. Das Faserplattenwerk nahm den Fischen im See die Luft. 1979 entstand ein Möbelkombinat, und nachdem 1990 das Klärwerk Körkwitz in Betrieb gegangen war, begann der Bodden, sich zu erholen. Das Möbelkombinat wurde nach der Wende privatisiert, mußte jedoch 1995 seine Pforten schließen. Jetzt haben alle gute Luft, aber sonst nicht viel. Abgesehen natürlich vom schönen Bernstein-Museum mit nichts als goldschimmerndem Stein in zwölf Ausstellungsräumen, und das ist wirklich einen Umweg wert.

## Sozialismus, reetgedeckt

An den Ribnitzer Stadtwiesen beginnt das 1928 gegründete Seebad Dierhagen mit seinen fünf Ortsteilen. Zwei alte Dorfkerne mit schönen Kapitänshäusern liegen am Bodden, hier wohnt man auch in den Ferien privat. Der DDR-Ministerrat bevorzugte die exklusive Lage im Wald. Dierhagen-Strand und Dierhagen-Ost heißen die nach wie vor feinen Adressen.

## Über den Wassern

Die Slawen wußten wohl, warum sie ihrem Gott Swantevit den Ort weihten und in moorigen Wie-

Die Ribnitzer Klosterkirche beherbergt berühmte Madonnen

sen einen Wall aufschütteten: »swante Wustrow«, heilige Insel, hieß schon der älteste Ort auf dem Fischland. Kurz ist der Weg zum kleinen Kirchturm und überwältigend der Ausblick über das schmale Land mit den unterschiedlichen Gewässern zu beiden Seiten, schön die Kapitänshäuser mit den Klöntüren. Das sind geteilte Türen, deren obere Hälfte man wie ein Fenster öffnen kann, zum Klönschnack. 18 Meter hoch ist die Kliffkante, an der man den schmaler werdenden Strand entlang nach Ahrenshoop gehen kann.

## Ein etwas anderer Ferienort

Es duftet nach Heckenrosen und Thymian, den Weg säumen Sanddornhecken und Dünenketten, und dann stehen teuer und gut angezogene Menschen am Strand, am Fuß einer Treppe. Männer lockern kurz Krawatten, und Frauen balancieren auf den Zehenspitzen, damit die Absätze der guten Schuhe nicht im Sand verkratzen. Sie sehen aus, als ob sie dächten: »Das also ist das Meer.« Das ist auch das Meer, und es schwappt gleichmäßig an

**EXTRA-TIP**

*Fischlandkeramik hat einen alten und guten Ruf. Braun oder blau auf grauem Grund sind die*

*Muster der Gegend, Fische, Insekten, Schiffe und Vögel die Motive. Begründet wurde das Fischdekor in den 50er Jahren im Althagener Töpferladen Löber, vom Vater des heutigen Inhabers, Friedemann Löber. Hauptstr. 31, Tel. 03 82 20/2 95, tgl. 10–18 Uhr*

»Seebad im Grünen«: Die seit Jahrzehnten beliebte Ferienmetropole Prerow

Ein feiner weißer Strand, ein manchmal stürmisches Meer: Das sin

**EXTRA-TIP**

*Trotz wachsender Konkurrenz eine der besten Adressen der Region: »Café Namenlos«. Die Küche bereitet nach alten Originalrezepten lan-*

*destypische Gerichte zu, etwa Mecklenburger Rippenbraten, ein mit Äpfeln, Rosinen und Backpflaumen gefüllter Schweinebraten. Nachmittags wird hauseigenes Gebäck angeboten. Die Terrasse reizt mit Meeresblick.*
*Am Schifferberg, Tel. 03 82 20/60 60, Mai–Aug. 11–24 Uhr, Sept.–Apr. 8–24 Uhr, mittlere Preisklasse, 32 Zimmer*

Ältestes Gotteshaus auf dem Darß in Prerow

Besonderes Licht: Die Maler zieht es nach Fischland

den weißen Strand und hat die, die im warmen Sand liegen, längst eingeschläfert. Hier ist Ahrenshoop, das vielgerühmte »Worpswede der Ostsee«, das so manchem von Zeichnungen oder Gemälden vertraut sein dürfte. Vor mehr als hundert Jahren entdeckte der Maler Paul Müller-Kaempff das »Pöwerdorp«, das arme Seefahrer- und Fischerdorf, bei einem Spaziergang. Genaugenommen war er fasziniert von dem einzigartigen Licht über dem Land zwischen Meer und Bodden. Er kam zurück und gründete eine Künstlerkolonie. Künstler blieben, und zu DDR-Zeiten durften sich Ärzte und Wissenschaftler über der Steilküste ansiedeln. Sie machten das Pöwerdorp mit seinen weißen Reetdachhäusern zum »Millionärshügel«. Für erholungsbedürftige Werktätige ist hier keine Bleibe entstanden, nur für Personen mit Rang und Namen. Und wenn der DDR-Kulturminister Johannes R. Becher seinerzeit Bertolt Brecht zu literarischen Streitgesprächen einlud, dann spreizten nur Hunderte von Stechpalmen im unbesiedelten Naturschutzgebiet Ahrenshooper Holz ihre immergrünen Blätter.

## Kunst und Mückenseife

In der Bunten Stube, 1929 vom Bauhaus-Architekten Walter Butzeck entworfen, eröffneten Martha Wegscheider und der Maler Hans Brass ein Geschäft für Kunst- und Buchhandel. Der Enkel verkauft heute nicht nur Kunst und Literatur, sondern auch Mückenseife, Ketten und Kerzen. Nicht weit entfernt, vor dem blauen Kunstkaten mit bemalter Haustür und schönem Krüppelwalmdach, diskutieren Wochenendausflügler, ob

ie Attraktionen des einstigen Künstlerdorfes Ahrenshoop

So ein Häuschen am Strand zu besitzen war immer ein Glück

Leuchtend bemalte Türen der Häuser auf Zingst

man zwei Mark investieren soll, um sich die Ausstellung anzusehen.

## Der schönste Strand der Ostsee

Wo ist es denn nun, dieses Prerow? Ein Haus, ein Wald, ein Fußweg, Häuser, wieder Wald, eine bunte Sonne, die von einer Tür leuchtet, und noch einmal Wald – das ist Prerow. Wer zum erstenmal im Herbst kommt, wessen Füße immer schwerer werden, weil die unbefestigten Wege als Schlammspuren an den Schuhen kleben bleiben, während der Ort immer noch nicht zu entdecken ist, der wird die 80 000 nicht verstehen, die ins Schwärmen geraten, wenn sie den Ortsnamen hören. Aber der hat das Wichtigste auch nicht gesehen: fast fünf Kilometer Strand im Norden, bis zu 80 Meter breit und vom feinsten Sand. Nein, das ist es immer noch nicht, es ist der Weststrand, ohnehin nur zu Fuß oder mit dem Fahrrad durch Urwald erreichbar, so phantastisch wie unendlich und hinter Dünen versteckt mit bizarren Skulpturen, aus toten Bäumen geformt, die die Sonne gebleicht und der Wind gepeitscht haben. So schön ist noch kein Sommer gewesen, daß hier nicht Weite und Einsamkeit zu finden gewesen wären.

## Der Leuchtturm – nach 30 Jahren wieder frei

Und sonst? Kaum ein Hotel, viele Ferienwohnungen, keine touristische Infrastruktur, außer in der Ladenstraße zum Strand und zur neuen Seebrücke. Da kann man sogar Sonnencreme kaufen. Am Ende der Bergstraße und über den Prerowstrom geht es zur »Kunsthütte« in der ältesten Pension des Ortes. Und vom Café im Obergeschoß kann man aufs Meer hinaussehen. Aber eigentlich muß man hier unterwegs sein. Auf jeden Fall zum Leuchtturm am Darßer Ort, zum ältesten noch funktionstüchtigen Seezeichen an der Küste Mecklenburg-Vorpommerns. 30 Jahre lang war hier Sperrgebiet und Erholungsstätte für Militärs.

## Eine Insel für 200 Mark

Nicht, daß die Mönche des Zisterzienserklosters Neuenkamp geizig gewesen wären, aber mehr als

**EXTRA-TIP**

*Im Restaurant des Hotels »Zum Strandläufer« sollten hungrige Besucher unbedingt Spezialitäten wie beispielsweise Zucchiniblüte gefüllt mit Dorsch oder Riesengarnelen im Bananenblatt versuchen. Zudem befinden sich auch traditionelle Gerichte aus der Region auf der umfangreichen Speisekarte. Dorfstrasse 31, Tel. 03 82 20/8 06 47, tgl. 11–22 Uhr, untere–mittlere Preisklasse, 11 Zimmer*

Einst Ausgangspunkt der Jagd: Born mit seinen farbenfrohen Reetdachhäuschen

Bis 1995 militärisches Sperrgebiet: Darßer Leuchtturm

Windflüchter: Bäume am Darßer Weststrand

**EXTRA-TIP**

*Bei Vogels Ferien machen – in Reetdachhäusern, im*

*Bauernhaus oder in Ferienwohnungen des »Kranichhofs Insel Kirr«. Vom Zingster Ortsteil Müggenburg fährt regelmäßig eine Barkasse zur Vogelinsel.*
*Insel Großer Kirr, 18374 Zingst, Tel. 03 82 32/1 54 46, 55 Betten, untere–mittlere Preisklasse*

200 Mark wollte Witzlaw II. von Rügen beim Verkauf des Inselchens an die Ordensleute nicht haben, und das war im Jahre 1292. Man kam aber auch schwer hin, an dieses entlegene Ende der Welt. Zwar ist Zingst längst keine Insel mehr, auch das Kloster existiert nicht mehr, sondern seit über 125 Jahren ist es mit dem Darß verbunden. Seit 1910 existiert auch die Meiningenbrücke aufs Festland, trotzdem kann es an schönen Sommertagen beschwerlich sein, dorthin zu gelangen. 1929 wurde die Fischlandchaussee von Ribnitz nach Wustrow gebaut und 1959 die Straße von Ahrenshoop nach Prerow, an deren Ende Zingst liegt. Zingst, das sind zehn Kilometer feinsandiger Strand hinter bewaldeten Dünen, Ferienhauskolonien, die wie Schrebergärten aussehen, und Hotels und Pensionen und Baustellen, aus denen Hotels und Pensionen werden sollen. Alle weiß, alle ähnlich – im Preis, in der Leistung, im Aussehen, und mitten im Ort, wie eine steinerne Insel, eine Fußgängerzone mit Läden, Cafés und Fremdenzimmern.

## Wo die Kraniche ziehen

Hinter den Sundischen Wiesen, dort, wo Zingst zu Ende ist – zehn Kilometer vom letzten Parkplatz entfernt, aber wer will, kann sich ein Fahrrad leihen –, sind die Werderinseln und die Insel Bock ganz nah. Von September an kommen die Kraniche zu Tausenden, um in den Windwatten zu rasten. Da lohnt es sich schon, ein Fernglas mitzunehmen. Auf der kleinen Vogelinsel Kirr kann man sogar Urlaub machen, mitten im Nationalpark, im Barther Bodden, einem der bedeutendsten Vogelschutzgebiete Vorpommerns. Die Größe der Insel beträgt zwar nur 200 mal 400 Meter, aber Ruder- und Segelboot liegen dafür quasi vor der Tür.

## Sommerklänge am leisen Ufer

Die ruhige Boddenseite wird im Juli und August lebendig, wenn Hunderte von Feriengästen aus der Umgebung die Chausseestraße im kleinen Born zur Flaniermeile machen. Dann spielt das Sommertheater in der Dorfkirche mitten im Ort. Musik erklingt, und das schlichte Tonnengewölbe gibt ihr eine einzigartige Akustik. Im Café Ton Art stellen Künstler aus, die MS Heidi bittet zu Boddenfahrten, und Kinder reiten auf Ponys. Höhepunkt der Sommerspiele ist das traditionelle Tonnenfest am ersten Augustsonntag. Der 200 Jahre alte Brauch geht vermutlich auf die Schwedenzeit zurück, als die Bewohner große Mengen frisch gefangenen Herings an die Besatzer abliefern mußten.

## Kaum einer kennt Kenz

Das Brunnenwasser soll immer noch ganz hervorragend sein, doch längst kommen keine Gläubigen

**Gestrandet: Fischerboot im Darß**

**Zingst: Sundische Wiesen**

**Genau 55 Kilometer: Der Strand, der vom Festland über Fischland und Darß bis nach Zingst reicht**

mehr in den ehemaligen Wallfahrtsort Kenz, um sich an dem Quell zu laben. Auch das Bildnis der wundertätigen Maria ist vom Brunnenrand verschwunden. Trotzdem wußten die Kenzer die Zeit nach der Reformation, als keine Gläubigen mehr kamen, zu überbrücken, denn die Wallfahrer kamen nun als Kurgäste. Die verlassene Kurpromenade liegt noch mitten im Dorf. Die seltenen Gäste kommen heute zur Besichtigung der Wallfahrtskirche, genauer gesagt, um die wunderschöne Glasmalerei der sechs Chorfenster, die Kaiser Wilhelm II. 1895 restaurieren ließ, zu bestaunen. Der Schrein mit einer überlebensgroßen Holzfigur Barnims VI., der 1405 an der Pest starb, befindet sich ebenfalls in der Kirche.

## Die erste Bibel

Wenige halten in Barth an, es sei denn, sie stehen im Stau. Tourismus hatte hier auch nie Bedeutung. 1316 war Barth jedoch Fürstensitz, und auch Witzlaw III. von Rügen und danach den pommerschen Herzögen muß es gefallen haben, denn sie residierten hier bis 1605. 15 Barther Reedereien ließen ihre Schiffe einst auf alle Weltmeere fahren. Da stand Barth an zweiter Stelle der preußischen Reedereistädte. Sogar kulturgeschichtliche Bedeutung hatte das Städtchen, denn hier wurde 1588 die erste Bibel in niederdeutscher Sprache gedruckt. In der Kirchenbibliothek liegt noch eines der letzten erhaltenen Exemplare aus der fürstlichen Druckerei.

**EXTRA-TIP**

*Die »Reederei Gebrüder Oswald« in Zingst fährt Urlauber durch den Bodden zu den Kranichrastplätzen im*

*Nationalpark, lädt zu Mondscheinfahrten ein und nimmt auch Kurs auf Stralsund und Hiddensee. Im Sommer steuert ein Schiff mit Platz für 200 Personen täglich Hiddensee an und einmal pro Woche Stralsund. Lindenstr. 12, Tel. 03 82 32/1 56 27*

Kadetbank
Kadettrinne
Prerowbank
Darßer Ort
Bernsteininsel
Nationalpark Vorpommersche Boddenlandschaft
Esper Ort
Prerow
4
B
Zingst
A
O.Z.-Müggenburg
D a r s s
Z i n g s t
Prerower Strom
Kleine Kirr
Große Kirr
Klein Kirr
Müggenburg
Grosse Wiek
Schmidt-bülten
Fastbültenhaken
Bodstedter Bodden
Salzhaken
Barther Bodden
Kleinhöft
Grabow
Wieck am Darß
Born am Darß
Bliesenrade
Leuschcort
Pr.-Bresewitz
Rehberge
Ahrenshoop
3
C
O.A.-Althagen
O.A.-Niehagen
Balenbrink
2
Wustrow
Barnsdorf
Hoher Ort
Saaler Bodden
Damser Ort
Fahrenkamp
A.-Nisdorf
Pruchten
BARTH
B.-Glöwitz
Glöwitzer Bg.
Küstrow
Kü.-Zinke
F.-Michaelsdorf
F.-Bodstedt
Fuhlendorf
Stadtholz
B.-Planitz
Schifferort
O.D.-Dierhagen Strand
O.D.-Neuhaus
Dierhagen
Zangenort
R.-D.-Langendamm
Saal
Ke.-Rubitz
Kenz
L.-Saatel
Divitz
D.-Frauendorf
Gr.K.-Flemendorf
Groß Kordshagen
K.-Wüstenhagen
K.-Kummerow Heide
Karnin
Löbnitz
L.-Redebas
V.-Manschenhagen
67
E 22
Velgast
Starkow
Kindshagen
Tr.-Langenhanshagen
Tr.-Mittelhof
Sp.-Martenshagen
Bartelshagen II
L.-Lüdershagen
Tr.-Wiepkenhagen
S.-Kückenshagen
Beiershagen
Damgarten Ausbau
D.-Altenwillershagen
Tr.-Neuhof
DAMGARTEN
RIBNITZ
1
R.-D.-Klockenhagen
Freilichtmus.
Kl.-Neuklockenhagen
Kl.-Hirschburg
Kl.-Altheide
Sperrgebiet
Gelbensande
G.-Willershagen
Recknitz
105
D.-Plummendorf
Trinwillershagen
V.-Altenhagen
V.-Lendershagen
Sch.-Hoevet
Schuenhagen
M.-Wolfshagen
Damgarten
Daskow
Ahrenshagen
A.-Ahrenshagen-Todenhagen
Schlemmin
Ravenhorst
Weitenhagen
RICHTENBERG
Millienhagen
W.-Behrenwalde
W.-Koitenhagen
Oe.-Steinfeld
R.-Spiekersdorf
R.-Leplow
Oebelitz
Oe.-Dolgen
D.-Katzenow
Semlow
Ei.-Forkenbeck
Eixen
Kuhlrade
Bl.-Ehmkenhagen
A.-Poppendorf
A.-Tressentin
A.-Gruel
A.-Tribohm
S.-Zornow
S.-Camitz
S.-Palmzin
S.-Plennin
Allerstorf
A.-Jahnkendorf
Bartelshagen I
Brünkendorf
Br.-Kloster Wulfshagen
B.-Rostocker Wulfshagen
Gr.-Völkshagen
M.-Alt Guthendorf
MARLOW
Blankenhagen
Mandelshagen
Vogtshagen
M.-Cordshagen
Rö.-Oberhagen
Rö.-Behnkenhagen
Kl.K.-Volkenshagen
Poppendorf bei Rostock
Klein Kussewitz
Kl.K.-Groß Kussewitz
P.-Bussewitz
Gresenhorst
Carlsruhe
C.-Neu Guthendorf
C.-Alt Steinhorst
M.-Brunstorf
K.-Wohsen
Hugoldsdorf
H.-Hugoldsdorf Siedlung
H.-Rönkendorf
Drechow
Dr.-Krakow
Gr.-Neumühl
Gr.-Pöglitz
Kavelsdorf
Gr.-Dänschenburg
D.-Dammerstorf
D.-Wöpkendorf
Sch.-Fahrenhaupt
Schulenberg
Sch.-Kneese Dorf
BAD SÜLZE
Dettmannsdorf
St.-Öftenhäven
St.-Fienstorf
Steinfeld
S.-Groß Freienholz
R.-Wendorf
D.-Kölzow
Sch.-Kneese Ausbau
TRIBSEES
S.-Rekentin
Gremersdorf
Siemersdorf
Br.-Neu Broderstorf
Thulendorf
Neu Thulendorf
Th.-Sagerheide
Reppelin
Gn.-Barkvieren
Stubbendorf
Dudendorf
B.-Schabow
Langsdorf
Broderstorf
Br.-Ikendorf
S.-Wendfeld
Gnewitz
St.-Ehmkendorf
110

## SEHENSWERTES

Die **Autotour** beginnt in Ribnitz-Damgarten und führt auf Fischland, Darß und Zingst. Eine einzige Straße ist es, die die drei Inseln miteinander verbindet. Von Zingst spannt sich eine Brücke hinüber auf das Festland, über die man nach Barth gelangt. Auf der B 105 geht es von dort zurück zum Ausgangspunkt.

### RIBNITZ-DAMGARTEN ★★

**1** Die breite Flußniederung der Recknitz trennt den Doppelort, durch den außerdem die Grenze zwischen Mecklenburg und Vorpommern verläuft. Sehenswert sind die »Ribnitzer Madonnen«, Holzplastiken aus dem 14. Jh., die sich in der ehemaligen Klosterkirche des Klarissinnen- bzw. St.-Klaren-Klosters befinden. Hauptattraktion ist jedoch das Bernstein-Museum, in dem die Entstehungsgeschichte der Steine dokumentiert ist und Schmuckstücke ausgestellt werden. Im Ortsteil Klockenhagen, 6 km westlich in Richtung Graal-Müritz, entstand ein Freilichtmuseum. Vom Verfall bedrohte und deshalb abgetragene Bauernhäuser aus verschiedensten Regionen Mecklenburg-Vorpommerns wurden dort seit 1969 wieder aufgebaut. Durch eine alte Torscheune geht man hinein. In einem der Bauernhäuser befindet sich ein Gasthof, hinter der Kirche schnattern Pommerngänse. Im alten Backhaus wird an Sommerwochenenden Brot gebacken. Zum Bauernmarkt im August kommen Urlauber wie Einheimische.
*Tel. 0 38 21/27 75, Apr.–Okt. 9–17 Uhr*

### WUSTROW ★

**2** Vom Wustrower Kirchturm herab bietet sich der schönste Blick auf Fischland, und man sieht, wie schmal die Insel mit dem Saaler Bodden und wie unendlich das Meer der Mecklenburger Bucht ist. Die Straße führt von der Kirche zum Hafen, vorbei an gut erhaltenen Kapitänshäusern. Während der Blütezeit der Segelschiffahrt hatten in Wustrow mehr als 240 Schiffe ihren Heimathafen. Hier wurde die »Großherzoglich-Mecklenburgische Navigationsschule« gegründet, die erst 1992 endgültig ihre Pforten schloß. Am ersten Samstag im Juli findet eine Zeesbootsregatta statt, bei der die historischen Schiffe mit ihren rostbraunen Segeln noch zu sehen sind. Wer die Regatta vom Wasser aus beobachten möchte, kann dies auf dem »Boddenkieker« tun.
*Kruse und Voß GmbH, Tel. 03 82 20/5 88*

### AHRENSHOOP ★★

**3** Vom einstigen Bauerndorf hat sich Ahrenshoop zur Künstlerkolonie entwickelt, in die am Wochenende Hunderte von Besuchern kommen, um das gewisse Etwas zu finden, das Maler wie Müller-Kaempff bewog zu bleiben. Dann sind die Plätze in den Cafés knapp, und jeder Sandweg gerät zur Promenade. Der »Kunstkaten« und die im damals revolutionären Bauhausstil errichtete »Bunte Stube« geben dem Ort das Flair, das alle suchen. Die Werke der ortsansässigen Künstler können hier nicht nur bewundert, sondern auch gekauft werden. Am Schifferberg 10 wohnt der Bildhauer Jan Jastram, Sohn des berühmten Rostocker Bildhauers Jo Jastram, der im Garten seine Holzplastiken ausstellt. Im Ahrenshooper Holz findet man im dichten Wald der Stechpalmen Erholung.

### PREROW ★★★

**4** Zwischen Häusern und Wäldern werden ausreichend viele Parkplätze angeboten, die man nutzen sollte, denn die Sehenswürdigkeiten Prerows erreicht man nur zu Fuß oder mit dem Fahrrad, wie z. B. den schier unendlichen Weststrand mit FKK-Teil, zu dem der Weg durch Urwald führt. Bizarre Windflüchter sind dort zu sehen. Die Wurzeln dieser knorrigen, windgebeugten Kiefern scheinen sich an den Dünen festzuklammern. Das Naturschutzgebiet Darßer Ort mit Leuchtturm liegt gleich in der Nähe. Es war jahrzehntelang nur dem Militär zugänglich. Heute kann dieser Leuchtturm, das älteste funktionstüchtige Seezeichen an der Küste, besichtigt werden. Von der Aussichtsplattform eröffnet sich ein weiter Blick auf Urwald und Meer. In einem Nebengebäude ist das Natureum, ein Museum zur Darßer Landschaft, eingerichtet.
*Mai–Okt. tgl. 10–18 Uhr, Nov.–Apr. Mi–So 11–16 Uhr, Naturführung Darßer Ort Sa 13 Uhr*

## ESSEN & TRINKEN

### AHRENSHOOP

**3** Direkt hinter den Dünen liegt das kleine »Haus am Meer«, dessen Hotelrestaurant bürgerliche Küche, natürlich auch Fisch, anbietet. Nachmittags gibt es hausgemachten Blechkuchen. Wer über Nacht bleiben möchte, kann den Seeblick von Maisonettezimmern aus genießen.
*Dorfstr. 36, Tel. 03 82 20/ 8 08 16 , im Winter geschl., mittlere Preisklasse, 24 Zimmer*

### PREROW

**4** An der Ladenstraße zum Strand empfiehlt es sich, in der »Darßer Kunsthütte« mit Blick auf die Seebrücke und das Meer eine kulinarische Pause einzulegen. Im Restaurant gibt es Fischgerichte. Darüber hinaus befinden sich eine Kunstgalerie und Verkaufsräume im Haus.
*Ladenstr., Tel. 03 82 33/3 48, tgl. 11.30–22 Uhr, untere Preisklasse*

**Bauernhaus im Freilichtmuseum Klockenhagen**

## WANDERN UND RADWANDERN

**A** Die **Fahrradtour** verläuft von Zingst, dem größten Ort auf der gleichnamigen Halbinsel, nach Pramort zu den Kranichrastplätzen. Fahrrad und Fernglas kann man in Zingst bei Karow, Kirchweg 20 (Strandübergang 10), ausleihen. Man fährt am Ortsausgang zunächst in Richtung Müggenburg. Bei der Markierung Strandzugang 1 geht es auf dem Plattenweg und dem ausgeschilderten Wanderweg weiter, dann durch den Buchenwald bis zu den Sundischen Wiesen mit Schlehdorn und Weidenröschen und schließlich links nach Pramort zu den Zugvögelplätzen. Bis zu 30 000 graue Kraniche versammeln sich an dieser Stelle! Aber auch Fischotter, Seeadler und seltene Entenarten haben hier ihren Lebensraum. Für den Rückweg bietet sich ab den Sundischen Wiesen die Landstraße nach Müggenburg an.
*Strecke: 40 km, Dauer: 2,5 Std.*

**B** Eine eineinhalbstündige **Wanderung** führt vom Ostseebad Prerow zum Aussichtspunkt Darßer Ort. Der romantische Weg schlängelt sich vorbei an Moosteppichen mit riesigen Farnen, Stechpalmen, Moorbirken und Besenginster. Wem der Weg zu weit ist, der kann vom Parkplatz Bernsteinweg in Prerow die Darßbahn nehmen. So hat man von der Endstation nur noch eine halbe Stunde Fußweg bis zum Leuchtturm Darßer Ort.
*Geführte Wanderung von der Endstation zum Darßer Ort jeden Fr 11 Uhr*

**C** Ein landschaftlich reizvoller **Spaziergang** von ca. 7 km führt über das Hohe Ufer südlich von Ahrenshoop entlang der Steilküste nach Wustrow. Zwischen Sanddorn, Heckenrosen und Thymian bietet sich Naturfreunden auch manches hübsche Picknickplätzchen an.

*Das Zingster Heimatmuseum in der Strandstraße 19 heißt »Haus Morgensonne«. Wer wissen will, was im Ortsleben wichtig war, findet es hier in einem restaurierten Kapitänshaus von 1867: zum Beispiel die Wiege, die einst ein Baby durch die Fluten trug, so daß es lebend im Freesenbruch geborgen werden konnte. Im Sommer werden*

*Schmiede-, Töpfer-, Mal- und Zeichenkurse angeboten. Tel. 03 82 32/ 1 55 61, So–Fr 10–16 Uhr, im Sommer auch Sa geöffnet*

# Bodden und Buchten – ein Paradies für Vögel

**Selbst Seeadler sind im Winter kein seltener Anblick. Denn 1990 wurden in Mecklenburg-Vorpommern zwei Nationalparks zum Schutz der Küstenlandschaft und ihrer Bewohner eingerichtet: der Nationalpark Vorpommersche Boddenlandschaft und der Nationalpark Jasmund. Vor allem der Vogelfreund kommt dort auf seine Kosten, denn nicht nur die einheimischen Vögel bestechen durch ihren Artenreichtum, sondern die Gegend ist zudem ein begehrter Zwischenstopp für viele Gefiederte auf ihrem Weg in den wärmeren Süden – und auf dem Rückweg in ihre skandinavische oder sibirische Heimat. So befindet sich auf dem Bock und den Werderinseln der größte Kranich-Rastplatz Mitteleuropas: Im Herbst sind es bis zu 30 000 »Durchreisende«.**

**1** Die kleinste Schwalbenart, die Uferschwalbe, brütet an steilen Wänden. Die Nisthöhle befindet sich am Ende eines bis zu 2 m tiefen Stollens, den die Vögel innerhalb weniger Tage mit Schnabel und Füßen graben.

**2** Der große, schwarzschimmernde Kolkrabe spielt eine wichtige ökologische Rolle: Vom Ungeziefer bis zum Aas frißt der Singvogel alles.

**3** Der Kormoran fliegt zwar schlecht, dank seiner Schwimmhäute ist er jedoch ein hervorragender Schwimmer und Taucher. Er lebt in Kolonien und baut den Horst auf hohen Bäumen, die von seinem Kot verätzt werden.

**4** Der Wanderfalke ist ein sehr guter und kräftiger Flieger, der sich vor allem von im Flug erbeuteten kleineren Vögeln ernährt.

**5** Die Graugans ist die Vorfahrin der Hausgans und ein reiner Pflanzenfresser. Selbst über den Tod des Partners hinaus bleibt sie diesem treu.

**6** Der bis zu 120 cm große Kranich vollführt ein sehenswertes Balzritual: Er tanzt, springt, verneigt sich und wirft sogar mit Schilfhalmen. Markant ist sein trompetender Ruf.

**7** Der prächtige bunte Eisvogel sitzt gerne auf Zweigen knapp über der Wasseroberfläche und stößt von dort mit seinem langen Bajonettschnabel ins Wasser, um nach Fischen zu tauchen.

**8** Er ist ein scheuer Einzelgänger und nur selten zu beobachten: Der Schwarzstorch lebt in ruhigen Wäldern in Küstennähe. Seinen Horst baut er auf hohen Laubbäumen.

3

4

5

6

7

8

Drei große Kirchen und umgeben von Wasser – Stralsund, südländisch-heiteres Kleinod am Strelasund und einst mächtige Hansestadt im Ostseeraum. Der Aufstieg zur Marienkirche ist mühsam, wird aber mit einem Panoramablick – manchmal bis nach Rügen – belohnt.

# Von Stralsund bis Ueckermünde

Eines haben die Städte am Bodden, Hinterland der schönsten Ostseeferiengebiete, gemeinsam: eine ruhmreiche Vergangenheit. Viel Phantasie hat es jahrelang gekostet, hinter den bröckelnden Fassaden der Hansestadt Stralsund die erhaltenen Spuren mittelalterlichen Reichtums auszumachen. Der Verfall schien unaufhaltsam, aber nun geht es langsam aufwärts. Die UNESCO hat die Altstadtinsel sogar zum Weltkulturerbe erklärt. Den Greifswaldern, aber nicht nur ihnen, wird die selbstironische Beschreibung langjähriger Stadtgestaltung »Ruinen schaffen ohne Waffen« zugeschrieben. Schon bietet ein altes Dichterwort dem neuen Slogan Paroli: »... und neues Leben blüht aus den Ruinen.« Nun erstrahlen die Backsteinfassaden der alten Kaufmannshäuser in neuem Glanz.

*»Sehen Sie, was das für Zeug ist, zum rasend werden, schön und toll zugleich.« So urteilte Goethe über die romantischen Bilder Philipp Otto Runges. Der Maler (oben: Selbstbildnis von 1805; Ausschnitt) wurde 1777 in*

*Wolgast geboren, sein Geburtshaus steht in der Kronwieckstr. 45, das 1997 als Museum eröffnet werden wird. Gemälde und Zeichnungen des Künstlers sind im Gedenkraum des Heimatmuseums ausgestellt. Rathausplatz 6, Tel. 0 38 36/ 25 12 13, Di–Fr 10–18, Sa/So 10–14 Uhr*

Eindrucksvolle Schaufassade: Rathaus Stralsund

Blick über den Frankenteich auf die Marienkirche

**EXTRA-TIP**

*Es war am 24. Juli 1628, als der General aufgab und die Besetzung Stralsunds beendete. Seinen Rückzug und ihren Sieg feiern die Stralsunder wieder seit 1991, drei Tage lang und*

*mit einem historischen Spektakel, den Wallensteintagen. Gaukler, Jongleure und Musketiere, mittelalterliche Marktstände, an denen für das leibliche Wohl gesorgt ist, aber auch ein Seegefecht und ein Bootskorso auf dem Sund gehören dazu. Tourismuszentrale Stralsund, Alter Markt 9, 18439 Stralsund, Tel. 0 38 31/24 69 0*

Keine falsche Bescheidenheit: Innenhof des Rathauses

Meisterwerk norddeutscher Spätgotik: Chor der Marienkirche

Es gibt zwei Gelegenheiten, eine wunderschöne Sicht auf Stralsund zu genießen. Für die eine muß man die Stadt verlassen und hinüber nach Altefähr auf Rügen fahren, das seit 1935 über einen Damm nach Stralsund mit dem Festland verbunden ist. Dann sieht man die Bilderbuchsilhouette mit den mächtigen Türmen und dem durchbrochenen Mauerwerk über dem Strelasund. Die zweite Möglichkeit liegt näher, wenn man schon in der Stadt ist, dafür ist sie anstrengender. Denn es gilt, den 104 Meter hohen Turm der Marienkirche zu erklimmen. Aber was für ein Ausblick: Wie eine Insel liegt die Stadt, die sich 1293 der Hanse anschloß, im Wasser – ideal für Fischer, aber auch für Kaufleute, sich hier anzusiedeln. Am Alten Markt entstanden die ersten der reichen Kaufmannshäuser im 13. Jahrhundert. Dort, wo die monumentale Marienkirche steht, am Neuen Markt, liegt die Neustadt.

Den Lübeckern gefiel es damals nicht, daß sich eine Konkurrentin an der Ostsee entwickelte, und sie reagierten mit einem Überfall. Die Stralsunder befestigten daraufhin ihre Stadt mit vier Land- und sechs Wassertoren. Reste der alten Stadtmauer und zwei der Tore, das Küter- und das Kniepertor, sind noch erhalten.

## Auf historischen Spuren

Der 24. Mai 1370 war ein denkwürdiger Tag für Stralsund. Damals wurde hier im Rathaus nach dem Krieg zwischen Dänemark und den Hansestädten der Friedensvertrag unterschrieben. Die Urkunden liegen noch im Stadtarchiv. Das Rathaus sah zu jener Zeit allerdings noch anders aus – viel bescheidener. Der Keller war Warenlager und Schankraum, die Stellflächen im Erdgeschoß wurden für buntes Markttreiben vermietet, und der Rat selbst beanspruchte wenig Platz, einen Flügel des

Hanseatisches Flair: Markttreiben vor dem Wulflamhaus

Der Strelasund aus der Vogelschau: Die Halbinseln Drigge und Devin

In neuer Blüte: Der Jachthafen von Stralsund

Gebäudes nur. Eine offene Laube diente als Gericht, zum Gefängnis im Keller führte eine Treppe. Im großen Saal wurde getanzt und gefeiert. Die Fassade aus roten und grünlasierten Backsteinen verputzte man im 18. Jahrhundert, als sie nicht mehr modern erschien, und erst im vorigen Jahrhundert wurde ihr ursprünglicher Wert wieder erkannt. Der Putz mußte weg. Mit seinen Pfeilertürmen und der durchbrochenen Schaufassade ist das Rathaus zu dem Schmuckstück im hanseatischen Altstadtensemble geworden, das alle Besucher entzückt. Die mächtige Nikolaikirche und das gegenüberliegende Wulflamhaus, eines der schönsten und am besten erhaltenen Bürgerhäuser der Stadt, sind zwei weitere Kostbarkeiten Stralsunds. Bertram Wulflam hieß der Bürgermeister, der sich das Backsteinhaus um 1380 erbauen ließ.

## Wallenstein ist noch lebendig

Auf historischen Spuren wandeln und Geschichte erleben – in Stralsund ist das möglich: Jedes Jahr im Juli feiert die Stadt mit den Wallensteintagen einen unvergessenen Sieg. Wer hätte schon gedacht, daß die Stralsunder erfolgreich Widerstand leisten würden, als die kaiserlichen Truppen während des Dreißigjährigen Krieges im Mai 1628 anrückten und Wallenstein verkündete, er werde Stralsund erobern, »auch wenn die Stadt mit Ketten an den Himmel gebunden« wäre. Die Schweden kamen den Stralsundern zu Hilfe, und im Juli war die Schlacht geschlagen. Die Bronzebüste im gotischen Rathaus stellt den schwedischen König Gustav II. Adolf dar.

## Das »Tor zum Norden« blieb geschlossen

Nach der Hansezeit ging es bergab. Die Bombenangriffe im Zweiten Weltkrieg hinterließen Trümmer. Aber dann, in der Volkswerft, bauten nicht weniger als 8000 Arbeiter hochmoderne Atlantik-Supertrawler für Fischfang und -verarbeitung. 17 000 Wohnungen entstanden in neuen Stadtteilen, die Altstadt verfiel. Schon hinter Rügen war das »Tor zum Norden« geschlossen.
Die Fährstraße mit ihren neuverputzten Fassaden, eine der ältesten der Stadt, riecht heute ganz frisch. Das Haus Nummer 23 fällt durch seine schöne Spätrenaissancefassade besonders auf. Der Chemiker Carl Wilhelm Scheele wurde hier geboren. Ruhm erlangte er später in Schweden als Entdecker

**EXTRA-TIP**

*Aufmüpfige Studenten wurden zur Strafe in den Karzer gesperrt. Nach Voranmeldung kann man die historischen Räume wie die spätbarocke Aula und den kuriosen Studentenkarzer besichtigen. Ernst-Moritz-Arndt-Universität, Domstraße 11, 17487 Greifswald, Tel. 0 38 34/8 60*

Einmaliger Küstenraum: Greifswalder Bodden bei Ludwigsburg

Nostalgische Holzklappbrücke über die Ryck nach Wieck

Gewaltiger Turm mit Barockhaube: Dom St. Nikolai

**EXTRA-TIP**

*Schon fast an der Grenze zu Polen liegt ein freundliches Städtchen am Fluß. Dort mündet die Uecker ins Haff: Ueckermünde. Das Gebiet rund um den Ort ist ein Eldorado für Fahrrad- und Wanderfreunde. Wunderschön ist der Weg vom Ort zum Strand, durch eine Pappelallee und über die Ueckerwiesen. Und so kommt man hin: Von Anklam die B 109 weiter nach Süden fahren und bei Leopoldshagen nach Ueckermünde abzweigen.*

des Sauerstoffs. Nur wenige Schritte sind es zum Hafen, wo die Fähren nach Hiddensee ablegen.

## Wie ein Bild von Caspar David Friedrich

»Wiesen bei Greifswald« heißt ein Bild von Caspar David Friedrich aus dem Jahr 1822, das plötzlich lebendig wird, wenn man von Norden auf Greifswald zukommt: drei Türme – die dicke Marie, der schlanke Nikolaus und der kleine Jakob – über dörflichen Gehöften, zwei Windmühlen und übermütige Pferde auf der nahen Koppel.
Ganz anders das Bild, das sich Besuchern von Süden präsentiert: Plattenbauten, wieder Plattenbauten und endlich der Wegweiser, der an dieser Wüste vorbeiführt. Aber wer vorüberfährt, versäumt manches: Nicht nur die »dicke Marie«, die als eine der schönsten gotischen Backsteinhallenkirchen gilt. Der denkmalgeschützte Marktplatz, den schöne Bürgerhäuser aus verschiedenen Jahrhunderten umgeben, wird noch bis 1998 saniert. Über die Lange Straße 49 gelangt man in den Hof von St. Spiritus. Mit 300 Jahre alten Fachwerkhäusern, Linden und Rosenstöcken ist dies vielleicht der schönste Ort in der Stadt. Im Sommer werden hier bei Mondenschein Abendkonzerte veranstaltet.

## Schräge Töne aus der Stille

Ein weiteres Motiv des Malers Friedrich erhebt sich in rotem Backstein aus einem kleinen Park an der Straße nach Wolgast: die Klosterruine Eldena. 1199 war hier die Zisterzienserabtei Hilda gegründet worden, 1637 von schwedischen Truppen geplündert, verfiel sie in der Folgezeit.
Erhalten sind nur die Reste der Kirche St. Maria und des Ostflügels der Klausur. Still ist es hier, bis es Juli wird. Dann erwachen die Ruinen zu neuem Leben, und Tausende kommen zum Jazzfest, das seit 1980 veranstaltet wird.

## Ein neues Bild

Erinnerungen an ein anderes Bild, an eines des großen Malers Vincent van Gogh, weckt die Touri-

Am Fluß Ryck: Im Stadthafen von Greifswald erinnert nicht mehr viel an die glorreiche hanseatische Vergangenheit

**EXTRA-TIP**

*Ein nostalgisches Haus, gleich neben der Wiecker Brücke, mit großen Fenstern, so daß man gut nach draußen, zum Schmuckstück des Ortes, sehen*

*kann. Die Speisekarte des »Gasthauses zur Wiecker Brücke« bietet gutbürgerliche Gerichte an, vor allem Fischspezialitäten. An der Mühle 6, Tel. 0 38 34/ 83 61 60, tgl. 12–24 Uhr, mittlere Preisklasse*

Beliebtes Gemäldemotiv: Klosterruine Eldena

stenattraktion Greifswalds schlechthin: die Klappbrücke im Ortsteil Wieck. Auch bei Einheimischen ist sie ein beliebtes Ziel für den Sonntagsausflug. Die nach niederländischem Vorbild errichtete hölzerne Zugbrücke verbindet die beiden Ufer des Flusses Ryck. Seit 1887 schon ersetzt sie den Fährbetrieb zwischen Eldena und Wieck. Autofahrer müssen Brückenzoll bezahlen, Fußgänger dürfen umsonst hinüber, um die reetgedeckten weißen Fischerhäuser und die alten Kapitänshäuser auf der anderen Uferseite zu bewundern. Jede Stunde öffnen sich die hölzernen Flügel, meist für Segelboote, und bieten dem Betrachter ein feines Schauspiel.

## Nadelöhr nach Usedom

Das Wolgaster Schloß gibt es nur noch auf alten Stichen, seine Ruine wurde im 18. Jahrhundert als Steinbruch verkauft. Da war von der einst herzoglichen Residenz aber schon nicht mehr viel übriggeblieben, denn Zar Peter I. hatte Wolgast als Rache für die Zerstörung Altonas niederbrennen und nur fünf mittelalterliche Häuser stehenlassen. Sommergäste auf dem Weg nach Usedom erleben Wolgast nach wie vor als Dauerstau. Da reicht es oft nur für den Blick auf den auffallend großen Fachwerkbau am Hafen, einen Getreidespeicher mit 5000 Tonnen Fassungsvermögen. Er ist um 1835 auf 99 Eichenpfählen errichtet worden.
Wer die Weiterfahrt für einen Rundgang unterbricht, findet gleich am Rathausplatz das Heimatmuseum. Sieht es nicht aus wie eine Kaffeemühle? So wird das alte Lagerhaus mit breiter Diele und bemalter Balkendecke hier auch genannt. Kunstfreunde finden darin Bilder eines der bedeutendsten Maler der Frühromantik, denn Philipp Otto Runge war ein Wolgaster Kind. Eine Runge-Gedenkstätte wird in der Kronwieckstraße 45 eingerichtet.
Eine architektonische Besonderheit lohnt den Besuch der Gertrudenkapelle auf dem alten Friedhof in der Chausseestraße. Äußerlich ganz schlicht, ist sie innen nach dem Vorbild der Erlöserkirche in Jerusalem gestaltet. Erwähnenswert ist das schöne, spätgotische Sternengewölbe auf einem Rundpfeiler in der Mitte des zwölfseitigen Baus.
Eines der ältesten in Granit gehauenen Steinbilder Pommerns – aus der Zeit der Christianisierung – ist gleich links neben dem Eingang der Wolgaster St.-Petri-Kirche im Turmfundament zu sehen: der Gerovitstein.

## Anklamer Schätze

Es war im Sommer 1995. Den Bauarbeitern, die am Markt in Anklam mit Schachtarbeiten beschäf-

Dunkler Fachwerkbau: Kornspeicher in Wolgast

Meer, Moor und Bruchland: Wer Abgeschiedenheit und Stille sucht,

**EXTRA-TIP**

*Wer gern frisch geräucherten Fisch ißt, kann dies zu*

*günstigen Preisen bei der Räucherei Thurow in Freest, etwa 10 km nördlich von Wolgast, tun: Flunder, Aal, Rotbarsch, Sprotte – bis zu sechzehn verschiedene Fischarten werden hier zubereitet. Dorfstr. 49, Tel. 03 83 70/ 2 02 08, Mai–Sept. Mo–Fr 10–18 Uhr, Sa 10–16.30 Uhr, So 10–11.30*

Die Gertrudenkapelle mit ihrem mächtigen Zentralbau

Mit Pferd und Wagen durch die Ueckermünder Felder

tigt waren, lag das Geld zu Füßen: 2500 Silbermünzen, teilweise vergoldet, aus der Zeit des Dreißigjährigen Krieges. Archäologen sprachen von einem Wunder. Wie war es möglich, daß eine solche Geldmenge bisher unentdeckt geblieben war, und woher stammte sie überhaupt? Vielleicht sind die Münzen aus dem Guthaben einer Zunft, vielleicht Inhalt einer Anklamer Amtslade. Den damaligen Wert kann man zwar annähernd beziffern, der kulturgeschichtliche jedoch ist unermeßlich. Wer Interesse an solchen Funden hat, kann sie im Museum im Steintor bewundern.
Allen materiellen Schätzen überlegen bleibt für viele jedoch, was sie im Otto-Lilienthal-Museum in der Ellenbogenstraße finden: Hier kommt man dem Traum des Ikarus auf die Spur. Den Brüdern Otto und Gustav Lilienthal gelang es in Anklam, diesen Traum Wirklichkeit werden zu lassen. Schon als Kinder starteten sie ihre ersten Flugversuche. Um Geld für die Experimente zu verdienen, erfanden sie den Anker-Steinbaukasten, der später noch Generationen von Jugendlichen vertraut sein sollte.
In der Peenestraße, nahe der Kirche, wurde 1848 Otto geboren, ein Jahr später sein Bruder Gustav. Anklam war ein Städtchen von Feldarbeitern, durch das im Herbst die mit Kartoffeln schwer beladenen Ackerwägen rollten. Aber ein verschlafener Ort war es dennoch nicht. Auf der Peene fuhren schon Dampfschiffe, 1863 wurde die Eisenbahnlinie Pasewalk–Anklam–Stralsund eröffnet, und Heißluftballons glitten über den Himmel. Heute nennt man das Aufbruchsstimmung.

## Wie die Störche

Es muß an warmen Sommertagen gewesen sein, als die Brüder vor der Stadt im Gras lagen und beobachteten, wie Störche, Fischreiher und Kraniche ihre Bahnen zogen. Jedenfalls marschierten Otto und Gustav in sternklaren Nächten mit schwerer Fracht zum nahe gelegenen Exerzierplatz, um Fliegen zu üben. Aus Gänseschwungfedern hatten sie drei Meter lange Flügel gebaut, die sie um Brust und Hüf-

den zieht es ans Oderhaff

In festen »Händen«: Bäckerei in Ueckermünde

ten befestigten, und die schlugen sie auf und nieder, wie sie es bei den Störchen gesehen hatten. Doch nichts passierte.
Da lagen sie wieder im Gras und beobachteten. Wind! Ihnen fehlte Wind unter den Flügeln. Otto baute Pedale, um die Flügel in Schwung zu bringen. Doch sie brachten sie nicht in Schwung. Otto baute neue Flügel aus allen Gänsefedern, die er nur finden konnte. »20 Zentimeter!« sei er geflogen, so prahlte er, aber vielleicht war es doch nur ein Sprung gewesen.

## Absturz bei Berlin

Viel später erst, 1891 und in der Nähe von Berlin, fliegt Otto 15 Meter weit. Aber nun hatte er alles entwickelt, was man für ein Flugzeug braucht. An

Sicherer Nistplatz: Storch auf den Resten einer Windmühle

einem Sonntag im August 1896 stürzt Otto Lilienthal in den Rhinower Bergen ab und erliegt einen Tag später seinen Verletzungen.
Auf dem Sockel des Lilienthal-Denkmals in Lichterfelde steht der Satz, den Leonardo da Vinci 1497 schrieb: »Einst wird der große Vogel seinen Flug nehmen vom Rücken des Hügels, die Welt mit Erstaunen, das Universum mit seinem Ruhm füllend, und ewige Glorie wird sein dem Orte, da er geboren ward.« Anklam also.

## Zwischen Heide und Haff

Nur wenige Kilometer sind es von Ueckermünde, der östlichsten deutschen Hafenstadt, bis zur polnischen Grenze. Ein ruhiger Ort, mit Resten einer Schloßruine, einem hübschen Marktplatz und einer alten Sonnenuhr am Küsterhaus, am Rand eines armen, aber schönen Landes mit kargem Boden. Eine Endmoränenlandschaft mit Hügeln, bis zu 150 Meter hoch. Fischotter und Waschbären leben an den Ufern, und Seeadler, Marder und Dachse sind hier zu Hause.
Neben den Orchideen, die auf der Friedländer Großen Wiese wachsen, kann man, mit etwas Glück, Sumpfschildkröten beobachten. Sehr viel Geduld braucht man allerdings, um die Sumpfohreulen auszumachen. Manchmal, erzählen die Bewohner, wechseln auch Elch und Wolf über die Grenze.

**EXTRA-TIP**

*Im Stadtmuseum in der Greifswalder Theodor-Pyl-Str. kann man sich anhand von Ausgrabungsstücken und einem Modell auf den Besuch der Klosterruine Eldena vorbereiten. Auch Arbeiten eines der berühmtesten Söhne der Stadt, Caspar David Friedrichs, sind hier ausgestellt.*
*Theodor-Pyl-Str. 1–2, Tel. 0 38 34/ 27 20, Juli–Aug. Di–So 10–18 Uhr*

Biosphärenreservat Südostrügen
Rügischer Bodden
Greifswalder Bodden
Strelasund
Zudar
STRALSUND
GARZ
Altefähr
Gustow
Poseritz
Brandshagen
Stahlbrode
Reinberg
Gr.-Insel Riems
Insel Koos
Lubmin
GRIMMEN
GREIFSWALD
Wusterhusen
Ludwigsburg
Kemnitz
Neuenkirchen
Wackerow
Dersekow
Diedrichshagen
Karlsburg
Züssow
GÜTZKOW
JARMEN
LOITZ
DEMMIN
ANKLAM
Tutow
Bandelin
Deutsche Alleenstr.
Peene
1
B
2
A
C
3
96
109
110
111
194
199
E 251

## SEHENSWERTES

In Stralsund beginnt die **Autotour**, die mit Greifswald und Anklam zu zwei weiteren alten Hansestädten führt. Die B 96 ist die Verbindungsstraße in Richtung Süden. Von Greifswald geht es auf der B 109 weiter bis nach Anklam.

### STRALSUND ★★★

**1** Klein, aber fein ist das Zentrum der einst nach Lübeck mächtigsten Hansestadt an der Ostsee. Der Alte Markt mit dem schmucken Rathaus, das man dem der Konkurrentin Lübeck nachempfand, die Nikolaikirche und das Wulflam-Haus zeigen die ganze Pracht der Backsteingotik. Diese entfaltet sich voll und ganz im rotleuchtenden Scheele-Haus. Im Kulturhistorischen Museum wird die Stadtgeschichte veranschaulicht: Höhepunkt ist der berühmte Hiddenseer Goldschatz. Meist werden Kopien, die wertvollen Originale hingegen nur manchmal gezeigt. Eine Sturmflut hinterließ 1872 den Wikingerschatz. Kopien werden auch bei den örtlichen Juwelieren angeboten.
*Mönchstr. 25–27, Tel. 0 38 31/2 87 90, Mi–So 10–17 Uhr*

### GREIFSWALD ★★

**2** Einst gab es ein mächtiges Kloster und eine arme Salzarbeitersiedlung. Vom Kloster blieb die Ruine Eldena, die der Maler Caspar David Friedrich berühmt machte. Heute lockt sie viele Besucher nach Greifswald. Der große Reichtum der Hansezeit ist vergangen. Aber an Markttagen, wenn über Obst- und Gemüseständen die prächtigen, gerade renovierten Fassaden der Backsteinhäuser mit ihren golden schimmernden Kreuzblumen und Staffelgiebeln den passenden Rahmen bekommen, erstrahlt der Ort in neuem Glanz. Den schönen Fachwerkhof von St. Spiritus sollte man unbedingt besuchen. Über die Lange Str. 49 ist er zu erreichen. Im Sommer finden darin bei Mondschein Konzerte statt. Greifswald-Besucher kommen jedoch meist, um außer der Klosterruine Eldena auch die Wiecker Klappbrücke zu sehen. Sie verbindet die beiden Ortsteile Eldena und Wieck, zwei ehemalige Fischerdörfer. Immer zur vollen Stunde öffnen sich ihre Flügel, um den Booten auf der Ryck Durchlaß zu gewähren. Sie ist den holländischen Holzbrücken nachempfunden. Fußgänger und Fahrradfahrer dürfen sie unentgeltlich überqueren – und sollten das auch tun: Schöne alte Häuser stehen auf der Wiecker Seite des Flusses, und im Sommer scheinen die Vorgärten um die Wette zu duften.

**Greifswalder Wochenmarkt**

**Katzow: Viel Raum für Kunst im Skulpturenpark**

### ANKLAM ★★

**3** In der Ellenbogenstr. 1a, gleich neben dem Steintor, befindet sich mit dem Otto-Lilienthal-Museum eine einzigartige Einrichtung. Unter einem Fluggleiter betritt man die Räume, die »hochfliegende Träume« erklären. Spielerisch wird der Besucher mit dem Erlebnis Fliegen vertraut gemacht: Man kann sich in Geräte hängen und erleben, wie das ist oder wie das wäre, wenn jetzt der Wind bliese. Und man lernt die Aerodynamik verstehen. Erwachsene und Jugendliche dürfen experimentieren. Kindern bieten sich Spielmöglichkeiten.
*Tel. 0 39 71/24 55 00, Di–Fr 10–17 Uhr, Sa, So 14–17 Uhr, Okt.–Apr. 10–16 Uhr, So/Fei 14–17 Uhr, Sa geschl.*
Von den mittelalterlichen Gebäuden der Stadt blieben trotz der Kriegszerstörungen einige erhalten: die Marienkirche aus dem 13. Jh., der trutzige Pulverturm und das imposant aufragende Steintor, in dem sich das Heimatmuseum befindet. Auf fünf Stockwerken ist darin die Geschichte der Stadt illustriert.
*Schulstr. 1, Tel. 0 39 71/ 24 55 03, Di–Fr. 10–17, Sa/So 14–17 Uhr, Okt.–Apr. Di–Fr 10-16 und So 14–17 Uhr*

## ESSEN & TRINKEN

### STRALSUND

**1** An die Hansezeit erinnert das Gebäude des »Hotels zur Post«. Die Gerichte des dazugehörigen Restaurants sind fein und leicht, der Service ist freundlich. Auch Stadtführungen und Rügenausflüge können hier gebucht werden. Und: Der hoteleigene Shuttle-Bus stammt aus dem Autohaus Boris Becker.
*Tribseer Str. 22, Tel. 0 38 31/ 20 05 00, tgl. 11.30–14 und 18–22.30 Uhr, mittlere Preisklasse, 108 Zimmer*

### GREIFSWALD

**2** Der ideale Ort für eine Mittagspause liegt in der Nähe der Wiecker Brücke. Im Gasthaus »Zur Fähre« werden Mecklenburger Spezialitäten angeboten. Auf der Speisekarte stehen außerdem verschiedene Fischgerichte.
*Fährweg 2, Tel. 0 38 34/ 84 00 49, tgl. 11.30–24 Uhr, mittlere Preisklasse*

*Wer mit Kindern in Stralsund unterwegs ist, sollte das Meeresmuseum im ehemaligen Katharinenkloster am Samstag oder Sonntag um 11 Uhr*

*besuchen. Dann werden die Bewohner der zahlreichen Aquarien gefüttert. Wenn der Krake Carlchen gut gelaunt ist, öffnet er seine Futterdose auch selbst.*
*Ein 16 m langes Skelett eines Finnwales, der 1825 vor Rügens Küste strandete, gehört zu den Höhepunkten des Museums.*
*Katharinenberg 14–20, Tel. 0 38 31/ 26 50 10, Juni–Sept. tgl. 10–18 Uhr, Okt.–Mai tgl. 10–17 Uhr*

## WANDERN UND RADWANDERN

**A** Ziel der **Fahrradtour** ist der Skulpturenpark von Katzow, in dem 50 riesige Skulpturen internationaler Künstler auf freiem Gelände stehen. Der Bildhauer Thomas Radeloff gründete den frei zugänglichen Park und ein Gebäude für Ausstellungen, Konzerte und andere Veranstaltungen. Von Greifswald aus radelt man Richtung Eldena. Von dort geht es an der Landstraße entlang, die geradewegs nach Katzow führt. Vorher passiert man die Ortschaften Kemnitz, Rappenhagen und Neu-Boltenhagen. Wenn Katzow schon durchfahren ist, kurz vor dem Dörfchen Pritzier, schaukeln plötzlich auf der rechten Straßenseite hinter einem kleinen Parkplatz riesige Stuhllehnen im Wind: Da ist er, der Skulpturenpark. Der Rückweg führt zunächst durch den Karbower Wald Richtung Hanshagen. Dort geht es auf einem Feldweg über Kemnitzerhagen nach Kemnitz und auf der Landstraße zurück nach Greifswald.
*Strecke: 40 km, Dauer: 2,5 Std.*

**B** Einen **Spaziergang** durch Stralsund beginnt man am besten am Alten Markt, wo sich Rathaus, Wulflam-Haus und Nikolaikirche befinden. Von dort führt die Fährstraße zum Scheele-Haus. Die Schnittstraße entlang geht es in nördlicher Richtung zum Johanniskloster und dann zum Kniepertor. Mit Blick auf den Teich folgt man dem Knieperwall zum südlich gelegenen Kütertor, dann zum Kulturhistorischen Museum und zum Meeresmuseum. Von dort ist schon der Turm der Marienkirche zu sehen. Nun über die Frankenstraße zum Heiliggeistkloster. Letzte Station ist die Jakobikirche, die über die Heiliggeiststraße erreicht wird. Über die Ossenreyerstraße gelangt man zurück zum Alten Markt.

**C** Greifswalds Hauptattraktionen lassen sich mit einem **Spaziergang** verbinden. Eine Viertelstunde etwa geht man von der Klosterruine Eldena zur Wiecker Klappbrücke. Der ausgeschilderte Weg dorthin ist nicht zu verfehlen.

**STEINZEIT**

# Gräber der Vorzeit

**Großsteingräber bei Lancken-Granitz**

An der Küste und in den Niederungen entstanden zur Jungsteinzeit erste Siedlungen. Von ihrer Existenz zeugen heute noch erhaltene Großsteingräber, in denen ganze Sippen bestattet wurden. Zu Beginn der Bronzezeit wurden diese von Einzelgräbern abgelöst, den sogenannten Hügelgräbern. Die interessantesten darunter befinden sich auf Rügen. Der Dobberworth bei Sagard ist das größte und stammt aus der Bronzezeit.

**3500 v. Chr.** In der Jungsteinzeit entstehen erste Siedlungen an der Ostseeküste. Beginn von Ackerbau und Viehzucht. Aus dieser Zeit stammen die Großsteingräber: die Megalithkultur.

**100–500** Im Zuge der Völkerwanderung verlassen nordgermanische Stämme das Land.

**600** Slawische Stämme, im Westen die Obodriten, auf Rügen die Ranen, nehmen das verlassene Land in Besitz.

**995** Zum ersten Mal wird die Michelenburg, der Fürstensitz des Obodritenstammes, in einer Urkunde erwähnt.

**FRÜHZEIT**

# Der Vierköpfige

Nachdem die Germanen das Land verlassen hatten, ließen sich im 6. und 7. Jh. slawische Stämme in dem dünnbesiedelten Gebiet an der Küste nieder: Aus

**Kap Arkona: Skulptur des vierköpfigen Orakelgottes Swantevit**

Süden und Südosten kamen die Obodriten, die den Westen des Landes besiedelten. Auf Rügen wurden die Ranen oder »Rujanen« seßhaft, die als besonders kampferprobt und streitsüchtig galten. Im Osten lebten die Wilzen, später Liutizen genannt.

Viele »Gesichter« und merkwürdige Namen hatten die Götter dieser Stämme. Der dänische Geschichtsschreiber Saxo Grammaticus beschrieb sie im 10. Jh. Sie hießen Rugiavit (sieben Gesichter), Porevit (fünf Gesichter), Porenut (Donnergott, vier Gesichter). Ihre höchste Gottheit war jedoch der vierköpfige Swantevit, dessen Kultbild sich in der Jaromarsburg auf Kap Arkona befand. Mit Lachs und Hering, Honig und Wacholder wurde der Orakelgott vor Befragungen gnädig gestimmt.

**MITTELALTER**

# Bekehrung mit dem Schwert

**Nach der Christianisierung: Gotteshaus in Altenkirchen**

Heinrich der Löwe, Herzog von Sachsen und Bayern, pokerte hoch, als er sich mit dem Dänenkönig Waldemar I. verbündete, der Vorpommern und Rügen genauso wie er selbst als sein Interessengebiet betrachtete. Zusammen mit anderen Reichsfürsten legten sie ein Kreuzzugsgelübde ab, in dem sie versprachen, die heidnischen Obodriten, die in diesem Land lebten, zu bekehren. Gemeinsam bezwangen sie die slawischen Stämme. 1168 stürzte Waldemar I. das Standbild Swantevits, der höchsten Gottheit der Ranen. Am Tag nach dem Sieg mußte sich ihr Fürst auf Geheiß des Dänen taufen lassen. Der Rane Jaromar nahm den neuen Glauben sehr ernst und ließ sogar Kirchen bauen. Im Falle von Pribislaw, dem Sohn und Nachfolger des Obodritenfürsten Niklot, wurde die Bekehrung belohnt. Er erhielt sein Land aus den Händen des Eroberers Heinrichs des Löwen zurück und wurde damit zum Stammvater der bis 1918 regierenden mecklenburgischen Herzogshäuser. Indes kamen Siedler aus Franken und Friedland, Niedersachsen und dem Rheinland. Sie verdrängten die slawische Bevölkerung endgültig. Nur Ortsnamen, wie beispielsweise Wolgast, mit den Endungen *-in*, *-ow*, *-itz* und *-gast*, erinnern heute noch an die slawische Siedlungsperiode. Die Eroberung des Landes ging als Wendenkreuzzug – »Wenden« war das Wort für Slawen – in die Geschichte ein.

**Mellenthin: Kirchengewölbe mit gotischer Malerei**

**Im Rathaus von Stralsund schloß die Hanse 1370 mit den Dänen Frieden**

**Ort Usedom: Vor diesem Kreuz wurde der slawische Adel 1128 getauft**

**1147–67** Nach drei Jahrhunderten blutiger Auseinandersetzungen bezwingt Herzog Heinrich der Löwe den Obodritenfürsten Niklot, die Slawen werden christianisiert, Schwerin wird Bischofssitz. Pribislaw, Sohn des unterworfenen Fürsten, erhält nach seiner Taufe sein Land als Lehen zurück.

**Hiddenseer Goldschmuck**

**1168** Die Dänen besiegen den slawischen Stamm der Ranen und lösen deren Herrschaft auf Rügen und Pommern ab. Fürst Jaromar I. muß sich den Dänen unterwerfen.

**1227** Eine Koalition norddeutscher Fürsten und Städte besiegt in der Schlacht bei Bornhöved den Dänenkönig Waldemar II. Pommern fällt an Brandenburg, nur Rügen bleibt bis 1325 dänisch.

Mutig gegen den Feind:

# Klaus Störtebeker

*Eine Legende feiert Wiederauferstehung*

## DER ROBIN HOOD DER OSTSEE

Es begann zu einer Zeit, als sich Kaufleute an der Küste niederließen und Städte gründeten. Ihre gemeinsamen Interessen vertraten sie in der Hanse, einem Bund, dem sich während seiner Blütezeit bis zu 130 Städte anschlossen. Sie verhandelten mit Kaisern und Königen, kauften und verkauften Privilegien, trieben Politik auf ihre Art – mit Schlachten, Blockaden und Morden. Die »Mafia der Meere« war mächtiger als der Adel geworden und kannte nur einen einzigen nennenswerten Feind: die Seeräuber.

Genau weiß heute keiner, ob die Diebe und Plünderer schon damals als Freunde der Ausgebeuteten und Unterdrückten galten. Sicher ist auf jeden Fall, daß Klaus Störtebeker ihr kluger und starker Anführer war: kein einfacher Räuber, sondern einer, der großzügig an alle verteilte, die nichts hatten. Ein Jasmunder Kind soll er gewesen sein. Aber der vermeintliche Geburtsort Ruschvitz auf Rügen konkurriert mit mindestens 17 anderen Orten. Um 1370 soll er geboren worden sein. Oder auch früher. Selbst der Beginn seiner Karriere liegt im dunkeln. War er Herr oder Knecht? Schlug er mit Macht zurück, als der Bauer ihn, den Knecht Klaus, prügeln ließ, nachdem er ihn beim Bierdiebstahl erwischt hatte? Oder ist er der von Tagedieben geschlagene Herr, der 1380 im Wismarer Buch der Ächtungen verzeichnet ist? Ist er als Störtebeker geboren, oder hat er sich diesen »Künstlernamen«, der aus dem Plattdeutschen mit »Stürz den Becher« übersetzt werden kann, als standfester Trinker erworben? Nicht eine der zahllosen Histörchen gleicht der nächsten, aber das konnte die Legende vom großen Seeräuber nicht erschüttern. Entscheidend ist, daß Godeke Michels, Anführer einer gefürchteten Piratenbande, ihn kennenlernte und Störtebeker einer von ihnen wurde – der bald am meisten gefürchtete. Hart, aber gerecht muß er gewesen sein, denn man nannte ihn auch den »Likedeeler«, den Gleichteiler, weil man ihm nachsagte, die Beute aus den überfallenen Handelsschiffen gerecht zu verteilen, und zwar nicht nur unter den Kampfgenossen, sondern auch unter den Armen. »He is'n fein Kirl«, sagten die Leute.

**Störtebekers Hinrichtung auf dem Hamburger Grashoop**

Als »Vitalienbrüder« gingen Klaus Störtebeker und Godeke Michels in die Geschichte ein. Im amtlichen Auftrag wurden die Freibeuter in Rostock und Wismar mit Kaperschiffen ausgerüstet, um das von den Dänen belagerte Stockholm zu unterstützen, denn Schweden war an Königin Margarete von Dänemark gefallen, und nur die Stockholmer konnten sich noch halten. So versorgten die Piraten die belagerte Stadt mit Lebensmitteln, »Vitalien«, die ihnen den ruhmreichen Namen der Vitalienbrüder einbrachten. Später setzten sie den Kaperkrieg eigenständig fort, doch schließlich wurden sie von der Hanseflotte geschlagen. Als ihr Schiff im Jahre 1401 in Hamburg vor Anker lag, soll ein Verräter das Steuerruder mit Blei ausgegossen haben, um das Schiff somit manövrierunfähig zu machen. Alle Seeräuber wurden gefangengenommen und zum Tode verurteilt.

Selbst Klaus Störtebekers Hinrichtung war heldenhaft: Sein letzter Wunsch war es, den in einer Reihe aufgestellten Kameraden das Leben zu schenken, an denen er noch mit abgeschlagenem Kopf vorbeilaufen konnte. Er lief so lange, bis ihm der Henkersknecht ein Bein stellte, so daß der Geköpfte fiel.

Die Rüganer sind heute noch so begeistert von ihrem Robin Hood der Ostsee, daß sie in Ralswiek eine Freilichtbühne ins Leben riefen, auf der seit 1980 Jahr für Jahr Leben und Taten des Freibeuters unter zahlreicher Beteiligung der Einheimischen aufgeführt werden.

# Kulturrevolution

Im Jahre 1793 hatte in Heiligendamm das Badeleben begonnen. Nie zuvor war es üblich gewesen, daß Menschen freiwillig und nur zum Schwimmvergnügen ins Wasser gingen. Doch nun wurde das erste deutsche Seebad an der Ostseeküste gegründet, ein Treffpunkt der feinen Gesellschaft. Gleichzeitig setzte die Industrialisierung ein, die viele Mecklenburger in die Ballungszentren zog. Die Kluft zwischen Arm und Reich war groß. Die Gutsherren wollten, daß alles beim alten blieb, doch im Zuge der Industrialisierung forderte die Arbeiterschaft mehr Rechte für das Volk. Die Entwicklung mündete in die Novemberrevolution von 1918. Der Kaiser dankte ab, so auch der Großherzog von Mecklenburg-Schwerin, derjenige von Mecklenburg-Strelitz beging Selbstmord. Die Demokratie begann.

**Heiligendamm: Gedenkstein zur Seebadgründung 1793**

**Der Rügener Schriftsteller und Historiker Ernst Moritz Arndt (1769–1860): Er kämpfte unermüdlich für die Freiheit und Einheit aller Deutschen und trat für die Abschaffung der Leibeigenschaft ein**

**1701** Teilung des Landes in Mecklenburg-Schwerin und Mecklenburg-Strelitz.

**1756–1763** Im Siebenjährigen Krieg besetzen preußische Truppen Mecklenburg - Schwerin und Pommern.

**1793** Das erste deutsche Seebad entsteht. Es heißt Heiligendamm.

**1815** Auf dem Wiener Kongreß werden nach dem Sieg über Napoleon die Grenzen neu festgelegt. Schwedisch - Vorpommern mit Rügen fällt an Preußen.

**1820** Die Leibeigenschaft wird aufgehoben, aber die Bauern bleiben ohne Grundbesitz. Viele wandern nach Amerika und Rußland aus.

**1847** Die ersten Eisenbahnlinien werden an der Küste verlegt.



# Neue Macht am Strand

Nach dem Ersten Weltkrieg bestimmte Not und Armut das Leben, nur die Rüstungsindustrie hatte Hochkonjunktur: In Rostock, auf der Neptunwerft, wurden U-Boote gebaut, die Fokker-Werke in Schwerin spürten Aufwind. Dann brachen die vielgerühmten »goldenen 20er Jahre« an. Ernst Heinkel gründete in Warnemünde Flugzeugwerke. An der Küste setzte der wahre Badeboom ein. Ein Schweizer Bankier spendierte Heiligendamm neuen Glanz: Die weiße Bäderarchitektur gewann an Schönheit, und auch das Kurhaus in Warnemünde wurde fertiggestellt. Es folgten die Weltwirtschaftskrise von 1928 und die Machtergreifung der Nationalsozialisten. In Rostock wurde der Jagdbomber He 111 gebaut, die Beschäftigtenzahlen von Wismar bis Warnemünde stiegen auf das Fünffache. Wernher von Braun leitete die Heeresversuchsanstalt auf Usedom und experimentierte am Bau einer »Wunderwaffe« mit großer Reichweite, der V 2. Der Zweite Weltkrieg endete für Mecklenburg-Vorpommern mit der Besetzung durch die Rote Armee. Ab 1947 wurde das Gebiet in der sowjetischen Besatzungszone nur noch Mecklenburg, mit der Hauptstadt Schwerin, genannt. 1952 teilte man es in die Bezirke Rostock, Schwerin und Neubrandenburg auf. 1948 begann das Badeleben an der Küste erneut. Zuvor wurden private Vermieter durch die »Aktion Rose« enteignet, viele von ihnen gingen in den Westen. Urlaub an der Ostsee wurde zum ersehnten Glück, organisiert vom Feriendienst der DDR. Die Wiedervereinigung Deutschlands brachte nicht nur den Namen Mecklenburg-Vorpommern zurück, sondern auch immer neue Feriengäste, die die Schönheit der Ostseeküste neu entdecken.

**Reste der DDR-Marine in Peenemünde**

**Peenemünde: Das 14 Meter hohe Raketenmodell der V 2 nach Wernher von Braun**

**1871** Die beiden mecklenburgischen Großherzogtümer treten dem Deutschen Reich bei.

**Putbus: Fürst Malte in seinem Schloßpark**

**1918** Novemberrevolution: Die Demokratie kehrt in Mecklenburg-Schwerin und Mecklenburg-Strelitz ein.

**1934** Ende der 200jährigen Teilung: Aus den beiden mecklenburgischen Freistaaten entsteht wieder das Land Mecklenburg.

**1936** In Peenemünde auf der Insel Usedom werden die Waffen V 1 und V 2 entwickelt.

**1945** Mecklenburg und Vorpommern gehören nach dem Zweiten Weltkrieg zur sowjetischen Besatzungszone.

**1952** Mecklenburg wird in die Regierungsbezirke Rostock, Schwerin und Neubrandenburg unterteilt. Private Hoteliers und Pensionswirte werden durch die »Aktion Rose« enteignet.

**1991–1996** Viele Alteigentümer kehren an die Ostseeküste zurück. Historische Seebrücken werden gebaut und Ferienorte saniert.

# Die große Hansezeit

»Wir gehören zusammen wie die Arme des Gekreuzigten« – das gelobten sich die reichen Kaufmannsstädte mit Lübeck an der Spitze und hielten im Jahre 1356 den ersten Hansetag ab. Sie bildeten ein mächtiges Fernhandelssystem mit Niederlassungen in Brügge, London und Nowgorod. Annähernd 130 Städte gehörten dem Bündnis zu seiner Blütezeit an. Auf Gotland, wo sich die wichtigen Seerouten kreuzten,

**Die Urkunde von 1370 besiegelte den Stralsunder Frieden**

tauschten sie nordische Waren gegen Kostbarkeiten aus dem fernen Orient: Holz und Pökelfisch gegen Seide und Purpur, Kühe gegen Gewürze. Um ihr Handelsmonopol zu verteidigen, schlossen sie eigenmächtig mit Kaisern und Königen Verträge ab und führten, wenn nötig, Krieg. Im Frieden von Stralsund mußte der dänische König 1370 nach zehnjährigem Krieg nicht nur die Vorherrschaft der Hanse anerkennen, er mußte sogar ein Mitspracherecht bei der Thronfolge einräumen. Erst als Amerika 1492 entdeckt war, verlor die Hanse an Bedeutung. Die Handelswege verlagerten sich nach Westen. Sogar die Heringe zogen fort.

**Stralsunder Marienkirche: Stiftung der Gewandschneidergilde**

**13. Jh.** Rostock, Wismar und Lübeck schließen ein Bündnis, das der Sicherheit der Schiffahrt dienen soll. An der Ostseeküste werden Handelsstädte gegründet, die diesem Bündnis beitreten. Als »Hanse« will man gemeinsam gegen Seeräuber vorgehen, aber auch den Ostseeraum wirtschaftlich und politisch beherrschen.

**1370** Im Frieden von Stralsund muß Dänenkönig Waldemar IV. seine Vorherrschaft aufgeben. Die Hanse steht auf dem Höhepunkt ihrer Macht und erhält sogar Mitspracherecht bei der dänischen Thronfolge.

**1402** Die Seeräuber Klaus Störtebeker und Godeke Michels werden in Hamburg enthauptet.

**1534** Reformation: Der Treptower Landtag beschließt, den protestantischen Glauben als Landesreligion für Mecklenburg einzuführen.

# Die Backsteingotik

Keine Zeit hat die Städte der Ostseeküste so sehr geprägt wie die der Hanse. Hohe Türme bestimmen die Silhouetten und künden von der Macht der Kaufleute. Reichtum und Phantasie lassen sich aus kunstvoll gestalteten Giebeln ablesen. Weil das Land an der Ostsee arm an Natursteinen war, die sich für die großen Dimensionen und die Schmuckformen dieser Architektur eigneten, griff man auf eine Technik zurück, die sich schon in der Antike bewährt hatte: Aus Lehm und Ton wurden Ziegel in mühsamer Handarbeit hergestellt und dann gebrannt. Ihre warmen Rottöne sind heute Markenzeichen der Hansestädte. Die Baumeister verstanden es, aus ihnen Gebäude aufzutürmen, die bis an die hundert Meter in die Höhe ragen. Ihre eleganten Proportionen und statischen Raffinessen brauchen den Vergleich mit den französischen Kathedralen nicht zu scheuen. Das beeindruckendste Beispiel dafür ist das Bad Doberaner Münster, mit hohen, schlanken Bündelpfeilern, die das mit Rippen verstärkte Gewölbe tragen. Filigrane Details, wie mit Laub und Blattwerk geschmückte Konsolsteine, machen es zu einem Juwel der Backsteingotik. Speicher, Rat- und Zunfthäuser zeigen, wie sich das Material mit weißen Sandsteinblenden und vielfarbigen Glasuren abwechslungsreich schmücken ließ. Ein Meisterstück an virtuos durchbrochenem Ziegelmauerwerk ist die hochaufragende Schauwand des Stralsunder Rathauses: zierliche Türmchen, Rosetten wie durchsichtige Spitzendeckchen, feines Blendwerk und elegante Spitzbogenportale sind zu einem harmonischen Ganzen zusammengefügt. Die Backsteingotik gehört zu den großartigsten Leistungen in der Geschichte der deutschen Architektur.

**Holzschnitt aus dem 16. Jh.: Stadtansicht Rostocks**

**Eine wahre Perle filigraner Backsteinbauweise: Das rotleuchtende Wulflam-Haus am Marktplatz in Stralsund**

# Schwedenherrschaft

**König Gustav II. Adolf**

»Pommerland ist abgebrannt«, das sangen die Kinder überall, denn der Dreißigjährige Krieg fügte dem Gebiet an der Küste schlimme Verwüstungen zu. Im Westfälischen Frieden von 1648 wurde festgelegt, daß ein großer Teil des Landes an Schweden fallen sollte. Die Erben des einst von den Österreichern als »Schneekönig« verspotteten Gustav II. Adolf regierten von nun an Pommern und verankerten den Protestantismus. Nun mußte es wieder aufwärts gehen. Das vom Krieg zerstörte und brachliegende Acker- und Weideland wurde bewirtschaftet. Die Gutsherren und Großgrundbesitzer zwangen die selbstbewußten Bauern in die Leibeigenschaft.

**1628–30** Wallenstein unterwirft bis auf Stralsund ganz Mecklenburg. Als Herzog residiert er in Güstrow.

**1630** Gustav II. Adolf von Schweden wird Herrscher in Pommern.

**1648** Der Dreißigjährige Krieg ist zu Ende, Schweden erhält Vorpommern mit Rügen, Usedom, Wollin, Stettin, Wismar und die Insel Poel. Die Leibeigenschaft wird Gesetz.

Die Kreidefelsen der Stubbenkammer: Irgendwo hier soll Caspar David Friedrich das Motiv für seine berühmten »Kreidefelsen auf Rügen« gefunden haben. Die Suche nach dem Ort gehört nach wie vor zu den beliebten Urlaubsbeschäftigungen auf der Halbinsel Jasmund.

# Rügen und Hiddensee

Eigentlich, so erzählt man sich hier, war Gott mit der Erschaffung der Welt fertig. Nur noch ein Klumpen Erde war übrig, und den warf er ins Meer: Da liegt er nun als Insel Rügen. Wieken und Nehrungen, Halbinseln und Inseln umschließen das Kernland und formen 570 Kilometer Küste rund um die größte deutsche Insel. Fein und weiß ist der Sand beim ebenso feinen Binz, während die Feuersteine an der berühmten Kreideküste unter den Füßen unangenehm mahlen. Die Bilder des Romantikers Caspar David Friedrich haben sie zum Wallfahrtsort für Tausende gemacht. Pferde- und im Herbst auch Kranichland ist die Halbinsel Ummanz, weite Felder erstrecken sich bis zur einstigen Kornkammer Zudar. Rügen hat viele Gesichter.

*Ein Denkmal für den Wortführer der deutschen Einheit: 1869 errichteten die Rüganer zu Ehren des auf der Insel geborenen Ernst Moritz Arndt einen Turm auf dem Gipfel des 91 m hohen*

*Rugard. Von der Aussichtsplattform reicht der Blick über die ganze Insel. Tel. 0 38 38/ 81 12 06, tgl. 10–18 Uhr.*
*Das Ernst-Moritz Arndt-Museum ist im alten Garzer Pfarrhaus untergebracht.*
*An den Anlagen 1, Tel. 03 83 04/ 1 22 12, Di–Sa, Mai–Okt. 10–16 Uhr, Nov.–Apr. 11–15 Uhr*

**Der Königsstuhl: Mit 117 Metern höchster Punkt an Deutschlands Küste**

**Der Dichterpfarrer Kosegarten erbaute die Fischerkapelle in Vitt**

**Märchenhaft: Der 11 Meter tiefe Herthasee**

**EXTRA-TIP**

*Wie kommt das Schiff in die Flasche? Wer dieser*

*Frage nachgehen möchte, sollte nach Born fahren. Dort gibt es eine Werkstatt, in der man zusehen kann, wie Buddelschiffe entstehen. Es läßt sich auch das eine oder andere Souvenir finden.*
*Peter und Viola Konow, Chausseestr. 46, Tel. 03 82 34/ 2 64*

Der Reichtum Rügens lag immer in der Kreide. Schulkinder wissen das, und auch, daß Kreide in vielem steckt: in der Zahnpasta und im Papier, im Zement und natürlich in der weißen Farbe. Weißes Inselgold sagten die Rüganer schon früher. Aber die acht Kilometer lange Kreideküste ist auch zum Synonym für Urlaubersehnsüchte geworden. Steil wachsen die weißen Felsen aus dem Meer und fallen in sanften Hügeln ins Land. Ein schöner Wanderweg führt nah am dunklen und sagenumwobenen Herthasee vorbei. Nationalpark Jasmund heißt der Teil der Insel, der die schönsten Formen birgt, die die Eiszeit hinterließ, und wo Besucher den Ort suchen, nach dem Caspar David Friedrich die »Kreidefelsen auf Rügen« malte. Der Königsstuhl, eine natürliche Plattform und mit 117 Metern höchster Punkt an Deutschlands Küste, ist es nicht. Vermutlich waren es doch die Kreideklippen in der Kleinen Stubbenkammer unterhalb der Viktoria-Sicht. Kreidefelsen verändern sich. Und damit hier nicht das »Tafelsilber der deutschen Wiedervereinigung« unter Tausenden von Autoreifen zerbröselt, geht es vom Parkplatz Hagen nur mit dem Pendelbus oder eine halbe Stunde lang zu Fuß weiter.
Wer über den bequemen Hochuferweg von Saßnitz wandert, erreicht nach gut einer Stunde mit den Wissower Klinken die bizarrsten Formen der Kreideküste mit spitzen Zinnen und weißen Kegeln. An vielen Stellen ist ein Abstieg möglich, aber ganz ungefährlich ist das nicht, die Wege sind steinig und rutschig. »Saßnitzer Blumentöpfe« nennt man hier die großen Feuersteine.

## Das Windland

Von ganz anderem Reiz ist das Kap Arkona auf Wittow, dem Windland. Gellort, einige hundert Meter nordwestlich, ist der nördlichste Punkt Rügens, markiert vom 165 Tonnen schweren »Söbensniedersteen«, dem Siebenschneiderstein. Auch aus diesem Gebiet sind Autos verbannt. Beim Parkplatz der kleinen Gemeinde Putgarten kann man in die Arkonabahn oder auf das Fahrrad umsteigen. Zwei Leuchttürme stehen dort, wo vor mehr als 800 Jahren die slawische Jaromarsburg mit dem Tempel für den vierköpfigen Gott Swantevit errichtet wurde. Nur noch Reste des Burgwalls sind zu erkennen. Den viereckigen, 19 Meter hohen Backsteinleuchtturm hat Karl Friedrich Schinkel 1826 entworfen. 17 Rüböllampen leuchteten bis 1902 übers Meer, dann übernahm der neue

Nördliches Landende: Leuchttürme auf Kap Arkona

Pompöse Bäderarchitektur: Wie ein Barockschloß steht das Binzer Kurhaus am Meer

Mit seinen kuscheligen Reetdachhäuschen steht Vitt unter UNESCO-Schutz

schlanke Rundturm an seiner Seite diese Aufgabe. Mit einer Pferdekutsche kann man sich zum denkmalgeschützten Vitt bringen lassen. Mit seinen 13 schönen Reetdachhäusern, in einer malerischen Schlucht am Steilufer gelegen, war es schon zu DDR-Zeiten ein exklusives Urlaubsziel. In großen Tonnen wird am kleinen Hafen Fisch geräuchert – und »ofenwarm« am Meer verzehrt. Die kleine Fischerkapelle am Ende eines Hohlwegs war einst Kulisse für die berühmten Uferpredigten des Pfarrers Kosegarten. Wenn der »Utkieker« die Heringsschwärme nahen sah, war Schluß mit der Predigt, und die Männer eilten zu den Booten. Der sinkende Petrus auf dem Altargemälde ist die Kopie eines Bildes von Philipp Otto Runge.

## Das »Nizza der Ostsee«

Renommiertestes Rügener Seebad ist Binz. Immer war es den Konkurrenten um eine Nasenlänge voraus und wurde auch nach der Wende schnell zum begehrten Immobilienstandort. Junge Linden säu-

**EXTRA-TIP**

*»Exotik am Ostseestrand« ist das Motto im Binzer IFA-Ferienpark an der Strandpromenade.*

*Unter echten Palmen an künstlichen Wasserläufen dürfen Kinder Schiffe fernlenken und Erwachsene »Pitpat« üben. Das »Vitarium« ist Teil einer großen Ferienanlage mit Hotels, Restaurants und vielem mehr. Tel. 03 83 93/ 9 11 02, tgl. 7–22 Uhr*

**Aufgelassener Kreidebruch: Feuersteinfelder am Ende der schmalen Heide**

**Feinde der Fischer: Wo im Süden Rügens die Kormorankolonien**

**EXTRA-TIP**

*Wahrhaft königlich wirkt das ehemalige Schloß des Feld-*

*marschalls Wrangel, das die schwedische Königin Christine ihm für seine Verdienste im Dreißigjährigen Krieg schenkte. Das Hotel ist wegen seiner barocken Stuckdecken, vor allem im Speisesaal, bekannt. So richtig urig ist hingegen das Restaurant im spätgotischen Gewölbekeller. Schloßallee, 18551 Spyker, Tel. 03 83 02/77 0, Fax 5 33 86, 35 Zimmer, obere Preisklasse*

**Fürst in Putbus: Malte I. im Schloßpark**

**154 durchbrochene Stufen: Schinkels Treppe im Schloß Granitz**

men eine mehr als vier Kilometer lange Strandpromenade. Türmchenbestückte Bäderarchitektur und filigrane Holzschnitzereien wechseln sich mit komfortablen neuen Glaspalästen ab. Als »Nizza der Ostsee« wurde es gerühmt, und früher als andere Bäder lockte Binz mit Bars und Diskotheken.
Von Binz sind es nur fünf Kilometer bis zum Jagdschloß Granitz auf dem 107 Meter hohen Tempelberg, das sich Fürst Malte zu Putbus 1836 errichten ließ. Eine bemerkenswerte gußeiserne Wendeltreppe, nach Karl Friedrich Schinkels Entwürfen 1844 eingebaut, führt mit 154 Stufen zum 38 Meter hohen Aussichtsturm hinauf.

## Ein Traum von einer Stadt

Putbus, das klassizistische Städtchen im Inselinneren, die letzte planmäßig erbaute Residenzstadt Europas, scheint den Zug der Zeit verpaßt zu haben. Es war ein Traum – zunächst einer Fürst Maltes I., der wohl ein Stück Rügen und ein Schloß besaß, gebildet und weitgereist war, dem aber die Stadt zum Residieren fehlte. Wie sie aussehen sollte, wußte er genau: ganz weiß, mit Säulen, Stuck und Rosengärten, und die Häuser sollten jedes Jahr frisch gekalkt werden. Die zugehörigen Stadtbewohner suchte er mittels Annonce in der Stralsundischen Zeitung. Die Pommern hielten ihn für verrückt. Genauso wie die heutigen Bewohner seinen Nachfahren für verrückt hielten, als dieser nach der Wende kam, die Stadt als sein Eigentum beanspruchte, und ein ganzes Stück Rügen dazu. Denn bis 1823 war die Stadt tatsächlich gebaut worden. Um einen kreisrunden Platz, den Circus, stehen zwei- und dreigeschossige Häuser. Der Platz ähnelt einer von Kieswegen durchschnittenen Torte, die Tortenstücke sind mit Bäumen garniert, und wie eine Geburtstagskerze ragt in der Mitte ein Obelisk zur Erinnerung an die Residenzgründung empor. Ein Schloß inmitten eines Parks, wie die englischen

leben, sind die Bäume weiß verätzt

Angewandte Geometrie: Den Circus in Putbus säumen 16 weiße Häuser

Türme und Zinnen: Auf dem Tempelberg ließ Fürst Malte das Jagdschloß Granitz errichten

Landschaftsgärten angelegt, eine Orangerie, ein Mausoleum, ein Gärtnerhaus, ein Theater ... Dichter verloren sich in Schwärmereien, als sie des Fürsten Traum in Stein erblickten.

## Die Farbe bröckelt

Das Theater in der Residenzstadt Putbus ist für Jahre geschlossen und wurde in eine unwirtliche Gegend umgesiedelt, nach Prora, dort, wo nationalsozialistische »Kraft-durch-Freude-Planer« mit dem Bau des weltgrößten Urlaubszentrums für 20 000 Arier begonnen hatten. Das Schloß, im Krieg beschädigt, wurde 1962 abgerissen. Das Affenhaus ist heute ein Spielzeugmuseum, das Rosen-Café eine Pizzeria, und die weiße Farbe bröckelt von den Häusern. Es ist still in Putbus' dekadenter Schönheit. Das Rossini-Sommerfestival im ehemaligen Marstall hat nur ein kleines Stück des alten Glanzes zurückzubringen vermocht.

**EXTRA-TIP**

*Der »Rasende Roland«, von dem keiner mehr recht*

*weiß, warum er so heißt, schnauft auf Schmalspur nun schon seit über 100 Jahren die Strecke von Putbus nach Göhren entlang. Binzer Str. 12, Tel. 03 83 01/8 01 12, tgl. 5.30–19.15 (Puttbus) bzw. 21.03 Uhr (Göhren), zusätzlich Sonderzüge*

Unverdient: Muttland, »Schweineland«, heißt noch heute die Gegend um Bergen

Markenzeichen Hiddensees: Der Leuchtturm vom Dornbusch

Zickersches Höft: Zur Landspitze der Halbinsel Mönchgut verirrer

**EXTRA-TIP**

*Die Grundherren der Halbinsel Mönchgut rieten ihren Untertanen einst, sie möchten*

*doch außer Ackerbau auch Fischerei betreiben. Bei der Fischräucherei Steineger in Göhren werden frisch gefangene Fische nach traditionellem Rezept zubereitet. Höftstr. 4, Tel. 03 83 08/21 15*

Eigentlich hatte Malte einen Badeort haben wollen, so etwas wie Heiligendamm. Da bot sich das vier Kilometer entfernte Lauterbach an, nicht am Meer, aber doch am Bodden. Dort, »In der Goor«, steht Rügens ältestes Denkmal der Badekultur: ein Badehaus mit 18 Säulen, davor eine steinerne Schöne, die geduldig auf neues Leben hinter ihrem Rücken hofft. Im quirligen kleinen Hafen von Lauterbach stapeln sich morgens die Fischkisten. Von hier aus kann man, bei rechtzeitiger Anmeldung, zur Insel Vilm hinüberfahren.

Das kleine Eiland, das seit 1960 kein gewöhnlicher Urlauber mehr betreten hat, barg ein Geheimnis ganz besonderer Art. Hier waren elf reetgedeckte Häuser, wie eine Fischersiedlung, als Ferienreservat für den Ministerpräsidenten entstanden. Die Gebäude werden jetzt von der Internationalen Naturschutzakademie genutzt, und der Urwald, der seit mehr als 400 Jahren wächst, darf sich ungestört entfalten. Noch Ende des vorigen Jahrhunderts war Vilm eine beliebte Malerinsel.

## Der stille Süden

Die beschauliche Halbinsel Mönchgut südlich des freundlichen Seebades Sellin mit ihrer zerlappten Binnenküste, ihren alten Dörfern, Hügeln und den Badeorten Baabe und Göhren gehört zu den abwechslungsreichsten Gegenden Rügens. In der Abgeschiedenheit der ehemaligen Zisterzienserinsel hat sich ein Stück eigener Kultur entwickelt und erhalten. Hier gibt es auch eine eigene Mönchguter Tracht, die in mehreren Abteilungen des Heimatmuseums in Göhren und im Schulmuseum in Middelhagen zu bewundern ist. Mit dem Pfarrwitwenhaus von 1723 steht in Groß Zicker eines der ältesten Gebäude der heutigen Halbinsel.

Das Verschwinden der ländlichen Idylle bei Zudar seit Inbetriebnahme der Glewitzer Fähre nach Stahlbrode bedauert nur, wer nicht weiß, daß intensive Landwirtschaft das Gebiet ohnehin zur Kultursteppe werden ließ. Arm an Reizen ist der überwiegend landwirtschaftlich genutzte Süden Rügens

**Still ist das Leben auf dem Mönchgut, nicht nur im südlichen Groß Zicker**

**sich selten Radfahrer oder Spaziergänger**

**Hiddensee: Nur übers Wasser erreichbar**

ohnehin, mit Ausnahme der 800 Jahre alten Inselhauptstadt Bergen. Der schönste Ort, unweit der Stadt, ist auch nach seiner Sanierung der 27 Meter hohe Turm auf dem Rugard mit einem Burgwall aus der Slawenzeit. Weiter nördlich, dort, wo der Große Jasmunder Bodden beginnt, liegt Ralswiek, das Jahr für Jahr Tausende von Besuchern mit den Störtebeker-Festspielen in das Freilichttheater am Wasser lockt.

Die stille Halbinsel Ummanz im Westen wird im Herbst, wenn die Kraniche ziehen, zum Geheimtip für Vogelfreunde. Schaprode kennen alle, die zur Insel Hiddensee hinüberfahren. Im Sommer scheinen die schönen Häuser rund um die Kirche allerdings zwischen dem funkelnden Blech parkender Autos zu verschwinden.

Im Ernst wird er das nicht gemeint haben, der Dichter Gerhart Hauptmann, als er 1899 in einem Brief den Berliner Theaterleiter Brahm beschwor, nur nicht zu laut von den Reizen des Eilands Hiddensee zu berichten. Zahlreiche Hymnen wurden schon auf das »söte Länneken« geschrieben, und nun kommen täglich Tausende von Besuchern, die sich nur ein paar Stunden Zeit nehmen, um nach den verborgenen Reizen zu suchen, sie aber nicht finden.

Was ist »es«, das dieses Inselchen zum Traumland für Unzählige machte? Die Einsamkeit auf 16,8 Kilometer Länge und 250 bis 3700 Meter Breite? Oder sind es die Abwesenheit von Autohupen, die wenigen Dörfer, auch ohne Straßen, Häuser, an denen Runen die Namen ersetzen, heide- und sanddornbewachsenes Hochland bis zu einem Kliff, das über 70 Meter tief ins Meer abfällt? Sind es nicht auch die Dünentalmoore, in denen der Sonnentau blüht, die Stille, wenn die Saison vorbei ist, und Spaziergänger, die nichts und niemanden treffen?

**EXTRA-TIP**

*Jeden Sommer wird das Meer am kleinen Hafen von Ralswiek zur Bühne für den legendären Klaus Störtebeker, der ja ein Rüganer Kind*

*gewesen sein soll. Zwar unternehmen der Seeräuber und seine Truppe nun auch sommerliche Gastspielreisen gen Westen, haben aber Heimattreue gelobt. Das bindet die Fans natürlich an Deutschlands größte Insel. Die Geschichte des Seefahrers wird im Freilichttheater mit Blick auf das Meer aufgeführt. Höhepunkt ist das allabendliche Feuerwerk.*
*Informationen: Am Bodden 100, Tel. 0 38 38/ 3 11 00*

5
Slaw. Burgwall
Kap Arkona
Gellart
P.-Arkona
Putgarten
P.-Varnkevitz
P.-Fernlüttkevitz
P.-Vitt
P.-Goor
Hünengrab
Möwenort
Bakenberg
A.-Schwarbe
Siedlung Schwarbe
A.-Mattchow
Kreptitz
Dr.-Gramtitz
Dr.-Nonnevitz
Dr.-Lancken
Dr.-Starrvitz
Kuhle
Banz
N.-Lüttkevitz
P.-Nobbin
A.-Presenske
Reiderlitz
Kirche
Altenkirchen
A.-Gudderitz
A.-Drewoldke
Lanckensburger Katen
Rehbergort
Dr.-Dranske Hof
Dranske
Wieker
Bodden
Dornkirche
A.-Lanckensburg
Wiek
Br.-Juliusruh
Tromper
Wiek
Breege
Br.-Lobkevitz
Zürkvitz
Steinkoppel
Bohlendorf
Br.-Schmantevitz
Breeger Bodden
Parchow
W.-Woldenitz
Kammin
Bischofsdorf
Lebbiner Haken
Fährhof
W.-Wittower Fähre
Toter Kerl
Dornbusch
H.-Grieben
Libben
H.-Kloster
H.-Vitte
Hiddensee
Vitter Bodden
Bug
Sperrgebiet
Eckort
Buger Haken
Rassower Strom
Fährinsel
Steinort
Seehof
Stolper Haken
Tr.-Vaschvitz
Fischersiedlung
Sch.-Poggenhof
Sch.-Neuholstein
Sch.-Granskevitz
Retelitz
Tr.-Holstenhagen
Tr.-Libnitz
Tr.-Trinkevitz
Sch.-Lehsten
Renz
Tr.-Zubzow
Trent
Tr.-Jabelitz
Schaprode
Sch.-Streu
Sch.-Udars
Zaase
Tr.-Ganschvitz
Schaproder Bodden
Ohe
Udarser Wiek
Tr.-Freesen
Tankow
Koselower
U.-Haide
U.-Waase
Ummanz
U.-Wusse
Suhrendorf
Liebes
Urkevitz
G.-Teschvitz
G.-Presnitz
6
Gingst
G.-Volsvitz
Dorfkirche
U.-Varbelvitz
Klein Kapelle
U.-Dubkevitz
G.-Güstin
Steinshof
G.-Haidhof
Freesenort
Breite
Heuwiese
U.-Mursewiek
Lieschow
U.-Lieschow
Klein Kubitz
U.-Groß Kubitz
U.-Lüßvitz
U.-Unrow
U.-Moordorf
Kubitzer Bodden
Liebitz
Dr.-Bußvitz
Dr.-Landow
Dr.-Ralow
Dr.-Dußvitz
Dr.-Rugenhof
Neuendorfer Kate
Dr.-Mölln
Dr.-Güttin
Dreschvitz
Mönkvitz
Bessiner Haken
R.-Grabitz
R.-Bessin
Gurvitz
R.-Breesen
Giesendorf
R.-Drammendorf
A.-Barnkevitz
Rambin
Rothenkirchen
S.-Natzevitz
S.-Negast
S.-Sehrow
S.-Pluggenthin
S.-Zirkow Hof
Stönkvitz
Samtens
S.-Muhlitz
R.-Kasselvitz
Kasselvitzer Katen
A.-Scharpitz
A.-Goddevitz
R.-Sellentin
Gustrowerhöfen
Gustrow
A.-Jarkvitz
A.-Kransdorf
G.-Saalkow
Götemitz
Luttow
S.-Tolkmitz
S.-Berglase
S.-Frankenthal
Datzow
P.-Groß Stubben
P.-Zeiten
Grabow
Dänholm
Gahler Fähre
A.-Klein Bandelvitz
G.-Nesebanz
G.-Warksow
Poseritz Ausbau
Poseritz Hof
Poseritz
Wulfsberg
P.-Swantow
P.-Renz
STRALSUND
Drigge
NSG
G.-Drigge
Gustower Wiek
Gustow
G.-Prosnitz
G.-Benz
Dorfkirche
Tr.-Frankensiedlung
Andershof
Steinort
Deviner Haken
Gr.-Sissow
P.-Luppath
P.-Glutzow Hof
P.-Neparmitz
P.-Puddemin
P.-Glutzow Siedlung
Mellnitz
P.-Venzvitz
P.-Üselitz
Tannenort
Str.-Devin
Strelasund
Br.-Neuhof
Br.-Niederhof
Br.-Middelhagen
Brandshagen
Br.-Wüstenfelde
Br.-Ahrendsee
Rubelow
Br.-Schönhof
Br.-Miltzow
Groß Miltzow
Neidelhof
Schneiderhof
R.-Stahlbrode
R.-Oberhinrichshagen
Niederhinrichshagen
Glewitzer Fähre
Glewitzer Wiek
Glewitzer Ort
Z.-Smitershagen
Z.-Glewitz
Z.-Maltzien
Losentitz
Foßberg
Freudenberg
Zudar
Z.-Zicker
Z.-Poppelvitz
Z.-Grabow
Zudar
Mittelgrund
Palmer Ort
Groß Schoritz
Schoritzer Wiek
Gr.Sch.-Schabernack
Gr.Sch.-Dumsevitz
Gr.Sch.-Silmenitz
G.-Wendorf
G.-Rosengarten
Litzenhagen
GARZ
Kas.-Krimvitz
K.-Altkamp
Kas.-Krakvitz
Neuhof
Kas.-Strachtitz
G.-Kowall
Buschhof
Neu Lanschvitz
G.-Guttdaffshagen
Dumrade
Kar.-Bietegast
Groß Kniepow
Kas.-Dumgenevitz
Karnitz
Kar.-Swine
Kar.-Koldevitz
Kar.-Tangnitz
Sehlen
Stönkvitzer Siedlung
Alt Gustelitz
Kas.-Kransevitz
Kas.-Ketelshagen
Tegelhof
Kasnevitz
P.-Wreechen
K.-Neukamp
PUTBUS
1
A
Kirche
P.-Gustelitz
Neu Gustelitz
P.-Darsband
P.-Lonvitz
P.-Lauterbach
P.-Freetz
P.-Vilmnitz
P.-Muglitz
Vilm
Grüner Bg.
Kleiner Haken
Rügischer Bodden
Greifswalder
Bodden
Stubber
Landtief
Haken
Groß
Thiessower
24
E 22
E 251
96
R.-Ralswiek
Gr.-Rattelvitz
Neuenkirchen
N.-Viervegge
N.-Grubnow
Lebbin
Lebbiner Bodden
Liddower Haken
N.-Breetz
Moor
N.-Liddow
N.-Laase
Moritzhagen
N.-Reetz
Zessin
N.-Neuendorf
N.-Tribbevitz
Tetzitzer See
Neuendorfer Wiek
Ra.-Tetzitz
Ra.-Helle
Ra.-Bubkevitz
Rappin
R.-Groß Banzelvitz
Ra.-Moisselbritz
Ra.-Kartzitz
Ra.-Zirmoisel
Garditz
Haidemühl
Kuckelvitz
Venz
Venz Hof
Kl.-Schweikvitz
Kl.-Silenz
Kl.-Gagern
Kluis
Varnsevitz
Ra.-Lüssmitz
Ra.-Neukartzitz
R.-Woorke
R.-Gnies
Ralswiek
R.-Augustenhof
P.-Veikvitz
Patzig Hof
Patzig
Th.-Lipsitz
R.-Jarnitz
Kl.-Pansevitz
Herrenhaus
Th.-Ramitz
Dramvitz
Thesenvitz
Duwenbeek
P.-Boldevitz
P.-Ramitz Siedlung
Parchitz Hof
Parchitz
Nonnensee
P.-Muglitz
Volkshagen
P.-Neuendorf
Willihof
P.-Gademow
BERGEN A.RÜG
B.-Zittvitz
Kirche
B.-Tetel
P.-Platvitz
P.-Reischvitz
Reischvitz Hof
S.-Klein Kubbelkow
S.-Groß Kubbelkow
S.-Teschenhagen
Neu Sassitz
Alt Sassitz
Teschenhagener Katen
Krakow
B.-Tilzow
Sperrgeb.
B.-Bergen Süd
Nekladen Katen
B.-Neklade
B.-Kaiseritz
B.-Zirsevitz
B.-Siggermow
B.-Trips
Kluptow
B.-Karow
S.-Mölln Medow
P.-Dolgemost
Alt Pastitz
P.-Pastitz
B.-Silvitz
Z.-Dalkvitz
Zirkow
Z.-Viervitz
P.-Posewald
8
5
20
Rasender Roland
Deutsche Alleenstr.
Nistelitz
P.-Groß Stresow
P.-Nadelitz
P.-Wobbanz
Bu.-Stedar
Bu.-Strüßendorf
Bu.-Prisvitz
Buschvitz
Pulitz
Sonnenhaken
Buhlitz
Bodden
Kleiner Jasmunder
Standarhaken
Thiessow
Jasmunder
Bodden
Großer
Waller Ort
Lietzow
L.-Semper
Spitzer Ort
Feuersteinfelder
Sperrgebiet
Schmale Heide
Prora
B.-Prora
Prorer
Wiek
6
196a
B.-Streu
B.-Lubkow
B.-Kiekut
Hagen
Schmachter See
Binz
2
Granitz
Jagdschloß Granitz
Schmacht
Z.-Pantow
Z.-Serams
Zargelitz
196
L.-Gr.-Blieschow
Lancken-Granitz
Burtevitz
L.-Gr.-Dummertevitz
L.-Gr.-Neu Reddevitz
L.-Gr.-Gobbin
Gobbiner Haken
Reddevitzer Höft
Biosphärenreservat Südostrügen
Garftitz
S.-Altensien
Neuensien
Seedorf
S.-Moritzdorf
Sellin
Quitzlaser Ort
Baabe
Ostseebad Göhren
Seehunds Riff
Granitzer Ort
Quitzlas Riff
Selliner See
Having
M.-Alt Reddevitz
Middelhagen
Philippshagen
M.-Mariendorf
Kleinhagen
Lobber Ort
M.-Lobbe
Hagensche Wiek
Gager
Mönchgut
G.-Groß Zicker
Zickersches Höft
Th.-Klein Zicker
Thiessow
Südperd
Königshörn
Glowe
Schaabe
Gl.-Ruschvitz
Gl.-Spyker
Gl.-Polchow
Gl.-Bobbin
Balder.eck
Uferkaten
Rugeshus
Bisdamitz
Kampe
L.-Blandow
Nardevitz
Salsitz
Lohme
Hankenufer
Ranzow
Gr.Stubbenkammer
Königsstuhl
Kl.Stubbenkammer
Nipmerow
B
Hagen
C
Nationalpark Jasmund
Poissow
Piekberg
161
4
Wissower Klinken
S.-Quoltitz
S.-Polkvitz
Marlow
S.-Promoisel
Sa.-Rusewase
Sa.-Dargast
Sa.-Buddenhagen
S.-Neuhof
Sagard
Quatzendorf
Menkendorf
Sa.-Lancken
3
SASSNITZ
Sa.-Klementelvitz
Sa.-Blieschow
Dobberworth
Hügelgrab
S.-Vorwerk
L.-Borchtitz
Sa.-Dubnitz
Sa.-Mukran
Sa.-Wostevitz
Staphel
Neu Mukran
Jasmund
Trelleborg 4h
København 5h 30min
Rønne
Swinoujscie
Rønne 3h 3
Klaipeda
RÜGEN

## SEHENSWERTES

Für eine **Autotour** auf Rügen sollte man viel Zeit einplanen, denn Sehenswürdigkeiten und Naturschönheiten sind hier dicht gedrängt. Ausgangspunkt der Inselrundfahrt ist Putbus.

### PUTBUS ★

**1** Wer von Stralsund über den Rügendamm kommt, biegt in die Deutsche Alleenstraße ein, die, ausgebaut, das ganze Land durchqueren soll. Sie führt direkt nach Putbus mit seiner beeindruckenden klassizistischen Stadtanlage am Circus. Im Haus Nr. 16, dem Pädagogium, zuletzt Gehörlosenschule, war Egon Krenz Lehrer. Jenseits der Alleenstraße erstreckt sich ein Wildgehege. Spielzeugfreunde finden eine liebevoll zusammengestellte Ausstellung im Affenhaus des Schloßparks.
*Kastanienallee, Tel. 03 83 01/ 6 09 59 tgl. 10–17 Uhr, Öffnungsz. ab Okt. telef. erfr.*
Für den Schloßpark ohne Schloß – es wurde 1962 abgerissen – mit über 100jährigen Mammutbäumen schuf Friedrich Drake 1859 das Malte-Denkmal zu Ehren des Stadtgründers. Die Orangerie erhielt ihre verglaste Fassade erst 1853. Vom Bahnhof schnauft der »Rasende Roland« – 1995 wurde er 100 Jahre alt – in Richtung Göhren, Binz, Sellin, Baabe und zum Jagdschloß Granitz. Auch Fürst Malte ließ sich mit der Bahn zum Schloß bringen.

**Geschnitzter Flügelaltar in der Uferkapelle von Vitt**

### BINZ ★★

**2** Das heute größte, schönste und teuerste Ostseebad, ist Binz. Zahlreiche Beispiele der vielgerühmten Bäderarchitektur im Jugendstil, manchmal mit schweizerischen und russischen Stileinflüssen, sind hier an der Promenade zu bewundern. Sie begleiten den Strand kilometerlang. Ganz im Hintergrund schimmern schon die berühmten Kreidefelsen.

### SASSNITZ

**3** Über die Schmale Heide zwischen Prorer Wiek und Kleinem Jasmunder Bodden, vorbei an den Feuersteinfeldern und an Neu Mukran, von wo aus die Schiffe nach Estland gehen, liegt Saßnitz, von dem Fontane seine Effi Briest schwärmen ließ. Heute ist das einst mondäne Seebad vor allem Ausgangspunkt für Wanderungen in den Nationalpark.

### NATIONALPARK JASMUND ★★★

**4** Zwischen Lohme im Norden und Saßnitz im Süden erstreckt sich der 1990 gegründete Nationalpark auf der gleichnamigen Halbinsel Jasmund. Er umfaßt sowohl das Wanderparadies Stubnitz als auch die höchsten Kreidefelsen an der Steilküste, die Große und die Kleine Stubbenkammer mit dem 117 m hohen Königsstuhl sowie die imposanten Wissower Klinken.

### KAP ARKONA ★★

**5** Lang erscheint der Weg über die schmale Schaabe mit dem schönsten Strand Rügens zur Halbinsel Wittow und nach Putgarten. Der fast parallel verlaufende Wanderweg am Bodden versteckt sich hinter dichtem Wald. Die Leuchttürme von Kap Arkona sowie das ca. 2 km entfernte Bilderbuchdörfchen Vitt mit der Uferkapelle über dem Meer sind nur zu Fuß, per Rad oder Bähnchen zu erreichen. Dafür steht man dann so nördlich, wie man in Deutschland nur stehen kann, und begreift, warum die Slawen ihrem Gott Swantevit hier einen exklusiven Burgsitz, von dem noch Mauerreste erhalten sind, weihten. Wer einen Abstecher zur Inselhauptstadt Bergen unternehmen oder nach Stralsund zurück möchte, kann im Ort Wittower Fähre quer durch den Jasmunder Bodden übersetzen.

### GINGST ★

**6** Wer sich für Handwerksgeschichte interessiert, macht nahe Bergen einen Umweg nach Gingst. In einem Efeuhaus aus dem 18. Jh. und einem Nebengebäude werden 33 einst hier ansässige Handwerksberufe gezeigt. Die historischen Arbeitsweisen werden in den alten Originalwerkstätten vorgeführt. Eine umfangreiche Sammlung einst gebräuchlicher Arbeitsgeräte, häusliches und bäuerliches Inventar und eine Damast- und Leinenweberei sind außerdem zu sehen.
*Karl-Marx-Str. 19–20, Tel. 03 83 05/3 04, Mai–Sept. 10–17 Uhr, Okt. 10–16 Uhr, Nov.–Apr., Mo–Fr, 10–16 Uhr*
Vom Trubel rund um die touristischen Höhepunkte Rügens kann sich erholen, wer in Gingst einen Abstecher auf die Insel Ummanz unternimmt. Vogelbeobachter kommen dort voll auf ihre Kosten.

## WANDERN UND RADWANDERN

**A** In Putbus beginnt der schönste Streckenabschnitt der Deutschen Alleenstraße. Die **Fahrradtour** folgt ihr bis nach Garz. Von dort fährt man den ausgeschilderten Fahrradweg Alte Kleinbahn weiter bis Silmenitz. Parallel zur Küste verläuft der markierte Radweg über Wreechen zurück nach Putbus.
*Strecke: 30 km, Dauer: 2 Std.*

**B** Etwa 2 Std. dauert die **Wanderung** im Nationalpark Jasmund vom Königsstuhl über die kleine Stubbenkammer bis zur Ernst-Moritz-Arndt-Sicht und zurück. Vom markanten Königsstuhl geht es in südlicher Richtung zunächst zur Viktoria-Sicht. Dies ist eine Art natürlicher Aussichtsbalkon, benannt nach Viktoria, der Gattin Kaiser Wilhelms I.

**C** Undenkbar, daß man nach Rügen fährt und nicht am Königsstuhl war. Man kann sich zwar mit dem Pendelbus vom Parkplatz Hagen aus hinfahren lassen, schöner aber ist der halbstündige **Spaziergang** vom Parkplatz dorthin, am sagenumwobenen Herthasee vorbei, einem elf Meter tiefen und 114 Meter hoch gelegenen »Toteissee«, den die Eiszeit hinterließ. Er wird auch »Schwarzer See« genannt.

## ESSEN & TRINKEN

### PUTBUS

**1** Eine schmale Straße führt gegenüber dem Circus in Putbus nach Wreechen, wo in der Kastanienallee sieben Reetdachhäuser stehen: der »Wreecher Hof«. Im Wintergarten oder auf der Terrasse gibt es hier, je nach Tageszeit, feine regionale und internationale Küche, Kuchen und Eis.
*Tel. 03 83 01/8 50, tgl. 12–22 Uhr, mittlere Preisklasse*

### SASSNITZ

**3** Wer die Straße am Fischereihafen und an den Gleisen weitergeht, kommt mitten ins Gelände des Segler- und Stadthafens. Dort befindet sich die »Peleikis Ostpreußische Hafenräucherei«. Hier steht der Käpt'n noch selbst hinter dem Tresen – bis sich die letzten Gäste auf den Heimweg machen.
*Tel. 03 83 92/3 65 04, tgl. 8.30–ca. 2 Uhr, mittlere Preisklasse*

### NATIONALPARK JASMUND

**4** Der Hochwanderweg von Saßnitz zu den Wissower Klinken führt nach ca. 2 km an der »Waldhalle« vorbei, die Fisch- und Wildspezialitäten anbietet.
*Wissower Klinken, Tel. 03 83 92/2 24 78, Fax 36 0 37, tgl. 11–18 Uhr, Winter geschl., untere Preisklasse*

*Die »Blaue Scheune« in Vitte ist ein begehrtes Fotomotiv. Das Bauernhaus aus dem 19. Jh. ist die letzte noch erhaltene Rauchkate auf Hiddensee. Einst war dies die am weitesten verbreitete Häuserform auf*

*der Insel. Seit den 30er Jahren dient die Kate als Künstleratelier, ein Maler lebt derzeit in dem Haus. Norderende in Vitte*

SPECIAL

# Die Welt der Romantik: Caspar David Friedrich

Ein Mystiker mit dem Pinsel soll er gewesen sein, den die Natur magisch in ihren Bann gezogen hat. Im Jahre 1774 wurde der berühmteste Maler der deutschen Romantik geboren. Die Landschaften auf der Insel Rügen, aber auch nahe seines Geburtsortes Greifswald machte er zum Vorbild vieler seiner Werke, die sämtlich im Atelier entstanden, denn »der Maler soll nicht nur malen, was er vor sich sieht, sondern auch, was er in sich sieht.«
Freundschaft verband ihn mit Künstlern wie Philipp Otto Runge, doch suchte er die Einsamkeit und das Zwiegespräch mit der Natur. Zeitlebens war er davon besessen, das Geheimnis von Raum und Zeit zu entschlüsseln. Nach seinem Tod im Jahre 1840 fast vergessen, ist seine Heimat heute wieder ein Mekka für die zahllosen Liebhaber romantischer Kunst geworden.

1

**1** Unter Schwermut soll er gelitten haben, vielleicht weil er mitansehen mußte, wie sein Bruder Christian im kalten Wasser eines vereisten Sees ertrank. Das Selbstbildnis zeigt den Künstler im Alter von 62 Jahren als tiefsinnigen, scheinbar trauernden Menschen (oben). »Die Gescheiterte Hoffnung« ist, was bleibt. Im Jahre 1821 malte Friedrich das Bild eines im Eismeer gestrandeten Schiffswracks.

**2** Die »Kreidefelsen auf Rügen« (1818) sind das wohl bekannteste Gemälde Caspar David Friedrichs. Über die Frage nach dem tatsächlichen Vorbild zerbrechen sich die Forscher nach wie vor den Kopf: Waren es die Wissower Klinken, der Königsstuhl oder die Stubbenkammer? Aber eines ist gewiß: Das Bild entstand auf Friedrichs Hochzeitsreise.

**3** Eichen und immer wieder Eichen: Die Klosterruine von Eldena stellte er zwischen die windzerzausten Bäume. Im Bild »Abtei im Eichwald« (1809) vereinte er die bedeutungsschwangeren Motive.

2

3

Die Seebrücke von Heringsdorf ist vielleicht die schönste, mit 508 Metern aber bestimmt die längste – und mit 27 Millionen für Glas und Stahl unwidersprochen die teuerste. Möglich war der spektakuläre Neubau nur, weil private Geldgeber gefunden wurden, die die Brücke nun auch kommerziell nutzen: für Geschäfte und Cafés, Restaurants und Ferienwohnungen über dem Meer.

# Usedom, die »Badewanne Berlins«

Schmale Türmchen kitzeln die Wolken am sommerblauen Himmel, die Sonne, die durch filigran geschnitzte Holzveranden fällt, malt Spitzenmuster in die Urlaubergesichter, leise schwappen sanfte Wellen an den weißen Sandstrand – ein Bild, wie aus längst vergangenen Tagen. Kein Wunder, daß in den ersten Jahren nach der Wiedervereinigung betagte, nostalgisch gestimmte Touristen zuhauf in Reisebussen über die Insel rollten. Aber längst sind es nicht nur die drei kaiserlichen Schwestern Ahlbeck, Heringsdorf und Bansin mit der wiedererstandenen Gründerzeitarchitektur an der zehn Kilometer langen Strandpromenade, die zu den alten neue Freunde hinzugewonnen haben. Das stille Hinterland mit Hügeln, Tälern, Seen, Mooren, mit seltenen Tieren und Pflanzen reizt auch zahlreiche Wanderer und Radfahrer.

*In der Villa Irmgard in Heringsdorf kann man die Räume besichtigen, die der russische Dichter Maxim Gorki bewohnte, als er 1922 ein Lungenleiden auskurieren wollte. Außerdem finden in der Villa das ganze Jahr über Ausstellungen, Diavorträge*

*und Konzerte statt. Maxim-Gorki-Str. 13, Tel. 03 83 78/ 2 23 61, Di–So, Mai–Sept. 10–18 Uhr und Okt.–Apr. 10–16 Uhr*

Festgemacht: Vor Bansin liegt ein Fischerboot am Meeresrand

**EXTRA-TIP**

*Das Schmidt-Spiegelteleskop der Sternwarte an der Heringsdorfer Strandpromenade ist vermutlich das einzige seiner Art, das noch in Betrieb ist. Es ist benannt nach Bernhard Schmidt (1879–1935), der Teleskope mit großem Sehfeld baute. Man sieht die Himmelsobjekte durch einen durchbohrten Spiegel über einen Revolver mit verschiedenen Okularen. Die meisten Spiegel liefern photographische Abbildungen. Das Fernrohr kann maximal 720fach vergrößern!*
*Tel. 03 83 71/ 5 56 53, Fr und Sa ab 22 Uhr, Sonnenbeobachtung Sa ab 16 Uhr*

Wer Möwen füttert, bleibt nicht allein

Zehn Kilometer lang: Der Strand von Ahlbeck über Heringsdorf

In Benz liegt der Maler Otto Niemeyer-Holstein begraben

Der Mann hieß Tom Dooley und kam aus Boston/USA. Er wollte das türmchenbewehrte Restaurant an der historischen Seebrücke in Ahlbeck zur Touristenattraktion machen und meinte damit ein Tanz- und Unterhaltungsetablissement im amerikanischen Stil. Aber das ist nicht pommersche Art. Was er dann machte, waren Schlagzeilen. Die Einheimischen zürnten und drohten ihm. Auf der Bühne standen schließlich nur Topfpflanzen, und manchmal war nicht nur die Küche kalt. Tom Dooley gab auf, und nun ist der »Schiffsanleger mit Gaststätte« wieder in einheimischen Händen. Das Essen ist ordentlich, die Preise sind angemessen. Die Seebrücke in Ahlbeck ist allerdings mehr als nur ein Restaurant, sie ist das Wahrzeichen der Insel Usedom schlechthin. Den 250 Meter langen Steg hinaus ins Meer, den man früher Mole nannte und der Schiffen als Anleger diente, gab es zur Wendezeit noch nicht. Eigentlich ist die Seebrücke schon fast hundert Jahre alt und damit einzigartig an der gesamten Ostseeküste Mecklenburg-Vorpommerns. Ihr Steg wurde jedoch während des Zweiten Weltkriegs zerstört. Erst vor kurzer Zeit hat man ihn wieder aufgebaut. Ahlbeck ist ein hübsches Seebad und war bis zu den dreißiger Jahren auch das populärste in Vorpommern. Ein dankbarer Besucher, dessen Name vergessen ist, schenkte dem Ort die drei Meter hohe Jugendstiluhr an der Strandpromenade.

## Zum Einkaufen nach Polen

Polen ist ganz nah, zehn Kilometer etwa, denn seit 1945 gehören 90 der 445 Quadratkilometer Usedoms zum Nachbarland. Mit dem Auto kann man nicht hinüber, nur zu Fuß oder mit dem Rad.

nach Bansin ist ein Paradies der Badefreuden

Wahrzeichen Ahlbecks: Die malerisch ins Meer hinausgebaute viertürmige Seebrücke

Fürstliche Herberge: Der »Ahlbecker Hof«

Durchschnittlich 1200 Touristen nehmen täglich den Weg auf sich, zumal gleich hinter der Grenze der fast zehn Kilometer lange Polenmarkt lockt, auf dem es Käse, Gartenzwerge und Strickstrümpfe zu Minipreisen gibt.

Mit dem Schiff kann man von Kamminke, einem verträumten Ort mit weißen Fischerhäusern, nach Stettin fahren. Der dichtbewaldete Golm, ein 60 Meter hoher Burgwall nordöstlich von Kamminke, wurde in der Bronzezeit zur Sicherung der Handelsstraßen an der Oder angelegt. 23 000 Menschen, die 1945 Opfer des Luftangriffes der Alliierten auf Swinemünde wurden, liegen hier begraben.

## Ein Schloß für ausgewählte Gäste

Wo Ahlbeck zu Ende ist, beginnt schon Heringsdorf, der Ort mit den drei Fischen im Wappen. Den schnöden Namen erhielt das feine Bad wohl vom Kronprinzen Friedrich Wilhelm, als der mit dem Papa, Friedrich Wilhelm III., dorthin kam, wo der Oberforstmeister Georg Bernhard von Bülow Logierhäuser für feine Leute bauen wollte – etwa so wie in Heiligendamm. Als der Prinz dann König war und wiederkam, weilte bereits mancher adlige Gast am pompös bebauten Strand. Von Bülows wohnten im Weißen Schloß auf dem Kulmhügel im Ort. Heute ist das elegante Haus ein Hotel, vorher war es SED-Parteischule und Erholungsheim für ausgewählte Kader.

Wer in Berlin Geld übrig hatte, verbaute es am Anfang des Jahrhunderts in Heringsdorf. Bismarckwarte, Strandkasino und luxuriöses Familienbad mit Seebrücke überdauerten die vergangenen Epochen jedoch nicht. Von all dem kaum noch eine Spur: Fündige Architekten und wohlhabende Bauherren zauberten längst vergangen Geglaubtes zurück. Auf der mit mehr als 500 Metern längsten Seebrücke des europäischen Kontinents spielt seit Pfingsten 1995 das Licht auf silbernen Türmen. Neugierige promenieren zwischen modernen Läden auf dem schier endlosen Laufsteg aus Glas und Stahl. Hoch über dem Wasser kann man sogar Ferienwohnungen mieten. Die Zeit, als der »VEB Menü und Konservierung« in Heringsdorf noch Kohlrouladen wickeln ließ, ist offensichtlich und endgültig vorbei.

**EXTRA-TIP**

*Fliegende Fische, Krokodile, exotische Pflanzen und dergleichen mehr kann man im Tropenhaus in Bansin*

*bestaunen. In einem der drei Restaurants werden sogar Straußensteaks serviert. Goethestr. 10, Tel. 03 83 78/25 40, tgl. 10–19 Uhr*

Einst Unterschlupf des Seeräubers Klaus Störtebeker: Der Streckelsberg, mit 60 Metern Usedoms höchste Erhebung

Bei Koserow schützen Buhnen den schmalen Landstrich

Achterwasser: Vom Land eingeschlossenes Meer

**EXTRA-TIP**

*Die Ostseetherme Usedom ist mit sechs Badebecken, Grottenrutsche, Wassergarten mit Wasserfall, Luft-*

*sprudelbad, Babybad, Kinderspieldeck, römischen Dampfbädern und finnischen Saunen sowie Heringsdorfer Jod-Sole im Kurbetrieb ausgestattet.*
*Lindenstr. 60, 17419 Ahlbeck, Tel. 03 83 78/27 30, Mo, Di, Mi, Sa 10–21 Uhr, Do 11–21 Uhr, Fr 10–22 Uhr, So 10–20 Uhr*

## Eine neue Sonneninsel

Im Sommer schlägt die Vorpommersche Landesbühne Anklam mit dem »Chapeau Rouge« ihr Zelttheater am Heringsdorfer Strand auf. Unter Anleitung der Artisten glaubt man fast, man könne die Sterne vom Himmel holen. Nur ein Schritt trennt Heringsdorf von der dritten im Bunde, der kleinsten Schwester unter den Seebädern: Bansin, dessen Badeleben »in christlichen Häusern ersten Ranges« begann, wie Reiseführer Anfang des Jahrhunderts vermeldeten. Mit dem Rolf-Werner-Haus steht in der Seestraße eine Malergedenkstätte, die eher eine Künstlerwerkstatt als ein Museum ist.

## Geheimnisse am Streckelsberg

Ganz schmal wird die Insel nach Norden hin. Bei Zempin könnte man Ostsee und Achterwasser gleichzeitig sehen, begrenzten Bäume nicht den Blick. Wer von der Steilküste hinter Bansin kommt, entdeckt am Fuß des 56 Meter hohen Streckelsbergs, im Sand des weißen Hügels, vielleicht Störtebekers Versteck. Möglicherweise war es aber auch auf der anderen Seite zwischen Orchideen und alten Buchen verborgen.

## Kein »Tabu« in Lüttenort

Wer bei Koserow nach einer Ansiedlung namens Lüttenort sucht, wird sie nicht finden. Aber dort soll doch das Atelier des Malers Otto Niemeyer-Holstein sein? Stimmt. Aber Lüttenort heißt nur

**Größter Badeort im Nordwesten Usedoms: Zinnowitz**

**In der Lieper Kirche von 1216 sind noch Fragmente gotischer Malereien erhalten**

**Kölpinsee war einst prominenter Badeort, doch lebte man immer schon auch vom Fischfang**

der Wallfahrtsort für Kunstfreunde, am Achterwasser nördlich von Koserow, eine postalische Bezeichnung ist das nicht. Kein »lütter«, also kleiner Ort, sondern Ort des Lütten, eines Segelbootes gleichen Namens, mit dem Niemeyer-Holstein 1933 auf der Flucht vor den Nationalsozialisten von Berlin nach Usedom kam. In einem ausrangierten S-Bahn-Wagen hat er sich Haus und Atelier mit der Aufschrift »Tabu« – die Aufschrift sollte unerwünschte Gäste fernhalten – nach und nach aus- und umgebaut. Im schönen Garten stehen die Geschenke der Bildhauerfreunde.

Die flachen, reetgedeckten Backstein- und Fachwerkhäuser Koserows sind ehemalige Salzhütten. Steuerfreies Steinsalz zum Einsalzen des Fanges wurde hier aufbewahrt, als das Konservieren durch Kühlung noch nicht alltäglich war. Frischer Fisch wird hier auch heute noch bevorzugt, beispielsweise in der »Koserower Salzhütte«, die zum Restaurant umfunktioniert wurde.

## Am Achterwasser

Hühner picken am Weg, Gänse schnattern aufgeregt zur Begrüßung. Was wie ein Strohzelt in der Sonne trocknet, ist gebündeltes Rohr oder »Reet«, wie man hier sagt. Die Wege sind sandig, Kinder üben ungestört das Fahrradfahren. Den Lieper Winkel, scheint es, hat der Tourismus vergessen. Besiedelt war er immer. Steinzeitmenschen und später Slawen lebten hier bereits. Die Dörfer heißen Reestow, Quilitz oder Grüssow und stehen in keinem Reiseführer. Rankwitz hat einen kleinen Fischereihafen am Peenestrom. Hier gründeten die Einwohner des Lieper Winkels einen Heimatverein, bauten Ziehbrunnen und eine alte Scheune wieder auf,

**EXTRA-TIP**

*Im Süden Usedoms, am Stettiner Haff, kann man von Kamminke aus einen Schiffsausflug nach Polen unternehmen. Täglich um 10 Uhr läuft ein Schiff nach Stettin aus. Die Fahrt dauert 2,5 Std., eine deutschsprachige*

*Reiseleitung und eine Stadtrundfahrt sind während des Landaufenthaltes inbegriffen. Danach bleibt noch Zeit, z. B. für die »rote Route«, ein von der Stadtverwaltung zusammengestellter Rundgang zu den schönsten Punkten Stettins.*
*Adler-Schiffahrt, Tel. 03 83 78/ 4 77 90*

Mönchow: Verschlafenes Straßendorf mit Leuchtturm

Schmucker Fachwerkturm: Die Backsteinkirche in Mönchow

Schöne Alleen führen zum Schloß von Mellenthin

**EXTRA-TIP**

*Geht man die Dorfstraße von Morgenitz entlang, steht man vor einem*

*exotischen, unheimlichen Wesen. Doch zum Glück ist es nur eine Skulptur, die hier in der Töpferei des Ehepaars Danegger entstanden ist. Im Garten, umgeben von wucherndem Grün, sind ihre Werke ausgestellt. Dorfstr. 8, Tel. 03 83 72/7 09 10, Besichtigung nach Vereinbarung*

Schnitzkunst: Orgelempore der Mellenthiner Dorfkirche

schleppten Heuwender, Drillmaschine und Webstuhl her und eröffneten 1995 den »Heimathof«. Sphinxen und überlebensgroße Götter, so scheint es, locken hinter dem Zaun der Morgenitzer Dorfstraße 8 in eine Keramikwerkstatt. Auf dem Kirchhof liegen alte Gedenk- und Grabsteine und ein Findling. Den Brocken soll der Teufel aus Wut über die Christianisierung hergeschleudert haben, um die Kirchen zu zerstören.

## Es war einmal ein Schloß

Ein Schloß soll da noch sein, Mellenthin steht auf der Karte. Ein grau verputztes Ungetüm erhebt sich aus der Entengrütze der Wassergräben, die es umgeben. Es war schon Wohnung, Büro, Kindergarten und LPG-Unterkunft. Nach der Wende gab es Zwistigkeiten über die weitere Verwendung. Eine Sanierung kostet Geld. Schlösser verkauft man hier besser. Ritter Rüdiger von Neuenkirchen hat das Renaissanceschloß im 16. Jahrhundert bauen lassen. Schmuckstücke gibt es nur im Innern zu sehen. Ein restaurierter Kamin von 1613 wird von zwei starken Atlanten in antiken Rüstungen getragen. Einen geheimen unterirdischen Gang zum sieben Kilometer entfernten Schloß Pudagla soll es hier gegeben haben. Keiner hat ihn gefunden. Manche finden auch das Schloß Pudagla nicht und stehen doch davor. Ein schlicht verputzter Bau, an dem nur eine Kalksteintafel von der Vergangenheit erzählt: Zwei sogenannte Wilde Männer und zwei Säulen flankieren das Landeswappen der Herzöge von Pommern-Wolgast.

Auch nicht weit ist es von hier aus zu dem verträumten Städtchen Usedom. Auf dem Schloßberg steht ein fünf Meter hohes Granitkreuz: »An dieser Stelle nahmen zu Pfingsten 1128 die Führer der Wenden in Westpommern das Christentum an.«

Idylle: Fischerboote mit Fischernetzen

Wahrzeichen des Landstädtchens Usedom: Die neugotische Kirche

Wer nach Karnin kommt, findet einen verlassenen Steg, trifft mal einen Hasen – Trubel findet der Urlauber anderswo

## Träume von Größe

Groß auf andere Art war für manchen Peenemünde. Eigentlich ist dort nicht viel zu sehen außer einigen schmucklosen Häuserreihen, aber nicht deswegen fahren viele hin. Besucher wollen das Historisch-Technische Informationszentrum sehen, von dem Fans wünschen, es hieße endlich »Space-Center«. Der junge Ingenieur Wernher von Braun feierte hier am 3. Oktober 1942 einen Sieg: den Abschuß einer A-4-Rakete, die später V 2, »V« wie »Vergeltungswaffe«, genannt wurde. Hitler machte von Braun daraufhin zum Professor. Am 18. August 1943 verbrannten im Feuerhagel von 600 englischen Bombern Hunderte von Kriegsgefangenen und Häftlingen, die die Raketen bauen mußten. Photographien im ehemaligen Schaltbunker zeigen Militärs und zerstörte Städte. Im Kiosk gibt es Plastikwaffen für Kinder. Vor dem Betreten des Strandes wird weiterhin wegen Minengefahr gewarnt: Der Nordwestzipfel der Insel war nach dem Krieg Übungs- und Schießgebiet der NVA.

**EXTRA-TIP**

*Wernher von Braun übernahm im Alter von 24 Jahren die Leitung der natio-*

*nalsozialistischen Heeresversuchsanstalt auf der Insel Usedom. Die erste Flüssigkeitsgroßrakete, die A 4, startete am 13. August 1942. Heute nennt sich das ehemals militärische Sperrgebiet »Historisch-Technisches Informationszentrum«. Bahnhofstr. 28, Tel. 03 83 71/2 05 73, tgl. April–Okt. 9–18 Uhr, Nov.–März 10–16 Uhr, Führungen nach tel. Vereinbarung*

Greifswalder Oie
Oier Riff
Gänsegrund
O D E R B U C H T
P o m m e r s c h e
B u c h t
Zinnowitzbank
Fischerhütte
Karlshagen
Trassenheider Bootsstelle
Trassenheide
Mölschow
Zinnowitz
Vinetabank
M.-Bannemin
49
Ausbau Bannemin
Krummin
Zempin
Damerow
111
3
Steckelsberg
Koserow
L.-Kölpinsee
Teufelsinsel
L.-Stubbenfelde
Wilhelmshöhe
Loddin
Achter-
wasser
Kr.-Neeberg
Krumminer Wiek
L.-Neuendorf
L.-Netzelkow
Gnitz
Görmitz
Haubenhorn
Lütow
Mövenort
Ückeritz
Stagnieß
Langer Bg.
Langenberg
Pudagla
R.-Warthe
R.-Reestow
Lieper Winkel
4
R.-Grüssow
R.-Liepe
R.-Quilitz
Rankwitz
Cosim
Balmer See
N.-Balm
M.-Dewichow
Neppermin
Nepperminer See
Morgenitz
Mellenthin
Benz
B.-Stoben
Schmollensee
S.B.-Bansin
S.B.-Sellin
S.B.-Sallenthin
B
C
Bansin
2
Heringsdorf
S.B.-Neuhof
S.B.-Gothen
Gothensee
Ahlbeck
1
ŚWINOUJŚCIE
(SWINEMÜNDE)
København
Ystad
Rønne
Seehof
Korswandt
Nur für Fußgänger
Sw.-Płachcin
B.-Reetzow
Kückelsbg.
B.-Labömitz
A
K.-Ulrichshorst
Thurbruch
D.-Katschow
D.-Kachlin
Kachliner See
Z.-Wehrland
P.-Waschow
P.-Klein Jasedow
Lassaner Bucht
Vorwerk
LASSAN
Lassaner Ausbau
Peenestrom
M.-Lentschow
Buggenhagen
Großes Moorholz
B.-Jamitzow
Jamitzower Hard
Wangelkow
B.-Klotzow
R.-Krienke
R.-Suckow
Krienker See
Neuendorf
Suckower Tannen
Neid-bullen-hard
Weißer Bg.
46
Usedomer Hard
USEDOM
U s e d o m
Mellenthiner Heide
D.-Prätenow
Dargen
D.-Bossin
D.-Görke
Zirchow
Kutzow
D.-Neverow
Z.-Garz
Golm
Kamminke
Sw.-Chorzelin
Sw.-Odra Warszów
Sw.-Klicz
Sw.-Ognica
Sw.-Łunowo
Sw.-Przytór (Sw.Pritter)
J. Wicko
Sw.-Paprotno (Wydrzany)
Sw.-Karsibór
Wa. Wlk. Krzek
Piastowski Kanał
U.-Gneventhin
U.-Vossberg
U.-Gellenthin
Anklamer Torturm
U.-Paske
Usedomer See
U.-Zecherin
U.-Kölpin
Usedomer Winkel
U.-Wilhelmsfelde
U.-Wilhelmshof
U.-Karnin
Westklüne
U.-Ostklüne
U.-Mönchow
U.-Welzin
Stolpe
St.-Gummlin
Borkenhaken
Bu.-Kamp
Zartenstrom
Städtisches
NSG
Torfmoor
Kleines
Stettiner Haff
Görschbrinks-fläche
Haff
Morkerhorst
Kuhlerort
Bugewitz
L.-Grünberg
Bu.-Bugewitz
Hoheheide
Leopoldshagen
Mönkebude
Bu.-Kalkstein
D.-Heidberg
Heidemühl
Försterei
N.-Kurtshagen
Neuendorf A
Kamighaken
Grambin
Kamigkrug
Ueckerhaken
Zarowmühl
UECKERMÜNDE
Ue.-Neuhof
Ue.-Neuendorf
Ue.-Ueckermünde Ost
Hartschaar
Ue.-Bellin
Repziner Haken
Trendel
Altwarp
Nur für Fußgänger
N.W.-Podgrodzie
V.-Warsin
Bornkamp
Rosen-

## SEHENSWERTES

Quirlige Badeatmosphäre erlebt man bei dieser **Autotour**, die in Ahlbeck beginnt. Auf der B 111 kommt man über Heringsdorf und Bansin nach Koserow. Auf demselben Weg geht es bis zur Abzweigung Pudagla zurück. Kleine Straßen führen dort in den Lieper Winkel, das ruhige Hinterland. Die B 110 führt zurück nach Ahlbeck.

### AHLBECK ★★

**1** Juwel des schönen Ostseebades ist seine berühmte, 1898 eröffnete Seebrücke. Der turmbekrönte Pavillon auf dem Steg gilt als Wahrzeichen Ahlbecks. Zusammen mit der Promenade am weißen Strand macht er das Seebad zu einem wirklich zauberhaften Urlaubsort. Wie die Fischer hier früher lebten, kann man in der Heimatstube, einem typischen Fischerhaus, sehen. Die Wände darin bestehen aus Lehm und Weidengeflecht und sind weiß gekalkt. Als die ersten Badegäste zur Sommerfrische kamen, brachte man sie in der Laube des heutigen Museums unter.
*Talstraße 13, Tel. 03 83 78/3 01 13, Öffnungszeiten: Di 10–12 Uhr, Do 14–16 Uhr, Sa 10–12 Uhr*

### HERINGSDORF ★★

**2** Während der Gründerzeit zog es die preußische vornehme Gesellschaft aus Berlin nach Heringsdorf. Die Relikte aus dieser Zeit gewinnen hier einen ganz eigenen Reiz: Wintergärten, geschnitzte Giebel, bekrönt von pompösen Putten.
Von Juni bis August veranstaltet die Vorpommersche Landesbühne Anklam mit dem »Chapeau Rouge« ein großes Zelttheater an der Strandpromenade.
*Informationen: Leipziger Allee 34, Tel. 0 39 71/20 89 25*
Im Muschelmuseum auf der Seebrücke werden mehr als 3000 bizarre Schönheiten aus aller Welt ausgestellt. Der zugehörige Laden bietet schöne Souvenirs an.
*Tel. 03 83 78/3 25 79, Juni–Aug. tgl. 9–21 Uhr, Sept.–Mai tgl. 10–18 Uhr*

**Koserow: Die älteste Kirche auf Usedom**

### KOSEROW ★

**3** Hinter einer Mauer aus Findlingen steht die älteste, um 1300 gebaute Inselkirche. Noch ist ursprüngliches Mauerwerk zu erkennen, so an den kleinen frühgotischen Fensteröffnungen an der Nordseite. Aus einer Stettiner Schnitzschule stammt der einzige erhaltene mittelalterliche Altar auf der Insel. Das schwedische Kruzifix aus dem 15. Jh. wird Vineta-Kreuz genannt. Der Legende nach haben es Fischer aus der Ostsee geborgen, dort, wo die sagenhafte Stadt Vineta einst in den Fluten versank. Nördlich von Koserow, am Achterwasser, liegt Lüttenort. Ein Altmeister norddeutscher Landschaftsmalerei, Otto Niemeyer-Holstein, wählte sich hier sein Domizil. In einem ausrangierten S-Bahn-Wagen, davor ein schöner Garten, war das Atelier des Künstlers. Hier befindet sich auch das unvollendete Selbstbildnis, das der Maler nach seinem Tod am 20. Februar 1984 hinterlassen hatte.
*Tel. 03 83 75/2 02 13, Mitte April–Mitte Okt. tgl. 10–18 Uhr, Mitte Okt.–Mitte April Mi, Do, Sa, So 10–16 Uhr*

**Muschelmuseum Heringsdorf**

### LIEPER WINKEL ★★

**4** Ein beschauliches Stückchen Land ohne Ferientrubel, das zum Verweilen einlädt: das ist der Lieper Winkel. Sehenswert sind die Fragmente gotischer Malerei in der Kirche von Liepe, in Morgenitz sollte man der Töpferwaren wegen halten, einen winzigen Fischerhafen gibt es in Rankwitz zu sehen. Seit kurzem befindet sich dort ein Heimathof, der alte landwirtschaftliche Geräte und Gebrauchsgegenstände aus Imkerei und Küche ausstellt.
*Dennewick 1, Tel. 03 83 72/7 05 35, Besichtigung nach tel. Vereinbarung*

## ESSEN & TRINKEN

### HERINGSDORF

**2** Das leckerste Eis weit und breit, das Schweizer Erfahrung verrät und in allen denkbaren Variationen angeboten wird, sowie hausgemachten Kuchen und Kaffee gibt es in der »Eis-Villa Stein«.
*Kulmstr. 4, Tel. 03 83 78/2 84 52, Mai–Oktober, tgl. 10–23 Uhr*
Im »Weißen Schloß« mit seiner prächtigen Jugendstilfassade haben schon Könige gewohnt – damals, als es noch der Familie von Bülow gehörte. Königlich sind heute wieder Haus und Küche, in der feine Fischgerichte zubereitet werden.
*Rudolf-Breitscheid-Str. 3, Tel. 03 83 78/3 19 84, Apr.–Dez. geöffnet, mittlere–obere Preisklasse, 14 Zimmer*

### KOSEROW

**3** Auf den Dünen westlich des Ortes befindet sich das denkmalgeschützte Ensemble der alten Salzhütten. Eine von ihnen, die »Koserower Salzhütte«, wurde zum Restaurant mit eigener Fischräucherei umgestaltet.
*Tel. 03 83 75/2 06 80, tgl. 11–21 Uhr*

*In Benz steht eine 150 Jahre alte Holländermühle, die bis in die 70er Jahre noch in Betrieb war. Dann nahm sich der Maler Otto Niemeyer-*

*Holstein ihrer an und restaurierte die schmucken Holzfassaden. So wurde sie zum Museum »Kulturmühle Benz«, wo zwischen originalen Gebrauchsgegenständen der Mühle Kunstausstellungen stattfinden.*
*Tel. 03 83 79/2 03 07, Führung nach tel. Vereinbarung Sa, So 10–18 Uhr*

## WANDERN UND RADWANDERN

**A** Ein ausgeschildertes Wegenetz führt in den Lieper Winkel, ein idyllisches, ruhiges Land mit moorigen Wiesen, Schilfwäldern und kleinen Dörfern. In Mellenthin beginnt diese **Fahrradtour**, die über Morgenitz und Liepe bis Reetsow geht und über Warthe und Rankwitz zurückführt.
*Strecke: 30 km, Dauer: 2 Std.*

**B** Besonders schön ist eine **Wanderung** rund um den Gothensee (ca. 19 km). Gleich hinter dem Bahnhof Bansin beginnt der Weg durch das hügelige Land der »Usedomer Schweiz«, mit schönen Ausblicken zu Krebs- und Schmollensee. Durch Korswandt geht es nach Gothen und kurz vor dem Ort, auf dem Rennbahnweg, in Richtung Heringsdorf nach Bansin zurück.

**C** Von Bansin aus empfiehlt sich ein **Spaziergang** zum Naturlehrpfad Mümmelkensee. Man erreicht ihn vom Bahnhof über den Fischerweg, ca. 1 km nach Norden. Tafeln informieren über alles, was hier wächst und gedeiht: Vor allem sind es Wollgras und leuchtendgelbe Seerosen, die sogenannten Mummeln, die dem See seinen Namen gaben. Von alters her ist das Bansiner Hinterland ein wildreiches Gebiet, in dem Luchse und Biber leben.

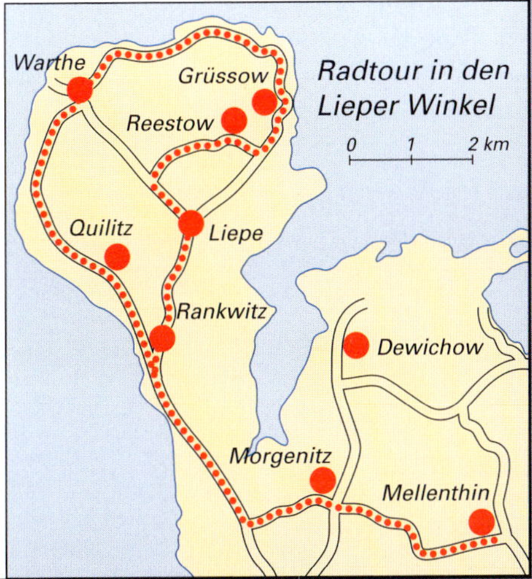

SPECIAL

# Seebäder – Alte Architektur in neuem Glanz

**An manchen Stränden, wie in Kühlungsborn, stehen sie immer noch, die Relikte aus der Zeit, in der das Badengehen als Kultur galt: Schilder mit den Aufschriften »Damenbad« oder »Herrenbad«. Es war zu Beginn unseres Jahrhunderts nicht nur unschicklich, wenn Damen und Herren, beide ziemlich zugeknöpft und in verhüllenden Gewändern, das gesunde Naß gemeinsam betraten, es wurde auch geahndet. Und zwar zumindest mit Verachtung.**
**Mit den Sitten haben sich auch die Schilder geändert. Jetzt hängen sie in Glaskästen am Strand und verkünden, wo FKK-Anhänger, wo Hunde und wo sorgsam Bekleidete das Wasser betreten dürfen. Es scheint, als ob mit dem Wiedererstehen der verspielten Bäderarchitektur auch das Rigorose der Badekultur der zwanziger Jahre auferstanden ist.**

1

**1** Mit der Kleinbahn, dem »Rasenden Roland«, kamen Gäste, und so wurde aus einem Fischerdorf auf Rügen das Seebad Sellin, dessen Seebrücke einst 600 m weit ins Wasser hinausreichte.

**2** Im damaligen Luxusbad Heringsdorf, dessen Name noch auf den ursprünglichen Lebensunterhalt der Einwohner schließen läßt, promenierte um die Jahrhundertwende der preußische Adel auf der Seebrücke.

**3** In Swinemünde, dem heutigen Świnoujście, das seit 1945 zu Polen gehört, nahm er seinen Ausgang, der Badebetrieb auf Usedom. 1821 wurde hier das erste Seebad der Insel gebaut.

**4** Sie ist inzwischen so etwas wie das Wahrzeichen Usedoms, die Ahlbecker Seebrücke mit dem schmucken viertürmigen Pavillon. Der 1898 errichtete Steg ist der einzige heute noch erhaltene Seebäder-Steg.

**5** Heiligendamm war Deutschlands allererstes Seebad. 1793 wurde es gegründet, offiziell eröffnet von Friedrich Franz I. von Mecklenburg-Schwerin. Das klassizistische Bäderensemble ist noch weitgehend erhalten.

2
3
Ostseebad Swinemünde mit Konversationshaus.
4
Ostseebad Ahlbeck. Strandpartie und Herrenbad.
5

# Kunst Kultur Brauchtum

*Am letzten Ausstellungstag stehen die Künstler in Galeriegesprächen Rede und Antwort. Im architektonisch reizvollen Kunstpavillon Heringsdorf finden wechselnde Ausstellungen mit überwiegend zeitgenössischer Kunst statt. Künstler der Region, aber auch*

*aus dem gesamten Bundesgebiet zeigen ihre Arbeiten aus den Bereichen Malerei, Graphik, Keramik oder Photographie. Im Sommer finden in dem seit über 25 Jahren bestehenden Gebäude auch Konzerte statt.*
*An der Promenade, 17424 Heringsdorf, Tel. 03 83 78/ 2 28 77, Mai–Sept., Di–So 12–18 Uhr*

## AHLBECK
### Musikfestival

Im Jahr 1994 begann in Ahlbeck, was sich zur einer Tradition entwickeln soll: das Usedomer Musikfestival Mitte September, auf dem hochwertige klassische Musik zu hören ist. Jugendliche Preisträger aus dem ganzen Bundesgebiet treten in den Inselkirchen und auf den Seebrücken auf, um ihr Können darzubieten.
*Festivalbüro im Strandhotel, 17420 Heringsdorf, Tel. 03 83 78/3 46 47*

## BAD DOBERAN
### Rennbahnfest

Die erste Pferderennbahn auf dem europäischen Kontinent feiert nach jahrzehntelanger Unterbrechung wieder sich selbst, und so wird Ende Juli/ Anfang August ein neues Volksfest begangen. Die Tradition von 1822 wird dabei fortgeführt mit vielseitigen Wettbewerben. So gibt es Galopp- und Trabrennen, aber auch Araber und Quarter-Horses messen sich im Lauf. Der Höhepunkt der Veranstaltung ist das Bauernrennen: Mecklenburgische Bauern mit ihren besten Pferden testen deren Leistungsfähigkeit
*Doberaner Rennverein, Goethestr. 1, Tel. 03 82 03/6 22 00*

**Waschzuberrennen in Warnemünde**

## BODSTEDT
### Zeesbootsregatta

Ein kleiner Fischerort kommt ganz groß heraus. Die meisten der stolzen Boote mit den naturbraunen Segeln waren traditionelle Fischerboote der Region, die mit viel Liebe und Aufwand über die Jahrzehnte von den Eigentümern gepflegt und erhalten wurden. Am ersten Wochenende im September, wenn Dutzende auf dem Bodstedter Bodden kreisen, haben sie ihre große Stunde. Wer hat das schönste Zeesboot weit und breit? Am Sonntag vormittag besteht für Touristen Gelegenheit, auf einem der historischen Zeesboote mitzufahren. Neben der Regatta gibt es eine Kirmes mit Rummel und am Sonnabend einen Ball.
*Barth-Information, Markt 3, Tel. 03 82 31/24 64*

## FREEST
### Fischerfest

Auf der Suche nach den bekannten Fischerteppichen verschlägt es manchen Touristen in den kleinen Ort zwischen Greifswald und Wolgast. Beim Fischerfest im August zeigt sich dann, daß Kunst und Kunsthandwerk hier auch auf andere Art Tradition haben. So gibt es ein großes Eröffnungsfeuerwerk, viel Musik und Tanz im Festzelt, aber auch kulinarische Genüsse wie Räucherwaren und Fischspezialitäten. Interessierte können außerdem an Kutterfahrten teilnehmen.
*Gemeindeverwaltung Kröslin, Gartenstr. 7, Tel. 03 83 70/2 02 60*

## GREIFSWALD
### Bachwoche

Jedes Jahr im Mai erklingt im Dom und im Klosterhof St. Spiritus sechs Tage lang Musik von Bach. Eine Gelegenheit, renommierte Künstler aus aller Welt zu hören.
*Greifswald-Information, Schuhhagen 22, Tel. 0 38 34/52 13 80*

### Jazz-Event

Am ersten Wochenende im Juli versuchen seit 1981 ostdeutsche und internationale Bands mit ganz eigenem Sound, die ehrwürdigen Brocken der Klosterruine Eldena zum Beben zu bringen.
*Info: siehe oben*

**Auf dem Freigelände des Mönchguter Museums in Göhren: Motorsegler »Luise«**

## GÖHREN
### Mönchguter Museum

Das größte Museum Rügens ist über den Ort und die Umgegend verteilt: Neben dem Heimatmuseum, dem Rookhus – einem schornsteinlosen Fischer- und Kleinbauernhaus vom Zuckerhuttyp – und dem Museumshof gehört auch ein Freigelände mit dem als Museumsschiff eingerichteten Motorsegler »Luise« dazu. Auch das Schulmuseum in Middelhagen ist Teil des Mönchguter Museums.
*Strandstr., Tel. 03 83 08/21 75, April–Juni, Sept.–Okt. tgl. 10–17 Uhr, Juli und August tgl. 10–18 Uhr, Nov.–März nach Voranmeldung*

### Wiecker Fischerfest

Ein Volksfest eigener Art wird jedes dritte Wochenende im Juli in Wieck mit dem Fischerfest gefeiert. Höhepunkte der Veranstaltung sind die »Gaffelrigg« der alten Segelboote und das »Ryck-Hangeln«, da geht es am Seil über das Flüßchen. Neben einer Kirmes sorgen Wettbewerbe wie Bierkistenstapeln für Stimmung.
*Info: siehe oben*

## HERINGSDORF
### Chapeau Rouge

Das Theaterzelt der Vorpommerschen Landesbühne Anklam ist für Einheimische und Urlauber auf Usedom bereits zu einer festen Institution geworden. Mit fast 200 Programmpunkten auf einem gutdurchmischten Spielplan,

mit speziellen Inszenierungen für Kinder, Puppenspielen und vielem mehr begeistern die Künstler jung und alt.
*Spielzeit: Pfingsten–Ende Aug., Strandpromenade Heringsdorf, Tel. 0 39 71/20 89 25*

## KLOSTER (HIDDENSEE)
### Gerhart-Hauptmann-Gedenkstätte

Gerhart Hauptmann war ein Liebhaber dieser Landschaft. 1920 erwarb er das Haus Seedorn in Kloster auf Hiddensee, das er gerne aufsuchte. Nach seinem Tod wurde daraus eine Gedenk-

stätte mit original erhaltenen Räumen. Dort werden nicht nur Werke Gerhart Hauptmanns, sondern auch andere Literatur, die mit der Insel und dem Umland zu tun hat, angeboten.
*Haus Seedorn, Tel. 03 83 00/3 97 und 6 05 63, Sommer tgl. 10–17 Uhr, Winter tgl. 10–16 Uhr*

## PREROW
### Darß-Museum

Über Seefahrt, Fischerei und die Entstehung des Darß wird informiert, auch Kunstausstellungen finden statt.
*Waldstr. 48, Tel. 03 82 33/6 97 50, Mai–Sept. tgl. 10–17 Uhr, Okt.–Apr. Mi–So 10–16 Uhr*

## ROSTOCK
### Hanse Sail

Der Stadthafen wird zur Vergnügungsmeile. Zur Hanse Sail im August treffen sich Fahrten- und Traditionssegler, Oldtimer und Museumsschiffe in der Unterwarnow, und für See- und »Sehleute« wird ein ausgiebiges Unterhaltungsprogramm angeboten. Dazu gibt es Fallschirmspringen, Hubschrauberflüge und Salutschießen.
*Organisationsbüro Hanse Sail, Warnowufer 65, Tel. 03 81/2 08 52 33*

### Kultur aus dem Hut

Seit 1994 findet es nun jeden Sommer Ende Juni/Anfang Juli statt. Ein Kleinkunstfestival mit Künstlern aus dem In- und Ausland: Artisten und Animateure, Clowns und Jongleure begeistern an verschiedenen Stätten der

**Rostock: »Kultur aus dem Hut«**

**Schiffahrtsmuseum in Rostock**

Rostocker Innenstadt und am Hafen die Besucher.
*Kulturamt Rostock, Warnowufer 65, Tel. 03 81/2 08 52-49*

### Schiffahrtsmuseum

Die Geschichte der Nord- und Ostseeschiffahrt vom 8. Jh. bis heute, die Zeit der Hanse und vieles mehr werden dargestellt und mit allerhand Details, wie Münzen, Medaillen und Karten, dokumentiert. Sehenswert sind die Schiffsmodelle aus verschiedenen Ländern: Koggen aus der Hansezeit, Windjammer und auch das schwedische Flaggschiff »Wasa«, das bei seiner Jungfernfahrt 1628 versank.
*August-Bebel-Str. 1, Tel. 03 81/4 92 26 97, Di–So 10–18 Uhr*

## RÜGEN
### Rossini-Opernfestival

Unumstrittener kultureller Höhepunkt ist seit einigen Jahren das Rossini-Opernfestival im Juli und August. Neben einer gefragten Erstaufführung im Marstall im Schloßpark von Putbus erklingt Musik dann auch an anderen Orten der Insel. In der Kirche von Bergen, in Binz und anderen Badeorten werden Musikfreunde mit Klavier- und Kammerkonzerten oder Kantatenabenden. Besonderer Wert gelegt wird dabei auf die Neuinszenierung weniger bekannter Werke Rossinis, die so zu neuen Ehren verholfen werden soll.
*Rossini Festival GmbH, Festivalbüro, Alleestraße 14a, 18581 Putbus, Tel./Fax 03 83 93/3 38 01*

## STRALSUND
### Meeresmuseum

Einen ebenso schönen wie lehrreichen Eindruck vermittelt das Meeresmuseum: Man kommt in eine Kirche (im ehemaligen Katharinenkloster), und im Chor hängt das 16 m lange Skelett eines Finnwales, der 1825 vor Rügens Küste strandete. Spannend geht es weiter mit der Entwicklung des Fischfangs und dem Unterwasseraquarium.
*Katharinenberg 14–20, Tel. 0 38 31/26 50 10, geöffnet von Juni–Sept. tgl. 10–18 Uhr, Oktober–Mai tgl. 10–17 Uhr*

**Ahrenshoop: Der »Kunstkaten«**

## WARNEMÜNDE
### Warneminner Ümgang

Ein originelles Sommerfest feiern die Warnemünder am ersten oder zweiten Juli-Wochenende. Eigentlich ist es ein historisches Zeremoniell, aus dem sich das Volksfest entwickelt hat: 1384 wurde Warnemünde Rostock unterstellt, Anliegen konnten nur durch »Öllermänner«, das ist ein Altmänner-Kollegium, an Rostock herangetragen werden. Bis 1909 wurde dieses Kollegium jährlich neu gewählt. Nach einer szenischen Vorlage beginnt das Fest heute wieder mit einem feierlichen »Ümgang«, wie das früher tatsächlich üblich war. In historischen Trachten ziehen die Einheimischen mit dem »Teufelsgeiger« zur Strandpromenade. Ein weiteres Schmankerl ist das Waschzuberrennen, das Ende Juni bis Anfang Juli stattfindet.
*Tourist-Information, Heinrich-Heine-Str. 17, Tel. 03 81/54 80 00*

*Reiter schlagen mit Holzknüppeln auf eine an Seilen hängende, geschmückte Tonne ein, daß die Späne fliegen. Wer die letzte Daube erwischt, wird zum Stäbenkönig, mit dem letzten Holzsplitter erringt ein Reiter Tonnen-*

*königswürden. Das Tonnenfest, dessen Ursprung umstritten ist, findet an den Wochenenden von Juni bis August in verschiedenen Orten auf Fischland und Darß statt. Tourismusverband Fischland-Darß-Zingst e.V., Storchenhaus, Barther Straße 31, 18314 Löbnitz, Tel. 03 83 24/64 00*

# Essen und Trinken

*Kennen Sie Hornfisch? Er hat grüne Gräten, und man ißt*

*ihn im Mai. Und kennen Sie Dreifarbenfisch? Hier an der Ostsee kann jeder erklären, was das ist: Grün wird er gefangen, braun geräuchert und schwarz verkauft – der Aal.*

## AHLBECK
### La Mer

Mit Blick aufs Meer genießt man im Panorama-Restaurant Fisch in allen erdenklichen Variationen: Lachsklöße in Kaviar-Riesling-Schaum oder den Fasan in Traubensauce mit Champagnerkraut.
*Dünenstr. 19–21, Tel. 03 83 78/5 29 75, tgl. 12–24 Uhr, mittlere–obere Preisklasse, 93 Zimmer*

### Die Villa

Im Hotel-Restaurant der Villa Auguste Viktoria, nur wenige Schritte von der Strandpromenade entfernt, speist man im Jugendstilhaus bodenständig und dennoch leicht auf vorpommersche Art: Zander in Dill oder Spickaal, im Winter auch Wild.
*Bismarckstr. 1–2, Tel. 03 83 78/24 10, Mai–Aug. tgl. 8–22.30 Uhr, mittlere Preisklasse*

**Seemannskneipe mit Tradition: »Zur Kogge« in Rostock**

## BORN
### Gasthaus am Koppelstrom

Die Speisekarte reicht hier von der regionalen gutbürgerlichen Küche bis hin zu frischen Fischspezialitäten in allen möglichen Variationen. Das im Sommerbetrieb täglich geöffnete Gasthaus in Hafennähe stellt seinen Besuchern und Hausgästen als Besonderheit ein eigenes kleines Internetcafé zur Verfügung.
*Chausseestr. 11, Tel. 03 82 34/3 67, im Sommer täglich 10–23 Uhr geöffnet, im Winter nur für Hausgäste, mittlere Preisklasse*

## GINGST
### Anno Domini

Hier wird vor allem einheimischer Fisch angeboten, der verblüffend gut zu südländischen Spezialitäten paßt.

*Platz der Solidarität 11, Tel. 03 83 05/8 21 10, tgl. 10.30–22 Uhr, mittlere Preisklasse*

## GÖHREN (RÜGEN)
### Nordperd

Über der Steilküste im gleichnamigen Hotel, auch mit Gartenrestaurant, essen Kenner Stremellachs. Den Hang zur regional geprägten, aber dennoch gehobenen Küche kann man von der Speisekarte ablesen: Damwild in Schlehenweinsauce, Dorsch in Senfsauce.
*Nordperdstr. 11, Tel. 03 83 08/70, tgl. 12–22 Uhr, mittlere Preisklasse, 95 Zimmer*

**»To'n Zägenkrog« in Wismar**

**Ahlbeck: Jugendstilhaus »Die Villa«**

## HERINGSDORF
### Des Kaisers Pavillon

Fast kitschig wirkt das Gebäude auf den ersten Blick, aber so hat er ausgesehen, der alte Kaiserpavillon, der originalgetreu mit filigran durchbrochenen Holzfronten und aufwendigen Jugendstilmalereien wiedererstanden ist. Das Angebot ist regionaltypisch, deftig und bürgerlich.

*Friedenstr. 12, Tel. 03 83 78/2 27 45, tgl. 11–24 Uhr, untere–mittlere Preisklasse*

## KLOSTER (HIDDENSEE)
### Hitthim

Ein großes, schönes Restaurant am Hafen mit gemütlichem Vorgarten zum Draußensitzen. Wer Hunger hat, genießt Fischspezialitäten wie Dorschfilet mit Meeresfrüchtesauce oder süß-saure Fischsuppe Hiddenseer Art. Und wer bloß auf sein Schiff wartet, kann dies bei einer Tasse Kaffee und hausgemachtem Kuchen tun.
*Hafenweg 8, Tel. 03 83 00/66 60, tgl. 11–1 Uhr, mittlere Preisklasse*

**Urige Atmosphäre im ältesten Gasthaus**

## LAUTERBACH
### Zum Schwarzen Bären

Nur wenige Schritte vom Hafen entfernt und immer gut besucht – das liegt nicht nur an der Atmosphäre, sondern hauptsächlich an den legendären Bratkartoffelgerichten. Gegenüber befindet sich das dazugehörige »Hotel Clemens«, das seinen Gästen Blick auf die Insel Vilm bieten kann (siehe Übernachten).
*Dorfstr. 8, Tel. 03 83 01/8 86 90, mittlere Preisklasse*

## MIDDELHAGEN (RÜGEN)
### Zur Linde

Auf eine lange Geschichte kann das älteste Gasthaus Rügens zurückblicken. Die Grundmauern aus dem 15. Jahrhundert sind teilweise noch erhalten. Die Innenausstattung ist urig, die Küche traditionell. Zu den vorpommerschen Spezialitäten gehört die Flunder auf heißen Stachelbeeren.
*Dorfstr. 20, Tel. 03 83 08/55 40,*

*Apr.–Okt. tgl. 12–24 Uhr, Nov.–Ende März Do–Di 12–24 Uhr, 15.11.–15.12. und 08.01.–05.02. Betriebsferien, mittlere Preisklasse*

## REDDEVITZER HÖFT
### Kliesow's Reuse

An einer schmalen Landzunge am stillen Achterwasser in Rügens Süden liegt eine der wenigen gastronomischen Attraktionen der Insel. Aus der Scheune eines 400 Jahre alten Bauernhofes wurde ein Restaurant, das mit historischem Gerät aus Fischerei und Landwirtschaft die Augen und mit den Fischgerichten den Magen erfreut. Spezialität: sauer eingelegter Aal, Schellhering mit Speckstippe.
*Dorfstr. 23a, Tel. 03 83 08/21 71, März–Okt. tgl., Di erst abends geöffnet, mittlere Preisklasse*

Rügens: »Zur Linde« in Middelhagen

## ROSTOCK
### Mond und Sterne

Ein junges Paar hat ein altes Haus mit schönen Möbeln eingerichtet. Eine hölzerne Wendeltreppe führt in die obere Etage, von der man einen schönen Ausblick auf den Hafen genießt. Das Restaurant bietet eine regionaltypische Küche mit Fisch- und Wildspezialitäten an, aber auch hausgemachten Labskaus ohne Fisch.
*Strandstr. 85, Tel. 03 81/4 59 03 44, tgl. 11–1 Uhr, mittlere Preisklasse*

### Zur Kogge

Kein Restaurant und keine Kneipe und doch beides und mehr: das älteste und eines der schönsten maritimen Lokale Rostocks. Urig und urgemütlich. Seemannslieder werden live und mit Akkordeonbegleitung vorgetragen, einmal im Monat singt ein Shantychor. Dazu gibt es »Räucherfisch auf Steuerrad« und natürlich Labskaus. Reservierung empfohlen.
*Wokrenterstr. 27, Tel. 03 81/4 93 44 93, mittlere Preisklasse*

## SASSNITZ
### Gastmahl des Meeres

Hier sind die Tische immer voll. Das liegt nicht etwa am nostalgischen Rahmen des Lokals, sondern am Fisch, dem besten im Umkreis.
*Strandpromenade 2, Tel. 03 83 92/ 51 70, mittlere Preisklasse*

## SEEDORF
### Binnen & Buten

Hinter Sellin auf Rügen liegt ein winziges Dorf an der Having und an einer hübschen Wanderstrecke. Ein helles und freundliches Restaurant mit gutem Essen lädt Wanderer zum Verweilen ein. Spezialität des Hauses: Aalsuppe nach altem Rezept, Scholle mit frischem Gemüse, hausgemachte Rote Grütze.
*Dorfstr. 8, Tel. 03 83 03/8 74 36, Mi–Mo 12–15 und ab 17 Uhr, mittlere Preisklasse*

## VITTE (HIDDENSEE)
### Heiderose

Die Küche ist einfach und gut, der Fisch wird im Haus geräuchert, der Kuchen noch selbst gebacken. Das eigene Backhaus steht im Garten. Spezialität: hausgeräucherter Aal auf Schwarzbrot mit Rührei.
*In den Dünen 127, Tel. 03 83 00/6 30, Apr.–Nov. tgl. ab 8 Uhr, mittlere Preisklasse, 32 Zimmer*

## WARNEMÜNDE
### HL Restaurant

Edel und kreativ, die feinste Adresse am Ort. Die Küche bedient sich aus der Vielfalt der Meerestiere. Spezialitäten: einheimische Fische wie Dorsch, Scholle oder Heilbuttfilet mit grünem Pfeffer.
*Seestr. 9, Tel. 03 81/5 48 66 75, tgl. 11.30–15 und 18–24 Uhr, mittlere Preisklasse*

### Seekiste zur Krim

Buddelschiffe, bleiverglaste Fenster, historische Schiffe und Münzsammlung machen die Seekiste allein schon zur Attraktion. Selbstverständlich kann man hier auch essen, vorwiegend Fisch, aber auch Fleischgerichte, etwa Mecklenburger Rippenbraten. Auch die auf einem Lava-Steingrill zubereiteten Speisen munden vorzüglich.
*Am Strom 47, Tel. 03 81/5 21 14, Mai–Sept. tgl. 11–24 Uhr, Okt.–Apr. 17–24 Uhr, untere–mittlere Preisklasse*

»Brauhaus am Lohberg« in Wismar

## WISMAR
### Brauhaus am Lohberg

Das 550 Jahre alte Gebäude befindet sich direkt gegenüber vom Wismarer Alten Hafen. Selbstgebraute Biere aus der hauseigenen Brauerei, die auch besichtigt werden kann, sind die Spezialität des Hauses. Die Küche bietet hungrigen Gästen vor allem lokale Spezialitäten wie beispielsweise Mecklenburger Goulasch in Biersauce.
*Kleine Hohe Straße 15, Tel. 0 38 41/ 25 02 38, mittlere Preisklasse*

### To'n Zägenkrog

Gegenüber vom Alten Hafen, unter Kirschbäumen, wird Nahrhaftes und Schmackhaftes aus dem Meer zubereitet. Angeboten werden deftige Hausmannskost und selbstgewickelter Rollmops!
*Am Ziegenmarkt 10, Tel. 0 38 41/28 27 16, tgl. 11.30–1 Uhr, mittlere Preisklasse*

*Jedes Jahr vom 1. bis zum 15. Oktober wird Deutschlands größte Insel vom Kohlfieber erfaßt. Auf der Halbinsel Wittow beginnt die Kohl-*

*ernte, und die Helden der Küche verbraten mehr als das, was der Kohlmarkt am Parkplatz Putgarten am Kap Arkona hergibt. Nicht nur als Beilage, sondern auch als nicht alltäglicher Salat kommt das Gemüse auf den Tisch, zum Beispiel Rotkohlsalat Küchenmeister.*

# Übernachten

## AHLBECK
### Villa Auguste Viktoria

Die beiden Jugendstilvillen, die ein Wintergartenrestaurant verbindet, wurden 1900 gebaut und nun aufs schönste wieder hergerichtet. Die Strandpromenade ist nicht weit.
*Bismarckstr. 1–2, 17419 Ahlbeck, Tel. 03 83 78/24 10, Fax 2 41-44, 16 Zimmer, obere Preisklasse*

### Residenz Waldoase

Ruhig im Wald und doch ganz nah zu Ort und Strand liegt dieses Hotel mit familienfreundlichen Bungalows.
*Dünenstr. 1,17419 Ahlbeck, Tel. 03 83 78/5 00, Fax 5 02 99, 41 Zimmer, obere Preisklasse*

## AHRENSHOOP
### Aparthotel Boddenblick

Am Ufer des Saaler Boddens wurden auf drei Stockwerken unter Reet moderne Ferienzimmer eingerichtet. Das Haus liegt ruhig, mit Bootssteg, Spielplatz und Liegewiese vor der Tür. Boote und Fahrräder können ausgeliehen werden. Beheizter Außenwhirlpool!
*Bauernreihe 10,18347 Ahrenshoop, Tel. 03 82 20/6 16 00, Fax 6 16 66, 55 Zimmer, mittlere–obere Preisklasse*

*Zeitgemäße Eleganz hinter schneeweißer Jugendstilfassade. Das reichhaltige Frühstück im »Hotel Vier Jahreszeiten« kann auf unterschiedliche Weise abgearbeitet werden: im Gymnastik- und*

*Fitneßraum, in Tennisschule oder Schwimmbad oder dank Fahrradverleih. Zudem wird ein kulturelles Programm angeboten: offener Lesekreis, Diavorträge etc. Zeppelinstr. 8, 18609 Binz, Tel. 03 83 93/5 00, Fax 5 04 30, 57 Zimmer, obere Preisklasse*

**Warnemünde: Hotel Neptun**

**Herrenhaus: »Hotel Gutshaus Stellshagen« im Klützer Winkel**

## BAD DOBERAN
### Romantik-Kurhotel

Erbaut 1793 für den Herzog von Mecklenburg anläßlich der Gründung des ersten deutschen Seebads. Elegant bis romantisch und auch von außen wieder Spiegelbild seiner glanzvollen Zeit, als sich hier die feine Gesellschaft traf. Sauna und Solarium im Haus, Pferde und Räder können vermittelt werden.
*Am Kamp, 18209 Bad Doberan, Tel. 03 82 03/6 30 36, Fax 6 21 26, 60 Zimmer, mittlere–obere Preisklasse*

## BINZ
### Vineta

Alte Bäderarchitektur mit neuem Innenleben, fast am Strand. Drei Zimmer sind behindertengerecht ausgestattet. Die Bar »Atlantis« ist zu einem beliebten Abendtreffpunkt geworden. Der Zeitungsladen im Untergeschoß hat die beste Auswahl auf Rügen.
*Hauptstr. 20, 18609 Binz, Tel. 03 83 93/3 90, Fax 3 94 44, 77 Zimmer, mittlere–obere Preisklasse*

## DIERHAGEN
### Blinkfüer

Ein kleines Erste-Klasse-Hotel-Restaurant, weißer Klinkerbau in schöner Lage, 200 m vom Strand entfernt, das 1994 im »Gault Millau Deutschland« verzeichnet wurde. Den Gästen stehen Fitneßraum, Whirlpool, Sauna und Solarium zur Verfügung.
*An der Schwedenschanze 20, 18347 Dierhagen, Tel. 03 82 26/ 8 03 84, Fax 8 03 92, 28 Zimmer, mittlere-obere Preisklasse*

## HERINGSDORF
### Hotel Diana

Die Gründerzeitvilla mit reicher Vergangenheit liegt inmitten einer prächtigen Gartenanlage und hat Zugang zum Strand. Das genossen schon der Bauherr, Bismarck-Bankier Bleichröder, später – Rote Armee und FDGB. Luxuriöse Unterkunft mit großen Zimmern.
*Delbrückstr. 14, 17424 Heringsdorf, Tel. 03 83 78/3 37 45, Fax 3 38 78, 12 Zimmer, obere Preisklasse*

### Aurelia Sommerheim

Zwischen noblen Villen liegt ein familiäres Haus am Strand, das seit der Komplettrenovierung 2001 mehrere Ferienwohnungen mit zwei bis drei Zimmern enthält. Strand und Ostseetherme sind in unmittelbarer Nähe.
*Grenzstr. 2, 17424 Heringsdorf, Tel. 03 85/5 57 46 72, Fax 5 50 99 32, 10 Zimmer, untere Preisklasse*

## KLOSTER (HIDDENSEE)
### Haus am Hügel

Das kleine, aber feine Hotel beherbergte schon SED und Kanzlerspion Guillaume. Boutique, Terrasse und das Maleratelier Hermann Sacks bereichern das Hotel unter neuem Pächter.
*Hügelweg 8, 18565 Kloster, Tel. 03 83 00/2 34, 17 Zimmer, mittlere Preisklasse*

**Gründerzeitvilla mit großer Vergangenheit:**

### Zum Klausner

Ein Wanderpfad führt zum Leuchtturm und der Steilküste. Ganz in der Nähe dieser Ausflugsziele befindet sich das traditionelle Restaurant mit Unterkunft.
*Dornbusch, 18565 Kloster, Tel. 03 83 00/66 10, Fax 6 61 20, 7 Zimmer, 5 Ferienhäuser, mittlere Preisklasse*

## KÜHLUNGSBORN
### Schloß am Meer

Ein Fachwerkschlößchen mit über Eck gebauten Loggien und Balkonen, modernisiert und direkt am Meer gelegen.
*Tannenstr. 8, 18225 Kühlungsborn,*

*Tel. 03 82 93/8 53 00, Fax 8 53 06,*
*27 Zimmer, mittlere Preisklasse*

### LAUTERBACH
### Hotel Clemens

Hell, neu und hübsch steht das Haus am Bodden. Vom Wintergarten sieht man bis zur Insel Vilm hinüber.
*Dorfstr. 14, 18581 Lauterbach,*
*Tel. 03 83 01/8 20, Fax 6 13 81,*
*18 Zimmer, mittlere Preisklasse*

### LOHME
### Panorama-Hotel

Ein hübsches Haus, dem man seine Vergangenheit und den einst drohenden Verfall heute überhaupt nicht mehr ansieht. Wer kein Zimmer mit Seeblick ergattern kann, genießt von der Seeterasse des Restaurants aus den schönen Ausblick auf Kap Arkona und Tromper Wiek. Einige Zimmer sind ohne Bad, ausreichend viele Etagenduschen und -WCs sind vorhanden.
*Dorfstr. 35, 18551 Lohme,*
*Tel. 03 83 02/92 21, Fax 92 34,*
*45 Zimmer, mittlere Preisklasse*

### ROSTOCK
### Intercity-Hotel

Ein neues Haus in günstiger Lage, zur Innenstadt wie zum Bahnhof. Mit dem Zimmerausweis darf man Busse und Bahnen im Stadtbereich und bis Warnemünde kostenlos benutzen. Bar und Restaurant im Haus.
*Herweghstr. 51, 18055 Rostock,*
*Tel. 03 81/4 95 00, Fax 4 95 09 99,*
*177 Zimmer, obere Preisklasse*

**»Hotel Diana« in Heringsdorf**

### SASSNITZ
### Villa Aegir

Über dem Fährhafen liegt das Haus in alter Bäderarchitektur. Innen ist es modern, und sein Restaurant gehört zu den besten des Ortes.
*Mittelstr. 5, 18546 Saßnitz,*
*Tel. 03 83 92/30 20, Fax 3 30 46,*
*36 Zimmer, mittlere Preisklasse*

### SELLIN
### Cliff-Hotel

Erst jetzt ist es so, wie alle dachten, daß es gewesen sei: exklusiv und luxuriös bis in die Bar. Zuvor, als die DDR-Regierungsgreise sich mit dem Fahrstuhl an den Strand befördern ließen, nahm es sich nach gängigen Luxusvorstellungen doch bescheiden aus. Ein Betonklotz im Wald mit feiner Küche, Schwimmhalle, Saunen, Tennisplatz, Kinderspielplatz und -betreuung sowie Kosmetikerin – zugleich Veranstaltungsort mit bemerkenswert abwechslungsreichem, niveauvollem Programm.
*Siedlung am Wald 22a, 18586 Sellin,*
*Tel. 03 83 03/82 14, Fax 84 95,*
*262 Zimmer, obere Preisklasse*

### STELLSHAGEN
### Hotel Gutshaus Stellshagen

Hier im Klützer Winkel befindet sich ein Hotel ganz besonderer Art. In einem mecklenburgischen Herrenhaus ist nach baubiologischen Gesichtspunkten ein Bio- und Gesundheitshotel in die Landschaft eingepaßt worden. Das Nichtraucherhaus mit vegetarischer Vollwertkost und angeschlossener Naturheilpraxis befindet sich inmitten einer Parkanlage mit Teich und Spazierwegen. Die Ostsee ist 10 km entfernt, gelegentlich gibt es Konzerte, Vorträge, Diskussionen oder Tanzabende.
*Lindenstr. 1, 23948 Stellshagen,*
*Tel. 03 88 25/4 40, Fax 4 43 33,*
*26 Zimmer, mittlere Preisklasse*

### WARNEMÜNDE
### Hotel Neptun

Einen prächtigen Blick aufs Meer hat man von den Balkons der geräumigen Zimmer. Von der Diskothek bis hin zum Naturheilzentrum bietet das Haus praktisch alles. Ein Meeresbrandungsbad ist dem Hotel angeschlossen.
*Seestr. 19, 18119 Warnemünde,*
*Tel. 03 81/77 70, Fax 5 40 23,*
*342 Zimmer, Luxusklasse*

**Hotel »Vineta« in Binz**

**»Schloß am Meer« in Kühlungsborn**

### WISMAR
### Hotel Stadt Hamburg

Hinter drei alten Fassaden verbirgt sich eine noble Herberge. Designer waren innen am Werk und schufen einen neuen Art-déco-Stil. Geräumige Zimmer, Fitneß- und Saunabereich, sogar ein hauseigener Konditor. Uriger Bierkeller, genannt »Tittentaster«, aus dem 14. Jh.
*Am Markt 24, 23966 Wismar,*
*Tel. 0 38 41/23 90, Fax 23 92 39,*
*106 Zimmer, mittlere–obere Preisklasse*

*Campingfreunde finden in Zingst einen der besten Zeltplätze in Mecklenburg-Vorpommern. Beim Landeswettbewerb 1995 wurde er zusammen mit dem »Ostseecamp Seeblick« in Rerik-Meschendorf ausgezeichnet. Letzteres liegt direkt an der wildromantischen Steilküste. Kinderanimation, Tauchschule, Fahrradverleih und neue Sanitäranlagen gehören zur Einrichtung. »Am Freesenbruch« befindet sich am Rande des Nationalparks Vorpommersche Boddenlandschaft und liegt direkt am Radwanderweg.*

*Ostseecamp Seeblick,*
*Rerik-Meschendorf,*
*Tel. 03 82 96/ 7 84 80,*
*Fax 7 83 78*
*Am Freesenbruch,*
*Am Bahndamm 1,*
*Tel. 03 82 32/ 1 57 86,*
*Fax 1 57 10*

# Einkaufen

## AHRENSHOOP
### Bunte Stube

Nicht nur Kunst, Bücher und Postkarten, sondern Kerzen, Ketten und Mückenseife gibt es in der traditionellen, 1922 gegründeten Kunst- und Bücherstube in der Künstlerkolonie Ahrenshoop. In dem markanten roten Gebäude im Bauhausstil lohnt sich das Stöbern.
*Dorfstr./Ecke Strandweg, Tel. 03 82 20/2 38, Mo–Sa 10–18 Uhr, Winter Do–Sa 14–18 Uhr*

### Kunsthaus Guttenberg

Wer mag, sieht sich im Haus des Künstlerbundes Mecklenburg und Vorpommern, einem reetgedeckten Fachwerkbau, nur die interessanten Ausstellungen an. Aber: Malerei, Plastiken und Graphiken von Künstlern aus der Region kann man hier ebenfalls erwerben.
*Feldweg 3, Tel. 03 82 20/8 07 26, Do–Mo 10–17 Uhr*

*Ein Gruß aus Mecklenburg-Vorpommern im eigenen Vorgarten? Seinen persönlichen Strandkorb kann man sich in der ältesten noch bestehenden Strandkorbfabrik Deutschlands anfertigen lassen. Dort werden nur auf Bestellung, dafür ganz nach Wunsch, Strandkörbe geflochten. Und*

*alles ist noch einhundert Prozent Handarbeit. Bis nach Südafrika ist ihr Ruf bereits vorgedrungen, so daß auch dort Sonnenhungrige in Heringsdorfer Körben sitzen. Bei den Flechtarbeiten darf man jederzeit zusehen, man muß sich nur vorher anmelden.*
*Korb GmbH Seebad Heringsdorf & Co. KG, Waldbühnenweg 3, Tel. 03 83 78/46 50 50*

### Töpferei Jung (Fortsetzung)

und Ascheglasuren benutzt. Auch Großgefäße werden angeboten. Für Lernwillige gibt es die Möglichkeit, an Anfänger- und Meisteranwärterkursen teilzunehmen.
*Ausbau 7, Tel. 03 82 03/6 22 53, tgl. 9–20 Uhr*

### Glashütte Kaufmann

In Glashagen, gleich neben den Töpferwaren der Familie Jung, befindet sich eine Glashütte. Dort kann man beim Glasschöpfen zusehen.
*Ausbau 4, Tel. 03 82 03/1 30 88, tgl. 9–20 Uhr*

**Bernsteinschmuck von Rügen**

**Für Kunstliebhaber eine gute Adresse in Ahrenshoop: »Kunsthaus Guttenberg«**

## ALTHAGEN
### Töpferwaren Klünder

Bei der Herstellung von Gebrauchskeramik zusehen kann man in der Werkstatt von Johann Klünder. Dort entstehen Vasen, Schalen und Teeservice. Es werden auch Auftragsarbeiten angenommen.
*Fulge 3, Tel. 03 82 20/2 64, tgl. 10–18 Uhr*

## BAD DOBERAN
### Töpferwaren Jung

Etwa 5 km von Bad Doberan entfernt in südwestlicher Richtung, im Glashäger Naturschutzgebiet, gibt es eine Töpferei, die holzgebranntes Steinzeug herstellt. Außerdem werden hier Salz-

## FREEST
### Fischerteppiche Heimatstube

Wer ein exklusives Souvenir sucht, der wird in Freest fündig. Dort knüpfen die Bewohner des Ortes Teppiche noch von Hand. In ausschließlicher Heimarbeit entstehen Objekte aus reiner Schafwolle, die zu maritimen Mustern verarbeitet wird. In der Heimatstube kann man Schauknüpferinnen bei der Fertigung zusehen und die entstandenen Werke auch gleich vor Ort erwerben. Gerne knüpfen die Frauen auf Bestellung. Eine Besonderheit ist der große Kirchenteppich, der im Altarbereich der Krösliner Kirche hängt.
*Dorfstr. 67, Tel. 03 83 70/2 03 39, Di–So 9.30–11.30 und 13.30–16.30 Uhr*

## GÖHREN (RÜGEN)
### Galerie Frank Hoth

Eigentlich war Rügens letzte Blaudruckwerkstatt in Bergen schon Ende der 20er Jahre geschlossen worden. 1987 aber begann Gisela Hoth, das alte Handwerk auf der Insel neu zu beleben. Inzwischen ist das Göhrener Blau wieder gefragt. Der Sohn Frank leitet heute den Betrieb und freut sich über interessierte Gäste. Die fertigen Kunstprodukte sind natürlich zu kaufen. In der Galerie werden auch Aquarelle und Bernsteinschmuck von Hans Bogatzky und Keramik von Hedwig

**Warnemünde: In allen Farben und Formen**

Bollhagen angeboten.
*Laden und Werkstatt: Wilhelmstr. 1, Tel. 03 83 08/9 10 64, geöffnet tgl. 10–18 Uhr*

## KASNEVITZ (RÜGEN)
### Honig

Wer über Garz auf der Krimlindenallee nach Putbus fährt, passiert den Ort Kasnevitz. Hinter der Kurve an der Kirche, auf der rechten Straßenseite, liegt das Anwesen, auf dem vorzüglicher Honig verkauft wird.
*Dorfstr. 43*

## SELLIN
### Zum Katen – Kunsthandwerk

Handgeschliffener Bernsteinschmuck wird hier angeboten, naive Tierplastiken, aber auch Blaudruck und Keramik aus eigener Werkstatt.
*Frau Krabbe, Granitzer Str. 11, Tel. 03 83 03/8 66 89, Mo–Sa 9–12, 14–18 Uhr*

# Freizeit

## ANKLAM
### Ballonfahren

Der Besitz von Fluchtfahrzeugen jeglicher Art war in der ehemaligen DDR verboten, und die Fluchtgeschichten per Ballon sind Legende. Dort, wo die Brüder Lilienthal ihre ersten Flugversuche machten, in Anklam, gibt es jetzt einen Ballonsportverein. Wenn das Wetter günstig ist und man früh genug aufsteht, läßt sich eine ein-

steigen die Flieger beim »Drachenfest« empor.

stündige Luftfahrt unternehmen.
*Ballon-Team Peer Wittig, Lindenstr. 16, Tel. 01 77/2 93 01 61*

## BORN
### Reiten und Kutschfahrten

Den Darß kann man auch zu Pferd erkunden. Wer bisher nicht reiten konnte, lernt es hier. Für weniger Mutige gibt es als Alternative Kutschfahrten.
*Im Moor 17, Tel. 03 82 34/2 49*

## GÜTTIN
### Rügen-Rundflüge

Rügen kann man auch aus der Luft erkunden, und zwar vom Flugplatz Güttin nahe Bergen aus. Das Angebot reicht von preiswerten Kurzrundflügen von 12 Minuten Dauer bis zum einstündigen großen Inselrundflug, auch Flugrouten nach Wunsch sind möglich.
*Ostsee-Flug-Rügen GmbH, Flugplatz Güttin, Tel. 03 83 06/12 89, tgl. ab 10 Uhr*

## LANCKEN-GRANITZ (RÜGEN)
### Nationalpark Jasmund

Das Nationalparkamt Rügen in Lancken-Granitz veranstaltet regelmäßig kostenlose Führungen durch das Naturschutzgebiet, etwa vom Parkplatz Hagen auf Jasmund ausgehend zum Spykerschen See, zur Nordküste Jasmunds mit Kreide und Geschieben, von Saßnitz zu den Wissower Klinken. Nach Voranmeldung sind weitere geführte Touren möglich, wie beispielsweise eine Vogelstimmenwanderung.
*Nationalparkamt Rügen, Plieschow 7a, Tel. 03 83 03/88 50*

## SASSNITZ
### Katamaran-»Kreuzfahrt«

Ein großes Wort für eine kleine Tour, aber ein neues Erlebnis, das von der »Weißen Flotte« angeboten wird. Der 40 m lange Katamaran »Hansejet«, der 350 Personen faßt, fährt zwischen Saßnitz auf Rügen bis nach Usedom und Świnoujście (Swinemünde) und legt auch an verschiedenen Seebrücken an. Er meistert diese Strecke in 1,5 Std. und fährt mit einer Geschwindigkeit von 33 Knoten.
*Weiße Flotte, Fährstr. 16, 18439 Stralsund, Tel. 0 38 31/2 68 10*

## SELLIN
### Kinder- und Jugendfreizeitzentrum

Kinder und Jugendliche haben an manchen Besichtigungstouren nicht immer die Freude der Erwachsenen und möchten manchmal auch Urlaub von ihren Eltern haben. In Sellin auf Rügen gibt es die Möglichkeit dazu: In der Siedlung am Wald befindet sich ein Kinder- und Jugendfreizeitzentrum mit einer großen Vielzahl von Freizeitangeboten wie Modelleisenbahn, Billard, Tennis, Tischtennis, Volleyball, Basteln am Strand, Sommerfest und Computer.
*Siedlung am Wald, Tel. 03 83 03/8 60 35*

## VILM
### Inselführungen

Die ehemalige, 94 Hektar große Privatinsel der DDR-Politprominenz ist ein Naturschutzgebiet, das nur nach vorheriger Anmeldung und mit Führung betreten werden darf. Der Besuch ist ein märchenhaftes Erlebnis:

Naturschutzgebiet Insel Vilm

Born: Reiten auf dem Darß

Auf der Insel befinden sich die ursprünglichsten Wälder Rügens: uralte Eichen, gigantische Ulmen, verschiedenste Farne und Blütenpflanzen. Auch die Vogelwelt ist in einer großen Vielfalt vertreten.
*Informationen: Internationale Naturschutz-Akademie auf Vilm, Tel. 03 83 01/6 18 96, Führungen nach tel. Anfrage*

## WARNEMÜNDE
### Drachenfest

Jedes Jahr in der ersten Septemberwoche wird am Warnemünder Strand der Himmel von bunten Fliegern verschiedenster Formen und Größen bevölkert: das Drachenfest, eine Art Volksfest, bei dem man auch Drachen kaufen, vor allem aber den eigenen – gemeinsam mit vielen anderen Drachenfreunden – steigen lassen kann.
*Tourismuszentrale, Am Strom 59, Tel. 03 81/5 48 00 11*

*Über 2000 Tiere leben im Rostocker Zoo, der sich südlich der Altstdt erstreckt. Schon 1910 wurde ein Tiergarten im damaligen Stadtwald eröffnet, aus dem 1956 der heutige Zoologische Garten hervorging. Natürlich gibt es auch Elefanten und Kamele. Aber*

*eigentlich hat sich dieser Zoo mit vielen Braun-, Eis- und Kodiakbären auf Tiere aus dem Norden und auf Meerestiere spezialisiert. Die Eisbäranlage gehört zu den größten der Welt.*
*Rennbahnallee 21, Tel. 03 81/20 82 0, Nov.–März tgl. 9–17 Uhr, April–Okt. tgl. 9–19 Uhr*

# IMPRESSUM



Genehmigte Sonderausgabe für die Verlagsgruppe Weltbild GmbH, Steinerne Furt 67, D-86167 Augsburg

Einkaufen im Internet: www.weltbild.de



ISBN 3 8279 9957 X
978 3 8279 9957 3
Printed in Germany

# BILDNACHWEIS

**Folgende Abkürzungen wurden bei Erstellung des Bildnachweises verwendet:**

AKG = Archiv für Kunst und Geschichte; Ba = Bavaria Bildagentur; Bi = Bilderberg; BPK = Bildarchiv Preussischer Kulturbesitz; DF = Das Fotoarchiv; DLB = Deutsche Luftbild; DM = Deutsches Museum; G+J = Gruner + Jahr Fotoservice; IFA = IFA Bilderteam; Nolde-Stiftung = Nolde-Stiftung Seebüll; S = Silvestris Fotoservice

**AKG**: S.99/re.o.; S.146; S.149; S.151/li.u.; S.186/li.m.u.; S.187/li.u.; S.187/re.; S.201/o.; S.210-211; S.210/Nr.2; S.210/Nr.4; S.211/Nr.3; S.211/re.; S.225/re.o.; S.234; S.238/re.o.; S.250/li.; S.250/Nr.1; S.251/Nr.2-3; S.253/u.; S.262-263; S.262/Nr.1; S.263/Nr.2-3-4 **AKG/Arndt**: S.239/li.u. **Alte Friesenstube**: S.90/re.u. **Archäolog. Landesmuseum der Christ.-Albrechts-Univ., Schloss Gottorf**: S.174/Nr.5 Augst: S.8/u.; S.19/u.; S.32/li.u.; S.35/li.; S.145/li.; S.150/li.o.; S.160/Nr.6; S.197/u. **Ba/Becker**: S.66/li.o. **Ba/Binder**: S.257/re.u. **Ba/Morgan**: S.46/Nr.1 **Beyer**: S.209/o.; S.230/m.u. **Bi/Kunz**: S.75/Nr.7; S.93/re.; S.94/li. **Bi/Schmitz**: S.81/m. **Blase**: S.202-203; S.228/re.u.; S.242/li.o.; S.243/re.o.; S.253/o.; S.258/m.u. **Blume Bild**: S.96/re.m.; S.118-119; S.136/li.o.; S.143/m.u.; S.150/m.u.; S.151/m.; S.151/re.o.; S.152-153; S.176/li.; S.,176/m.o.; S.179/re. **Blumenhof**: S.92/u. Bock: S.42/li.u.; S.50/re.u.; S.55/m.u.; S.55/re.; S.71/re.o.; S.79/re.u.; S.88/m. **Böttcher**: S.184/o.; S.184/li.m.; S.184/re.m.; S.185/re.o.; S.186/li.m.o.; S.187/li.o.; S.188-189; S.193; S.194-195; S.197/o.; S.198-199; S.200-201; S.206-207; S.212-213; S.214-215; S.216/m.u.; S.217/re.o.; S.224-225; S.226/re.u.; S.227/re.u.; S.236/li.; S.239/re.u.; S.240-241; S.242/re.u.; S.243/li.u.; S.244/m.u.; S.246/li.o.; S.252-253; S.254/re.u.; S.254-255; S.255/li.u.; S.256/o.; S.257/li.o.; S.258/li.u.; S.258/re.o.; S.258/re.u.; S.259/li.u.; S.259/re.u.; S.259/re.o.; S.261/re.; S.264/li.; S.264-265; S.270/li. **BPK**: S.235 **Cordes**: S.268/u. **De Cuveland**: S.92-93; S.206/li.u.; S.223/Nr.5 **DF/Eisermann**: S.122/li. **DF/J.Meyer**: S.104/o.; S.105/u.; S.105/o.; S.106-107; S.109/o.; S.114/li.o.; S.114/li.u.; S.114/re.u.; S.116/re.o.; S.116/li.u.; S.117/re.u.; S.122-123/Nr.6; S.123/Nr.5; S.123/Nr.8; S.126/li.u.; S.126/m.u.; S.126-127; S.129/li.u.; S.129/re.u.; S.131/o.; S.132-133/Nr.5; S.133/Nr.1; S.133/Nr.3; S.136/m.u.; S.137/u.; S.138/re.u.; S.142/li.o.; S.142/re.o.; S.142/li.u.; S.147; S.170/re.u.; S.173/re.; S.176-177; S.177/m.o.; S.178/m.o.; S.180/m.u.; S.181/m.u.; S.182/m.u.; S.183/m.o.; S.183/m.u. **DF/Nimtsch**: S.165/re.u. **DF/Tack**: S.96/re.u.; S.99/m.u.; S.151/li.o.; S.151/re.u.; S.156/li.o.; S.161/Nr.4; S.165/m.u.; S.166/li.o.; S.166/re.u.; S.167/re.u.; S.168/re.o.; S.169/m.u.; S.169/re.u.; S.171/m.m.; S.174/Nr.1 **Dieterich**: S.203/li.o.; S.209/re.; S.216/li.o.; S.219/li.u.; S.227/li.o.; S.233/o.; S.245/re.o.; S.266-267; S.269/m.o.; S.270/m.u. **DLB**: S.74-75; S.75/Nr.6; S.97/m.li.; S.127/re.o.; S.136/li.u.; S.138/li.u.; S.138/m.u.; S.140/li.o.; S.140/m.u.; S.141/re.u.; S.145/re.; S.153/re.u.; S.174-175/Nr.6 **DM**: S.210/Nr.5; S.211/Nr.6 **Dressler**: S.236/re.o.; S.241/o. **Eckstein**: S.128-129 **Eisenack**: S.230-231 **Fiedler**: S.52/re.u. **Fisch-Fiete**: S.91/m. **Foto-Hemstedt**: S.90/re.o. **Franz**: S.47/Nr.5; S.87/Nr.3; S.186/re.m.o.; S.203/re.; S.209/u.; S.216-217; S.221/re.; S.239/li.o.; S.249/u. **Frei**: S.226/m.u.; S.267/re. **Frenzel**: S.10/li.m.o.; S.25/re.u.; S.28-29; S.68-69; S.75/Nr.2; S.89/re. **Freyer**: S.113/re.u.; S.114/m.u.; S.215/re.o.; S.217/li.u.; S.223/Nr.8 **FVA Oldenburg/Hillis**: S.183/re. **FVV Schleswig-Holstein**: S.122/Nr.1 **Gästesegeln mit Onkel Charly/Boos**: S.181/m.o. **G+J**: S.90/li. **G+J/Breuer**: S.91/re. **G+J/Banderob**: S.92/li. **Hansestadt Rostock**: S.265/li.o. **Hardenberg**: S.204/li.o.; S.206/m.u.; S.207/re.u.; S.216/re.u.; S.226/li.u.; S.236/re.m.; S.236/re.u.; S.237; S.238/li.o.; S.244/re.u.; S.247/re.; S.249/o.; S.256/re.u.; S.257/re.o. **HB Verlag/Martin Kirchner**: S.7 **HB Verlag/Katja Kreder**: Titel/o.re.; S.5 **HB Verlag/Sabine Lubenow**: Titel/o.m.li.; S.6/u. **HB Verlag/Karl-Heinz Raach**: S.2-3; S.4/u. **Heim**: S.186/li.; S.190-191; S.203/m.u.; S.204/m.u.; S.206/li.o.; S.215/re.u.; S.225/re.u.; S.230/li.o.; S.257/li.u.; S.258/li.o.; S.261/o.; S.265/re.; S.268-269; S.270-271 **Heinze**: S.9/li.m.; S.26-27; S.28/li.; S.29/re.o.; S.32/re.o.; S.43/re.m.; S.50/li.u.; S.55/li.; S.66-67; S.67/m.; S.70/li.u.; S.71/li.o.; S.73/re.u.; S.77/re.; S.79/li.; S.80/mi.; S.80/re.o.; S.82/o.; S.97/re.u.; S.99/li.o.; S.102; S.117/li.u.; S.118/li.u.; S.118/m.u.; S.119/li.u.; S.139/re.o.; S.139/li.u.; S.139/re.u.; S.148/li.o.; S.150/re.o.; S.154/li.u.; S.154/re.u.; S.157/re.o.; S.160-161; S.164/re.u.; S.166/li.u.; S.170/li.u.; S.171/m.u.; S.179/m.o.; S.180/m.o.; S.182/li.; S.201/u.; S.214/m.u.; S.216/li.u.; S.218/re.o.; S.219/li.o.; S.269/re. **Hotel Schloss am Meer**: S.269/m.u. **»Hotel Stadt Hamburg«**: S.92/re.o. **Hotel Vier Jahreszeiten**: S.268/li. **Hoyer**: S.213/re.o.; S.218/re.u.; S.219/re.u.; S.228/li.o.; S.231/re.o.; S.246/re.o.; S.247/o.; S.256/m.u.; S.271/m.u. **Huber/Damm**: S.98/m.li.o.; S.112-113 **IFA/Gottschalk**: S.70/m.u. **IFA/Aberham**: S.40/o.; S.55/m.o.; S.63/re.; S.186/re.u.; S.187/m.u.; S.226/re.o. **IFA/Ferienpark Rügen**: S.243/re.u. **IFA/Otto**: S.229/o. **IFA/Schäfer**: S.259/li.o. **IFA/Thiele**: S.192 **Interfoto**: S.49/o. **Interfoto/R.Metzger**: S.143/re. **Irrgang**: S.204/li.u.; S.266/m.m. **Jessen**: S.8/li.m.; S.15; S.38-39; S.54/re.o.; S.59; S.60/li.o.; S.63/li.o.; S.67/o.; S.67/re.; S.68/li.u.; S.73/li.o.; S.74/Nr.1; S.74/Nr.5; S.78/re.u.; S.81/o. **Jung**: S.185/li.; S.230/li.u. **Kerth**: S.9/li.o.; S.57/re.; S.66/li.u.; S.66/m.; S.71/re.u. **Kranichhof**: S.218/li.u. **Krausz**: S.10/li.; S.14; S.19/o.; S.20-21; S.26/li.u.; S.27/o.; S.27/re.u.; S.29/li.u.; S.78/li.o.; S.82/li.u.; S.94/re.; S.95/li. S.104/u.; S.116/m.u.; S.169/re.o. **Kürtz**: S.10/re.m.o.; S.10/re.u.; S.11/li.o.; S.11/li.u.; S.12-13; S.16-17; S.24-25; S.27/re.m.; S.30/li.o.; S.30/li.u.; S.30/re.u.; S.31/li.u.; S.31/re.o.; S.31/re.u.; S.32/li.o.; S.33; S.39/re.o.; S.40/m.; S.40/re.u.; S.41/r.; S.42/m.; S.42-43; S.45/m.; S.45/re.; S.46/Nr.4; S.52/li.u.; S.53/li.o.; S.54/re.u.; S.58; S.60/m.o.; S.61/m.o.; S.63/li.u.; S.65/re.; S.68/li.o.; S.69/re.o.; S.70/re.u.; S.78/m.u.; S.80/li.o.; S.81/re.; S.82/m.u.; S.82/re.u.; S.83; S.88/li.; S.88/re.u.; S.93/re.o.; S.94/m.m.; S.95/m.o.; S.95/m.u.; S.96/li.o.; S.96/li.m.; S.96/re.o.; S.97/li.; S.98/li.; S.98/re.o.; S.98/re.u.; S.99/m.o.; S.115/re.u.; S.122-123; S.126/li.o.; S.128/li.o.; S.128/m.u.; S.128/re.u.; S.129/re.o.; S.131/m.; S.131/re.; S.132/li.; S.133/Nr.2; S.134-135; S.135/re.u.; S.137/re.; S.138/li.o.; S.140/li.u.; S.140/re.u.; S.141/m.u.; S.142/m.u.; S.143/o.; S.143/li.u.; S.148/li.u.; S.148/m.m.; S.148/re.u.; S.153/re.o.; S.154/li.o.; S.155/re.o.; S.155/m.u.; S.156/li.u.; S.159/re.; S.162-163; S.164/m.u.; S.165/li.u.; S.167/li.o.; S.167/re.o.; S.170/li.o.; S.170/m.u.; S.171/re.o.; S.171/re.u.; S.173/li.; S.175/Nr.7; S.175/re.; S.177/m.u.; S.178/li.; S.178/m.u.; S.185/m.li.; S.185/re.u.; S.218/li.o.; S.229/li.u.; S.230/re.u.; S.231/li.o.; S.233/u.; S.239/re.o.; S.244/li.u.; S.250-251; S.266/li.; S.266/m.o. **laif/Clemens Emmler**: Titel/u. **Landschaftsmuseum Unewatt**: S.168/li.u. **Lilienthal Museum**: S.210/Nr.1 **Look/Johaentges**: S.97/re.o.; S.98/re.o.; S.110-111; S.114-115; S.117/o.; S.124-125; S.140-141; S.169/li.o.; S.170-171 **Mahrt**: S.214/li.o.; S.215/m.u. **Meereszentrum Neptun**: S.128/li.u. **Möhn**: S.221/li.; S.238/li.u. **Mosler**: S.118/re.u.; S.127/m.m.; S.142/re.u.; S.178-179 **Museum Bad Doberan**: S.263/Nr.5 **Museumsberg Flensburg**: S.177/re. **Museumscafé Hemstedt**: S.40/li.u. **Neumann**: S.264/m. **Nickolaus**: S.161/re. **Nils Bahnsen**: S.98/m.re.u.; S.133/Nr.7 **Nolde-Stiftung Hemstedt**: S.88-89 **Nordfriisk Instituut**: S.94/m.o. **Otto**: S.51/li.u.; S.51/re.o.; S.52/o.; S.64-65; S.73/m.; S.186/re.o.; S.228/re.o.; S.246/li.u. **Pansegrau**: S.8/o.; S.26/re.o.; S.85/re.; S.109/u.; S.115/m.u.; S.205/li.u.; S.247/m.u. **Pasdzior**: S.97/m.re.; S.100-101; S.123/Nr.4; S.150/re.u.; S.164-165; S.179/m.u. **PhotoPress/Vahl**: S.69/re.m. **photos.com**: Titel/o.m.re. **Poppenspäler Museum**: S.51/re.u. **Quedens**: S.10/li.m.u.; S.11/m.u.; S.11/re.o.; S.18/o.; S.29/re.u.; S.32/m.; S.36-37; S.36-37/Nr.1-12; S.39/re.u.; S.54/li.u.; S.60/m.o.; S.60/re.o.; S.60/re.u.; S.61/li.o.; S.61/li.u.; S.61/m.u.; S.61/re.o.; S.69/re.u.; S.75/Nr.3; S.86-87; S.86/Nr.1; S.87/Nr.2; S.87/Nr.5 **Raddatz/Ehlert**: S.99/li.u.; S.160/Nr.1; S.160/Nr.2; S.160/Nr.5; S.160-161/Nr.3; S.161/Nr.7; S.161/Nr.8 **Rehbehn & Kruse**: S.98/m.li.u.; S.122/Nr.2 **Reinicke**: S.219/re.o.; S.227/re.o.; S.268/re.o. **Reinsch**: S.136/re.u.; S.138-139; S.182/m.o. **Richner**: S.9/re.m.; S.28/m.o.; S.28/m.u. **Rüdel**: S.133/Nr.4; S.148/m.u.; S.163/re.o.; S.163/re.u.; S.164/li.u.; S.165/re.o.; S.166/m.u.; S.166/re.o.; S.174-175; S.174/Nr.2; S.174/Nr.4; S.175/Nr.3; S.176/m.u. **Rummuseum Flensburg**: S.123/Nr.7 **Schubert**: S.132-133; S.133/Nr.6 **Sea Life-Center**: S.121/re. **Silvestris**: S.9/re.o.; S.46-47; S.204-205; S.214/li.u. **S/Arndt**: S.222/Nr.2 **S/Becker**: S.54/li.o.; S.196/o.; S.244-245; S.254/li.o. **S/Buchhorn**: S.223/Nr.7 **S/Hanneforth**: S.270/m.o. **S/Hecker**: S.136-137 **S/Heine**: S.53/re.o.; S.60/li.u.; S.184/li.u.; S.202/li.o.; S.206/re.u.; S.233/re.; S.236/li.u.; S.242/re.o.; S.242/li.u.; S.243/li.o.; S.246-247 **S/Höfels**: S.22-23 **S/Hosking**: S.223/Nr.4 **S/Klose**: S.202/re.o.; S.236/li.m.; S.245/li.u.; S.265/li.u.; S.265/m.; S.267/m. **S/Korall**: S.141/re.o.; S.254/li.u. **S/Krahmer**: S.223/Nr.3 **S/Lane**: S.62; S.95/re. **S/Lange**: S.205/re. **S/Nill**: S.125/re.o. **S/Nowak**: S.180/li. **S/Pieper**: S.125/re.u. **S/Radtke**: S.26/li.o.; S.47/Nr.2; S.90/m.; S.93/m.u. **S/Rauch**: S.80/li.u. **S/Redeleit**: S.96/li.u. **S/Rohdich**: S.61/re.u. **S/Rosing**: S.185/re.; S.196/u.; S.202/li.u.; S.207/re.o.; S.245/re.u.; S.271/m.o. **S/Sauer**: S.255/re.u. **S/Skibbe**: S.63/m.u. **S/Stadler**: S.11/m.o.; S.18/u.; S.49/u.; S.57/li.; S.76-77; S.79/re.o.; S.226/li.o. **S/Teegeber**: S.123/Nr.3; S.150/li.u. **S/Wahl**: S.35/re.; S.66/re.o.; S.74/Nr.4 **S/Walz**: S.4/o.; S.25/re.o.; S.50/li.o.; S.223/Nr.6 **S/Wernicke**: S.8/re.m.; S.32/re.u.; S.80-81; S.87/Nr.4 **S/Wilmshurst**: S.213/re.u. **S/Wisniewski**: S.48-49 **S/Wothe**: S.186/re.m.u.; S.222-223; S.222/Nr.1 **Sperber**: S.30/m.u.; S.41/li.; S.43/re.u.; S.45/o.; S.53/m.; S.53/re.u.; S.71/li.u.; S.78/li.u.; S.78/re.o.; S.94/m.u.; S.187/m.o.; S.214/re.u.; S.241/u.; S.255/re.o.; S.256/li.u.; S.261/u. **Stankiewicz**: S.10/re.o.; S.50-51 **Steffens**: S.148/re.o. **Sühl**: S.42/li.o.; S.43/re.o. **Tank**: S.271/re. **Tierpark Gettorf**: S.155/re.u. **Tourismusverband Schleswig-Holstein**: S.181/re. **von Girard**: S.238/m.o.; S.244/li.o. **Villa Auguste Viktoria**: S.266/u. **vision photos/Rainer Klostermeier**: Titel/o.li. **Wandmacher**: S.103; S.108/o.; S.108/u.; S.113/re.o.; S.115/re.o.; S.116/li.o.; S.116/re.u.; S.117/m.u.; S.118/li.o.; S.119/re.o.; S.121/li.; S.126/re.u.; S.127/re.o.; S.127/m.u.; S.135/re.o.; S.150/m.m.; S.154/m.u.; S.154-155; S.156/m.u.; S.156-157; S.156/re.u.; S.157/m.u.; S.157/re.u.; S.159/li.; S.164/li.o.; S.167/li.u.; S.168/li.o.; S.168/re.u.; S.180-181; S.182-183 **Wengel**: S.238/m.u.; S.239/m.u. **Werner Otto**: S.141/m.m. **Wohner**: S.9/re.u.; S.10/re.m.u.; S.28/re.u.; S.30-31; S.47/Nr.3; S.47/Nr.6; S.70/o.; S.85/li.; S.88/re.o.; S.89/m.; S.90-91 **Zur Wiecker Brücke**: S.229/re.